大学生
创新创业教育

主　编：盛振文
副主编：张传霞　李汶鸿

中国财经出版传媒集团
经济科学出版社
Economic Science Press
·北京·

图书在版编目（CIP）数据

大学生创新创业教育／盛振文主编；张传霞，李汶鸿副主编．--北京：经济科学出版社，2024.7.（2025.8 重印）
ISBN 978 - 7 - 5218 - 6189 - 1

Ⅰ．G640

中国国家版本馆 CIP 数据核字第 20240XU826 号

责任编辑：卢玥丞　赵　岩
责任校对：杨　海
责任印制：范　艳

大学生创新创业教育

主　编◎盛振文
副主编◎张传霞　李汶鸿

经济科学出版社出版、发行　新华书店经销
社址：北京市海淀区阜成路甲 28 号　邮编：100142
总编部电话：010 - 88191217　发行部电话：010 - 88191522
网址：www.esp.com.cn
电子邮箱：esp@esp.com.cn
天猫网店：经济科学出版社旗舰店
网址：http://jjkxcbs.tmall.com
北京季蜂印刷有限公司印装
710×1000　16 开　24.75 印张　400000 字
2024 年 7 月第 1 版　2025 年 8 月第 2 次印刷
ISBN 978 - 7 - 5218 - 6189 - 1　定价：67.00 元
(图书出现印装问题，本社负责调换．电话：010 - 88191545)
(版权所有　侵权必究　打击盗版　举报热线：010 - 88191661
QQ：2242791300　营销中心电话：010 - 88191537
电子邮箱：dbts@esp.com.cn）

《大学生创新创业教育》编委会

主　　编：盛振文
副 主 编：张传霞　李汶鸿
参编人员：周春燕　谷　玥　王翠梅　李满菊　栗营营
　　　　　刘乐乐　杨树春　潘信君　严宁宁　张　蕊
　　　　　朱文彬　徐功东　张黎黎　程　琳

前言

创新是引领发展的第一动力，抓创新就是抓发展，谋创新就是谋未来。习近平总书记在党的二十大报告中指出："教育、科技、人才是全面建设社会主义现代化国家的基础性、战略性支撑。""我们要坚持教育优先发展、科技自立自强、人才引领驱动，加快建设教育强国、科技强国、人才强国，坚持为党育人、为国育才，全面提高人才自主培养质量，着力造就拔尖创新人才，聚天下英才而用之。"

创新创业与经济社会发展深度融合，对推动新旧动能转换和经济结构升级、扩大就业和改善民生、实现机会公平和社会纵向流动发挥了重要作用，为促进经济增长提供了有力支撑。当前，我国经济已由高速增长阶段转向高质量发展阶段，对创新型国家的建设提出了新的更高要求。

随着我国创业环境的改善、创业氛围的活跃、创业文化的形成，大学生的创业意愿日趋强烈。创新创业教育的加强促进了创业者素质和能力的提升，大学生创业者不断涌现，大学生初创企业数量呈现上升趋势，大学生创业涉及的领域和行业更加广泛。同时，大学生创业的教育意义远远大于创办企业所创造的商业价值，通过鼓励创新创业，学校和社会把创业知识、创业能力和创新创业精神融入大学的学习领域，从而推动了高等教育的改革，提高了大学的教育质量，促进了大学生成长成才和大学生职业生涯的发展。

大学生创业存在诸多不确定性，面临高风险和高失败率，要解决大学生创业的问题，不仅需要营造更加有利的创业氛围和更加优化的创业环境，更需要解决大学生自身素质和能力的提升问题。因此，高校应培养大学生的创新意识，开发大学生的创新思维，对大学生进行系统的创新创业教育和训练，唤醒创业意识，培育创业精神，锻炼创业能力，为大学生未来的创新创业行为和职业发展做好准备。

　　本书根据创新创业教育的时代特点，结合大学生群体的特点，帮助他们了解和掌握创新与创业的相关知识与规律，提高大学生的创新意识与创业能力。在编写过程中，内容取舍以实用、实际、实效为原则，讲练结合，对各知识点和技能进行着重叙述；案例贯穿全书，使本书颇具可读性，并以训练、思考、测试等多种形式充分调动思维，从而达到使学生触类旁通、快乐学习的目的。

目录

绪论   1
    第一节   创新创业与创新创业教育   1
    第二节   创新教育的持续发展与深化   6

上篇   创 新 篇

第一章   培养创新意识   13
    第一节   走进创新   13
    第二节   培养创新意识的重要性   20
    第三节   创新与发展   28

第二章   开拓创新思维   39
    第一节   认识创新思维   40
    第二节   创新思维的类型   44
    第三节   拓展创新思维的路径   53

第三章   掌握创新方法   62
    第一节   头脑风暴法   63
    第二节   思路扩展法   73
    第三节   需求分析法   105
    第四节   TRIZ 方法   110
    第五节   综摄方法   121

第四章　锻炼创新能力　139
　　第一节　认识创新能力　139
　　第二节　把握创新能力培养的策略　154
　　第三节　培养创新能力的训练　160

下篇　创　业　篇

第五章　创业概述　171
　　第一节　创新与创业的关系　171
　　第二节　创业与创业精神　179
　　第三节　创业与时代经济发展　187

第六章　创业者与创业团队　212
　　第一节　创业者　213
　　第二节　创业团队组建　222
　　第三节　创业团队管理　232

第七章　创业机会与创业风险　242
　　第一节　创业机会来源及识别　243
　　第二节　大学生的创业机会　257
　　第三节　创业风险评估及防范　269

第八章　创业资源与创业融资　291
　　第一节　认知创业资源　291
　　第二节　了解融资渠道　294
　　第三节　怎样用好支持政策　300

第九章　商业模式设计与创新　305
　　第一节　商业模式的设计　305

		第二节　商业模式的创新　　　　　　　　　316

第十章　创业计划书与路演　　　　　　　　　　324
		第一节　创业计划书的作用和分类　　　　　　324
		第二节　创业计划书撰写原则和内容　　　　　　330
		第三节　项目路演　　　　　　　　　　　　　　348

第十一章　企业的创办与管理　　　　　　　　　　355
		第一节　新企业创办　　　　　　　　　　　　　355
		第二节　新创企业的管理　　　　　　　　　　　363

参考文献　　　　　　　　　　　　　　　　　　　　383

绪　　论

第一节　创新创业与创新创业教育

案例导入

清华大学在创新创业教育方面取得了显著进展，学校秉承"自强不息、厚德载物"的校训，致力于培养学生创新创业精神和实践能力。清华大学设立了多个创新创业教育平台，如清华大学创新创业教育学院、清华 x-lab 创客空间等，提供了丰富多样的创新创业课程、项目孵化和创投支持。学校还与企业合作，建立了产学研合作基地，促进科技成果转化和创业项目孵化。此外，清华大学还举办了一系列创新创业赛事和活动，如创业讲座、创业大赛等，激发了学生的创业热情和创新潜能。通过这些举措，清华大学不断完善创新创业教育体系，培养了大批具有创新精神和实践能力的人才，为中国的创新创业发展作出了重要贡献。

资料来源：清华大学官网。

案例思考

1. 如何理解"创新创业"？
2. 关于"创新创业"教育有哪些建议和意见？

一、创新教育与创业教育

(一)创新教育的概念

创新教育的定义可分为狭义和广义两大类。狭义的创新教育是指以具备创新精神、理念、素养、人格和创造能力的创新人才为多层面培养目标的教育活动。广义的创新教育是指以培养受教育者的创新素养、提升受教育者的创新潜能为最终宗旨,而有别于守旧式的传统教育、填鸭式教育或守成不变的教育形式,可以使受教育者能够不断创新而开展的一种新型教育活动。

对于高等学校来说,创新教育就是培养受教育者再次探求和摸索、重组已有知识的综合能力,运用现有知识解决问题的实践能力,以及激励受教育者的创造潜能等一系列相关的教育活动。高等学校作为培育具有学习能力、创新精神和创新人才的重要摇篮,必须使受教育者勇于思考、善于思考、勤于思考,在整个学习经历过程中重视提升个人的思维开拓过程,而不是被动接纳前人的思维与思想结论。

(二)创业教育的概念

1998年10月,联合国教科文组织主持召开的世界高等教育会议通过的《21世纪的高等教育:展望与行动世界宣言》中指出,21世纪的青年除了接受传统意义上的学术教育和职业教育,应当拥有第三本教育护照,即创业教育,从而在此次大会上正式提出创业教育的概念。

通常,创业教育可分成狭义和广义两大类。狭义的创业教育是指培养创业者从单纯的求职者转变为岗位创造者的过程中,所需要进行的意识、知识、能力、精神及相应实践活动的教育。而广义的创业教育是指培养具有开创性个性的人或人才,使之不仅仅要具备首创思维、创业能力、冒险精神、事业和进取心等相关心理素质,而且要有独立工作能力、相关技术、社会交往和相应管理技能的教育活动。

在高等教育领域内,创业教育是将素质教育与创业教育相融合、凝练,培养学生的心理意识、个性品质、专业知识和创业技能,并具有独特功能和体系的一个全方位的系统整合性教育活动。高等学校要将创业教育的目标提升到一个新的层次,与学术研究和职业教育享有同等重要的地位。

二、创新创业与创新创业教育的概念

（一）创新创业

2015年3月我国政府工作报告上正式提出"大众创业、万众创新"。"双创"中"大众创业"显然属于广义的创业：其涵盖范围应该包括所有类型的新开办企业，当然包括以科技创新为基础的高成长科技型创业公司。

创新与创业既有区别又有联系，创新更多是思维层面的推陈出新、锐意进取、勇于尝试、精神和态度勇于开拓、转化的一种创造；而创业则关注行动层面上的，在社会经济、文化、政治等相关领域里开创新事业和新企业，并开展新业务，从而将实现新商品或新服务的机会被确认和挖掘出来，给他人及社会缔造、产出新价值与新财富的全过程。

创新是创业的基础源泉和前提，甚至是核心和本质，其价值也来自创业；创业是创新的载体和外在表现形式，是创新的目的与归宿，反过来也会推动创新，而且创业成功与否大多取决于创新的程度。

（二）创新创业教育

创新教育与创业教育是两个不可分离的教育理念，二者的价值取向目标是一致的，均是对受教育者创新精神与实践能力的培养，尽管两者提出问题的时间与角度不同，但都是我国大力推动实施素质教育的核心内容。

创新教育以创业教育为最终目标，创业教育以创新教育为本质与核心，创新教育是素质教育的重点，其目标是培养具有创新意识和精神的创新型人才，以适应国家经济发展。创业教育是全面推进素质教育的重要突破口和实施的关键。

素质教育、创新教育和创业教育三者的区别如下：素质教育强调受教育者的全方位发展，以解决受教育者如何"成人"的问题。创新教育着重关注教育者的全面发展，以解决受教育者如何"成才"的问题。创业教育着重关注受教育者自身自我价值如何体现和完成，解决的是"成家立业"的问题。

因此，高校开展创新、创业教育，实际上是把对学生的素质教育、创新教育、创业教育有机融合，提升学生的综合素质，进而促进学生全面发展。

三、创新创业教育发展阶段

（一）创业阶段（1999~2006年）

1999年，中国高等教育开始扩招，新增劳动力就业问题凸显。在当时毕业生分配体制下，通过扩招缓解社会就业压力，同时国家鼓励毕业生自主创业。

2003年，扩招后首届本科生毕业以及当年"非典"的特殊情况，导致就业压力巨大。因此，国家提出"鼓励高校毕业生自主创业和灵活就业"，政策力度更大，措施也更为具体。随后，就业压力不断增加，因此，2004~2006年，国家在鼓励、支持毕业生创业方面工作不断加强，出台了一些具体的保障措施。

总之，在创业阶段，国家鼓励毕业生"自主创业"并提供支持，其背景是毕业生就业压力大，目标是要解决毕业生就业问题，希望以创业实现就业，同时积极引导毕业生树立自主创业意识。

（二）创业教育阶段（2007~2009年）

随着毕业生创业工作不断推进，认识不断深化，需逐步认识到：创业不仅具有解决就业的功能，创业成功还可以新增就业机会；要创业成功，仅靠鼓励、引导和支持毕业生创业是不够的，还要培养学生的创业意识、创业精神和实际的创业能力，必须把创业和教育结合起来，实施创业教育。

因此，2007年国家提出实施"高校毕业生创业行动"促进以创业带动就业，要求各高校"以多种形式开展创业教育"，倡导创业精神，培养创业能力。创业教育工作已经由当初的被动寻找和自发行为，变为主动选择和自主行为。

同时，创业教育范围由就业层面进一步拓展到创业层面，主体由毕业生扩展到在校大学生。该阶段创业教育内涵已经发生深刻变化，"创业"和"教育"融合到一起成为创业教育，进行创业教育，不仅要以创业促进就业，更要培养学生的创新精神与创业能力。

（三）创新创业教育阶段（2010年至今）

新阶段经济转型升级，国家确立创新驱动发展战略，"大众创业、万众创新"也成为时代的必然选择。在经济新常态下,"双创"所强调的普通民众对创业和创新活动的广泛参与,对于支撑和改善经济发展仍有着重要的现实意义。

因此,高校创新创业教育目标已大大超越前期以创业实现就业和以创业促进就业的目标,成为国家按照"四个全面"战略布局,坚持改革推动,加快实施创新驱动发展伟大战略的重要组成部分。

四、创新创业教育战略需求

(1) 创新创业教育是适应经济社会和国家发展战略需要而产生的一种教学理念与模式。

(2) 创新创业教育要面向全体学生,融入人才培养全过程。

要在专业教育基础上,以转变教育思想、更新教育观念为先导,以提升学生的社会责任感、创新精神、创业意识和创业能力为核心,以改革人才培养模式和课程体系为重点,大力推进高等学校创新创业教育工作,不断提高人才培养质量。

(3) 加强创新创业教育课程体系建设。

把创新创业教育有效纳入专业教育和文化素质教育教学计划与学分体系,建立多层次、立体化的创新创业教育课程体系。突出专业特色,创新创业类课程的设置要与专业课程体系有机融合,创新创业实践活动要与专业实践教学有效衔接,积极推进人才培养模式、教学内容和课程体系改革。

(4) 广泛开展创新创业实践活动。

高等学校要把创新创业实践作为创新创业教育的重要延伸,通过举办创新创业大赛、讲座、论坛及模拟实践等方式,丰富学生的创新创业知识和体验,提升学生的创新精神和创业能力。

高校创新创业教育是要培养创新创业型人才,不仅要为创新驱动发展战略提供人才和智力支撑,更要提供人才引领。因此,从认识和行为性质角度看,创新创业教育已经是一种国家、时代层面的战略决策,是一种高度自觉的行为。其范围远远超出创新创业层面,提升到创新驱动发展的创新层面。创新创业教育的主体也不再局限于毕业生,而扩展到高校全体学生。内涵与本质方面,在创业基础上又增加了创新内容,并明确创新、创业和就业之间的关系,"坚持创新引领创业、创业带动就业",内涵更加符合高校人才培养和大学生创业特点。

 课后练习题

1. 你的学校是如何开展创新创业教育的?
2. 请为高校开展创新创业教育提出一些意见和建议。

第二节 创新教育的持续发展与深化

案例导入

某知名高校的电子信息工程学院与当地一家知名的科技企业建立了深度的产学研合作机制。学院根据企业的实际需求,调整了部分课程的设置,引入了企业最新的技术和案例,使得学生在校期间就能接触到行业的前沿动态。同时,企业也派出经验丰富的技术专家,定期为学生开展专题讲座和实践指导,帮助学生将理论知识与实际操作相结合。

在此基础上,学院还与企业联合设立了创新创业实践基地,为学生提供了真实的项目实践环境。学生们在导师和企业技术人员的指导下,参与到企业的实际项目中,从项目规划、设计到实施、调试,全程参与,积累了丰富的实践经验。这些项目不仅解决了企业的实际问题,也为学生提供了宝贵的创业机会。

此外,学院还积极推动学生的创新创业成果转化。通过与企业合作,学生们的创新项目得到了市场的认可,部分项目甚至获得了风险投资的支持,成功实现了从创意到产品的转化。这种产教融合的模式,不仅提升了学生的创新创业能力,也为企业输送了大量优秀的人才,实现了学校和企业的双赢。

> **案例思考**

在双创教育产教融合过程中,如何提升大学生的创新创业能力?

一、畅通创新创业实践路径,拓宽参与渠道

创新创业实践是理论教育的延伸和检验,是学生创新创业能力提升的关键环节。首先要解决校内创新创业资源供给不足和供给结构不合理的问题,让师生能够利用校内的专业实验室、创业实验室或与政府、企业等共建的校外"双创"实训基地等场地和设备开展模拟经营,在实践中学会运用课堂上所学的专业理论,这既是对其理论学习的检验形式和标准之一,同时亦是对其能否投身创新创业实践的重要推演。创新创业实践是作为市场主体参与真正的市场竞争,尽管其极具挑战且"九死一生",但对于学生创新精神、创业能力的培养和锻炼是有益的,高校应当充分鼓励有创新创业热情和想法的师生充分利用校内外的孵化园区开展相关实践,去除不必要的人为限制,使其能够顺利获得来自学校、政府和社会的资金、场地、设备等支持以及各项优惠政策。同时要明确实习实训与创新创业的一致性,去不同类型的岗位参与实习实训同样可以学习到先进的实践技能,提升创新创业素养,对于不愿意创办项目或加入创新创业团队的学生,要积极鼓励其参与实习实训,利用单位的平台和资源,创新工作思路和工作方法,针对实践问题提出解决方案以开拓创新思维。

二、打破创新创业实践的外在禁锢

创新创业、社会实践、志愿服务及实习实训等学生实践活动,尽管各具特色,但在内容与实施过程中却紧密相连。首先,这些实践活动的开展均应强调创新性,无论是在选题、过程思路还是方法上,都可以通过创新解决实践中不断涌现的新问题。其次,创新创业项目尤其要关注其实践性和社会性,既要考虑市场因素,也要积极承担社会责任。再次,这些实践活动之间并无固定界限,具有创新内容的社会实践、公益服务项目可通过市场参与转化为创新创业项目,而创新创业项目在解决市场与社会痛点的同时,也常带有公益属性,可转化为实践公益项目。最后,各类实践活动

应注重服务性,共同致力于解决社会和民众的实际问题,为地方发展贡献力量。通过创新创业、社会实践、志愿服务和实习实训的协同开展,我们能更好地服务地方,推动社会进步。

三、加强产学研的深度融合

加强产学研的深度融合对于创新创业实践的长期有效开展至关重要。高校在引领学生项目响应国家政策、适应社会主义市场经济方向时,应积极寻求政府和企业的共同参与。政府和企业不仅是高校创新创业教育的资源提供者,更是实践环节的重要合作伙伴。高校虽拥有技术和人才优势,但在资金、市场和信息方面存在短板,这限制了创新创业实践的持续推进。

政府可通过政策引导和购买服务等方式,为"双创"项目指明发展方向,确保其能够持续产出,为企业的长远发展积累资本和资源。企业则可通过专项合作或订单购买等形式,与初创项目共享市场信息,共担经营风险,助力其顺利孵化,实现市场主体间的传承与互助,从而最大程度保障项目的成功,维持市场活力。

依托政府和企业在市场及信息方面的引导和支持,高校师生在创新创业实践中能够明确方向,保持项目的持续活力和竞争力,同时确保高校科研工作的顺利进行。高校也能为政府和企业提供技术与人才支持,形成良性互动。在此基础上,有效整合社会资源,构建服务、信息、技术等互联互通的平台,实现产学研的紧密联动,将有力推动创新成果的市场转化和企业孵化,为经济和社会发展注入强劲动力。

四、做好创新实践的风险防范

做好实践参与的风险防范是确保学生创新创业实践顺利进行的重要一环。然而,学生在参与创新创业活动时往往面临着比校内活动更为广泛和复杂的风险,而风险防范工作往往被忽视。这种情况主要源于两方面的原因:一是风险防范具有较强的专业性,高校和学生在这方面的能力有限;二是学生和高校在一定程度上存在侥幸心理,对风险的认知不足。

在商业风险方面,学生和高校都面临着巨大的挑战。学生由于专业知识和经验的限制，对商业风险的识别和应对能力较弱，容易遭受损失。高校作为支持学生创新创业的重要力量，在资源投入方面承担了较大的风险。因此，高校必须建立有效的商业风险评估机制，对不同阶段的学生项目进行全面评估，指导学生规避风险，防止潜在的法律风险发生。

法律风险是创新创业实践中不可忽视的一部分。学生在制订商业计划书、处理知识产权问题时，需要特别注意保密性和权属问题，以免自身合法权益受到侵犯。同时，学生也要遵守法律法规，避免在不懂法的情况下侵犯他人权益。高校在项目风险评估中应加强对法律风险的关注，为学生提供法律指导和保障，确保创新创业活动的合法性。

除了商业和法律风险外，学生还面临着一定的心理风险。创新创业过程中可能遇到的挫折和困难会对学生的心理产生负面影响。因此，高校心理指导中心应定期为创新创业学生提供心理支持和辅导，帮助他们建立正确的心理应对机制。同时，通过讲座、活动等形式普及创新创业心理压力的疏导方法，增强学生的心理韧性和适应能力。

综上所述，做好实践参与的风险防范是确保学生创新创业实践成功的关键。高校应加强对风险防范工作的重视，提升学生和自身的风险防范能力，为创新创业活动的顺利进行提供有力保障。

 课后练习题

结合本校的创新教育实践，想一想如何提升自己的创新能力？

 拓展阅读

健全创新创业教育课程体系。高校要加快创新创业教育优质课程信息化建设，推出一批资源共享的慕课、视频公开课等在线开放课程。建立在线开放课程学习认证和学分认定制度。组织学科带头人、行业企业优秀人才应联合编写具有科学性、先进性、适用性的创新创业教育重点教材。

改革教学方法和考核方法。高校要广泛开展启发式、讨论式、参与式教学，扩大小班化教学覆盖面，推动教师把国际前沿学术发展、最新研究成果和实践经验融入课堂教学，注重培养学生的批判性和创造性思维，激发创新创业灵感。运用"大数据"技术，掌握不同学生学习需求和规律，为学生自主学习提供更加丰富多样的教育资源。改革考试考核内容和方式，注重考查学生运用知识分析、解决问题的能力，探索非标准答案考试，破除"高分低能"积弊。

强化创新创业实践。高校要加强专业实验室、虚拟仿真实验室、创业实验室和训练中心建设，促进实验教学平台共享。各地区、各高校科技创新资源原则上向全体在校学生开放，开放情况纳入各类研究基地、重点实验室、科技园评估标准。鼓励各地区、各高校充分利用各种资源建设大学科技园、大学生创业园、创业孵化基地和小微企业创业基地，作为创业教育实践平台，建好一批大学生校外实践教育基地、创业示范基地、科技创业实习基地和职业院校实训基地。完善国家、地方、高校三级创新创业实训教学体系，深入实施大学生创新创业训练计划，扩大覆盖面，促进项目落地转化。举办全国大学生创新创业大赛，办好全国职业院校技能大赛，支持举办各类科技创新、创意设计、创业计划等专题竞赛。支持高校学生成立创新创业协会、创业俱乐部等社团，举办创新创业讲座论坛，开展创新创业实践。

上 篇

创 新 篇

第一章　培养创新意识

思维导图

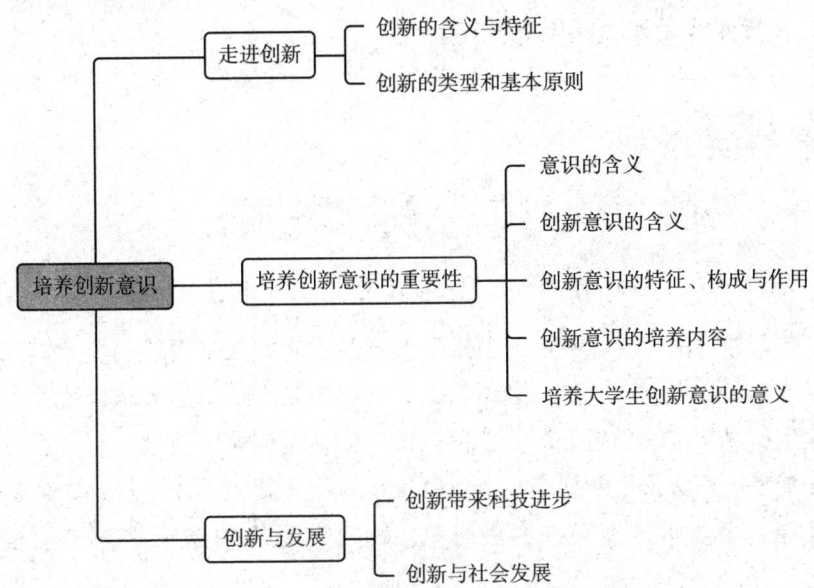

第一节　走 进 创 新

案例导入

随着时代的发展，各行业都产生了一些新变化。例如，近年来电子商务行业崛起，在该行业的发展过程中，直播和短视频成为电商行业的转型重点。网红通过直播的方式，成功地将自己的品牌价值和产品推销给了消费者，实现了快速的销售。网红的直播间常常人数爆满，他们凭借自己的专业知识和独特的直播风格，吸引了大量粉丝的关注。他们推荐的商品往往在短时间内就能售罄，甚至有时需要提前预约才能购买。网红的成功不仅在于其个人魅力，更在于他们对直播电商市场的敏锐洞察和精准把握。他们善于抓住消费者的需求，推荐适合消费者的产品，并提供专业的使用建议和搭配方案。同时，他们还与品牌商建立了良好的合作关系，为粉丝争取到更多的优惠和福利。因此，一些网红成为淘宝直播电商的佼佼者，也为其他想要进入直播电商领域的企业和个人提供了成功的范例。在此之后，伴随着天猫和淘宝手机 App 的不断完善，直播卖货变成了如今的电商常态。

案例思考

1. "直播+电商"的形式是否属于一种创新？
2. 你如何看待创新？

创新的方法很多，有的人引进新的产品，有的人采用新的生产方式从而开辟出新的市场，有的人利用新的原材料满足人们新的需求，这些都是大学生所要掌握的创新方法。也可以说，创新是创业的基础，一个企业要想长期发展，必须不断创新。企业每年都要招募新的人才，就是希望这些人才能为企业带来新观念和新思维。观念和思维的创新是一切创新的前提。

"创新是一个民族进步的灵魂，是一个国家兴旺发达的不竭动力。"在个人层面、群体层面到社会层面都大力提倡创新的时代，大学生创业者应该时刻牢记"创新"的理念。创业如果没有创新，就好比鱼儿离开了水、鸟儿失去了翅膀。没有创新引领，大学生创业者将很难在"大众创业、万众创新"的时代闯出广阔的天空，创新创业的持续发展也将无从谈起。

一、创新的含义与特征

（一）创新的含义

奥地利经济学家约瑟夫·熊彼特（1990）在《经济发展理论》一书中

首次对"创新"这一概念进行解释并开创了针对创新的理论研究。他认为，创新就是"生产函数的建立"，是"生产手段的新组合"。同时，熊彼特也将社会经济活动中的创新划分为5种类型：一是生产一种新的产品，也就是消费者都还不熟悉的产品，或者一种产品的新的特性；二是采用一种新的生产方法，即尚未通过有关制造部门确认的方法，这种新的方法不需要建立在一种科学新发现的基础之上，而是存在于商业上处理一种产品的新的方式之中；三是开辟一个新的市场，也就是有关国家的某一制造部门以前不曾进入的市场，不管这个市场以前是否存在过；四是获取或控制原材料或半成品的一种新的供应来源，不管这种来源是已存在的还是第一次创造出来的；五是形成一种工业的新的组织，形成一种垄断地位，或者是打破一种垄断地位。

创新含义的范畴涵盖了推动社会经济发展的所有技术的、组织的、方法的、系统的变革及其最终价值实现过程，而创业则是由一大批拥有企业家精神的创业者为了创新的实现所进行的动态过程。与创新相比，创业更加强调愿景形成与价值实现的有机统一，它要求人们必须具有将创新精神、创新意识和创造力转化为成功的社会实践的能力，这不仅要求个人具有创新能力，也要求人们必须具备发现变革趋势并把握机遇的能力、组建有效的创业团队并整合各类资源的能力、打造可持续的创业计划的能力，以及抵御风险、解决应激性问题的能力。可以说，与"创新"这个更为宏观的、注重系统分析的词汇相比，创业是一种更加注重实践性、个体性、多样性的过程。

创新是指基于现有的思维模式提出有别于常规或常人思路的见解或导向，利用现有的知识和物质，在特定的环境中，本着理想化需要或为满足社会需求而改进或创造新的事物、方法、元素、路径、环境，并能取得一定有益效果的行为。

创新是以新思维、新发现和新描述为特征的一种概念化过程。创新起源于拉丁语，有三层含义：第一是更新；第二是创造新的东西；第三是改变。并不是说只有重大的发明创造才是创新，实际上，对各种产品、工作方法、商业模式、服务模式的改进等都属于创新。

具体来讲，创新主要包括如下几种含义。

(1) 创新的目的是解决实践问题，是一项实践活动。

(2) 创新是一个相对的含义，其价值与时间、空间有关。同样的事物在今天看来是创新，明天可能是追随，后天大多数人都接受了，可能就是传统了。创新必须在一定范围内具有领先性，有的是世界领先，有的是地区领先。

(3) 创新可以解决技术问题、经济问题和社会问题，在广泛范围内发挥作用，它是每个人都可以参与的事业或活动。

(4) 创新以取得的成效为评价尺度。有成效才能认为是创新，根据成效，创新可以分成若干等级。有的是划时代的创新，如北大方正的汉字激光照排系统，淘汰了铅字，使全国印刷业告别了依赖铅与火的时代；有的是时尚创新，如电子宠物曾为厂商带来丰厚利润，但不久就"失宠"了。

总之，创新是人类特有的认识能力和实践能力，是人类主观能动性的高级表现，是推动民族进步和社会发展的不竭动力。一个民族要想走在时代前列，就不能没有创新思维，也不能停止各种创新。

（二）创新的特征

创新不同于一般的事物，也不同于日常的经营业务，它有自己的特征。美国创新研究专家詹姆斯·奎因等总结出了创新的六大特征。

(1) 概率性：即创新具有随机的偶然性。

(2) 复杂性：创新具有不确定性与风险。

创新活动需要个人、团队、组织之间的智力协同，内外环境之间的相互作用。创新的过程是一个复杂的系统过程，必须运用系统方法才能提高创新能力。

(3) 耗时性：创新具有不可预见性。所以，创新没有预定的时间表。

(4) 非线性：创新过程极少是线性的。

创新中会出现急进、倒退和不可预见的延迟等现象，并夹杂着随机的相互作用，从而导致创新发展的不平衡。对创新变革抱有敌意和反对的声浪时有出现，有时还会非常大。所以，创新过程中常有急进、延迟和倒退现象，这也表明创新具有反复性。

(5) 需求导向性。

相关研究表明，大约 70% 的重大创新是由已被认识到的市场需求驱动的，而不是在新的含义、技巧或技术出现以后再反过来寻找需求的。

(6) 风险性：准备应对失败。

创新会遇到多方面的阻力，因为任何重要创新都将对现有的权力结构产生冲击，容易遭到内外部的反对。

二、创新的类型和基本原则

创新主要有产品创新、技术创新、制度创新、职能创新、结构创新和环境创新几种类型。

1. 产品创新

产品创新是指研究、开发和生产出更能满足顾客需要的产品，使其性能更好，外观更美，使用更便捷、安全，总费用更低，更符合环境保护的要求。产品是满足社会需要、参与市场竞争、直接体现企业价值的东西，因而提升产品质量及其竞争力是企业创新的主要任务。

产品创新可在三个层面上实现。

(1) 开发出具有新功能的产品。例如，3DSystem 发布的 Cube3D 打印机平台自动找平功能，其打印支撑结构更容易去除。该产品可同时使用 PLA（聚乳酸）和 ABS（树脂）两种材料打印，并最多支持两种颜色。采用了全新彩色触摸屏，具有直观的用户界面，打印时可通过 LED 高亮显示，堪称 3DSystem 的"明星级"产品。

(2) 产品结构方面的改进。例如，使产品轻、巧、小、薄、携带和使用方便，节省材料、降低能耗。电子记事本、摄像机、手提电脑、超薄洗衣机等就是典型的例子。

(3) 外观方面的改进。例如，服装款式及色彩的改变都可以使顾客的需求得到新的满足，从而增加销售收入。苹果电脑也一度依靠推出的彩壳流线型 PC 显著提高了市场占有率。

2. 技术创新

技术创新是指采用新的生产方法或新的原料生产产品，以达到保证质量、降低成本、保护环境或使生产过程更加安全和省力的目标。

技术创新可以在四个层面上实现。

（1）工艺路线的革新。例如，用精密铸造、精密锻造、粉末冶金代替金属切削生产复杂的机械零件，可大幅缩短生产周期，降低成本。

（2）材料替代和组合。例如，美国堪萨斯、北卡罗来纳等农业州的农民与大学合作，以农产品做原料生产工业产品，如用玉米生产一次性水杯、餐具和包装盒，从玉米中提取燃烧用的乙醇，从大豆中提取润滑油替代石油产品等，这些产品受到市场欢迎，政府对其给予减税和强制推行等支持。

（3）工艺装备的革新。例如，用电脑绣花机代替手工绣花，用数控机床代替手动操作机床等。

（4）操作方法的革新。用更省力、更高效的操作方法，代替过去的一些传统的、不适用现代技术的操作方法。

3. 制度创新

制度创新是从社会经济角度来分析企业系统中各成员间政治关系的调整和变革，制度是组织执行方式的原则规定。企业制度主要包括产权制度、经营制度和管理制度三个方面的内容。

产权制度、经营制度和管理制度这三者之间的关系是错综复杂的（实践中，任意两种制度之间的界限都不明晰）。一般来说，一定的产权制度决定了相应的经营制度。但是，在产权制度不变的情况下，企业具体的经营制度可以不断地进行调整。同样，在经营制度不变的情况下，具体的管理规则和方法也可以不断改进。而当管理制度的改进发展到一定程度时，则会要求经营制度作出相应的调整。经营制度的不断调整，必然会引起产权制度的革命。因此，管理制度的变化会反作用于经营制度，经营制度的变化则反作用于产权制度。

制度创新的方向是不断调整和优化企业所有者、经营者和劳动者三者之间的关系，使各个方面的权利和利益得到充分体现，使组织中各成员的作用得到充分发挥。

4. 职能创新

职能创新就是在计划、组织、控制和协调等管理职能方面采用新的更有效的方法和手段。职能创新体现在以下几个方面。

（1）计划的创新。许多企业在计划工作中运用运筹学取得了显著成效。例如，某企业从2022年开始在购电、电网运行和用电方面采用目标规划，使企业电费节约额达2000万元以上。

（2）控制方式的创新。例如，日本丰田公司首创的准时生产制（JIT），显著降低了成本。

（3）用人方面的创新。例如，应用测评法招聘、选拔和考核干部、员工，采用拓展训练等方法提高团队凝聚力等。

（4）激励方式的创新。例如，美国企业实行"自助餐式"奖励制度，使同样的支出获得了更好的激励效果。

（5）协调方式的创新。例如，福建省南平市政府试行科技特派员制度，政府通过调查了解了村镇和农业大户需要哪些技术支持，同时，将全市3500名农业科学技术人员按专长分类公布，然后将两者对接起来，实行双向选择，使农户收入和农业科技部门、农业技术人员的收入都得到了大幅度提高。

实际上，由于管理职能互相渗透，有些创新很难归入具体的类别，如计划评审技术（program evaluation review technique，PERT）源于1958年美国军队的北极星火箭系统计划，主要目的是针对不确定性较高的工作项目，通过网络图规划整个专案，以排定期望的专案时程，简化大而复杂项目的计划并且分配各任务时间。PERT既计划新方法，又控制新方法（重点环节控制）；目标管理既计划新方法，又激励和协调新方法；全面质量管理（total quality control，TQC，以组织全员参与为基础的质量管理形式）小组既控制新方法，又组织和激励新方法。

5. 结构创新

结构创新是指设计和应用新的、更有效率的组织结构。结构创新按其影响的范围可分为技术结构的创新和经济与社会结构的创新两类。

（1）技术结构的创新。例如，福特在20世纪20年代首创流水线生产方式，让工人依次完成简单工序，这大大提高了生产率，从而开创了大规模生产标准产品的工业经济时代。

（2）经济与社会结构的创新。通过调整人们的责、权、利关系以提高组织效能。例如，美国通用汽车公司于20世纪20年代采用事业部制，解决了统一领导与分散经营的矛盾，使规模经营与适应市场的要求得到了统一，从而极大地增强了竞争力。

6. 环境创新

环境是企业经营的土壤，同时也制约着企业的经营。环境创新不是指企业为适应外界变化而调整内部结构或活动，而是指通过企业的创新活动去改造环境，引导环境朝着有利于企业经营的方向变化。例如，通过企业的公关活动，影响地区政府政策的制定；通过企业的技术创新，影响社会技术进步的方向等。

就企业来说，环境创新的主要内容是市场创新。市场创新主要是指通过企业的活动去引导消费、创造需求。新产品的开发往往被认为是企业创造市场需求的主要途径。其实，市场创新的更多内容是通过企业的营销活动来进行的，即在产品的材料、结构、性能不变的前提下，或通过市场的地理转移，或改进交易和支付方式，以及通过揭示产品新的物理使用价值来寻找新用户；也可以通过广告宣传等促销工作来赋予产品一定的心理使用价值，影响人们对某种消费行为的社会评价，从而诱发和强化消费者的购买动机，进而提高产品的销售量。

 课后练习题

请思考大学生如何提升创新能力以更好适应时代发展要求？

第二节　培养创新意识的重要性

案例导入

苹果公司，作为全球科技行业的领军企业，以其独特的创新精神和源源不断的创新产品赢得了全球的关注和赞誉。从 iPod、iPhone 到 iPad、Apple Watch，苹果的产品一直在引领着科技潮流。那么，苹果公司的创新精神究竟是如何培养的呢？

（1）创新意识的孕育：苹果公司的创始人史蒂夫·乔布斯坚信创新是区别领导者和追随者的唯一标准。他提倡员工勇于挑战现状，敢于尝试新事物。在这种企业文化的熏陶下，苹果公司的员工逐渐形成了强烈的创新意识。

（2）跨学科融合：苹果公司的创新产品往往融合了多个领域的技术。例如，iPhone 的触摸屏技术涉及了物理学、化学、材料科学等多个领域。这种跨学科的融合，使得苹果公司的创新更具深度和广度。

（3）用户至上：苹果公司始终将用户需求放在首位，不断挖掘用户的潜在需求，并以此为导向进行创新。这种以用户为中心的创新理念，使得苹果公司的产品更加贴近用户，赢得了用户的喜爱。

（4）持续迭代：苹果公司的产品并不是一蹴而就的，而是在不断迭代中逐渐完善的。这种持续改进、追求卓越的精神，使得苹果公司的创新更具持续性和稳定性。

案例思考

根据案例总结培养创新意识的重要性。

在新形势下，我国经济发展进入了新常态，转化发展动力的根本出路在于创新。创新意识是提出新见解、寻找新方法、探索新领域的自觉的心理活动，体现了对创新价值及意义在一定程度理解基础上的对新事物的敏感性。要培养创新能力，首先就是要激发和培养创新意识，只有有了创新意识，才能启动创新思维，产生创新智慧，再通过创新行为，获得创新成果。

一、意识的含义

当代思想家丹尼特认为："人类的意识大概是最后一个难解的谜……对意识，我们至今如坠入云里雾里，时至今日，意识是唯一常常使最睿智的思想家张口结舌、思维混乱的论题。"[①] 在人类已建立的众多概念与范畴

---

① 丹尼尔·丹尼特. 直觉泵和其他思考工具［M］. 杭州：浙江教育出版社，2018.

体系中，意识是最为混乱的概念之一。在威廉·卡尔文的《大脑如何思维》一书中，就列出了对意识的八种理解，国内心理学界与哲学界关于意识问题也产生过激烈的争论①。结合新时代对创新的新理解，在总结吸收各方观点后，编者对意识的定义如下。

意识是指大脑对认知、情感和意志等心理过程的觉察、调节或控制。其中，认知过程具体包括注意、感知、记忆、想象、分析、综合、抽象、概括、判断、推理等心理操作过程。从狭义上说，意识是指大脑对空间结构思维（包括形象思维和直觉思维）和时间逻辑思维的觉察、调节或控制；从广义上说，这种觉察、调节或控制的对象还可包括情感和意志等心理过程。这一定义的主要特点如下。

（1）抓住了意识的核心——认知过程即思维过程。

（2）强调思维不仅包括时间逻辑思维，还包括空间结构思维。

（3）对意识和思维加以明确区分，而不混为一谈（否则就会把"意识""意识的对象"等同或混淆起来，从而使"意识"范畴失去存在的价值）。

以上三点是意识定义的精髓，也是意识的本质。

二、创新意识的含义

创新意识是指人们根据社会和个体生活发展的需要，引出创造前所未有的事物或观念的动机，并在创造活动中表现出的意向、愿望和设想。它是人类意识活动中的一种积极的、富有成果性的表现形式，是人们进行创造活动的出发点和内在动力，是创造性思维和创造力的前提。

三、创新意识的特征、构成与作用

（一）创新意识的特征

1. 新颖性

创新意识是求新意识，是为了满足新的社会需求，或者用新的方式更好地满足原来的社会需求。

---

① 威廉·卡尔文. 大脑如何思维 [M]. 上海：上海科学技术出版社，2012.

2. 社会历史性

创新意识是以提高物质生活和精神生活水平需要为出发点的，而这种需要很大程度上受具体的社会历史条件制约，在阶级社会中，创新意识受阶级性和道德观的影响和制约。人们的创新意识带来的创造活动和产生的创造成果，应为人类进步和社会发展服务；创新意识必须考虑社会效果。

3. 个体差异性

人们的创新意识与其社会地位、文化素质、兴趣爱好、情感志趣等紧密相关，它们对创新起着重大的推进作用。这些方面的个体差异性较大，因此对于创新意识既要考察创新者的社会背景，又要考察其文化素养和兴趣动机。

（二）创新意识的构成

创新意识包括创新动机、创新兴趣、创新情感和创新意志。

（1）创新动机是创新活动的动力因素，能推动和激励人们进行创新活动。创新动机是创新主体进行创新行为的内在驱动力，是创新主体的内部心理过程。创新主体的创新动机不是单一的，大多时候是多元的，这不仅与创新主体自身有关，还受外部环境的影响。

（2）创新兴趣能促进创新活动的成功，是促使人们积极探求新奇事物的一种心理倾向。

（3）创新情感是引起、推进乃至完成创造的心理因素，只有正确的创新情感，才能使创造成功。

（4）创新意志是在创造中克服困难、冲破阻碍的心理因素，具有目的性、顽强性和自制性。

创新意识与创造性思维不同，创新意识是引起创造性思维的前提和条件，创造性思维是创新意识的必然结果，二者密不可分。创新意识是创造人才所必须具备的。创新意识的培养和开发是培养创造人才的起点，只有注意从小培养创新意识，才能为长大后成为创造人才打下良好的基础。教育部门应以此为教学改革的重点之一，只有具有创新意识的民族，才有希望使国家成为知识经济时代的科技强国。

（三）创新意识的作用

1. 创新意识是决定一个国家、民族创新能力最直接的精神力量

在当今社会，创新能力实际就是国家、民族发展能力的代名词，是一个国家和民族解决自身生存、发展问题能力大小的最客观和最重要的标志。

2. 创新意识促成社会多种因素变化，推动社会全面进步

创新意识根源于社会生产方式，它的形成和发展必然会进一步推动社会生产方式的进步，从而带动经济的飞速发展，促进上层建筑的提升。创新意识进一步推动人的思想解放，有利于人们形成开拓意识、领先意识等观念；创新意识会促进社会政治向更加民主、宽容的方向发展。

3. 创新意识能促成人才素质结构的变化，提升人的本质力量

创新实质上确定了一种新的人才标准，它代表着人才素质变化的性质和方向，输出一种重要的信息：社会充满生机和活力的人、有开拓精神的人、有思想道德素质和现代科学文化素质的人。它激发人的主体性、能动性、创造性，并使其得到进一步发挥，从而使人自身的内涵获得丰富和扩展。

 拓展阅读

大科学家爱因斯坦在 26～36 岁的 10 年间作出了五项可以获得诺贝尔奖的重大科学成果，其中四项是他在 1905 年 3 月至 9 月完成的。当时他在专利局当小职员，缺乏科研条件，没有名师指导，仅依靠业余时间进行研究。这些伟大成果的取得，与他从小就有很强的好奇心是分不开的。爱因斯坦 5 岁时，父亲送给他一个指南针，之后他对指针始终指向南方这一现象感到好奇，思考隐藏在这一现象后面的原因到底是什么呢？16 岁时他又突发奇想：假如人以光速跟着一道光跑，将看到什么呢？经过思考和研究，10 年后，他创立了狭义相对论。

他后来总结说："好奇心是教育第一要保护的品质。"还有许多科学家，他们提出人类就是以好奇心为起点开始对古今的认识的，"好奇心是世界上一切伟大事业的开端"。

资料来源：阿尔布莱希特·弗尔辛. 爱因斯坦传［M］. 北京：人民文学出版社，2011.

四、创新意识的培养内容

创新意识代表着一定社会主体奋斗的明确目标和价值指向，是一定主体保证生存稳定、持久创新需要、价值追求和思维定式及理性自觉的推动力量，是唤醒、激励和发挥人所蕴含的潜能的重要精神力量。创新意识远比知识和技能更重要。在创新意识的培养过程中，要重点培养以下三种意识。

（一）价值意识

价值意识就是创新有用意识，就是能觉察、认识到创新价值，在调控创新行为时考虑价值因素。在进行创新价值意识的教育中，既要突出创新对社会、国家的积极意义，又要关注创新对个人发展的积极意义。马斯洛认为，人的行为动机来自人的需要，需要是分层次的。树立创新价值意识，是促使对创新的认知需求向更高级的尊重需求和自我实现需求转化的因素之一。创新价值意识有利于学习者产生接受创新教育的需求，或者在创新活动中维持更长久的动力。

（二）行动意识

行动意识就是"我要创新"的意识。"我要创新"不仅仅是认识创新的意义，欣赏并享用他人的创新成果，而是自己要参与创新活动，期望通过参与创新活动提高自我创新能力的价值。维克多·弗罗姆在期望—价值动机理论中提出，动机激励水平的高低等于期望与效价的乘积。强化行动意识，提高创新能力的期待，强化对创新活动的积极情绪体验都有利于大学生将接受创新教育的需求转化为具体的行动。

（三）自信意识

自信意识就是"我要创新"的意识。每个人心中都有创新因子，在创新教育中产生行动意识一般并不困难，难的是如何维持学习动机、如何逐步提高学习动机的水平。阿尔伯特·班杜拉认为，自我效能是支配人类行为的重要力量，自我效能包括对行为能力的自觉和个体对自身能力稳定的信念。自我效能感强的人，常表现为自信心强，具有积极的情绪，在困难面前不退缩，很少自我放弃等。在创新教育中提供成功的创新体验，有利于学习者逐步提高自我效能感，产生对自身创新能力的信念，从而增强创新自信,提高接受创新教育和投身创新活动的动机。

五、培养大学生创新意识的意义

(一) 培养大学生创新意识是培养创新人才的需要

科技要发展,人才是关键。科技的发展需要不断创新,科技的创新需要的是创新型人才。创新型人才需要有强烈的求知欲和好奇心,也就是要有创新意识,同时还要有坚强的意志。大学生朝气蓬勃、充满活力,对他们进行创新意识的培养,能够使其更好地开展创新活动,更好地为科技发展、国家发展贡献力量。

(二) 培养大学生创新意识是高校素质教育的核心

我国教育的根本是促进大学生的全面发展,提高大学生的综合素质。在信息时代,知识的更新周期不断缩短,由此带来了职业的快速更迭。大学生只有不断学习新知识,保持终身学习的能力,才能不断创造,在社会竞争中占有一席之地。同时,高校作为人才培养基地,肩负着为国家建设输送人才的重要使命,为了适应国家发展,创新人才的培养刻不容缓。要想培养创新人才,创新意识的培养尤其重要。

(三) 培养大学生创新意识是提高国家竞争力的需要

随着知识经济时代的到来,科技创新成为社会发展的主导力量。尤其是互联网的飞速发展,给我们的生活带来了无限方便,同时人们对科技创新的依赖越来越强。国家之间的竞争也体现在科技创新上,要想提高我国的国际竞争力,提高科技水平刻不容缓。大学生作为科技创新的主体力量,无疑在国家科技水平提升方面起着重要作用,培养大学生的创新意识,提高创新能力,对于提高国家的科技水平和国际竞争力意义重大。

 课后练习题

1. 结合自身情况,简述培养创新意识如何促进个人发展。
2. 通过了解具体案例,简述培养创新意识如何推动社会进步?

 **拓展阅读**

创新意识是指人们根据社会和个体生活发展的需要,引出创造前所未有的事物或观念的动机,并在创造活动中表现出的意向、愿望和设想。创新意识与创造性思维不同,创新意识是引起创造性思维的前提和条件,创造性思维是创新形象的必然结果,二者密不可分。创新意识是创造人才所必须具备的。创新意识的培养和开发是培养人才的起点,只有注意从小培养创新意识,才能为成长为创造人才打下良好的基础。教育部以此为教学改革的重点之一,即只有具有创新意识的民族,才有希望使国家成为知识经济时代的科技强国。

任务:培养创新意识的重要性

编排《买药》情景剧

1. 活动参与人数:以班级为单位,人数控制在50人以内
2. 活动场地和道具:教室,纸、笔
3. 活动组织:学生3人为一组,以小组形式完成
4. 活动步骤

(1) 设计活动场景。假设,有一位患有高血压疾病的听障者到药店买药,但药店的工作人员不懂手语。要求学生模拟这位听障者并想一种办法能够让药店的工作人员明白自己的意图。

(2) 分小组讨论。各小组就主题进行讨论,确定最终的办法。

(3) 小组讲解。小组负责人对小组讨论的解决办法在班级内讲解。

5. 活动交流与讨论

(1) 全班讨论,选出最具创意的三组。

(2) 对选出的三组进行分析,并说出他们的优点。

6. 活动体验

7. 活动点评

要培养创新能力,通过本次实训活动,首先要激发和培养学生的创新意识。同时,创意的讨论及讲解过程可以锻炼学生的组织能力、表达能力和团队协作能力。

第三节　创新与发展

> **案例导入**

杭州第 19 届亚运会向世界呈现了首个数字点火仪式，活动参与人数超 1 亿人。如何让数字点火互动在手机支付宝小程序里正常运行，成为攻坚难题。蚂蚁集团利用自研 Web3D 互动引擎 Galacean 打造了亚运数字火炬手平台，做到亿级用户规模覆盖，并支持 97% 的智能手机设备，用户不需要下载 App，通过支付宝小程序就能参与。为了保障新老机型都能顺畅运行，项目组还设立了大型测试机房，放置数百台不同年代及型号的手机，进行超过 10 万次的测试，帮助杭州亚运会实现"通过一部手机，人人都能成为数字火炬手"的目标。蚂蚁集团不仅攻克了技术难题，让数字点火互动在手机支付宝小程序中流畅运行，更实现了亿级用户规模覆盖，为亚运会的数字化传播增添了浓墨重彩的一笔。这一创新的实践，不仅推动了企业自身的技术进步和业务发展，也为中国数字经济的繁荣发展注入了新的动力。可以说，创新是企业发展的不竭动力，只有不断创新，才能在激烈的市场竞争中立于不败之地。

资料来源：全球首个数字点火完成！总导演沙晓岚：感谢支付宝工程师让设想变成了现实 [EB/OL]. 新华网，2023-09-23.

> **案例思考**

技术创新如何助力企业实现社会价值和商业价值的双赢？

一、创新带来科技进步

创新来自两方面：一方面是技术创新，推动产业的发展；另一方面是制度和机制的创新，保证技术创新的环境和氛围，使创新意识、创新文化、创新理论得以更好地发挥和实现。

人类历史上发生过的三次重大技术革命都强烈地依赖于科学理论、基础研究的突破。第一次技术革命发生于18世纪60年代,主要的标志是蒸汽机的广泛应用,这同近代力学、热力学发展有着密切的关联;第二次技术革命发生于19世纪中叶,主要的标志是电力的应用,是电磁理论突破引发的成果;第三次技术革命始于20世纪40年代,是在相对论、量子力学等实现理论突破的基础上产生的,其主要标志是原子能技术、电子技术和空间技术的广泛应用。

德鲁克（2007）在其《创新与企业家精神》一书中提出：创新是创业过程的一个重要组成部分。第二次世界大战以来,公共媒体、社会公众和政策制定者一直相信：研究和开发发生在大公司。然而客观事实是：尽管中小企业在创新中受到资源约束,但它们的创新能力是惊人的。据美国国家科学基金会、商务部等机构统计,二战后50%的创新、95%的根本性创新都是由小型创业公司完成的。事实上20世纪有60%的发明来自独立的发明者和小企业,许多新产品由小企业创造,如复印机、胰岛素、真空管、青霉素、拉链、喷气发动机、直升机等[①]。其他的研究还表明,较小的创业型企业的研发比大企业更有效率和更有价值。小企业每1美元的研发经费产生的创新是大企业的两倍,每位研发科研人员产生的创新是大企业的两倍。日本的研究表明：一半的企业技术创新是由小企业进行的,且投入高额的创新费用。新企业不仅创新效率高,而且创新的商品转化率也更高。它们可以在较短的时间内使创新产品进入市场,这段时间平均为2.2年,而大公司则需要3.1年。

例如,我国科学家在国家重点基础研究发展计划支持下,在分子生物学和基因理论方面开展了一系列重要研究,推动了该领域的科技水平和生产力的提高。在水稻研究方面,开展了杂交水稻理论和克隆水稻中与株型相关的单分蘖突变体分子生物理论研究,通过控制分蘖形成数量,大大提高了水稻等禾本科作物产量;在小麦研究方面,育成了国际上小麦第一套全基因组近等导入系/近等基因系,发现了在供体亲本中"隐藏"的大粒、

---

① 高教所师生座谈《国家中长期教育改革和发展规划纲要》[EB/OL]. 深圳大学高等教育研究所网, 2010-03-30.

多粒、优质、早熟等重要目标性状,进而为培育第二次"绿色革命"杂交小麦品种奠定了基础;在猪品种优化方面,确定了猪促卵泡激素β亚基基因为猪高产仔数的主效基因,在此基础上发明了高产仔数基因诊断盒,可以准确、快速地选择高产仔的猪种,已在全国9个省份的12个国家级和省级的原种猪场进行了进一步的推广和应用,产生了巨大的经济效益。

从1997年转基因抗虫棉花在我国大面积推广使用,到2006年我国种植转基因棉花大约3500万公顷,占棉花种植面积的60%以上,每亩减支增收130元,经济、社会和生态效益显著。农民可以减少80%以上的农药使用量,减少了农药污染和人畜中毒,提高了棉花的单产和总产[1]。随着研究的开展和技术的普及,一大批拥有国内自主知识产权的非粮转基因作物诞生,一批新型生物技术公司诞生,带动了生物技术育种产业和转基因科学研究的蓬勃发展,对我国非粮农作物丰产稳产起到了引领和指导作用,同时,转基因技术的发展对基因的基础研究提出更高的要求,如新基因的发现及其功能和调控机理、转基因安全理论等,又对相关的基础研究不断提出了新的课题,从而促进人类对生命本质的认识不断向纵深发展。

近年来,在一系列科技计划的支持下,我国的半导体照明技术及产业蓬勃发展,形成了产学研紧密结合,基础研究、关键技术和产业化互动发展的创新局面,实现了从物理、材料、器件、大装备到示范应用的创新链和产业链。高效节能、长寿命的半导体照明产品正在引发新的照明变革。目前,已发展出的大功率白光LED发光效率达80流明/瓦,超过荧光灯的效率,是白炽灯的5~10倍、寿命是白炽灯的30~50倍,在建筑景观照明、大屏幕显示、交通信号灯、指示灯、手机及数码照相机等小尺寸背光源、太阳能LED照明、汽车照明、特种照明及军事等领域有广泛应用前景[2]。半导体照明之所以能够迅速取得今日的重大进展,得益于几十年来我们对以氮化镓为代表的宽禁带半导体材料的重要基础问题研究的突破。通过低温缓冲层消除应力和对P型掺杂机理的认识,提高了材料的质量和发光的量子效率,实现了从材料到器件的跃变;通过第一原理计算,加深

---

[1] 李华等.转基因抗虫棉花在中国的推广与应用[J].中国农业科学,2008,41(2):1-10.
[2] 张舜,廖安宇,朱煌,等.一种PWM调光LED照明电路设计[J].现代职业教育,2020(1).

对掺杂机理的认识，将掺杂浓度提高了两个数量级，将这些基础研究的重大突破应用于器件上，使产品性能提升了1倍，实现了特种照明的实用化。可以说半导体照明技术发展过程中每前进一步，都伴随着对材料相关基础问题的深刻认知。要实现半导体照明进入通用照明领域，必须重视和研究解决阻碍其快速和持续发展的宽禁带半导体材料等重大基础问题。

企业把创新的技术和产品带给了有需要的人们。同时，企业也因新技术和新产品的创新积累了大量的利润，进而获得巨大的商业成功。创新对企业的价值体现在如下几个方面。

（一）创新为企业带来核心竞争力

创新可以为企业带来显著的收益，并在行业中获得关键的核心竞争力。核心竞争力是指能为企业带来相对于竞争对手的具有持久优势的能力。对于组织而言，领先于竞争对手的能力是创新行为最重要的因素之一。成功的创新型企业能够保证其产品和服务既满足客户的需求，又能符合不断变化的市场环境。德勤的调研数据显示，1955年财富500强企业中只有12%还留在今天的榜单上。[1]那些消失的企业都因跟不上创新的脚步而被迫出局，而在创新尝试中坚持下来的企业，则获得了持久的生命力。

中国的华为就是一个典型例子。在过去20多年中，全球通信行业升起的最耀眼的明星企业莫过于华为了。这家于1987年注册的民营企业从一个默默无闻的小企业发展为全球瞩目的通信科技公司。从最早的分布式基站战略到今天的5G全球领先，从德国徕卡镜头的嵌入到与保时捷的跨界合作，一路走来的华为不断地颠覆通信产业的传统格局，让世人看到开放式创新所带来的奇迹。正是持续的创新，才使华为拥有巨大的竞争力。

创新造就伟大的企业。无论是经济危机或是迅速发展的技术都给企业带来了众多不确定性，又给企业带来了创新的机会，从某种意义上来看，创新是帮助企业摆脱危机的重要方式。

（二）创新助力企业长远发展

《商业周刊》的调查发现，1995～2005年排名前25位的世界顶级创新

---

[1] 规则正在被改写：德勤预测人力资本变革的十大趋势［EB/OL］. 控制工程网，2017 – 03 – 03.

企业的平均边际利润为3.4%，而标准普尔全球指数中其他企业的平均边际利润仅为0.4%，同样，这些企业在股票市场的年平均回报率为14.3%，其他企业则为11.3%。有数据表明，1970年跻身《财富》全球500强之列的企业，到1983年竟然有1/3已经销声匿迹。这个排行榜上的企业从产生到衰亡，平均寿命只有40~50年。在日本和欧洲，企业的平均生命周期为12.5年；在美国，有62%的企业平均生命周期不到5年，存活能超过20年的企业只占企业总数的10%，只有2%的企业能存活50年。而在中国，企业的平均寿命只有7~8年，尤其是民营企业。不仅平均寿命只有2.9年，而且生存超过5年的不到9%，超过8年的不到3%。企业史上，有些曾经响当当的企业都在极度辉煌后霎时褪去了光鲜，昙花一现。与此相对应的却有另一些企业，历经百年不衰：在美国道琼斯指数涉及的企业中，有将近60%的公司寿命超过100年，将近25%到了150年，最长的是杜邦公司（始创于1802年）是218年，最短的是微软公司，也有40以上的历史。在中国，百年老店同仁堂（始创于1669年）拥有350多年的历史，北京全聚德（始创于1864年）已经有150多年的经营历史，烟台张裕葡萄酿酒股份有限公司（始创于1892年）也有120多年。美国1900年1月1日，《华尔街日报》报道了当时美国的十二大公司，到20世纪末就只有通用电气一家存在，通用电气是1896年道琼斯指数创立时的原始成分股之一，其间曾被剔除出道琼斯成分股，但自1907年以来，其成分股身份已延续111年，也是道琼斯指数中最后存在的一只原始成分股。而到了2018年，通用电气也失去了往日的辉煌，被剔除出道琼斯指数成分股[①]。

在长寿公司中，阿里·德赫斯列举出18家寿命超过200年的公司。经过研究，他发现这些公司与普通公司的区别在于把自己看作一个有生命的人类生活共同体，而不是一个"赚钱机器"。《长寿公司》（1997）一书总结出长寿企业的四个共同特点：高度认同感、高容忍度、保守的财务策略以及对环境的高敏锐度。在对长寿企业的研究中，学者们发现了无论是大型企业，还是中小型的企业，其超强的生命力与其持续创新能力是密切相关的。这些来自世界各国的基业长青的企业已经学会了如何管理创新的过

---

① 陈浩. 执行力 [M]. 北京：中华工商联合出版社，2011.

程，所以才能持续不断地创新，成为战胜企业生命周期的赢家。这样的企业并不少，有3M、宝洁、西门子、飞利浦、拜耳这样的世界500强企业，也有来自日本、德国等国的大量中小型长寿企业。

此外从管理的角度来看，创新会对企业几乎所有职能提出新的要求，如营销——如何用创新吸引和保留消费者；人力资源管理——如何吸引创新人才，如何激励创新人才，如何保持公司的创新氛围；研发——研发投入密度的选择，如何在研发全球化和本土化之间作出新的平衡；生产运作——如何在生产过程中保护创新，如何全球布局以最大化创新收益；财务——如何为创新的高昂投入提供源源不断的资金支持等。几乎每一个创新成功的企业都会声称自己是组织变革的成功者，因为两者相辅相成，离开成功的变革，创新难以发生，更难以持续。

正是由于创新的重要性，在传统的计划、组织、领导、控制等职能外，创新成为企业家、管理者的重要职能。熊彼特认为创新应当是企业家的主要特征，企业家不是投机商，也不是只知道赚钱、存钱的守财奴，而应当是一个大胆创新、敢于冒险、善于开拓的创造型人才。德鲁克认为创新是企业家特有的工具，凭借创新，他们将变化看作开拓另一个企业或服务的机遇……企业家必须有目的地寻找创新的来源，寻找预示成功创新机会的变化和征兆。他们还应该了解成功创新的原理，并加以运用。

（三）创新提高生产率

从社会角度看，经济发展是由创新和科技革命推动的。如果从组织的角度来看的话，创新的技术可以减少人工劳动的辛苦，让机器从事重复性的工作。这种技术上的进步可以降低企业的生产成本、节约生产时间并扩大生产产量，从而提高劳动生产率把人从繁重的劳动中解放出来，将重心转移到高附加值的工作中，去从事创造更重要价值的工作。

2016年，德勤与基拉系统联手，正式将人工智能引入财务工作中，使财务管理迈入了一个全新的时代。德勤智能机器人具有五个特别明显的优势：替代财务流程中的手工操作；管理和监控自动化财务流程；录入信息、合并数据、汇总统计；根据既定的业务逻辑进行分析判断；识别财务流程中的优化点。智能机器人的创新不仅仅提高了劳动生产率，而且还体现出传统人工所无法比拟的优势。比如，机器人执行任务的精确度远高于人工，它们还可以全天候不间断地工作。德勤机器人的创新给会计行业带来不小的震动，机器人取代人工劳动的时代即将到来。

（四）创新对企业文化产生积极影响

创新实践有助于建立持续学习、成长和个人发展的企业文化。这种创新的企业文化又会通过激励的方式，促使员工不断改进团队的工作方式，从而形成企业成长的良性文化生态。谷歌的产品创新为世人熟知，但很少有人意识到成就这家优秀高科技公司的秘密武器是其独特的企业文化。所谓企业文化是一家企业的核心价值观所在，是以共同的价值观为核心而形成的群体意识。谷歌的企业文化精髓就是鼓励创新，这种创新文化不仅体现在优厚福利的物质文化上，还体现在尊重个人价值的精神层面上。比如，谷歌允许员工使用20%的工作时间来进行自己感兴趣的研究与开发，这种对员工的尊重和信任，以及鼓励探索新领域的创新热情，直接促成了谷歌众多新产品的诞生[①]。

二、创新与社会发展

（一）创新推动社会经济发展

创新和社会经济的发展具有密切的关系。一方面，创新推动社会经济的发展；另一方面，社会经济对创新具有巨大的反作用。明晰创新与社会经济的关系有利于大学生更好地进行创新实践。

1. 创新对社会经济的影响

社会经济的发展史就是一部创新史，社会经济从农业经济到知识经济的每一步转变都是通过创新得来的。远古时期，人类收集植物种子统一种植，发明农耕，是创新；近代科学家发明蒸汽机，开启工业先河，也是创新；当代研究者发明网络使人类进入信息时代，让知识经济腾飞仍然是创新。可以说，是创新推动了社会经济的发展。创新对社会经济的影响体现在以下4个方面。

（1）创新提高社会生产力水平。创新能够直接提高社会生产力，如改良蒸汽机的普及使机器代替了低效的人类手工，在一年内制造了比人类过

---

① 比尔·基尔迪. 谷歌方法［M］. 北京：中信出版集团，2019.

去制造总和还多的产品，使社会经济得到了爆发式的增长。所谓"科学技术是第一生产力"，其原理正是基于此。

（2）创新突破了自然条件的限制。越来越多的自然条件限制因创新而解除，如水坝克服了雨量不均导致的灌溉问题；道路克服了运输和出行中的坎坷地势；桥梁克服了河流和峡谷的地理阻隔。这些限制的解除使人类能够稳定地进行商品生产，社会经济能够在更大的地域实现联通、发展，生产的成果能够得到妥善地保存。

（3）创新能够改变社会需求。创新能够改变社会需求体现在两方面：一是创新会带来新的社会需求；二是创新会减少某些东西的需求量甚至淘汰其需求。

（4）创新能够推动社会经济的变革和转型。社会经济形式、结构、体质都因创新而改变，如人类发明了种植后，获得了比捕猎和采集更稳定的食物来源，由此形成了更大规模的聚落，在聚落的基础上又诞生了原始商业。

由此可见，创新对社会经济的发展具有决定性的作用，是创新推动了社会经济的发展。知识经济时代并非凭空到来，而需要由不断创新来推动，大力推动社会创新是实现经济转型的必要之举。

2. 社会经济对于创新的反作用

创新推动社会经济的发展，但是同时，创新也需要依靠社会经济来实现，这就是社会经济对创新的反作用，它主要体现在以下3个方面。

（1）社会经济为创新活动提供物质基础。创新活动是人类实践活动的一种，需要依靠社会经济提供的物质基础才能开展，如科学实验所需要的实验器具、实验环境和实验对象等都依赖于社会经济，进行理论创新或制度创新也需要以社会经济为来源。

（2）社会经济是创新的动机。创新往往不是凭空产生的，而是带有明显的动机，其动机往往就是源于创新者想要解决当前社会经济的不足等问题，如冰箱、收音机、汽车的诞生都来源于社会经济发展的客观需要。

（3）社会经济检验创新结果。创新有很多，但不是所有的创新都能满足人们的生产生活需要，也不是所有创新的产物都有社会价值。创新的产物进入社会经济后，适应社会需要的会得到社会经济的正反馈，如诺贝尔通过发明炸药积累亿万身家、比尔·盖茨靠软件成为世界首富等；而不适应社会需要的就会被淘汰，如罗伯特·欧文的新和谐移民区试验的失败。

在社会经济的转型期，创新的需要空前高涨，社会需要创新、鼓励创新、呼唤创新，可以说，这正是创新者最好的时代，是创新的黄金时间。

（二）创新增加幸福感

幸福感主要源于人们对积极变化的主观体验。创新减少和治愈了疾病，让贫困地区的人们摆脱了贫穷和饥饿。中国的"杂交水稻之父"袁隆平是杂交水稻研究领域的创新者，他致力于提高水稻产量的研究，解决了人口大国的粮食短缺问题。孟加拉国的穆罕默德·尤努斯是微型贷款模式的创新者，他开创了"乡村银行"的先河，为650万名借款者和7万多个村庄提供信贷服务，其中超过96%的贷款都用于帮助在困苦线上挣扎的家庭。

上述这些创新或是帮助人口大国摆脱了粮食不足带来的潜在危机，或是为贫困中的人们提供了无数的生存机会，这就是创新的魅力。创新的终极结果是提高整个社会的福祉，这就是幸福的来源。

（三）创新增加教育和沟通的可及性

互联网的创新还带动了开放式网络课程（MOOC）这一教学方式的重大创新，它是教育领域发生的颠覆性革命。只要拥有一根网线，就可以享受到世界上最先进的教育资源，聆听来自顶级大学老师的演讲，或是分享你在受教育过程中获得的新知。其中，大部分的教育内容都是免费的，可汗学院（Khan Academy）就是一个典型例子。

可汗学院的创始人萨尔曼·可汗（Salman Kha）是一位孟加拉裔的美国人。最初，他经常通过互联网的涂鸦工具给远在他乡的亲戚远程补习数学。后来他发现，越来越多的亲戚朋友也有着同样的补习需求。于是他将数学课程制作成视频，发到社交网站上。没想到，这一行为引来更多的网上学习者，2009年，可汗决定辞掉工作，致力于制作教育视频这项新工作，由此，可汗学院诞生了。可汗学院借助网络传送的便捷性和视频重复回放的低成本吸引了全世界数以千万计不同年龄层的学生，其课程内容也不再局限于数学，还包括物理、化学、生物、天文、历史和金融等科目。可汗本人也成为全世界的网红教师，他为全世界想学习的人创造了一个完全免费的网上智能视频学习平台,尤其让那些家境贫困的学生看到了教育的曙光,找到了获取知识的途径①。互联网技术的创新使世界发生着前所未有的改变,这层出不穷的积极变化都是创新带给我们的福利!

不仅教育如此,技术的创新也增进了人们之间的沟通和了解。我们知道,语言不通是各国经济、文化、贸易交流中普遍存在的问题。由于语言沟通的障碍,不少中国企业甚至在国际上失去了很多竞争的机会。但现在对国人来说,这个沟通障碍正在悄悄地消失,智能翻译机的出现已基本解决了中外语言沟通中的障碍问题。比如,讯飞翻译机2.0,不仅支持中文和全球33种语言的即时互译,还能有效识别粤语、四川话、河南话和东北话等几种方言。无论在嘈杂大街上面对面地说话,还是远距离的电话沟通,讯飞翻译机都能提供轻松、自如、准确的翻译服务。这就是创新为社会带来的改变,创新使沟通不再是近在咫尺却遥不可及!

(四) 创新带来环境的可持续性

环境问题是当前和未来需要通过持续的创新来解决的问题。当消费主义蔓延并成为现代经济的核心时,地球就开始受到多方位的损害。消费主义推动了产品和服务的创新,对经济增长产生了积极的促进作用。但同时产品的消费增长也不可避免地成为环境恶化的原因,这是人类始终面临的生存矛盾。所幸很多企业已意识到这个问题,面对环境不断向人类提出的挑战,许多企业通过创新的技术,找到了清洁能源替代产生污染的能源。这类对世界有担当、负责任的创新科技使人类生存环境的可持续性得以延续。

 课后练习题

1. 请思考大学生如何提升创新能力以更好地适应时代发展要求?
2. 有人说发明就是创新,你同意这种说法吗?请说出你的观点。

---

① 徐武生."慕课"模式对传统教育的冲击与思考[J]. 江西教育:综合版(C), 2015(1).

 **本章小结**

创新是推动社会进步和发展的重要力量,具备创新认知和创新思维的人更有可能在各个领域中实现创新,推动社会向前发展。

 拓展阅读

近年来,各行各业都讲究创新,保险业也不例外。最近,趁着春节将近的机会,各大保险公司推出了不少新险种,其中大部分属于短期的意外险,比如:"春运回乡交通险",在大年三十没能回到家就能获得价值不一的保险赔付;"肠胃险",每天保费1元,针对急性肠胃炎导致的医疗责任进行保障,最高给付5000元;"孝敬父母健康险"给父母的健康上保险,生病有钱治,不生病则能分红……如此种种,不一而足。这些新型保险迎合了当下年轻人的需要,噱头足、保费低、期限短,一时间吸引了众多消费者购买。

但是有的"创新保险"就不那么讨人喜欢了,如某公司推出的"小鞭炮"意外险,对3~16岁的孩子燃放烟花爆竹时发生的意外进行赔付,保费9.9元,意外医疗保额为5000元,保险期限为45天。这个保险看似很美好、很必要,让人很有购买的冲动,因为每年过年都有玩鞭炮而出现意外的报道,但是禁不住细琢磨,要知道3~16岁的孩子处于幼儿园、小学、中学阶段,绝大多数是有学生平安险和少儿互助金等险种保障的,它们都能够对儿童因燃放鞭炮造成的身体伤害进行赔付。在多份保险赔偿医疗费用时,以实际发生额为上限,各险种不能重复给付,所以这个"小鞭炮"意外险并无用武之地。"创新"保险业需要扎根市场,这份"小鞭炮"意外险最终成交量不到1000份,没能够得到市场和消费者的认可,推出该产品的保险公司最后落得亏损的结局。

同样是"创新",符合社会需要的新险种获得了消费者的认可,取得了不错的销量,而打着"创新"名义的无用保险则被消费者识破,落得个惨淡收场,可见市场会检验创新成果。

资料来源:作者根据资料自行整理而得。

第二章 开拓创新思维

思维导图

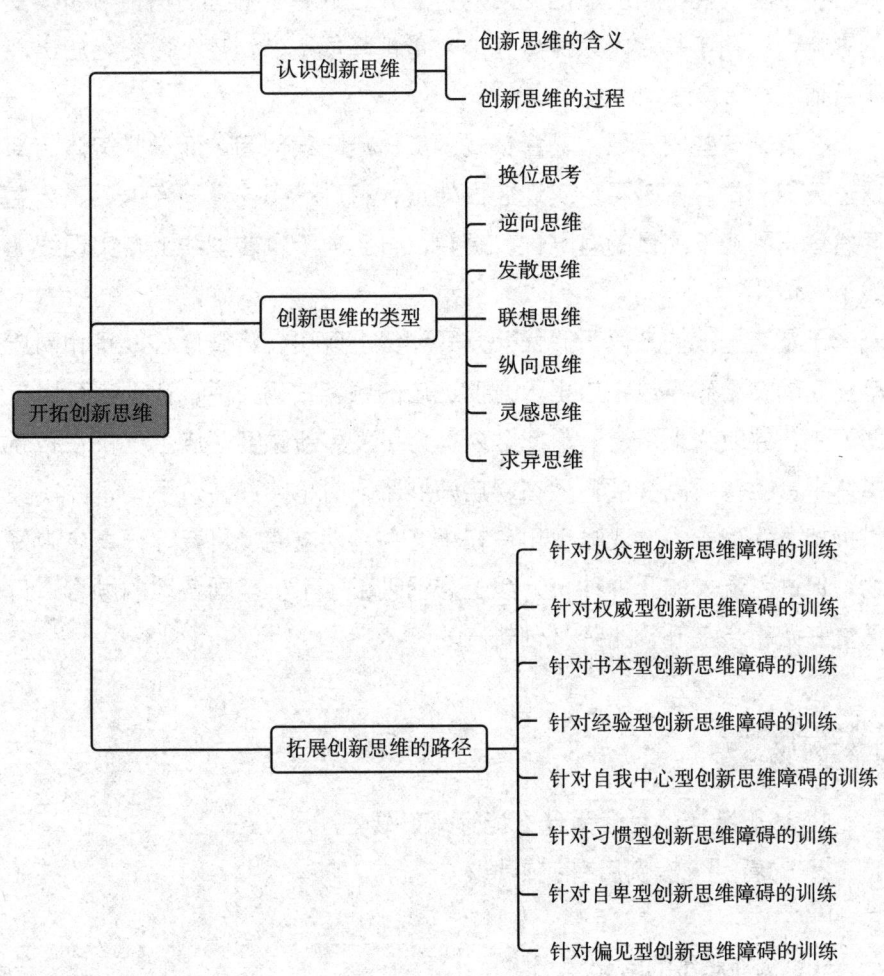

第一节 认识创新思维

案例导入

某主营女装的服装店,因为产品优质、价格实惠,且客源充足,在前些年生意一直不错。然而受网购行业兴起的冲击和人们消费习惯改变的影响,近几年其店内人流量和成交量都降低不少,甚至多家分店出现了亏损。

在看到一些固守原本销售模式的实体店陆续倒闭,而一些实体店却通过天猫、拼多多等平台实现店面转型,将产品销往全国各地后,店主开始意识到线下流量的有限性,暗想:自己何不也转型线上,实现线上线下一体化?

于是店主很快开通了微信公众号和线上网店,将微信公众号和网店小程序的二维码摆放在店里,方便进店的顾客扫码关注,让顾客可以自助下单,并为线上引流。除此之外,为了发展新顾客,店主不仅在各新媒体平台上传新品视频,还在网店开展了限时抢购和特价活动,并以提供折扣、优惠券的方式吸引用户在小红书、朋友圈、抖音等分享店内好物,促进引流。如此种种,为线上店铺吸引了不少全国各地的顾客,订单量开始稳步上升,业绩又创新高。

案例思考

1. 该服装店的生意为什么能迎来好转?
2. 你看过该案例后有何感想?

一、创新思维的含义

创新思维(即创造性思维)是人类思维的高级形式,通过这种思维,人们可以在现有的科学认知基础上,创造出新成果,形成新的认知结构,并使认识达到一个新的水平，从而探索未知、创造新知。那么，什么是创新思维呢？

关于创新思维的定义，至今仍是众口不一。现行的含义归纳起来有3种。

（1）创新思维是人脑一种复杂的生理现象。罗杰·斯佩里（Roger Sperry）的"神经回路说"认为：大脑中数以亿计的神经元相互连接，能形成数量巨大的神经回路，每个回路可能与某种思维形式相对应[1]。某一部分回路可通过学习而固定下来，产生重复思维，而在此基础上产生的心得回路，则可产生创新思维。

（2）将创新思维分为广义和狭义两种。从狭义的角度来讲，是把创新思维定义为一项具体的思维方法，即通常人们所说的创意思维或创造性思维，它是以发明创造为目的的一种思维方法。从广义的角度来讲，创新思维是指对现有思维观念、思维模式和思维方法的超越和创新。它的具体内容包括：超越现有思维观念的局限、打破固有思维模式的束缚、认知和掌握新的思维方法。

（3）创造性思维就是在客观需要的推动下，以新获得的信息和已储存的知识为基础，综合地运用各种思维形态或思维方式，克服思维定式，经过对各种信息知识的匹配、组合，或者从中选出解决问题的最优方案，或者系统地加以综合，或者借助于类比、直觉、灵感等创造新方法、新含义、新形象、新观点，从而使知识或实践取得突破性进展的思维活动。

第一种含义是从脑科学、思维科学的角度进行断定。第二种含义是抓住创造性思维的方法加以定义。第三种含义对创造性思维本质的界定比较恰当、全面。该定义明确了创造性思维涉及的几个主要问题：客观需要是创造性思维的推动力；获得的新信息和创作主体已有的知识是创造性思维得以进行的基础；对多种思维方式与方法、思维形态的综合运用，各种信息知识的匹配、组合、选优是创造性思维的运作方式；克服思维定式是创造性思维的必要条件。此含义还对创造性思维过程的基本内容和结果作出了比较清楚的界定。

---

[1] 吕爽，谭军华，刘小玲，等．创新思维［M］．北京：清华大学出版社，2021．

虽然人人都能够进行思维，但是有的人一生事业平平，有的人却硕果累累，关键就在于后者具有创新思维能力，且程度越高，事业的成就也就越大。

古今中外成功人士的事迹无不向我们昭示：创新思维对人生发展具有决定性的作用！人们的创新思维方法在科技发明、生产经营、艺术创作、人际交往、战争谋略和侦查破案中发挥了巨大的作用。

二、创新思维的过程

不少杰出的创新活动都看似巧合：瓦特看到壶盖被蒸汽顶起而发明了蒸汽机，牛顿被落下的苹果砸中头而发现了万有引力，门捷列夫玩纸牌时想出了元素周期表。表面上看，创新好像非常简单，其实这只是表象，其背后是瓦特、牛顿、门捷列夫长期不懈的思考和努力。

创新思维是以发现问题为中心，以解决问题为目标的高级心理活动。关于这种心理活动的研究理论有很多，其中影响力较大、传播较广的是英国心理学家华莱士提出的四阶段论，即把创新思维的过程分为准备阶段、酝酿阶段、顿悟阶段和验证阶段。这一理论较为科学地描绘了创新思维的过程，且具有较强的实用性。

（一）准备阶段

准备阶段是发现问题和提出问题的阶段。创新思维是从发现问题、提出问题开始的，提出问题后必须为解决问题做充分的准备，这种准备包括必要的事实和资料的收集、必需的知识和经验储备、技术和设备的筹集，以及其他条件的提供等。爱因斯坦曾经说过："提出问题通常比解决问题还要重要，因为解决问题不过是运用数学上的或实验上的技能而已，明确提出问题并非易事，它需要创新性的想象力。"[①] 他认为，对问题的感受是人类进行创新的重要资质。准备可分为三个步骤：第一步是对知识和经验进行积累与整理；第二步是收集重要的事实和资料；第三步是了解自己所提出问题的社会价值，即它能满足社会的何种需要以及它的价值前景如何。由此可见，准备阶段往往要经历相当长的时间。

---

① 利·英费尔德. 物理学的进化 [M]. 北京：台海出版社，2021.

（二）酝酿阶段

酝酿阶段也称为沉思和多方思维发散阶段。酝酿阶段要对准备阶段所获得的各种资料和事实消化、吸收，从而明确问题的关键，并提出解决问题的各种假设和方案。这个阶段可能是短暂的，也可能是漫长的，需要花费巨大精力。

在这一阶段，要从各个方面进行思维发散，让各种解决问题的设想在头脑中反复组合与交汇，然后按照新的方式进行加工。加工时，应主动地运用创新方法，不断选择从而形成新的创意。此时，有些问题经过反复思考和酝酿，仍不能获得完美的解决方案，并且思维常常出现"中断"的现象。当问题不时在头脑中出现并转化为潜意识时，就为顿悟阶段打下了坚实的基础。

将思考范围从熟悉的领域扩展到其他有关联的陌生领域，可以使思维发散活动更加深刻和广泛。这既有利于冲破传统思维方式和打破成见，又有利于获取更全面的信息，在更高层次上把握创新活动的全局，从而寻找创新的突破口。

（三）顿悟阶段

顿悟阶段就是找到解决问题的方法，即明朗期或突破期。通常所说的"豁然开朗""众里寻他千百度，蓦然回首，那人却在灯火阑珊处"以及"山重水复疑无路，柳暗花明又一村"等描述的都是这一阶段的状态。顿悟阶段来得突然，也很短暂，在酝酿阶段经过对问题的长期思考，创造性突然在瞬间显现，思考者大有豁然开朗的感觉，这一心理现象就是灵感思维。如果说"踏破铁鞋无觅处"描绘的是酝酿阶段的话，那么"得来全不费功夫"则是顿悟阶段的形象刻画。

在顿悟阶段，灵感思维往往起决定作用，如德国数学家高斯为证明某个定理，花费了两年时间仍一无所得，可是有一天，正如他自己后来所说："像闪电一样，谜一下就解开了。"[①] 由此，我们也就可以理解阿基米德获得灵感时狂呼"我发现了，我发现了！"那种欣喜若狂的心情了。

---

① 德国最伟大的数学家——高斯，能限制住他的，只有"死亡"了［EB/OL］．网易网，2023-02-10．

(四）验证阶段

验证阶段是对灵感或点子进行完善和充分论证的阶段。突然获得的突破，结果难免稚嫩、粗糙甚至存在缺陷或漏洞。因此，要在验证阶段把顿悟阶段获得的结果加以整理、完善和论证，并进一步充实。创新思维所取得的突破以及所得到的解决问题的构想与方案，还需要在理论上和实践中验证其可行性。因为不经过验证，就不能取得有效的创新成果。

另外，创新成果经验证后，可能得到确认，也可能需要改进，还可能被完全否定，进而再回到酝酿阶段。总之，顿悟阶段产生的灵感必须经过理论和实践的验证。验证阶段的心理状态较平静，但需耐心、慎重，不急于求成和不急功近利是很关键的。

 课后练习题

请尽可能在较短的时间内回答下面提出的问题，并给出独特的答案。老人的手杖可以添加哪些功能？

第二节 创新思维的类型

案例导入

在当今竞争激烈的商业环境中，创新思维已经成为推动企业成功的关键因素之一。有一家传统的家具制造公司，长期以来一直在市场上正常经营。他们生产的家具质量良好，但市场份额却在逐渐下降。面对竞争对手的崛起和消费者需求的变化，这家公司面临着巨大的挑战。

公司的管理层意识到他们需要采取创新的方法来重新振兴业务。他们召集了一支跨部门的团队，鼓励他们发挥创造力，寻找新的解决方案。

在团队的努力下，他们提出了一个大胆的想法：利用可再生材料生产环保家具。这个想法不仅符合现代消费者对环保产品的需求，还能为公司带来巨大的市场竞争优势。

经过研究和测试，团队成功地开发出了一种新型的环保家具，利用可再生材料制成，生产过程中减少了能源消耗和废物排放。这些家具不仅具有优越的质量和设计，而且价格也相对较低，吸引了更多消费者的关注。

随着新产品的推出，公司开始重塑其品牌形象，并加大对市场营销和宣传的投入。通过社交媒体、展会和合作伙伴的推动，他们成功地将新产品推广到了更广泛的受众中。

这家公司最终取得了巨大的成功，不仅实现了业务的复苏，还在市场上树立了良好的品牌形象。这个案例展示了创新思维如何帮助企业应对挑战并取得成功，以及如何利用创新来推动业务增长和发展。

案例思考

1. 你见过哪些利用可再生材料生产的环保家具？
2. 这些环保家具还有哪些创新点？

21世纪是一个高速发展的时代，科学技术日新月异，如果一味追随别人的脚步，只能落后于人。因此，大学生应培养良好的创新思维，以推动社会和生活发展。创新思维有很多种，以下是几种常见的、主要的创新思维类型。

一、换位思考

很多创新思维都源于思维角度的改变。对任何事情，都应该尝试从不同的角度，站在不同的位置，以不同群体的视角去看一看、想一想，这样往往会有一些意想不到的发现。例如，开发产品时最好把自己当成终端客户，想想客户的具体要求，对每一个环节都考察一遍，思考是不是可以做得与别人不一样；也可以把自己当成竞争对手，思考他们为什么这样，反过来思考他们为什么不这样，这样就可能发现问题并能够对产品加以革新和完善。

二、逆向思维

逆向思维也称求异思维，是对司空见惯的事物或观点进行逆向思考的一种思维方式。例如，有人落水，常规的思维模式是"救人离水"，而司马光在紧急险情下，运用了逆向思维，果断地用石头把缸砸破，做到了"让水离人"，从而救了小伙伴的性命。

运用逆向思维，可以从以下三点进行把握。

第一，面对新的问题时，可以将通常思考问题的思路反过来，采用通常看来是对立的、似乎根本不可能的办法去思考问题。"油水不合"，即使在今天仍被人们当作常识。但油水真的不相合吗？在印刷业，人们用逆向思维进行思考。经过试验发现，采用常规搅拌的办法，油水确实不合，而采用超声波技术进行搅拌，再添加适量活性剂，油水不合的问题就解决了。

第二，面对长期解决不了的问题或长久困扰的难题，不要沿着长久形成的固有思路去思考，应该从现有的思路上返回来，从相反的方向寻找解决问题的办法。有人想发明一种圆珠笔以解决令人头痛的圆珠笔漏油问题，他冥思苦想了好久，就是找不到解决的办法。后来，他反过来想，圆珠笔漏油这种情况，一般发生在写了两万字左右，那么，制造一种写了两万字就用完了的圆珠笔，问题不就解决了吗？新式圆珠笔问世之后，果然很受人们的欢迎。

第三，面对久久解决不了的特殊问题，可以采取"以毒攻毒"的办法，即不是从彼问题来寻找此问题的办法，而是从此问题本身来寻找解决它的办法，免疫理论的创立和付诸实践，就是这种思考方法的结果。当时，面对给千百万人的生命造成严重威胁的瘟疫，许多科学家都在寻找防治瘟疫的药物，而巴斯德却沿着和大家相反的方向去思考。他给人或动物注射少量的菌苗，增强其免疫力从而达到防疫的效果，获得了成功。

三、发散思维

发散思维又称辐射思维、放射思维、扩散思维或求异思维，是指在对事物或问题的研究中,保持思想活跃和开放状态的思维。

发散思维作为一种创新思维方法,不仅被广泛运用于科学研究和科技发明中,也被广泛运用于企业经营中。

如果说创新是一个民族的灵魂,那么发散思维便是创新的基石。发散思维是典型的、艺术的思维,它能使人们对工作、生活和学习产生激情,它是智慧的发源地,是兴趣的乐园。

在解决具体问题的过程中,如何运用发散思维并没有固定不变的模式。不同的外界条件,运用发散思维的方式也是不同的。一般来说,发散思维的具体应用有以下几种。

(一)多向求解法

多向求解法是指思维主体在解答问题的过程中尽可能从多个不同方面来考虑,强调跳出点、线、面的限制,而从多个角度去思考问题。多向求解法的目的在于产生和提出新颖、独特的设想,这样可以通过多种途径对问题不断地进行摸索和试探。

爱迪生在研究灯泡的灯丝材料时,先后试用了 1600 多种热材料和 6000 多种植物纤维,甚至连头发丝和胡子都试验了。1879 年,他使用碳化的棉线作为灯丝获得成功,这是当时发现的最佳的灯丝材料[①]。

(二)多级发散法

多级发散法是指思维主体在问题求解时,通过对多个相关因素的离散解析,逐层或逐级探索事物本质的思维方法。日常分析问题和解决问题时,人们在头脑里将事物分成不同的部分、阶段、层次,通过层层分解、发散的思维探索过程,会使思路有所突破。

多级分散法的实质就是在两级或两级以上的层次或阶段上发散求异,有时每级均有多个导出点,使认识不断深入,后一层次在前一层次的基础上不断扩展。

人类对物质结构层次的认识就体现了多级发散法。20 世纪 60 年代以前,人们一般认为物质是由分子构成的,分子是由原子构成的,原子是由电子、质子、中子等基本粒子组成的,而这些基本粒子是组成物质的最小

---

① 刘敬余. 爱迪生传记[M]. 北京:北京教育出版社,2018.

粒子。后来，在做这些基本粒子以极高的速度发生碰撞的实验时，发现原来这些"基本"粒子是由更小的量子所组成的。

（三）交叉发散法

交叉发散法是一种立体的、动态的、多维系统的构思，通过借助多维坐标系，将一个轴上的各点信息与其他轴上的各点信息相结合而求解的思维方法。这种交叉的点就是创新点，并借此产生一系列的创新。信息结合的反应就像一个"魔球"，信息的引入与层次的变换会引出一系列的新信息组合，从而使思维更富有发散性，新构思就会信息源源不断地出现。

交叉学科的发展是运用交叉发散法的一个典型例子。现代科学的发展特点是学科越来越多，分支越来越细化。同时，学科之间的关系也越来越密切，它们相互交叉、相互渗透，已经形成一个有机的整体、一个大的系统。各个学科知识的交叉应用将会为复杂问题的研究提供新的视角，学科交叉点往往就是科学的新发展点、新前沿。1953 年，脱氧核糖核酸（DNA）双螺旋结构的重大发现就是化学家鲍林、生物学家沃森、物理学家克里克、富兰克林和威尔金斯等科学家合作的结果，更是这些科学家思维交叉发散的结果。

（四）侧向发散法

侧向发散法是指思维主体在采用正向思维直接解决问题遇到困难时，改从其他侧面发散求解，从而产生新设想的思维方法。

科学研究中常常出现这种情形：研究者对研究目标孜孜以求，但一直无法解决问题，一旦这种思维受到偶然事件的启发，就容易从其他领域或偶然事件中产生好主意或新设想。例如，19 世纪 30 年代，美国的莫尔斯发明了有线电报（电磁式电报机），但在实用中遇到了困难：信号在传递中衰减而无法远距离传送信息。正在一筹莫展时，有一天，他乘坐马车从纽约到巴尔的摩，无意中发现每到一个驿站都要换马。这件事启发了他，是不是有线电报也可以采用这种方式。他认为，如果沿线设立若干个信号放大站，使信号每传递一段距离所衰减的信号都经过放大而得到恢复，这样信号的远距离传输问题就解决了。果然，由于这一创造性设想的实现，有线电报不久就成了远距离传输信息的通信工具。

四、联想思维

联想思维是在原本并不相关的事物之间搭起一座认识的桥梁,将表面上互不相关的事物联系起来的创新思维方式。联想思维可以使人们扩展思路、升华认识、把握规律,其主要细分为如下几种。

(一) 接近联想

接近联想是指由一个事物联想到在时间上或空间上相接近的另一个事物。例如,由阳春三月联想到桃花,由天安门联想到人民大会堂,由三角形的外角和是 360°联想到四边形、多边形的外角和是不是也都是 360°等。

(二) 对比联想

对比联想是指由一个事物联想到和它具有相反特点的另一个事物。例如,由朋友联想到敌人,由水联想到火,由战争联想到和平等。

(三) 相似联想

相似联想是指由一个事物联想到另一个与它在性质上接近或相似的事物。例如,由大海联想到海浪、海鲜、轮船、海底电缆,以及资源的开发和利用等。

(四) 关系联想

关系联想是指事物所具有的各种由关系而形成的联想思维。

五、纵向思维

纵向思维又称纵深思维或纵深思考,通俗地讲,就是按照既定目标、方向,在现有基础上,向纵深领域挖掘的创新思维方式。

老子曰:"挖井七仞而不及泉也"[1](仞是计量单位,七仞等于 12 米多),挖井七仞没有出水,是废井;如果挖七仞多出水了,甘泉涌流,就称为好井。可见成功有时只缺少纵深思考的创新思维方法。纵向思维不仅对人们搞好重大发明有帮助,而且对人们加强品德修养、重塑好人格形象的影响和作用也是不可低估的。

---

[1] 孟子·尽心上 [M]. 上海:上海古籍出版社,2013.

六、灵感思维

灵感思维是指在与事物的接触及思考中，因受到某种启发而产生的创新思维方式，其是在科学研究和文学艺术创作中经常出现和运用的创新思维方式。

由于这种创新思维方式具有转瞬即逝的偶发性，所以，要善于抓住这种稍纵即逝的灵感思维，对其进行深入思考和研究，以促成新生事物的应运而生或疑难问题的解决。

七、求异思维

所谓求异思维，是指思维主体对某一研究问题求解时，不受已有信息或以往思路的限制，而是从不同方向、不同角度去寻求解决问题的不同答案的思维方式。

求异思维的内核是：积极求异，灵活生异，多点创异，最后形成异彩纷呈的新思路、新见解。可以说，求异思维是孕育一切创新的源头，科学技术史上许多发现或发明就是运用求异思维的结果。

求异思维通常包括发散求异和转换求异等思维方式。其中，发散求异思维就是发散思维。转换求异思维是指思维主体在问题求解时，通过变换或改变原有思维的视角、方向、方法或依据而获取不同答案的思维方式。转换求异思维的具体方法主要包括如下几种。

（一）思维视角转换法

思维视角转换法是指思维主体在解决问题的过程中，通过思维切入点和关注点的改变，把眼界放在一个不同的参照系中进行求异的方法。这里的参照系范围很广，可以是不同的世界观、方法或理论框架，也可以是不同的人物角色或不同的历史阶段等，如以功能分析法替换结构分析法，由质的考察改为量的考察，将纵向分析改为横向分析，以动态分析替换静态分析，由现实角度改为历史角度或未来角度等。

例如，对同一个对象或同一种运动，通过思维视角的转换，可达到多种不同甚至更理性、更精细地认识。杜甫的"会当凌绝顶，一览众山小"，苏轼的"横看成岭侧成峰，远近高低各不同。不识庐山真面目，只缘身在此山中",都是随着思维视角的改变,从而有不同认识的典型事例。

(二) 思维方向转换法

思维方向转换法是指思维主体在解决问题的过程中,通过正反、上下、左右、前后、增减等方式转换思维方向,来求解问题的求异思维方法。

正反思维互换是最典型的思维方向转换法。正向思维是指按照常规方式思考问题的思维方式。反向思维又称逆向思维,是指人们在思考问题时,跳出常规,改变思路,从相反方向寻找解决问题的办法和思路,这种反向思维的方法在科学技术史上运用得较为普遍。例如,爱迪生将"声音引起振动"反向思考为"振动还原为声音",于是产生了发明留声机的设想;赫柏布斯把吹尘器的原理反过来,设计出新的除尘装置,结果发明了吸尘器。

(三) 思维依据转换法

思维依据转换法是指在科学研究过程中,当原有的理念依据已不适应新实验或新事实时,科学工作者被迫放弃旧理论,采用新理论来求解的一种思维方式。这里的依据包括理论、方法、标准和条件等。

(四) 思维方式转换法

思维方式转换法是指思维主体根据求解的需要,通过变换不同的思维方式而获得不同答案的思维方法。思维方式根据不同的划分标准可分为横向思维和纵向思维、理性思维和感性思维、逻辑思维和形象思维、男性思维和女性思维等。思维方式转换没有机械的程序,但有一些启发性的方法。

 课后练习题

请尽可能在较短的时间内回答下面提出的问题,并给出独特的答案。
常用的玻璃杯可以如何进一步改造?

 拓展阅读

21世纪是开启"绿色环保道路"的关键时刻,也是实现环保产业转型升级的重要阶段。各行业、各领域在遵守绿色环保规则的基础上，迎来了新一轮改革与发展的契机，办公家具制造行业便是其中之一。

在办公家具制造领域，低碳、环保、健康已经成为未来发展的主旋律。随着政府部门以及媒体机构持续不断地宣传，绿色环保的观念已经逐步深入人心，成为行业公认的发展准则。此外，人们对办公家具的要求已不仅仅是功能需要，更追求装饰美观、设计优异、彰显个性，以及更为重要的安全、健康、环保、低碳等。对于长时间处在工作环境的消费者来说，舒适合理的办公环境不仅要满足基本的工作需求，还要满足身心健康需求，从而提升工作舒适度，激发工作创意。优质健康的办公环境能大大增加员工对企业的归属感，有助于企业留住人才，对于企业的持续性发展起着非常重要的作用。

在政策红利的引领和庞大市场需求的刺激下，越来越多的优秀家具制造企业如同雨后春笋般诞生而出。这些企业通过自身的努力，为整个环保家具制造行业树立了创新榜样，同时也为环保事业的发展作出了一定程度的贡献。

那什么是环保家具呢？它通常是指在生产中使用对环境影响较小的家具。以下是一些常见的环保家具类型：

（1）使用可再生材料制成的家具：这些家具通常使用可再生资源，如竹子、再生木材、可降解塑料等，而不是传统的木材或塑料。这有助于减少对森林资源的需求，并降低对非可再生资源的依赖。

（2）使用回收材料制成的家具：这些家具是利用回收的材料制成的，如回收木材、再生金属、再生塑料等。通过重新利用废弃材料，可以减少对新原材料的需求。

（3）低碳足迹家具：这类家具在生产过程中尽量减少了温室气体的排放，如通过采用高效的生产工艺、优化运输方式等方式。这有助于降低家具生产对环境的负面影响。

（4）无毒家具：传统家具可能使用含有有害化学物质的涂料、胶水等，而环保家具则尽量避免使用这些有害物质，以减少对人体健康和环境的影响。

（5）可持续设计的家具：这些家具设计考虑了产品的整个生命周期，

包括资源利用、使用寿命、维护和维修、再利用和回收等方面。通过设计优化，可以延长家具的使用寿命，减少废弃和浪费。

环保家具通过采用可再生材料、回收材料、低碳足迹、无毒材料以及可持续设计等方式，减少对环境的负面影响，同时实现了高质量、功能性和美观性。

第三节　拓展创新思维的路径

案例导入

特斯拉是一家电动汽车和清洁能源公司，通过不断地创新思维和颠覆性技术取得了巨大的成功。其创新思维的应用主要有以下几个方面：

电动汽车技术：特斯拉最初以生产高性能电动汽车而知名。他们通过创新的电池技术、驱动系统和车辆设计，打破了传统汽车行业的常规，提供了更环保、更高效、更智能的出行方式。

自动驾驶：特斯拉一直在自动驾驶技术方面处于领先地位。他们不断投入研发，通过复杂的传感器网络和先进的算法，使车辆能够自主导航、避免障碍并与其他车辆协同行驶。

能源存储：特斯拉不仅关注汽车本身，还通过创新的能源存储解决方案，如 Powerwall 和 Powerpack，为家庭和企业提供可持续的能源供应。

通过创新思维的应用，特斯拉的电动汽车在市场上取得了巨大的成功，销量逐年增长。他们的车辆受到消费者的喜爱，部分原因是其卓越的性能和创新的技术。特斯拉的成功推动了整个电动汽车行业的发展。其他汽车制造商开始重视电动汽车和自动驾驶技术的研发，加速了整个行业的转型。特斯拉的电动汽车减少了对化石燃料的依赖，减少了温室气体排放，对环境产生了积极的影响。

总的来说，特斯拉通过不断地创新思维和技术革新，不仅在市场上取得了成功，还推动了整个行业的进步，产生了深远的社会和环境影响。

> **案例思考**

结合案例，尝试分析如何培养创新思维？

我们大家都知道在当今社会，要创业先创新。那么究竟如何锻炼培养创新思维呢？

一、针对从众型创新思维障碍的训练

某汽车公司的一次董事会会议上，一位董事提出了一项决策方案，立即得到大多数董事的附和。有人说，这项决策能够大幅度提高利润；有人说，它还有助于我们打败竞争对手；还有人说，应该组织力量，尽快付诸实施。但是，会议主持人却保持了冷静的头脑，他说："我不赞同刚才那种团体思考方式，它把我们的头脑封闭在一个狭小的空间里，这会导致十分危险的结果。我建议把这项方案搁置一个月后再来表决，请各位董事各自独立地想一想。"一个月后，当重新讨论这项方案时，它被否决了。你认为一个月前大家为什么都赞成这项决策方案？主持人让搁置一下的做法有什么好处？

请你想出一种与众不同的观念，这个观念只要与人们的日常习惯相冲突就可以，不追求高明和实用。然后把自己的新观念告诉朋友和家人，听听大家的反响。在这个过程中，体会社会的从众势力有多强大，也能锻炼你"反潮流"的胆量。面对大家的指责、嘲讽和反对，你应心平气和地辩解，尽力说服他们，让多数人承认新观念中有可取之处。当然，你还可以发明或改进一种物品，只要与传统观念中的物品不同即可，同样要大力宣传、辩护，仔细观察不同人的不同反应。例如，提出"寒冷的冬天穿着短袖和短裤出门"的想法，把眼镜的镜片设计成一大一小，并戴着这样的眼镜出去走走。通过这类练习，你能够体会到众人的评论和嘲笑没什么了不起，从而逐渐减少从众的思维模式。

二、针对权威型创新思维障碍的训练

找出某位权威人物的某种论断，一是要求这种论断尽管是正确的，但却与人们的常识或直觉相违背；二是要求这段论断的传播范围比较窄，一般人不太了解。比如，爱因斯坦相对论中的"尺缩现象"，即物体运动时长度不变只是低速世界的特殊现象，长度随速度而变才是宇宙的一般规律。然后，你把这一论断告诉周围的人，说是自己或朋友的新发现，看看别人的反应和评价。你还可以把同一论断告诉另外一些人，先声明是某权威的观点，把大家的反应和评价进行比较，看从中能悟出什么道理。

没有永久的权威，任何权威都只是一时的。随着时间的推移，旧权威不断地被新权威所替代，清楚这一点，会大大削弱对权威的敬畏心理。一位电影明星推荐的感冒药就一定有奇效吗？一位体操健将就肯定能制造出高质量的运动鞋？他们都是"别的领域的权威"。面对权威"泛化"的现象，应区分推广人是哪个领域的权威，他对这一行有研究吗？他是这一行的权威吗？

即使是一位真正的权威，而且是在他的权威领域发表意见，也要看看是否与权威的自身利益有关。一位科学家提出一种新的理论，那么他自己对该理论的评价至少失去部分权威性；一次科研课题或产品鉴定会，假如权威受到优厚的款待，鉴定结果是否有足够的权威性就值得怀疑。

三、针对书本型创新思维障碍的训练

"正分合"读书法。拿到一本理论类的书，认真用不同的方法和眼光读三遍，你会有一种全新的感受。第一遍是"正读"，首先假定书中的说法完全正确，你十分赞同作者的观点。你一边读，一边为书中的看法补充新的证据、材料和论证方法。第二遍是"反读"，你假定书中所有的观点都是错误的，你读此书的目的，就是找出错误而一一驳倒它们。也许一开始很困难，这一方面是过去读书的习惯使然；另一方面是因为你还没能真正把握书中所讲的内容。第三遍是"合读"，就是把"正读"与"反读"的结果综合起来，在此基础上对书中所讨论的内容，提出自己的新看法。到这一步，应该达到了读书的最高境界——既能读"进去"，又能读"出来"。

找出书本与现实的差距。想一想，怎样从现实中找到具体事例反驳下列知识论断：男人比女人有力气；开卷有益；众人拾柴火焰高；冬天比春

天冷；瑞雪兆丰年；用计算机写作既方便又迅速。

设想多种答案。书本上提供的答案往往是"唯一的""标准"答案，它会束缚头脑，降低创新意识。如果我们面对一个问题，尽可能多地给出越新奇越好的多种答案，创新思维水平就可以提高。例如，"大雁为什么向南飞？"答案：向北飞要飞过北极会饿死；向北飞路太远；去会见去年结识的女朋友海鸥；消耗身上的脂肪以达到减肥的目的等。

四、针对经验型创新思维障碍的训练
（一）仿盲人训练

经验大部分是通过感觉得来的，而感觉中由视觉获得的信息占全部信息的85%以上，这导致过分发展的视觉妨碍了其他感官功能的发挥。我们可以尝试体会一下盲人的感觉，以充分发挥其他感官的功能，获得意想不到的丰富的外界信息。训练方法是：用布或者完全不透光的眼镜挡住眼睛，使自己看不到外界，先在室内走动，再去室外熟悉处走走，最后在朋友的引领下到陌生的地方走一圈。最好选择景观、人员等比较集中的地方，我们要完全依靠听觉、触觉、方向感和平衡感去了解外界。按这种方法反复训练几次，看看会有什么样的收获。

（二）"逆经验反应"训练

大量日常经验使每个人对外界的刺激都形成了一套固定反应模式，打破它对增强创新意识大有帮助。训练内容可自定。例如，下雨时不打伞走出去；收到信不拆，扔在桌上不管它；电话铃响着，不去接。

五、针对自我中心型创新思维障碍的训练
（一）冷静法

当别人对你的某种观点提出疑问时，不妨让自己冷静一段时间。过一段时间，你再考虑这个问题，并思考别人给你的建议，也许你会改变自己的想法。

（二）尝试法

如果条件允许的话，可以按照别人的建议做，看效果如何。

六、针对习惯型创新思维障碍的训练

任何事情以不同的方式思考,都可能会有完全不一样的结果。习惯型思维模式是创新的大敌,当我们被某个思维定式主导时,往往很难看清楚一些事物的本质。因此,我们应时刻提醒自己:生活中不是缺少奇迹,而是缺少发现。世界上许多奇迹的诞生就是以不同思维方式思考的结果,我们唯有具备挣脱思维枷锁的勇气和智慧,属于自己的奇迹才有可能出其不意地降临。

七、针对自卑型创新思维障碍的训练

要破除自卑感或胆怯心理,必须从以下方面着手。

(一)树立自信心

没有自信,就会对自己各方面的能力不信任,对自己能否进行丰富的想象和创造性活动持否定或模棱两可的态度,最终不敢前进,没有独创性成果。

(二)切勿过分地自我批判

过分地自我批判,主要是不能客观、公正地估计自己。比如,或是认为自己没有创造力,或是认为自己没受过某种专业训练等。实际上,在改造过程中,一定的自我怀疑虽然必要,但过分看重自己的不足则会因失之客观而造成认识上的误差,甚至导致自信心的丧失。

(三)克服畏惧思想

畏惧会磨灭人的想象力和创造精神,使人在许多有可能获得成功的机会中,丢失了这种机会。创造者是不应惧怕失败的。

八、针对偏见型创新思维障碍的训练

要破除固执和偏见,必须挑战主导观念。挑战主导观念的关键在于找出主导观念,针对你要解决的问题,先整理出占据头脑的主导观念,即当一个问题发生时,思考者不由自主首先想到甚至是不假思索就跳出来的解题方法。使用这种方法往往很容易找到主导观念,一旦找出,解题的新思路会水到渠成。当我们找出主导观念后,要有意识地避开或远离主导观念,尽量从侧面或其他方向寻找思路和方法,这样产生的设想肯定是新颖、独特的。

课后练习题

曲别针是生活中的一个文具类用品，可以用来别相片、夹文件等。你还能想到曲别针的哪些用途？请发散思维，就此谈谈你的想法。

 本章小结

创新思维的过程分为准备阶段、酝酿阶段、顿悟阶段和验证阶段等步骤。创新思维的形式包括逆向思维、发散思维等。通过了解创新思维的这些特点，人们可以更好地理解和应用创新思维，推动创新的发展。为了激发和培养创新思维，可以进行一些有针对性的训练，这些训练可以帮助人们打破思维定式，提高创新能力。

 创新思维能力测试

大学生可以通过该测试评估自己的创新思维能力，并根据测试结果有意识地提升自己的创新意识与能力。

测试说明：

本测试共有10道题目，请根据自己的实际情况与想法做出判断，如果符合你的情况，则回答"是"，拿不准则回答"不确定"，不符合则回答"否"，评分标准如表1-1所示。注意，测试结果仅供参考。

表1-1　　　　　　　　　　创新思维能力测试

题号	"是"得分	"不确定"得分	"否"得分
1	-1	0	2
2	0	1	4
3	0	1	2
4	4	0	-2
5	-1	0	2

续表

题号	"是"得分	"不确定"得分	"否"得分
6	3	0	-1
7	2	1	0
8	0	1	2
9	0	1	3
10	0	1	2
总分			

1. 你认为那些使用古怪和生僻词语的作家，纯粹是为了炫耀。（　　）
2. 无论什么问题，要让你产生兴趣，总比让别人产生兴趣要困难得多。（　　）
3. 对那些经常做没把握事情的人，你不看好他们。（　　）
4. 你常常凭直觉来判断问题的正确与错误。（　　）
5. 你善于分析问题，但不擅长对分析结果进行综合、提炼。（　　）
6. 你审美能力较强。（　　）
7. 你的兴趣在于不断提出新的建议，而不在于说服别人去接受这些建议。（　　）
8. 你喜欢那些一门心思埋头苦干的人。（　　）
9. 你不喜欢提那些显得无知的问题。（　　）
10. 你做事总是有的放矢，不盲目行事。（　　）

测试分析：

1. 若总分在22分以上，则说明你有较高的创造个性，总能想出一些别出心裁的点子，喜欢与众不同。

2. 若总分在10~22分，则说明你善于在创造性与习惯做法之间找平衡，既具有一定的创新意识，同时又很注意尊重人们的传统习惯，不会做出过于惊世骇俗的事情。

3. 若总分低于10分，则说明你是一个循规蹈矩的人，在生活中可能较少运用创新思维解决问题。

拓展阅读

近年来,为了促进创新、发展创新,我国不断加大创新研发的投入。2022年2月25日,国务院新闻办公室就科技创新有关进展情况举行发布会。科学技术部部长在会上介绍,2021年,我国全社会研发投入达2.79万亿元,同比增长14.2%,研发投入强度达2.44%。

在这样的背景下,我国涌现出了一批原创性重大科技创新成果。我国自行研发的全球卫星导航系统——北斗卫星导航系统(BDS),可在全球范围内全天候、全天时为各类用户提供高精度、高可靠的定位、导航、授时服务,定位精度为分米、厘米级别,测速精度为0.2米/秒,授时精度为10纳秒。在全球范围内,已经有100多个国家与北斗卫星导航系统签下合作协议。

在计算领域步入量子时代的当前,"祖冲之二号"和"九章二号"双双实现了量子计算优越性。"九章二号"处理特定问题的速度比目前全球最快的超级计算机快1024倍,"祖冲之二号"处理量子随机线路取样问题的速度比目前全球最快的超级计算机快1000万倍以上,计算复杂度比谷歌公开报道的53比特超导量子计算原型机"悬铃木"提高了100万倍。这使我国成为目前世界上唯一在超导量子和光量子两种系统都实现"量子计算优越性"的国家。

"天问一号"着陆巡视器搭载火星车——"祝融号"成功着陆于火星乌托邦平原南部预选着陆区,成为我国航天史上的又一个里程碑。

"羲和号"的成功入轨让我国太空探测迎来了"探日"时代。"羲和号"运行于高度517千米的太阳同步轨道,能够连续24小时对太阳进行观测。"羲和号"成功入轨在国际上首次开展了太阳Hα波段光谱成像空间探测,首次采用了"动静隔离非接触"总体设计新方法,首次提出了"载荷舱主动控制、平台舱从动控制",首次实现卫星大功率、高可靠、高效无线能源传输。

"神舟十三号"载人飞船将翟志刚、王亚平、叶光富3名航天员送入太空,并采用自主快速交会对接模式成功对接于"天和"核心舱径向端口。3名航天员从"神舟十三号"载人飞船跨入"天和"核心舱,站在了

"天宫"之中。

"海斗一号"在马里亚纳海沟成功实现的万米下潜及科考应用打破了多项无人潜水器的世界纪录。在无缆自主模式下,"海斗一号"最大下潜深度达到了10908米,海底连续作业时间超过8小时,近海底航行距离超过了14千米,填补了我国全海深无人无缆潜水器技术与装备的空白。

"北斗"指路、"九章"算数、"祝融"探火、"羲和"逐日、"海斗"入海、"天和"遨游星辰,我国科技创新持续取得的"重量级"成果和进展,为我国科技的高质量发展注入了强劲的动力,展现出了我国日新月异的蓬勃发展生机。

启发:创新是国家兴旺发达的不竭动力,《国家创新驱动发展战略纲要》明确提出了我国创新驱动发展的三步走战略,提出到2030年跻身创新型国家前列,到2050年建成世界科技创新强国,成为世界主要科学中心和创新高地。中国新一代的青年大学生也应该担负起创新的使命和责任,培养创新精神,拥抱创新、乐于创新、持续创新。

资料来源:国务院新闻办就科技创新有关进展情况举行发布会[EB/OL]. 新闻办网,2022-02-27.

第三章 掌握创新方法

思维导图

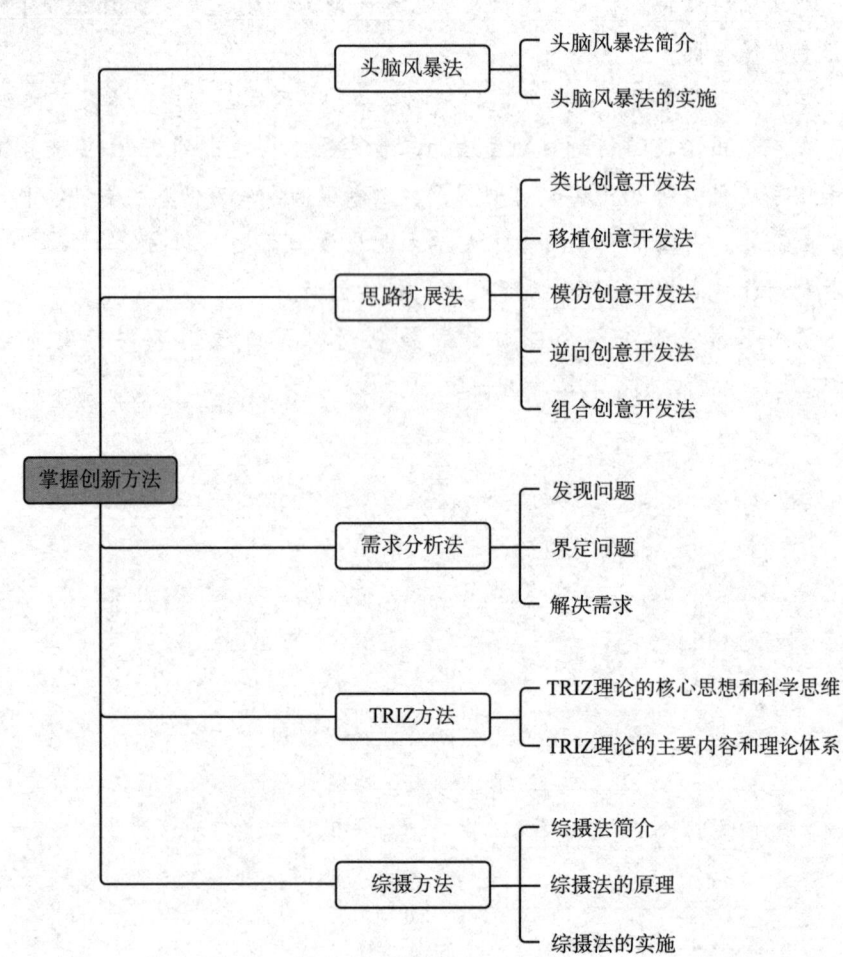

第三章 掌握创新方法

第一节 头脑风暴法

案例导入

盖莫里公司是法国一家电器生产企业。该企业的销售负责人参加了一个关于发挥员工创造力的会议后受到启发,在自己公司成立了一个创造小组。他把小组成员(约10人)安排到乡村旅馆里,在其后三天中采取措施使小组成员免受外部干扰。第一天通过各种训练,组内人员开始相互认识,关系逐渐融洽。第二天开始创造力训练,他们要解决的问题是如何命名一种刚发明的具有新功能的电器。经过热烈讨论,共为新产品取了300多个名称。第三天,主管让组员根据记忆默写出昨天提出的名称,结果大家共同记住了20多个,然后主管从中筛选出三个被公认为较好的名称,再征求顾客意见,最终确定其中之一为新产品的名称。结果新产品一上市,便因为其新颖的功能和朗朗上口、让人回味的名称受到顾客的热烈欢迎,迅速占领了市场。

资料来源:2018年自考《创新思维理论与方法》重点复习题:案例分析 [EB/OL]. 中国教育在线,2018-04-11.

案例思考

盖莫里公司在为新产品命名的过程中运用了哪一种创新思维方法?在运用这种方法时遵循了哪些原则?你认为这种方法有哪些好处?

一、头脑风暴法简介

头脑风暴法是美国奥斯本(Osborn)于1939年首次提出的,他于1953年在《应用想象》一书中正式发表了这种激发创造性思维的方法。

头脑风暴法也称为智力激励法、自由思考法或诸葛亮会议法,通常指一群人开动脑筋,进行自由的创造性的思考与联想,并各抒己见,在短暂的时间内提出解决问题的大构想的一种方法。这种方法是当今最负盛名,同时也可以说是最具实用性的一种集体创造性地解决问题的方法。

"头脑风暴"的原意是"突发性的精神错乱",用来表示精神病患者处于大脑失常的状态。精神病患者最大的特征是在发病时无视他人的存在,言语与肢体行为随心所欲。这虽然不合乎社会行为礼节的规范,但从创造思考的启迪与引发的目标来看,摆脱世俗礼教与旧观念的束缚,期望构想能无拘无束地涌现,还是有必要的,这正是头脑风暴法的精义所在。

从形式上来看,"头脑风暴法"是将少数人召集在一起,以会议的形式,对于某一问题进行自由的思考和联想,同时提出各自的设想和提案。头脑风暴法是一种发挥集体创造精神的有效方法,与会者可以在没有任何约束的情况下发表个人的想法,提出自己的创意。参与的人甚至可以提出看起来异想天开的想法。

(一) 头脑风暴法的基本规则

实施头脑风暴法会议之所以会有大量新创意的诞生,主要有以下原因。一是在轻松、融洽的气氛中,每个人都能敞开想象,自由联想,各抒己见。二是能够产生互相激励、互相启发的效果。每个人的创意都会引起他人的联想,引起连锁反应,形成有利于解决问题的多种创意。三是在会议讨论时更能激发人的热情,激活思维,开阔思路,易于突破思维定式和旧观念的束缚。四是竞争意识使然。争强好胜的天性,会使与会者积极开动脑筋,发表独到见解和新奇观念。

在使用头脑风暴法解决问题时,为了减少群体内的社交抑制因素,激励新想法的产生,提高群体的创造力,必须遵守以下基本规则。

1. 暂缓评价

在头脑风暴会议上,会议主持人和会议参与者对各种意见、方案的正确与否,不要当场作出评价,更不能当场提出批评或指责。对现有观点的批评不仅会占用宝贵的时间和脑力资源而且容易使得与会者人人自危,发言更加谨慎保守,从而遏制新观点的诞生。因为所有的想法都有潜力成为好观点、好方法,或者能够启发他人产生新的想法。参与者着重于对想法进行丰富和拓展。这种将评论放在后面的"评价阶段"进行的"延迟评判"策略,可以产生一种有利的气氛,有助于参与者提出更多的想法。

2. 鼓励提出独特的想法

与会者在轻松的氛围下,就像与家人聊天一样,各抒己见,避免人云亦云、随波逐流、思维僵化,有利于提出独特的见解,甚至是异想天开的、荒唐的想法。这样便可能开拓新的思维方式,提供比常规想法更好的解决方案。若要产生独特的想法,可以反过来看问题,也可以换一个角度考虑问题,甚至可以撇开假设等。

3. 追求数量

如果追求方案的质量,容易将时间和精力集中在对该方案的完善和补充上,从而影响其他方案的提出和思路的开拓,也不利于调动所有成员的积极性。如果头脑风暴会议结束时有大量的方案,那就极可能发现一个非常好的方案。因此,头脑风暴法强调所有的活动应该以在给定的时间内获得尽可能多的方案为原则。为此,与会者应该解放思想,无拘无束地、独立地思考问题,并希望每个与会者都畅所欲言,而不必顾虑自己的想法或说法是否离经叛道或荒唐可笑。

4. 重视对想法的组合和改进

可以对他人好的想法进行组合、取长补短,进行改进,以形成一个更好的想法,从而达到"$1+1>2$"的效果。与单纯提出新想法相比,对想法进行组合和改进可以产生出更好、更完整的想法。所以,头脑风暴法能更好地体现集体智慧,现代发明创新课题涉及技术领域广泛,因而靠个别发明家单枪匹马式的冥思苦想来求得问题解决的方法,收效甚微。相比之下,类似头脑风暴法这种群体式的发明战术则会显得效果更好。

(二)头脑风暴小组的成员

实施头脑风暴法要组织由 5~10 人参加的小型会议。在实施过程中,对小组成员和主持人的要求如下。

1. 头脑风暴小组人数的确定

奥斯本认为,参加人数以 5~10 人为宜,包含主持人和记录员在内以 6~7 人为最佳。头脑风暴法小组人数的多少取决于主持人风格、小组成员个体的情况等因素。小组人数太多或太少,效果都不太理想。人数过多时,则会使某些人没有畅所欲言的机会;过少时,则会场面冷清,影响参与者的热情。参与者最好职位相当,对所要解决的问题都感兴趣,但是不必皆属同行。

2. 小组中不宜有过多的专家

在进行"头脑风暴"的过程中,如果专家太多,就很难做到"暂缓评价"。权威人士在场必定会对与会者产生"威慑"作用,给与会者的心理造成压力,因此难以形成自由的发言氛围。

然而,在实际操作"头脑风暴"的时候,会议参加者往往都是从企业的各个部门汇集而来的各专业领域的行家里手。在这种场合,无论主持人还是参加者,都应注意不要从专业角度发表评论,否则会引起争议,打破暂缓评价的和谐局面,产生不良效果。

还有一点很重要,就是专家的人选应严格限制,以便参加者把注意力集中于所涉及的问题上,具体选取原则如下:

(1) 如果参加者相互认识,要从同一职位(职称或级别)的人员中选取,领导人员不应参加,否则可能会对某些参加者造成某种压力。

(2) 如果参加者互不认识,可从不同职位(职称或级别)的人员中选取。在这种情况下,不应公布参加人员的职称或职务。与会者不论职称或职务级别的高低,都应同等对待。

(3) 参加者的专业应力求与所论及的决策问题相一致。这并不是专家组成员的必要条件,但是,专家中最好包括一些学识渊博,对所论及问题有较深理解的其他领域的专家。

3. 小组成员最好具有不同的学科背景

如果小组成员具有相同的学科背景,他们都是同一方面的专家,那么,很可能会沿着固有专业方向的常规思路来发表见解。这样,同学科或相近学科的成员所产生的构想范围就会有限,而不能发挥头脑风暴的优势。相反,如果小组成员背景不同,他们就有可能从不同的层面、不同的方向、不同的角度提出千差万别的观点,从而更有利于获得"头脑风暴"效应。

4. 参与者应具备较强的联想思维能力

参与者具有较强的联想能力是头脑风暴法获得良好效果的重要保证。在进行"头脑风暴"时,组织者应尽可能提供一个有助于把注意力高度集中于讨论问题的环境。在头脑风暴会议上，有的人提出的设想可能是其他准备发言的人已经思考过的设想。其中一些最有价值的设想，往往是在已提出设想的基础上，经过"头脑风暴"迅速发展起来的设想，或对两个或多个设想进行综合所得到的设想。因此，头脑风暴法产生的结果是成员集体创造的成果，是头脑风暴小组成员互相激励、互相补充完善的总体效果。

5. 头脑风暴小组主持人的确定

只有主持人对整个头脑风暴过程进行适度控制和协调，才能减少头脑风暴的抑制因素，激励新想法，发挥小组群体的创造力，获得预期的效果。由此可见，头脑风暴小组中的主持人非常重要。

主持人必须能够做好以下三点：

（1）能掌控会议，并使头脑风暴会议的成员严格遵循前述的头脑风暴法基本规则。

（2）要使会议保持热烈而轻松的气氛。

（3）要保证让全体参与者都能畅所欲言，献计献策。

头脑风暴小组会议的主持人必须具有丰富的经验，能够充分把握讨论问题的本质。主持人应乐于接受头脑风暴法所造成的奔放而接近狂热的会议气氛，努力使参加者忘却自我，从而能变得更加自由。主持人应及时地发现参加者朝哪个方向提出设想，并巧妙地将脱离正确方向的参加者引回到既定的目标方向上来。在某种程度上讲，主持人应该是演技相当细腻的演员，并在某些方面具备电视节目主持人的素质。为了更好地掌控头脑风暴会议，主持人可以运用以下技巧，使头脑风暴达到既定目标：

（1）在参加者发言气氛显得相当热烈时，可能会出现许多违背头脑风暴法基本原则的现象，如交头接耳、哄堂大笑，甚至公开评论他人意见等，此时主持人应当立即制止，并号召大家给予发言者鼓励。

（2）当许多灵感已被陆续激发出来，而参与者也开始表现为疲惫状态、灵感激发速度明显下降时，主持人可以用"每人再提两个点子就结束"之类的话语再次激发创意灵感。

（3）主持人应控制好时间，一般建议控制在30分钟左右，以免参加者太疲倦而产生反感甚至厌恶情绪。

（4）在会议结束时，主持人应对会议的成果表示肯定，对与会者表示感谢。

二、头脑风暴法的实施

（一）头脑风暴法的三个阶段

头脑风暴法可分为会前准备、会议过程和创意评价三个阶段。

1. 会前准备

（1）确定讨论主题。讨论主题应尽可能具体，最好是实际工作中遇到的亟待解决的问题，目的是进行有效的联想和激发创意。

（2）如果可能，应提前对提出初始问题的个人、集体或部门进行访谈调研，了解解决该问题的限制条件、制约因素、阻力与障碍以及任务的最终目标分别是什么。

（3）确定参加会议人选，并将这些问题写成问题分析材料，在召开头脑风暴会议之前的几天内，连同会议程序及注意事项一起，发给各位与会人员。

（4）举行热身会。在正式进行头脑风暴会议前，召开一个预备会议。这是因为在多数情况下，小组成员缺乏参加头脑风暴会议的经验，同时，要他们做到遵守"延迟评价"原则也比较困难。

所确定的讨论主题的涉及面不宜太宽。主持人将讨论主题告诉会议参加者，并附加必要的说明，使参加者能够收集确切的资料，并且按正确的方向思考问题。

在热身会上，要向与会人员说明"头脑风暴法"的基本规则，解释创意激发方法的基本技术，并对成员所做的任何有助于发挥创造力的尝试都予以肯定和鼓励，从而让参与者形成一种思维习惯来适应头脑风暴法，并尽快适应头脑风暴法的气氛。

2. 会议过程

（1）由会议的主持人重新叙述议题，要求小组人员讲出与该问题有关的创意或思路。与会者想发言的先举手，由主持人指名开始发表设想，发言力求简单扼要，一句话的设想也可以，注意不要做任何评价。发言者首先要提出自己事先准备好的设想，然后再提出受别人的启发而得出的思路。从这一阶段开始，就存在着"头脑风暴"的创造性思维方法。

（2）若是头脑风暴法进行到人人已到了山穷水尽的地步，主持人必须使讨论发言再持续一段时间，务必使每人尽力想出妙计，因为奇思妙想往往在挖空心思的压力下产生。主持人在遇到会议陷于停滞时可采取其他创意激发方法。

（3）创意收集阶段实质上是与创意激发和生成阶段同时进行的。执行记录任务的是组员，可以根据提出设想的速度，考虑应配备的记录员数目。每一个设想必须以数字注明顺序，以便查找。必要时可以用录音机辅助记录，但不可以取代笔录。记录下来的创意是进行综合和改善所需要的素材，所以应该放在全体参加者都能看到的地方。

在小组人员提出设想的时候，主持人必须善于运用激发创意的方法。语言要妙趣横生，使气氛轻松融洽。同时主持人还要保证使参与者坚守头脑风暴法的基本规则，即任何发言者都不能否定和批评别人的意见，只能对别人的设想进行补充、完善和发挥。一次会议创意发表不完的，可以再次召开会议，直至将各种创意充分发表出来为止。

主持人必须充分掌握时间，时间过短，设想太少；时间过长，容易疲劳。最好的设想往往是会议快要结束时提出的，可以从已确定的会议结束时间再延长5分钟，因为在这段时间里人们容易提出更好的设想。

3. 创意评价

先确定创意的评价和选取的标准，比较通用的标准有可行性、效用性、经济性、大众性等。在风暴会议之后，要对创意进行评价和选择，以便对要解决的问题，找到最佳解决办法。对设想的评价不要在进行头脑风暴法的同一天进行，最好过几天再进行。

（二）头脑风暴法的使用技巧

经过多年的研究和实践，人们总结了大量简便有效的经验，下面简单介绍一些小技巧，以便在实际操作中产生更好的实施效果。

1. 问题的确定非常重要，问题设置不当，头脑风暴会议便难以获得成功

在讨论内容的问题设置方面，应做到以下几点：

（1）在设置问题时必须注意头脑风暴法的适用范围。

（2）讨论的问题要具体、明确，不要过大。

（3）讨论的问题也不宜过小或限制性太强，如不要出现讨论"A与B

方案哪个更好"之类的问题。

（4）不要将两个或两个以上的议题同时拿出来讨论。

主持人要对那些首次参加头脑风暴会议的人给予关注，让新参加者熟悉该类会议的特点，并能遵守基本规则。

2. "停停走走"是头脑风暴法一个常用的技巧

即3分钟提出设想，然后5分钟进行考虑，接着用3分钟的时间提出设想，这样3分钟与5分钟过程反复交替，形成一定的节奏。

3. "一个接一个"是头脑风暴法又一个常用的技巧

与会者根据座位的顺序一个接一个提出观点，如果轮到的人没有新构想就跳到下一个人。如此循环，直至会议结束。

4. 参加会议的成员应当定期更换，应在不同部门、不同领域挑选不同的人参加，这样才能防止群体形成固定的思维方式

5. 参加会议成员的构成应当考虑男女搭配比例，适当的比例会极大地提高产生设想的数目

（三）头脑风暴法的优点及其局限性

1. 头脑风暴法的优点

（1）消除了妨碍自由想象的规定，使小组成员人人平等，在轻松愉悦的氛围中自由联想，有助于新创意的出现。

（2）集体讨论能够满足人们进行社会交往的需要，能大大地提高工作效率。在相同的时间内，集体活动总比个体活动容易产生更多的创意，因而也就更有可能产生高质量的问题解决方案。

（3）在集体中更容易创造出适合创造性思维的环境，成员间相互启发，能产生更多的高质量的创意。

（4）充分体现集体的智慧。在头脑风暴环境下，有利于将他人的创意加以综合与发展，从而形成更有价值的问题解决方案。

2. 头脑风暴法也有自身的一些局限性

（1）小组成员之间若有矛盾或冲突，就会形成不愉快的气氛，从而抑制了思维的自由性，阻碍了新创意的产生。

（2）有时因为头脑风暴会议的失控，使头脑风暴会议违背了"暂缓评价"的规则，出现消极的评价，甚至相互批评或谴责，这些必将使人们的

创意热情受到影响,从而减少产生的创意数量,降低创意质量。

(3) 小组成员中的一些具有支配欲的人控制讨论进程,会引起会议讨论方向偏离目标,并减少其他人参与讨论的机会。

(4) 一些地位较高的人或权威人士,可能会对其他成员施加有形或者无形的压力,使他们很难产生突破性的创意。

(5) 集体讨论会花费更多时间,因此当要解决的事情很紧急时,集体创意方法可能并不适用。

虽然头脑风暴法在实施中存在一些问题,但是这些问题可通过一些措施加以解决。例如,通过选择一个有经验的会议组织者及会议主持人,就能够有效减少讨论中可能出现的不利情况,控制讨论进程和方向;通过恰当地选择与会人员,可以避免个别人带来的不利影响,营造轻松自由的氛围。同时还可以运用一些技巧来减少或避免这些不利的情况。

头脑风暴法作为一种令人愉悦的活动,通常被参与者欣然接受。另外,人们还对头脑风暴法进行了改进,从而出现了一些头脑风暴法的变形。总体上说,头脑风暴法适合于解决那些相对比较简单,并被严格确定的问题,如研究产品名称、广告口号、销售方法、产品的多样化研究等。因此,头脑风暴法对于解决简单的发明问题是有效的。但在更加复杂的发明问题中,使用这种方法不可能立即得出解决方案,不是一种能快速"收敛"到发明结果的方法。

 课后练习题

1. 任务:设计一个关于"环保创意产品"的头脑风暴活动。
2. 步骤。
(1) 分组:将学生分成4~5人的小组。
(2) 设定主题:每个小组选择一个与环保相关的创意产品主题,例如"可持续生活用品"、"绿色交通工具"或"能源保存技术"。
3. 规则介绍。
(1) 鼓励自由思考:任何想法都值得考虑,无论它看起来多么不切实际。

(2) 延迟评价：在头脑风暴过程中，不对任何想法进行批评或评价。

(3) 量胜于质：目标是产生尽可能多的想法，而不是找到最好的想法。

(4) 结合与改进：鼓励基于他人想法进行扩展和改进。

4. 头脑风暴时间。

为每个小组分配 20 分钟时间进行头脑风暴。确保所有成员都有机会发言和记录想法。

5. 总结与分享。

头脑风暴结束后，每个小组选择 3~4 个最具创意和可行性的想法进行分享。其他小组可以给予反馈和建议。

6. 反思。

活动结束后，要求学生写下他们在头脑风暴过程中的感受、学到的教训以及他们认为可以提高效率的策略。

7. 问题与思考。

(1) 在头脑风暴过程中哪些策略或技巧有助于提高团队的创意产出？

(2) 在分享和反馈阶段，如何确保给出的建议是有建设性的而不是打击他人积极性的？

(3) 在参与头脑风暴活动时，如何平衡个人的想法与团队的整体目标？

拓展阅读

"635" 法又称默写式智力激励法、默写式头脑风暴法。与头脑风暴法原则上相同，其不同点是把设想记在卡上。

具体程序：

(1) 与会的 6 个人围绕环形会议桌坐好，每人面前放有一张画有 6 个大格 18 个小格（每一大格内有 3 个小格）的纸；

(2) 主持人公布会议主题后，要求与会者对主题进行重新表述；

(3) 重新表述结束后，开始计时，要求在第一个 5 分钟内，每人在自己面前的纸上的第一个大格内写出 3 个设想，设想的表述尽量简明，每一个设想写在一个小格内；

(4) 第一个 5 分钟结束后，每人把自己面前的纸顺时针（或逆时针）

传递给左侧（或右侧）的与会者，在紧接的第 2 个 5 分钟内，每人再在下一个大方格内写出自己的 3 个设想；新提出的 3 个设想，最好是受纸上已有的设想所激发的，且又不同于纸上的或自己已提出的设想；

（5）按上述方法进行第 3 至第 6 个 5 分钟，共用时 30 分钟，每张纸上写满了 18 个设想，6 张纸共 108 个设想；

（6）整理分类归纳这 108 个设想，找出可行的解决方案。"635"法的优点是能弥补与会者因地位、性格的差别而造成的压抑；缺点是因为只是自己看和自己想，激励不够充分。

第二节　思路扩展法

案例导入

　　听诊器发明之前，心肺听诊的唯一方法，是医生把耳朵贴在病人的胸膛上听，既不方便又不容易听清楚。即使能听到很轻的心跳声音，至多只能证明是一个活着的人心脏在跳动，无法诊断疾病。拉埃内克为解决听诊问题一直在思索。有一天下午，拉埃内克到卢浮宫花园内散步，花园里有许多孩子在玩游戏。他走到 4 个男孩围着一块跷跷板玩的地方。其中有一个男孩从地上捡起一枚别针，用别针在跷跷板的一端划出声音，另外三个孩子则把耳朵贴在另外一端听着通过木头传来的声音。这声音有时尖，有时沉，听得很清楚。孩子们都乐得叫了起来。

　　拉埃内克从孩子们的游戏中得到了启示。他立即返回医院，拿了几张稍硬的纸，将纸卷成筒状，成了一个圆柱体。他把圆柱体的一头紧贴在病人的胸前，另外一头贴在自己的耳朵上。从圆柱体内传来了心脏的跳动声，比用耳朵贴在病人胸膛上听到的声音清楚多了。拉埃内克又拿着纸筒做成的圆柱体走到另外一间诊室。那间诊室躺着两位患不同疾病的病人。拉埃内克走到患肺炎的病人身旁，通过纸筒听诊，他听到的是嘶哑、短促的呼吸音，再给患脓胸的病人听诊，听到的声音与肺炎病人截然不同。

由于纸张的质地轻软，影响听诊的效果，拉埃内克对纸筒进行了改进，他用木棍，把中间掏空，做成一个空心的圆柱体，这样就比纸筒坚固多了。他给这个新工具取了一个科学的名称：听诊器。拉埃内克（1819）编著的《论间接听诊法及主要运用这种新手段探索心、肺疾病》出版时，这套书连同听诊器一起出售。这部著作的一部分内容已成为医学文献中的经典章节，成为现代医学的一块奠基石。

资料来源：杨德林，王玲. 创意开发教程［M］. 北京：经济科学出版社，2018：52.

案例思考

拉埃内克发明听诊器时运用了什么创新思维方法？它的优势有哪些？

一、类比创意开发法

类比法就是选择两个对象或事物（同类或异类），对它们的某些相同或相似性进行考察比较。日本创造学专家高桥浩说："从构造相似的或形象上相似的东西中求得思想上的启发，我们称这种做法为类比思考，人类从远古起就有意无意地用这种方法完成了许多发明。"类比创意开发法是富有创造性的创意技法，有利于人的自我突破，其核心是从异中求同，或同中见异，从而产生新知，得到创造性成果。它在人们认识世界和改造世界的活动中，具有重大意义。历史上许多重大的科学发现、技术发明和文学艺术创作，都是运用类比创意技法得到的硕果。

类比创意开发法的关键点是通过已知事物与未知事物之间的比较，从已知事物的属性去推测未知事物也具有某种类似属性。

类比思维与归纳、演绎等推理方法的主要不同之处在于：类比的思维推导过程有很大的不确定性，这样可以帮助我们突破逻辑思维的局限性，去寻找一个全新的、创造性的逻辑链的起点，这正是它的优点。例如，制作面包的时候，加入发泡剂可以使面包具有松软的属性，那么在生产塑料的时候，可否也加入某种发泡剂使其变得松软呢？这样的类比思维激发出了泡沫塑料的创意，后来又有人利用这样的类比思维方法，发明了泡沫水泥、泡沫砖等。

类比法一般有三个步骤：

（1）类比对象：一般情况下类比对象应该是熟悉的、生动直观的事物和比较容易类比的事物。有时候需要靠联想思维把表面上毫不相关的事物联系起来。

（2）对两者进行分析、比较，从中找出共同的属性。

（3）对两者进行类比联想推理，得出创新的思路。

成功使用类比创意开发法的关键在于联想能力，否则就无法在已知和未知之间找到联系，更谈不上类比了。因此，训练联想、想象能力是掌握并使用这种方法的基础。联想能力越强的人，就越容易在两类距离很远的事物之间建立联系和类比关系，也就越容易得到突破性的创意和解决思路。

（一）类比创意开发法的基本类型

1. 直接类比

直接类比就是从自然界或者人为成果中直接找出与创意对象类似的东西或事物，进行类比创意。

直接类比是一种最简单的在两种事物之间直接建立联系的类比，其中，类比的关系既可以是从已知事物指向未知事物，也可以从未知事物出发指向已知事物。比如，鲁班从草叶的边缘可以割破手指这一已知事物出发，产生"锯"这一创意，这就是从已知指向未知。而现实中常常是先出现问题再来寻找答案，就是从未知事物指向已知事物。例如，如果想要提高电路的灵敏度，通过直接类比"电桥可以提高电路的灵敏度，磁桥是不是也可以提高磁路的灵敏度呢？"高灵敏度继电器便是由这种类比发明的。

使用这种直接类比方法通常可以从自然界中寻找到某种启示，"师法自然"往往是不错的主意。例如，模仿海豚的皮肤以减少潜水艇在水中受到的阻力的仿生研究就是一个例子。"仿生技术"大抵就是从动物的身体结构功能类比到工具的应用，从而发明出更多创新的工具。

运用直接类比的技巧，就是尽力将一些可类比的事实、信息或技术进行比较。在利用这些类比材料激发创意的过程中，需要检索已有的经验或知识，从而把似乎与手头的问题有关联的现象收集整理在一起，进行直接类比来激发创意。

需要指出的是,如果考虑的现象或材料与手头问题的关系太过于贴近,就难以获得有用的创意。例如,如果我们把摩托车与自行车放在一起加以比较,那就可能会因二者太相似而难以刺激出有用的创意。但是如果把计算机与人脑加以比较,就会十分有益。将生物系统与非生物系统加以比较,或将生物的、生态的及其他自然科学系统与社会系统加以比较,也会取得丰硕的创造性思维成果。

假设要寻找一种最佳方法来管理办公室内外日常的信息流动。若运用直接类比创意开发法,可以先考察人们如何处理河流里的水而产生的问题。

有时河流的水量很少。在这种情况下,如果人们希望引水灌溉农田,或开展航运,或用于其他目的,那么水量小的河流就给人们造成诸多问题。与此情景相似,为了使办公室工作顺利运转,就需要连续不断的信息流通。而倘若信息稀缺或流通不畅,就会带来一连串的附带问题。

有时河流也有可能因骤降暴雨或山上的冰雪融化而造成洪水泛滥,从而使支流流量增加,最终汇入干流。如果河水流量太大而酿成洪灾,那就会危及河道附近的土地和城镇。通过直接类比发现,太多的信息也会产生问题。也许办公室没有足够的人手来处理过多的信息。或者信息太复杂,人们难以对其进行分析。

在这两种情况下,继续考察人们如何处理因河水太少或太多所导致的问题,发现人们通常会在河流上建造若干个水库,以便能够全年控制河水流量。类似地,为了管理办公室内外的日常信息流动,管理者也可以建造一些"信息水库",同时需要有最后期限来限定办公人员在什么时候务必处理信息,或把信息传达出去。与处理和传递消息相似,接收或获取信息也需要根据期望在时间上设定最后期限。通过与河流的流量控制进行直接类比,激发了"建立一套程序或档案系统,以此来控制和管理办公室内的信息进出"这一创意。

2. 拟人类比

拟人类比也称亲身类比、自身类比或人格类比,就是使创意对象"拟人化",在解决问题时,设法使自己与该问题的要素等同起来进行类比,从而得到有益启迪的方法。拟人类比的关键点就是想象自己就是问题中的一个角色，使自己与创意对象的某种要素产生认同，自我进入"角色"，体现问题，让自己所经历过的过程同所探求的过程产生共鸣。

文学艺术中的拟人类比更是随处可见，例如把祖国比作母亲，把美丽的姑娘比作鲜花等。在科学上，拟人类比的例子也是不胜枚举。

拟人类比在工业设计上也经常得到应用，著名的薄壳建筑罗马体育馆的设计就是一个优秀例证。设计师将体育馆的屋顶与人脑头盖骨的结构、性能进行了类比：头盖骨由数块骨头组成，形薄、体轻，但极坚固，那么，体育馆的屋顶是否可做成头盖骨状呢？这种创意获得了巨大成功。

同样，运用拟人类比来激发创意在企业管理中也十分有效。例如，为了改善企业内部人际关系，人们常常采用"角色扮演"的办法设身处地体会对方的心情。因为拟人类比也可以说是扮演角色，来体察事物的反应。利用拟人类比这种技巧可以调动我们的情感，以便获得对问题的深入理解，或获得对问题的创意。

进行拟人类比时，个体想象他已成为被研究的对象，有四种可能的介入水平：

（1）通过列举其基本特性来描述事物；

（2）描述事物在给定情境中可能具有的感情；

（3）当使用这个物体时，使用者的感觉如何？

（4）描述自己如果成为那个物体会有什么样的感受？

某汽车销售人员设想自己变成一款新型的、备受欢迎的小汽车，此时他询问自己会有什么感受。销售人员以这样的分析为基础，可以在广告上做文章。通过这种拟人类比激发出来的广告主题创意就会瞄准特殊的目标顾客群。

通过拟人类比这种创意构思技术，能够使自己从原来的思维框架中跳出来，以一种不同于先前的分析思路思考问题、激发创意。

3. 因果类比

这是一种从已知事物的因果关系同未知事物的因果关系的某种类似之处中寻求未知事物和创意的思考方法。运用因果类比，可根据一个事物的因果关系，推测出另一事物的因果关系。例如，在合成树脂中加入发泡剂,可以得到质轻、隔热和隔音性能良好的泡沫塑料,于是有人就用这种因果关系,在水泥中加入一种发泡剂,发明了既质轻又隔热、隔音的气泡混凝土。

 拓展阅读

浙江一家机械厂为贵州一家食品厂安装蛋卷机,几经调试,轧出的蛋卷还是碎裂,通过检查发现机器本身没有什么毛病。那么蛋卷为什么会碎裂呢?几经检查也未能发现问题,后来技术人员发现晒的衣服在贵州很快就可以干,这种现象说明那里的空气相比南方要干燥很多,进而,技术人员想起了丝绸厂里为了保持车间里有一定的湿度,都要喷洒一些水汽,那么能不能在生产蛋卷的车间里也喷洒一些水汽来保持湿度呢?技术人员尝试了这种简单的方法,果然取得了成功。可见在这个问题上,机械厂的技术人员在丝绸厂的断丝情况和食品厂的蛋卷碎裂情况之间找到了因果类比,通过这种思维解决了问题。

资料来源:杨德林,王玲.创意开发教程[M].北京:经济科学出版社,2018.

4. 荒诞类比

荒诞类比也称幻想类比,这种类比是以弗洛伊德的理论为基础,该理论认为最荒诞的创造性思维是与愿望实现紧密联系在一起的。例如,艺术家具有某种创造需要,而这样的需要是通过也只能通过期望获取某种最后可转化为艺术作品的东西才能够得以满足。荒诞类比是在创造性思维中用超现实的理想、梦幻或完美的事物类比创意对象的创造性思维法。对于这种方法,戈登指出:"当问题在头脑中出现时,有效的做法是,想象最好的可能事物,即一个有帮助的世界,让最令人满意的可能见解来引导最漂亮的可能解法。"①

古代的神话、故事、童话多是在不能解决问题时产生的幻想。同样,

---

① 杨德林,王玲.创意开发教程[M].北京:经济科学出版社,2018.

在科技迅猛发展的时代,人们利用幻想解决问题已成为现实。众所周知,著名科幻小说之父凡尔纳有非凡的想象力,是个荒诞类比创意开发法的大师。100多年前还没有收音机,其小说中的人物却看上了电视;在莱特兄弟进行首次飞机试飞前55年,他塑造的人物已乘上直升机翱翔蓝天了;移动的人行道、空调机、摩天大楼、坦克、电子操控潜艇、导弹,在20世纪,这些东西都化为现实,但凡尔纳在1个多世纪前都从其笔端——道出,多么令人难以置信!更为重要的是凡尔纳充满荒诞类比思维背后的自信,他说:"只要前人能做出科学的幻想,后人就能将它变成现实。"或许这也是进行荒诞类比的一个强大动力吧。①

人们普遍认为艺术家利用幻想类比机制较容易,而科技工作者利用它则较难,因为后者常受到"已知"世界秩序和形式逻辑的束缚,易屈服于传统思维习惯,闲置幻想的羽翼。戈登认为,科技工作者"应当而且必须给予自己和艺术家同样的自由,他必须恰当地想象关于问题的最好(幻想)解法,而暂时忽视由他的解法的结论所确定的定律。只有以这种方式他才能够构造出理想的图像。"② 爱因斯坦年轻时构思相对论问题时曾想:如果以光速追随一条光线运动,会发生什么情况呢?这条光线就会像一个在空间中振荡着而停滞不前的电磁场。正是幻想类比,打开了"相对论"的大门。另外,科学中的"理想实验"都包含着许多幻想类比因素,甚至,古今中外先进思想家关于人类社会种种"理想模式"的想象,也包含着许多幻想类比因素。

 拓展阅读

工厂的生产成本日益增加,而竞争者却没有一家有提高产品价格的迹象。因此,企业需要尽力寻找一种方法,使自身的产品在市场上与其他公司或厂家的产品相匹敌。运用荒诞类比的方法,针对这样的问题提出最为荒诞的想象:如何提高企业自己产品的价格,但又不动声色,给人留下价格似乎不曾提高的感觉?可以有如下创意:

---

①② 杨德林,王玲. 创意开发教程[M]. 北京:经济科学出版社,2018.

（1）调整折扣结构，以便使公司的总利润增加而顾客拿到的价格单将保持原样。

（2）增加最小订单的限额量，以便消除小额订单，这样工厂的总成本就会降低。

（3）取消那些在销售单上排在后面的各种型号的产品，代之以更加有利可图的产品。

（4）如果消费者需要厂家加班送货，那么公司就向其另收一定费用。

（5）根据协议来订立调资条款，力争在协议中压价。

（6）对送货及特别服务收取费用。

（7）收取工程管理、安装及监督费。

5. 对称类比

世界上有不少事物自身或与其他事物在时空或状态上存在着对称关系。如果已知存在事物的某种属性，就可以推断与其对称的事物也可能具有对称的类似属性，利用对称类比就可以激发相关创意。例如，物理学家狄拉克从描述自由电子运动的方程中，得出正负对称的两个能量解。一个能量解对应着电子，那么另一个能量解对应着的是什么呢？电荷正负的对称性众人皆知。狄拉克从对称类比中提出了存在正电子的对称解，结果被实践证实了。

 拓展阅读

1924 年德布罗意关于微观粒子也具有"波粒二相性"的假设，就是典型的对称类比思考方法的产物。德布罗意认为 19 世纪在对光的研究上，只重视了光的波动性，而忽略了光的粒子性。从对称类比的方法看，是过分重视了实体的粒子性，而忽略了波动性，于是他提出了微观粒子也具有波动性的假设，稍后这一假设被"电子在晶体表面的衍射"实验所证实。根据德布罗意的这一假设，后来才有了一门较完整地描述微观粒子行为的理论——量子力学。

6. 象征类比

象征类比是一种借助事物形象或象征符号，表示某种抽象概念或情感的类比，有时也称符号类比。这种类比可使抽象问题形象化、立体化，为创意问题的解决开拓途径。戈登说过："在象征类比中利用客体和非人格化的形象来描述问题。根据富有想象的问题来有效地利用这种类比。""这种想象虽然在技术上是不精确的，但在美学上却是令人满意的。""象征类比是直觉感知的，在无意中的联想一旦做出这种类比，它就是一个完整的形象。"① 进行象征类比的技巧就是尽可能使问题的关键点简化，并由此找到启示创意的方法。

由于人们在考虑问题时，往往不知不觉地采取与某种模式吻合的观点，为了摆脱这个框框，应该考虑新的形象，并从中受到激发而使思路有所发展。人们经常不自觉地从童话、谚语、幻想小说这类东西中寻求启示，其实这也是象征类比。

 拓展阅读

戈登描述了这样一个问题，即如何设计一种约有 3 英尺高并能承受得住 4 吨重物体的起重装置，这种装置要求可以被装进 4 英寸×4 英寸的箱子中。在解决该问题的过程中，人们通过从"印度人的绳索杂耍"中寻求启示，对两者进行象征类比以作为刺激，并考虑印度人的绳索杂耍有何实际利用价值，最终从中获得启示，找到了解决问题的方案：利用自行车链条的机械原理，让自行车链条从一个方向展开。通过把两个链状的装置连在一起，就可以设计出一种既灵巧又足以承受重物的起重器。问题就这样解决了。

7. 结构类比

结构类比是指由未知事物与已知事物在结构上的某些相似来推断未知事物也具有某种属性的方法。

---

① 杨德林，王玲. 创意开发教程 [M]. 北京：经济科学出版社，2018.

拓展阅读

把经济运行结构与城市交通运行结构加以类比，就可以由红绿灯与车辆的关系推知计划与市场的关系。如果交通警不能用交通信号灯对马路上的车辆进行宏观调控，整个交通秩序就会乱作一团；同样，如果国家不能通过宏观计划对经济结构进行调控而任凭各种产业按市场所需盲目发展，整个国民经济也必陷于混乱。有些城市通过无线电台随时向路上的司机报告最拥挤的或发生事故的路段，以减少塞车现象。在经济活动中，国家的相关职能部门通过随时向社会和厂家公布各个行业的发展状况和景气程度，也可以在某种程度上减少滞销产品和避免重复建设。

8. 综合类比

当已知事物与未知事物内部各要素关系十分复杂，而两者又有可比的相似之处时，就可以综合它们相似的特征进行类比。例如，在设计飞机的过程中，先将模型放在风洞中进行模拟飞行试验，就是综合了飞机飞行中的许多特征进行类比。同样，各领域的模拟试验，如船舶模型试验、大型机械设备的模拟试验等，都是综合类比。现在盛行的各种考试前的模拟考试也是这样，用模拟试卷综合正式考试中可能会出现的题型、覆盖面、题量和难度，以及考生可能出现的考前状态，使考生对正式考试的各种情景有所了解，并能对自己准备的程度做出评价，然后有针对性地做好进一步应考的准备。

 拓展阅读

通过人脑与电脑的综合类比思考，就可以为改进电脑提供有价值的思路。人脑处理信息是并行方式，由此激发了"电脑是否也可采用并行处理方式"的想法，从而研制出运算速度达数万亿次/秒的大型并行数字计算机；人脑是按模糊逻辑的方式工作的，由此激发了"电脑是否也可采用模糊逻辑"的想法，从而研制出模糊计算机，并达到了实用化水平。

综上所述，在八种类比中，直接类比是基础，它是生活中常见的类比，在这一基础上，向结构、拟人、象征化方向发展，就是结构类比、拟人类比、象征类比；向对称、因果、综合方向发展，即是对称类比、因果类比、综合类比；最后，向理想、幻想、完善方向发展，就是幻想类比。这八种类比各有特点和侧重，在创意、创意开发活动中常常相互依存、补充、渗透和转化，综合、灵活地运用这八种类比往往会产生出人意料的创意。

（二）对类比创意开发法的评价

类比方法是人类思维活动中一种特有的方法，在认识客观事物的思维活动中，在探求新的事物发展规律、建立事物间联系的过程中，发挥着极其特殊的作用。类比也可以说是一种不严格的推理。因为推理的不严格性是它的特点之一。这个特点既是它的所长，也是它的所短。它的所长是诱发创造性思考，它可以触类旁通，启发思路；它的所短是因为科学研究和生产实践活动需要严格的推理，没有严格的推理、科学的理论大厦就不可能建立，正常严肃的生活秩序就不会建立。但也正是因为类比在逻辑上的不严格性和联系上的广泛性，才决定了类比的创造性。正如康德（1972）所指出的那样："每当理智缺乏可靠论证思路时，类比这个方法往往能指引我们前进。"

二、移植创意开发法

所谓移植创意开发法，是指将某一领域的技术、方法、原理或构思移植到另一领域而产生新事物、新观念、新创意构思的方法。在科学史上，许多重大的发明就是借用了别的领域的有关知识，才解决了本领域中长期未能解决的重大问题。例如，把数控技术移植到普通机床上，并加以改造融合，就发明了数控机床；把计算机、激光技术移植到印刷领域，便带来了印刷出版行业的一次革命；把植物根系在土壤中的结构与原理移植到建筑工程中则发明了钢筋混凝土；把液压技术移植到机械工程领域后，完美地解决了远距离传动，达到了简化机构及操纵方便等目的。随着科学的飞速发展和社会分工的高度细化，移植创意开发法越来越显示出独特的价值。

（一）移植创意开发法的基本类型

移植创意开发法作为一种具有广泛用途的创造性思维技法，在科学发展中占有重要地位，大多数已有的发明、发现都可应用于其他领域。一般而言，移植创意开发法有如下几种类型：

（1）原理性移植：这是指把科学原理或技术原理移植到某一新领域的方法。例如，反馈原理最早应用在电子线路中，但是把这一原理移植到生物、机器等领域后，便创立了适合一般系统的控制理论。

（2）方法性移植：这是指把某一领域的技术方法有意识地移植到另一领域而创造的一种新方法。例如，20世纪60年代中期，美国一位数学家把经典数学、统计理论的研究方法移植到对模糊现象的研究中，创立了一门新的数学分支——模糊数学。

（3）结构性移植：这是指把某一领域的独特结构移植到另一领域而形成具有新结构的事物。例如，蜂窝是一种强度相当高且耗用很少材料的结构，把这一结构移植到飞机制造工艺上，就可以减轻飞机的重量而提高其强度；同样，将蜂窝结构移植到房屋建筑上，可制造出形状如同蜂窝的砖，使用这样的建材可以减轻墙体重量，同时还具有隔音、保暖的好处。

（4）功能性移植：这是指把某一种技术所具有的独特功能以某种形式移植到另一领域。例如，超导技术具有增强磁场、增大电流且无热耗的独特功能，可以移植到许多领域。将超导技术的这种功能移植到计算机领域，就可以研制成无功耗的超导计算机；移植到交通领域可研制磁悬浮列车；移植到航海领域可制成超导轮船；移植到医疗领域可制成高性能的核磁共振扫描仪等。

（5）材料移植：通过材料的替换达到改变性能、节约材料、降低成本的目的。例如，随着现代科技的发展，人们发现陶瓷材料的应用价值越来越高，陶瓷也能取暖，用陶瓷制作的暖风机耗电量只有普通空调机的1/3。所以说材料的移植将会带来新的功能和使用价值。

拓展阅读

充气太阳灶的发明就是移植法的例子之一。太阳能利用对人们极具吸引力，但目前的太阳灶造价高，工艺复杂又笨重，调节也麻烦，野外工作和旅游时携带不便。于是有人在调查研究的基础上，明确了主攻方向：简化太阳灶的制作工艺，减轻重量，减少材料消耗，降低成本，获取最大的功率。他们首先把两片圆形塑料薄膜边缘黏在一起，充气后就膨胀成一个抛物面，再在反光面上贴上真空镀铝涤纶不干胶片。用打气筒向内打气，改变里面气体压强，随着气越打越多，上面一层透明膜向上凸起，反光面向下凹，可以达到自动汇聚反射光线的目的。这种"无基板充气太阳灶"只有四千克重，拆装方便，便于携带，获得了第三届全国青少年科学发明创造比赛一等奖。

从移植的分类来看，该发明实际上是多种移植的结果，即把充气玩具的技术结合商品商标的不干胶贴片、凸透镜似的抛物面结构移植到新的太阳灶上来，把光学、流体力学等知识移植到太阳灶的设计上，从而成功地完成了小发明。由此可见发明或创意的产生是多种方法共同作用的结果，对某种方法进行具体分类的目的是对该方法的内涵进行充分了解，从而深刻把握该创意方法的精髓。

（二）对移植创意开发法的评价

移植创意开发法的实质是人类的思维领域中的一种嫁接现象，生物领域的嫁接或杂交可以产生新的物种，科技领域的移植、嫁接则可以产生新的科技成果。

移植创意开发法之所以对创意构思特别有用，是因为这种技法不受逻辑思维的束缚。当把一种技术或原理从一个领域移植到另一领域时，并不需要在理性上有多清楚地理解，往往是先做了再说，这就为新事物、新创意的形成提供了多种途径，甚至为许多外行搞发明创造提供了可能。

当然，单靠移植创意开发法并不能解决发明创造和创意构思的全部，它只是提供一个思维的突破口，要真正获得移植的成功，还必须依靠许多具体的工程技术。

三、模仿创意开发法

模仿创意开发法是一大类创意构思技法,甚至有人说"所有的创造都是从模仿开始的",可见模仿创意开发法在创意开发中的地位。这种方法的主要特点是通过模拟、仿制已知事物来构造未知事物。

 拓展阅读

贝多芬是德国作曲家、维也纳古典乐派代表人物之一。其主要作品有交响曲九部、多首大钢琴奏鸣曲等。交响曲中以《第三交响曲》(英雄)、《第五交响曲》(命运)、《第六交响曲》(田园)、《第九交响曲》(合唱)最为著名。但是你知道他的不朽作品是怎样创作出来的吗?他是继承海顿、莫扎特的风格,吸取法国大革命时期的音乐成果,集古典派的大成,从而再创作出来的。特别是《第九交响曲》中的第四乐章《欢乐颂》的合唱,是模仿法国作曲家卡比尼创作的歌曲的结果。

贝多芬的模仿表现在三个方面:

(1) 思想模仿。贝多芬生活在德国,他通过康德、席勒等人,对卢梭的法国共和思想非常憧憬与向往,因此在他创作的《第九交响曲》中充分体现出这种共和思想。

(2) 音乐风格模仿。贝多芬在《第九交响曲》的作曲过程中,收集了大量与卡比尼风格相近的法国音乐家缪尔的作品,并将他们的风格加入他创作的作品中去。

(3) 作曲模仿。贝多芬在《第九交响曲》第四乐章《欢乐颂》的合唱中,模仿了卡比尼和缪尔的作曲技法,我们可以从曲谱的比较中找寻出贝多芬模仿的痕迹。

从模仿的创造性程度划分,可将模仿创意开发法分为以下几种:

(1) 机械式模仿。这种模仿少有独创,只是把别人的成功经验和做法直接吸收过来,加以借用。其作用是可以让模仿者找到模仿的对象,进行创造性分析,也可进行创造性选择,在众多的模仿对象中找到先进而又适合自己的,其中也存在创造。

(2) 启发式模仿。它不是在两者相等的条件下进行，而是在其他对象的启发下，借用过来进行新的创造。其作用可以扩大人们的视野和模仿领域，而且也更易产生新的创造，创造出没有的东西。

(3) 突破式模仿。突破式模仿也称综合性模仿，是将同一对象或几个不同对象中的某些方面借用到自己的创造中，使被模仿的方面发生质的变化，从而成为自己的。这虽有模仿的痕迹，但却是一种全新的创造。这是一种最有价值的模仿。

（一）模仿创意开发法的基本类型

对模仿创意开发法的上述分类虽然有助于展开对模仿结果的评价，但是在创意开发实践过程中，模仿一般从下面几种途径着手。

1. 原理性模仿

原理性模仿是按照已知事物的运作原理来形成新事物运行机制的方法。例如，人们早就知道，人脑的每一个神经元都可以通过突触接收来自其他成千上万个神经元发来的脉冲，并有对某一脉冲信号进行优先处理的功能。当众多的输入脉冲信号超过某种水平时，就会有脉冲输出。根据人脑神经元工作的原理，日本研制成功了神经 MOS（金属氧化物半导体）晶体管，这种神经 MOS 晶体管的工作原理与人脑神经元类似，也采用了多端输入信号的形式，只有当这些多端输入信号的总和超过一定值时晶体管才会接通，而输出一个信号。

2. 功能性模仿

功能性模仿是指从某一功能的要求出发来模仿类似的已知事物。比如，从方便、小巧这样的功能特征来看，既然有了傻瓜相机，为什么不可以有傻瓜汽车、傻瓜计算机呢？事实上，全智能化操作的汽车、计算机正处于研制阶段。

3. 结构性模仿

结构性模仿是指从结构上模仿已有事物的结构特点并为己所用。例如，近年在城市中开始出现一种双层结构的公交车，方便舒适、载客多，虽无从考证，但极可能来自对香港街道上双层公交车的模仿，而双层公交车的构思则必是来自对双层居室的模仿。这是任何人都会产生的最简单的模仿。

4. 形态性模仿

形态性模仿是指对已知事物的形状或物态进行模仿而形成新事物的方法。例如，军人穿的迷彩服，就是对大自然色彩的模仿；淋浴的喷头中喷出的水柱是对雨的模仿；而人造喷泉、微型盆景直至影视中绘声绘色的拟音，可以说都是形态性模仿创造。

5. 仿生性模仿

仿生性模仿是一大类模仿创造法，应用十分广泛，有许多人造物品都是利用仿生创造的结果。仿生性模仿可大致分为如下几类（见表3-1）。

表3-1　　　　　　　　　仿生性模仿的类型

仿生类型	仿生举例
原理性	能爬楼梯的小车，是模仿人上楼时双腿的活动方式发明的
技术性	人造革、人造皮毛、人工心脏瓣膜等都是技术性仿生创造的产物
力学性	机械手抓物件的活动方式与人手的活动方式在力学原理上极为相似
控制性	许多动物都能通过控制眼睑缝隙的大小来调整光通量以适应环境，于是有人发明了可调亮度的窗帘，称为百叶窗
信息性	许多动物感知、接收外界信息的能力比人强，如狗具有灵敏的嗅觉，鹰具有极强的视觉，而蝴蝶和蝎子可以看见紫外光。从信息仿生的角度，人们早已发明了"电子警犬"，其灵敏度甚至超过狗鼻子的1000倍，而现代雷达成像技术更是鹰的视觉无法企及的
化学性	整个化工生物技术基本上是建立在化学性仿生方法之上的。例如，通过发酵工程技术生产柠檬酸、乳酸及氨基酸等化工产品，实际上就是效仿自然界微生物发酵过程的结果

6. 综合性模仿

综合性模仿是一种全面的、系统的模仿。最典型的例子就是近年美国建造的生物圈1号实验室。它是一个独立于地球而又与地球环境相仿的生态系统。在占地3英亩的巨大玻璃罩下，有海洋、沙漠、草原、沼泽地、农田、热带雨林及各种动植物，还有8名靠这个系统提供食物和空气的科学家。尽管这个实验的最初结果并不理想，但却是一个大胆的综合性的模仿创造。

（二）对模仿创意开发法的评价

模仿创造法是人类创造性思维的一种很重要的模式，当我们想要了解未知事物的构造、原理或功能而不知从何入手时，不妨通过对已知的类似事物的模仿获得答案。所以，从某种意义上看，模仿创造法较之类比创造法更为深入，也更为大胆。"一切与发明创造有关的事物，都是借来的，美与形莫不如此。"①

模仿创造法不仅限于科技领域的创意构思，即使在文化艺术乃至生活领域，模仿也不失为一种有效的创意构思技法。

 拓展阅读

菲尔·耐特于1964年创建了蓝飘带运动用品公司，与耐特一起投资的是比尔·鲍尔曼，他是俄勒冈大学的田径教练，对跑鞋很有研究，喜欢改进跑鞋的设计。1972年蓝飘带公司把品牌名称定为耐克，该名字依照希腊胜利之神而取。同时他们还发明出一种独特标志Swoosh（意为"嗖的一声"），简单的标识像是一个对钩，极为醒目、独特，每件耐克公司制品上都有这种标记。20世纪70年代，耐克的销售量以年递增2倍到3倍的速度增长，从1976年的1400万美元到1978年的7100万美元，到1980年时达到2.7亿美元，1983年时超过9亿美元。1979年，耐克占美国跑鞋市场销售量的一半，一年后它超过了长期主导美国运动鞋市场的阿迪达斯。

《华尔街日报》曾撰文分析认为，耐克成功的关键是模仿、跨领域、品牌经营和技术开道。前三项都是从阿迪达斯学到的，在与阿迪达斯竞争的过程中，耐克把生产过程发包给成本低廉的厂商去做，自己主要做鞋型设计和开发，同时把设计成果转移到其他的鞋型领域。这一点后来被认为是耐克超越阿迪达斯的关键，即用产品技术的演化来进入更多的市场，预先获得最有潜力的产品组合。

---

① 绝不重新发明轮子［EB/OL］．挂云帆学习网，2022-08-21.

就跑鞋市场来说，长期以来领先者阿迪达斯公司所施行的市场战略，就是生产型号多样的鞋，在重大体育竞赛中让运动员穿着带有公司标志的产品，不断使产品更新换代。耐克公司把这一操作方法拿来，就等于在企业成长中掌握了现成的经营方法，使公司获得了快速发展的机遇。另外，耐克早期的品牌创建工作也沿袭了阿迪达斯的模式，该模式主要是增强运动员们对产品的偏好。最初几年耐克由于资金不足，无法吸引一流选手，所以大多关注运动场上的新星和奥运会的小项目。随着销量的增长，吸引的选手也在增多。当时的另一个做法是让耐克的商标标识出现在获胜者的圈子里和电视屏幕上，以此提高运动鞋的声望，创造情感性和自我表达型利益，深入挖掘体育运动所蕴含的情怀。

但是，耐克的模仿并不是简单照搬，而是在仿效他人的同时，注重发展自己的个性，培育自主创新的能力，充分发展自己与众不同的特征，建立善于抓住各种新机会的组织机构和管理部门。可以说耐克公司成功的关键因素是卓有成效的仿效，它还创立了"只见品牌不见工厂"的市场策略，这些策略主要是：集中力量试验和开发更好的跑鞋；为吸引各类消费者而扩大产品线；发明出印在全部产品上的、可被立刻辨认出来的明显标志；利用著名运动员和重大体育比赛展示产品的使用情况，甚至把大部分生产任务承包给劳动力廉价的亚洲工厂。后来的市场发展证明该策略对制鞋业而言是极为有效的，这种只有品牌、本土没有工厂的虚拟经营战略，使企业降低了劳动力成本，从而使产品获得了更强的市场竞争力。

资料来源：杨德林，王玲. 创意开发教程［M］. 北京：经济科学出版社，2018.

四、逆向创意开发法

逆向创意开发法是一种与原有事物、思路故意唱反调的思维方法，其优点在于掌握起来并不困难。当然，这种反其道而行之的思维方法，其结果不一定总是可行的，但至少可以帮助我们迅速摆脱思维过程中的困境。

当我们按照常规思维去解决问题而不见效时，不妨用逆向创造法试一试，说不定在某些情况下就会获得意想不到的效果。

例如，为了治理盐碱地，将其改造成可以耕种的良田，传统的做法是挖沟排水，让土地变干，但效果一直不佳。后来有人从逆向思维的方法考虑，干脆反其道而行之，变排水为蓄水，并在大面积盐碱地上建成许多蓄水池用来养鱼养虾，不仅年年有水产品出售，而且由于鱼虾的粪便及腐殖质的作用，几年后，池塘底就沉积了一层可耕种的良性土壤。

在解决工程技术问题时也可以从材料、功能、性状以及因果关系等方面入手，运用逆向创造的方法主动地寻找问题或解决问题（见表3-2）。

表3-2　　　　　　　　　逆向创造法的应用举例

要素	原有状况	逆向思考	逆向成果
材料	传统的汽车都是用金属材料制造	能否用非金属材料制造	发明了全塑汽车
功能	电流的功能之一是可以使通电导体变热	能否让通电的导体变冷呢	发明了半导体温差制冷器，并可制成家用或医用冰箱
性状	一般工程爆破都采用炸药爆破，其特点是速度快	慢速爆破是否可行呢	发明了一种爆破水泥，具有速度慢、无噪声、无灰尘、无振动等优点
因果	电动机被看成电能向机械能转换的装置，电能是原因，机械能是结果	能否制造出一种把机械能转变为电能的装置	发明了电动机

逆向思维法并非仅适用于科技创造，在其他许多领域，包括日常生活中的难题的解决，逆向思维法也常常会出其不意地大显神通。例如，固定的小时工作制为什么不能改成弹性工作制？为什么用户非得去商店购物而商店不能将商品送至家中？几乎没有什么事物不能从反面去思考和激发创意，最终加以改进。

（一）逆向创意开发法的基本类型

1. 结构的逆向

任何产品都有它组成的方式和结构，通过改变结构，甚至与原结构逆向，往往能优化产品，甚至开发出一种新颖的换代型的产品。例如，轮胎有内外胎，是充气的、空心的，德国发明的一种新型轮胎与传统的结构完全相反：无内外胎之分，不充气、实心的，轮胎的橡胶间密布着极小的气泡，使轮胎保持一定的弹性和承受力，但克服了轮胎易被钉子扎破、需要充气等缺点，受到了用户的欢迎。

2. 次序的逆向

改变系统内部要素排列的次序，往往会引起事物功能、效率的变化。

3. 时机的逆向

时机的逆向是指在时机的选择上违反常规、反传统。不少企业惯于模仿竞争对手的产品。从心理来看，这是从众心理的反映；从思维来看，是一种定式思维的表现。大家都"一哄而上"，必然会人为地加剧竞争，也人为地破坏了供需的平衡，到头来可能造成大批产品的积压，为什么不能独辟蹊径，采取与众不同的思路呢？

 拓展阅读

国外流行快餐后，全国各地都开了不少快餐店，似乎人们一下子都欣赏起"快餐"来，其实不然，有不少人是喜欢"慢"的：谈生意的人，喜欢慢慢吃、慢慢谈，边吃边谈，快了可能就谈不成生意；谈恋爱的人，也不那么喜欢"快"，需慢慢地品味"情调"；年迈的人也不喜欢那么"急匆匆"地吃；等等。不同的人本来就有不同的需求，因此国外思维灵敏的商家因此也来了个逆向，你选择"快"，我选择"慢"，于是，"慢餐店"悄然兴起，生意兴隆。

4. 位置的逆向

位置的逆向是指空间位置上下、左右、前后、里外的变换或逆向。位置的逆向在产品改革中应用得相当广泛。例如，一般电冰箱的冷冻室在上面，冷藏室在下面，但是冷藏室使用的频率较高，设计在下面不如上面方便。因此松下设计的电冰箱将两者的位置颠倒了一下，把冷冻室放在下面，冷藏室放在上面，顾客使用起来就更方便了，这种冰箱也因此大受欢迎。

5. 原理的逆向

原理的逆向包括对理论、传统、常规的逆向。一般来说，原理、理论是正确的，但也不是没有疏漏的，通过逆向考虑，往往会发现新问题，使理论得到充实和发展，这在自然科学领域里是常有的事。有欧基里德几何学，那么有没有非欧范畴内的几何学呢？事实证明是有的，后来有人建立了非欧几何学。例如，《三国演义》里，马谡失街亭后，司马懿追兵迅速赶到，诸葛亮在前无救兵、后无退路的紧急关头，来了个逆向思维，布疑阵，唱起了"空城计"。他故意把城门打开。只派几个老弱残兵在城门口打扫，而自己却在城楼上悠然抚琴，按常规思维思考的司马懿，考察了这一切布置后，认为诸葛亮是在引诱他进城，按"兵法"的常规来判断，城内"必有埋伏"，加之诸葛亮的为人"一生唯谨慎"，不会有诈。司马懿用常规思维考虑再三，不敢攻城，乖乖地退兵了。如果诸葛亮当时选择硬拼或者逃跑，他肯定会成为阶下囚。因此这也可以说是对常规的逆向思维救了诸葛亮。

6. 方法的逆向

对失败方法的逆向也许就意味着成功。例如，我国古代的大禹因治水成功而流芳百世，但是在禹之前，当时部落联盟的领袖派的是大禹的父亲鲧去治水。他采用的方法是"堵"，哪里有洪水灾害，就在哪里筑堤坝，但当山洪暴发时，这些堤坝根本无法堵住滔天的洪水。洪水冲破堤坝，夺去百姓生命，鲧也被首领处死。然后，部落首领又任命禹去治水，禹汲取了前人的教训，把"堵"改为"疏"，这是对"堵"的方法的逆向，哪里有洪水，他就在哪里挖沟渠，把洪水疏导出去，最终这个方法取得了成功。

7. 功能的逆向

把某些事物的功能进行逆向使用，往往会取得更好的效果。例如，吸尘器的发明人赫伯特·布斯原先发明的是"吹"尘器。使用"吹"的方法只能把纸屑、垃圾从这里吹到那里，但纸屑垃圾仍然存在，并未起到清洁的效果。后来，他把"吹"改成了"吸"，就是通过一个简单的功能逆向，但是效果明显不同了，纸屑、灰尘全被吸进了机内的口袋，这才使吸尘器具有了真正的使用价值。

8. 工艺的逆向

对传统的、常规的工艺流程，有时通过逆向进行可取得出乎意料的成功。例如，造船工艺历来是"由下到上"，大量的焊接工作都得"抬着头"操作，为工人增加了劳动强度。后来德国一家造船厂来了个工艺逆向，整个工艺改为"由上而下"，工人由"抬头干活"变为"低头干活"，大大减轻了劳动强度，从而也大幅缩短了造船周期。

9. 管理的逆向

经营管理方面逆向的事例更多，逆向往往意味着是管理上的一种创新。例如，日本丰田汽车公司总经理丰田宗一郎曾经说过："假如我这个人有所成就的话，那是因为我善于倒过来思考。"[①] 丰田公司目前已发展成世界一流的跨国企业，取得了辉煌的成就，这与丰田本人领导有方当然分不开，也与他"善于倒过来思考"分不开。在生产管理上，一般企业都是"顺抓"的，即由第一道工序顺次抓到最后一道工序。而丰田却别出心裁"倒抓"，即由最后一道工序抓到第一道工序，在生产管理中推行时间、品种、数量"三及时"原则，还规定：后道工序需要的时候，应向前道工序索要所需数量的零件。这就使后道工序始终处于主动地位，强化了企业的科学管理。实践证明，这样的"倒过来抓"更有利于实现目标管理，增强了各道工序的责任心，也使得丰田公司取得了今天这样的显赫成就。

10. 用人的逆向

历来用人强调用人之所长，这当然是对的，但只反映了一个方面。人有所长必有所短，逆向用人把"短处"用到恰当的地方，"短"就可以转化为"长"了。

 拓展阅读

唐德宗时有位使相名叫韩滉，很讲究用人之道，有一技之长的就"各随所长"，无一技之长的，也用得合适。有个"故人之子"来投奔他，要谋个差使，但此人"文不能拆字，武不能卖拳"，可以说是"一无所长"，只得暂时闲置一旁。后来韩滉发现此人在宴会上总是目不斜视，与邻座也不交谈，凭此一点，韩滉就委派他作"库门监"（掌管仓库大门的小官），

---

① 杨德林，王玲. 创意开发教程 [M]. 北京：经济科学出版社，2018.

这个人到任以后从早到晚在库门口正襟危坐,不要说闲人,就连仓库内的小卒也不敢再擅自走动,仓库的管理由此得到了加强,起到了很好的效果。

其实,用人所短是对"用人所长"的重要补充,是一种缺点逆向创意开发法。"用人所长"固然重要,能使一些"学有所长"人发挥"千里马"效应,但"用人所短"也是非常必要的,使原本被认为"无用"的人充分发挥他们的积极性,发挥他们的"非千里马"效应。两者结合起来应用,就更全面了。一个聪明的管理者不应只着眼于发挥几个"尖子"的作用,还应注意发挥为数众多的"普通人"的作用。

资料来源:杨德林,王玲.创意开发教程[M].北京:经济科学出版社,2018.

(二) 对逆向创意开发法的评价

如果说顺向性思维是一种常规性、传统性思维的话,那么逆向思维则是一种反常规、反传统的思维。顺向思维的常规性、传统性思维导致人们形成定式思维,是一种从众心理的反映,因而成了人的一种"思维框框",严重阻碍着人们创造力的发挥;这时,如果换一下思路,用逆向创意开发法来考虑,就可能突破这些"思维框框",取得出乎意料的成功。

逆向思考法由于是逆常规、反传统,使它具有与一般思维不同的特点。

1. 突破性

逆向创意开发法的成果往往是冲破传统观念和常规的产物,常有质变或部分质变的性质,因而往往能取得突破性的成就。

在飞机正式发明之前,就有许多"科学家""权威"引经据典得出了机械飞机不能上天的"科学结论"。最初,法国著名天文学家勒让德,认为要制造一种比空气重的装置飞上天去是不可能的;德国大发明家西门子接着也发表了类似看法,由于他的崇高威望而极大地阻碍了飞机的研制;著名的德国物理学家、能量守恒定律发现者之一亥姆霍兹,从物理学的"科学角度"论证了机械装置要飞上天纯属"空想",使原先支持研制飞机事业的德国金融界和工业集团撤销了财力和物质上的援助;美国的天文学家纽康根据各种数据进行了大量的计算,以"证明"飞机甚至无法离开地面。但是默默无闻没有上过大学的美国莱特兄弟，却迎着这些"科学家""权威""理论家"的思维逆向而上，大胆摸索、实践，终于在1903年使飞机飞上了天，震惊了世界，实现了人类长久以来的梦想，取得了令人鼓舞的突破性成就。

2. 新奇性

由于思维的逆向性，改革的幅度较大，因而必然是新奇的、新颖的。例如，电风扇一般都用于夏天，其功能是使人"凉快"。有家电扇厂别出新裁增加功能，使它同时也能发热，冬夏两季都能用，与传统的电扇相比无疑是个创新，得到了顾客的青睐。

3. 普遍性

逆向创意开发法的应用范围极广，几乎适用于一切领域。反映客观世界的思维本身就应该有两面性，顺向性思维和逆向思维。但是由于社会环境、传统、偏见、教育等的影响，平时人们奉行顺向性思维较多，因为它比较保险，而逆向性思维则常带有风险性，故平时用得较少。但事物毕竟有二重性，如果使用顺向的思维方式进行思考，往往只注意前而忽视后，只注意上而忽视下，很容易犯片面性的毛病。这时用逆向思维进行思考，让人们从另一个方面去思考，往往就能看到顺向思维所看不到、想不到的一面，能弥补顺向性思维的不足，从而促使人们更全面地看问题、想问题。

五、组合创意开发法

组合创意开发法的最基本要求是各组成要素必须建立某种关系成为一个系统整体，否则只能是杂乱堆放的混合物。例如，一堆砖堆放在一起只是一堆砖，若是按照一定的关系砌起来就可能组合成一座建筑物。由于组合创意开发法是在一定的整体目的下利用现成的技术成果，因而往往并不需要建立高深的理论基础和开发专门的高级技术。CT的发明就是把X射线装置同电子计算机结合在一起实现的，这两项都是已有的成果，但它们组合在一起后，就有了新的特殊功能，即诊断脑内疾病和体内癌变。这是组合创意开发法的一个突出应用。

从组合的对象看，可以是相同或不同的材料、零部件、成品、工艺、技术、设计原理或学科间的组合。组合后的整体，一般都具有各组合要素的性能。

要实现组合创意开发，可以沿着两种途径进行：一种途径是从某种功能目的出发，去寻找具有或接近具有这种功能的对象而加以组合，这在冶金行业是常用的方法。比如，要研制一种耐高温的合金材料，一般人们总会想到要加入铬、镍等热稳定性高的元素。另一种途径是在没有明确目的要求的情况下，对已有的一些事物随意加以组合，看看会获得什么结果，若是组合后的确有一定新意，也是一种创造了，这在业余发明活动中是常用的。有一类创意开发方法就是专门为此而设计的，例如，二维坐标法。这种方法十分简单，你可以随意拿出一二十个名词、动词、形容词分为两组分别列在横竖两个坐标轴上、然后有意让每一个词汇与其他所有词汇都分别组合搭配一次，看看是否有新的创意。如果激发了新的创意，就获得了一个组合创意开发的构思，否则就舍弃。如果这组词汇组合完毕不太理想，还可以再寻找另外一组词汇。按此方法，一般总会得到组合创意开发构思的。

根据简繁、难易程度，组合创意开发大体上可以分为三个层次：非切割的组合、切割的组合、飞跃的组合。

非切割的组合即将现有的事物不加任何改造，或者稍作外形的改变，将原有的功能应用于新的目的，例如，将军用装甲车上的时钟（防震性能好），组合到快艇上、汽车上、飞机上等。这是组合创意开发的最低层次，这种创造不是事物结构上的明显切割，而是将现有事物的功能，以完整或较完整的形式组合到新的系统中去，因而也是对"功能"的切割与组合。如把热水瓶保温的功能组合到杯子上，就变成了保温杯；把橡皮头组合到铅笔上，就产生了橡皮头铅笔的创意。

切割的组合即把现有事物中部分结构要素切割下来，把这些要素重新组合起来，用于新的功能系统。这就是典型意义上的切割组合。例如，把收音机和录音机组合起来，就成了兼有收音和录音两种功能的新产品。工厂中很早就有了电瓶车，将电瓶的功能切割下来，组合到普通人使用的自行车上就形成了电动助力车。

飞跃的组合即运用已经积累的知识和经验，或者偶然获得的信息，通过创造性思维进行知识或信息结构的变革,从而产生飞跃性的创意或设想,最后开发出与现有的事物本质上不同的新事物,这是最高层次的组合创意开发,也是一种思维上的组合。例如,创意学本身就是对心理学、思维科学、哲学、方法论的重新组合。

(一)组合创意开发法的基本类型

1. 基本组合类型

组合创意开发的类型繁多,几乎覆盖了人类生活的各个领域。下面是几种基本的组合类型。

(1)材料组合。

材料组合专注于将不同性质、功能或结构的材料进行组合,以形成具有独特性能和应用前景的新材料。它的核心在于通过对材料的科学选择和巧妙组合,实现材料性能的互补和优化。它不仅可以利用现有材料的优点,还可以通过组合来弥补或改善某些材料的缺点,从而创造出更加理想的新材料。在实际操作中,材料组合可以采用多种方式进行。

例如,可以将不同种类的金属、塑料、陶瓷等材料进行混合或层叠,形成复合材料;也可以利用化学或物理手段,将不同材料在微观尺度上进行结合,形成纳米复合材料。这些新材料往往具有优异的力学性能、热学性能、电学性能等,可以广泛应用于航空航天、汽车制造、电子信息等领域。材料组合法的优势在于其灵活性和创新性。通过精心选择和组合不同材料,可以创造出具有独特性能和应用潜力的新材料,为各个行业的发展提供有力支持。同时,材料组合也可以推动材料科学的进步,促进新材料技术的不断创新和发展。

(2)结构组合。

结构组合是指将不同结构元素或形式进行创新性的组合,以创造出新颖、高效且具有独特功能性的整体结构。这种方法突破了传统结构设计的局限性,通过跨领域、跨学科的融合,为设计创新提供了广阔的思路和应用空间。在结构组合中,设计师需要深入了解各种结构的特点、性能和适用场景,通过巧妙地组合不同的结构元素,实现优势互补和功能协同。这种组合可以发生在不同的层面和尺度上,从微观的分子结构到宏观的建筑结构,都可以运用结构组合的方法进行创新设计。结构组合的优势在于它能够充分利用各种结构的优点，避免单一结构的局限性，从而创造出更加优秀的设计方案。

例如，在建筑领域，通过将钢结构和混凝土结构进行组合，可以创造出既具有高强度又具有良好抗震性能的建筑体系。在机械领域，通过组合不同的传动结构和执行结构，可以实现更加高效、精准的运动控制。

（3）功能组合。

功能组合通过将不同功能或功能的不同部分进行有机整合，从而创造出具有多功能性、高效率和优化用户体验的产品或解决方案。在功能组合中，关键在于理解并识别各个功能之间的潜在联系和互补性。通过将这些功能进行有效的组合，可以创造出能够满足用户多种需求，提升产品整体价值的新产品。这种组合可以是基于物质层面的实体产品，也可以是基于概念层面的服务或系统。功能组合的应用范围非常广泛，几乎涵盖了所有需要创新的领域。

例如，在家居领域，智能家居系统通过将照明、安防、娱乐等多种功能集成在一个平台上，实现了家居环境的智能化管理和控制；在交通工具领域，电动汽车不仅具有传统汽车的行驶功能，还集成了充电、储能、智能驾驶等多种功能，为用户提供了更加便捷和环保的出行方式。功能组合的优势在于它能够提升产品的综合性能和市场竞争力。通过整合不同功能，产品能够满足用户多样化的需求，提升用户体验。同时，功能组合也有助于降低成本、提高生产效率，从而为企业创造更大的经济效益。

（4）方法组合。

方法组合是指将不同的方法、技术或手段进行创新性的结合，以形成新的、更加高效和具有独特功能性的整体方法。这种方法突破了传统方法应用的局限性，通过跨领域、跨学科的融合，为解决问题和推动创新提供了更广泛的思路和应用空间。在方法组合中，关键在于深入理解各种方法的原理、特点和适用场景，寻找它们之间的内在联系和互补性。通过将不同方法进行巧妙的组合，可以充分利用各自的优势，弥补单一方法的不足，从而创造出更加全面、高效的解决方案。

例如，在产品开发中，可以将传统的市场调研方法与大数据分析方法结合，通过整合两者的优势，更准确地把握市场趋势和消费者需求，为产品开发提供有力支持。在解决复杂问题时综合运用多种不同的分析方法和工具,如系统分析、案例研究、模拟仿真等,多角度、多层次地分析问题,找到更有效的解决方案。

(5) 原理组合。

原理组合是将不同领域、不同学科中的原理进行创造性地结合,以产生新颖、高效且具有独特功能性的整体方案或产品。这种方法突破了传统思维模式的局限性,通过跨领域、跨学科的融合,为创新提供了更为广阔的可能性。在原理组合中,关键在于对各个原理的深入理解与精准把握。设计者需要了解每个原理的适用范围、性能特点以及潜在优势,然后将其与其他原理进行巧妙的组合,实现优势互补和功能协同。这种组合可以发生在自然科学、社会科学、工程技术等多个领域,通过整合不同领域的原理,可以创造出具有独特功能和优势的新产品或方案。原理组合的优势在于能够充分利用各个原理的优点,避免单一原理的局限性,从而创造出更加全面、高效和创新的解决方案。

例如,在科技领域,通过将物理学原理与计算机科学原理进行组合,可以开发出具有更高效能、更低能耗的新型计算设备;在工业设计领域,通过结合材料力学原理与美学原理,可以设计出既实用又美观的产品。需要注意的是,原理组合并非简单的叠加或拼凑,而是需要在深入理解各个原理的基础上,进行有针对性地选择和组合。同时,还需要考虑到实际应用的可行性和市场需求,确保所创造出的新产品或方案具有实际价值和市场竞争力。

(6) 技术组合。

技术组合是一种将两种或多种不同的技术元素、方法或系统进行创新性结合,以产生全新或改进的技术解决方案的方法。这种方法的核心在于利用现有技术的优势,通过巧妙的组合和整合,创造出具有更高性能、更低成本或更广泛适用性的新技术。技术组合的具体过程涉及对多种技术的深入研究、分析和比较,以确定它们之间的潜在联系和互补性。然后,通过巧妙的构思和设计,将这些技术元素融合在一起,形成一个新的技术整体。这个整体可能是一个新的产品、一个新的生产过程,或者是一个新的服务方式。技术组合的优势在于它可以充分利用现有技术的成熟性和可靠性，降低创新的风险和成本。同时，通过技术的组合，可以创造出具有独特竞争优势的新技术，从而在市场竞争中占据有利地位。

在实际应用中，技术组合可以应用于各个领域，如制造业、服务业、医疗保健、能源等。例如，在制造业中，可以将先进的制造技术、自动化技术和信息技术进行组合，实现生产过程的智能化和高效化；在医疗保健领域，可以将生物技术、信息技术和医疗技术进行组合，开发出更加精准和有效的诊疗方法。需要注意的是，技术组合并非简单的技术堆砌，而是需要深入理解各种技术的本质和特点，找到它们之间的最佳结合点，以实现技术性能的最优化。同时，还需要考虑技术组合的成本效益和市场前景，确保创新成果的商业化和可持续发展。

2. 外部组合

外部组合是一种低级的组合方式，但使用这种技术往往也能收获意想不到的效果，因为组合后可能使产品得到优化，并激发新的创意，使产品增加新的功能和效用，从而提高竞争能力。外部组合又可分为两种：外部非同类型组合和外部同类型组合。

（1）外部非同类型组合。

它的模式是：①+②=N，其中 N 代表新产品、新事物。

例如，近期在社交网络上非常火热的"中国风口红"，将各种印有中国传统艺术形象的贴纸贴在口红的外包装上，让本来单一的口红包装具有了祥云、花鸟等富有中国特色的美感，更加受到消费者欢迎。这也是运用了组合技法：贴纸+化妆品，创造出了新颖的包装，让产品更有人气。

组合技法在革新、优化老产品中有着广泛的应用天地。伞的发明已经几百年了，人们至今还在使用，其基本功能没变，但现代的伞的附加功能层出不穷，如伞与催泪瓦斯组合，就成了催泪伞，以防流氓、恶棍的袭击；伞与太阳能技术组合，就成了太阳能伞，能产生 600℃ 高温，供旅游者烧水、煮食；伞与刺刀、手枪等武器组合，就成了自卫伞，这对治安情况严重恶化的西方社会来说，无疑也是一种需要；伞与香水组合，就成了香芬伞，使漫步街头的情侣能闻到阵阵幽香；伞与小电珠组合，就成了带灯的伞，这样走夜路的人就能引起司机的注意，起到了保障人身安全的作用；还有一种拐杖伞，同时具有拐杖的功能。

这些新开发的伞,基本思路就是外部非同类型组合,可见这种技法的作用真的很大。

曾在美国获得专利的一种多用途钳子,它把锤子、起钉器、钢丝钳、管子扳手、绞铁丝器等多种工具的功能组合在一把钳子上,从而形成"一钳多用",极大增强了产品的竞争能力,大大节省了在操作时调换工具的麻烦。这样的新产品,顾客当然乐于购买了,因此这种多用途钳子在市场上大受欢迎。

(2)外部同类型组合。

组合技法强调不同功能的事物组合,但这并不排斥同类型事物的组合,这就是外部同类型组合的思路所在。它的模式是① + ① = N。

德国人克莱斯特发明的莱顿蓄电瓶,由于蓄电量小,实用价值不大。后来美国电学巨匠富兰克林把许多蓄电瓶并联起来,发明了蓄电池,蓄电量大大提高,使蓄电池有了较大的实用价值。

3. 内部组合

相比外部组合来说,内部组合是一种高级组合技术,一般来说技术难度较高。内部组合也有两种:非同类型内部组合和同类型内部组合。

(1)非同类型内部组合。

这是组合技法中最重要的一种思路,许多新产品的开发和创意的构思都是运用了这种技法。其模式如图3-1所示。

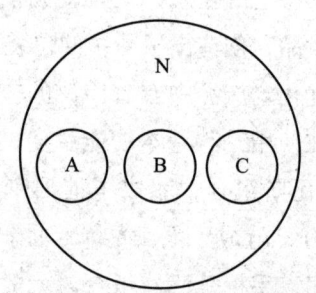

图3-1 非同类型内部组合模式

电视机是看的,电话机是听的,把原来两种不同功能的事物进行组合,就开发了兼有两种功能的新产品:可视电话。显然,与"贴纸+化妆品"那种外部组合相比,这种组合在技术上要复杂得多。通过把两种不同功能的机器——X光检查仪和计算机图像识别技术组合起来,就发明了能够对人体内部进行探测的CT扫描机,发明者也因此获得了诺贝尔医学奖。可见,这种非同类型内部组合创意开发方法确实很有效。

日本之前开发了一种电子黑板,学生听课时不必再忙着记笔记,他们只需专心听老师讲课就行了,因为老师讲完课后,电子黑板可把老师在黑板上写的全部内容复印给学生。这种先进的电子黑板,实际就是摄像系统和复印系统的组合。

在应用非同类型内部组合时,可以有两种不同的思路:

一种思路是从高新技术出发,去寻找新的需要,进行新的组合。例如,激光是一种新技术,只要在各个不同的领域里捕捉到各种新的需要,便可开发出一系列新产品。如激光唱片、激光测距、激光针灸、激光切割、激光焊接、激光手术(眼睛开刀)、激光精密计量、激光分离同位素、激光全息照相、激光模糊成像处理、激光引发热核聚变反应、激光计算机、激光雷达、激光战场通信、激光瞄准仪、激光制导炸弹、激光制导导弹,实际上就是激光在军事领域、医疗领域、金属加工领域等方面的应用。

另一种思路恰恰相反,是从产品出发寻求与某种新技术进行组合。例如,电话机是已经用了上百年的老产品,但美国新泽西州贝尔电话研究所把电话与电子计算机组合,便产生了一种新型电话,具有四种新的功能:一是可以查出电话号码,并接通对方电话。二是可以把信件内容传输给对方电话。三是可以和远处的朋友打扑克,做娱乐工具。四是可以收听当天的新闻节目。

可见非同类型内部组合创意开发法是开发高新技术产品的重要途径。

(2) 同类型内部组合。

同类型事物的组合,不能认为只是量的增加,更重要的是能够产生新的功能飞跃,也就是质的变化。如电子计算机与电子计算机的组合,形成计算机网络,组成彼此能够相互通信的一组相关的或独立的计算机系统,就可开发出新的功能,例如,可以共享数据、共享硬件、共享软件、均衡负荷;它可以使用户在同一时间、不同的地点使用同一个计算机网络系统,从而大大提高了计算机系统检索信息的效率。其模式如图3-2所示。

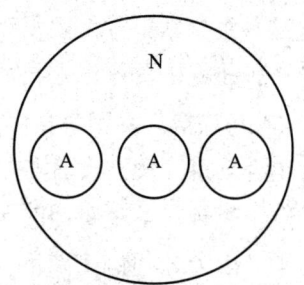

图 3-2　同类型内部组合模式

例如，美国以医学图书馆为中心，用电子计算机网络把 11 个区域性分中心和它们所属的 100 多个基层图书馆，以及 300 多个医院、学校联系起来，形成医学系统的"图书情报信息库"，这样，科研人员就可以坐在自己的办公室里检索所需的资料和信息，进行科研活动，平均只需 10 分钟就能完成一个课题的调研，它的速度相当于一个人用 30 种文字阅读 2000 种专业杂志，浏览 9 万篇科学论文①。

（二）对组合创意开发法的评价

组合创意开发法是应用范围很广的一大类创意构思技法。据统计，在现代技术成果中 60% ~ 70% 是通过组合创意开发法得到的②。

组合创意开发法的难点不在于能否找到组合的对象，而在于找到组合对象后如何有机地把它们结合在一起，而做到这一点通常只能靠知识和经验。例如，要把数字控制技术同机械加工技术组合在一起，一般都能想到；但要真正实现有机的最佳组合，即研制出一台功能齐全、性能稳定的数控机床却非易事，要有相当丰富的专业知识和实际经验才能成功。

 课后练习题

1. 请结合实际说明类比创意开发法的基本用法。
2. 请结合实际说明移植创意开发法的基本用法。
3. 请结合实际说明模仿创意开发法的基本用法。

---

①② 杨德林，王玲. 创意开发教程 [M]. 北京：经济科学出版社，2018.

4. 请结合实际说明逆向创意开发法的基本用法。
5. 请结合实际说明组合创意开发法的基本用法。

 拓展阅读

  有一位马车夫,驾驶着一辆拉煤的马车要上一个坡。无奈路很长,坡也较陡,连马也偷懒,上了整个坡的1/3就再也不愿意前进了,任马车夫抽打,马只是原地打转。马车夫这时招呼同行马车停下,从同伴处借来两匹马相助。按常规的思维方式,一匹马拉不上坡,另两匹马肯定是来帮忙拉"车"的。但马车夫并不是把牵引绳系在车上,而是将牵引绳系在自己那匹马的脖子上。这时,只听马车夫一声吆喝,借来的两匹马拉着懒马的脖子,懒马拉着装煤的车子,很快便上了坡。

  对马车夫这种做法你可能会感到疑惑:用借来的两匹马拉自己的懒马,其结果仍然是自己的懒马在使劲,另两匹马不但使不上劲,而且还有可能拉伤自己的马。其实不然,在这里马车夫就是运用了逆向思维。我们可以从以下几点来考虑:其一,这匹马的力量同其他马的力量差不多,车上装的煤也差不多,别的马能上去,这匹马就应当能上去,上不去的原因是这匹马懒惰。其二,使用两匹马拉住懒马的脖子,就迫使懒马必须尽最大的力量,拼命拉着煤车前进,否则脖子就有可能被另外的两匹马拉断。求生欲使得懒马必须积极主动地拉车上坡。其三,如果让另外两匹马帮助拉车,虽然可以顺利地将车拉上坡,但让马尝到偷懒的甜头后,再遇到上坡时一定还会坐等别的马帮忙。马车夫正是运用逆向创意开发法解决了问题。

第三节 需求分析法

案例导入

  随着人们健康意识的提升,健身市场近年来蓬勃发展。然而,市场上的健身器材种类繁多,功能各异,但真正能满足消费者个性化需求的并不多。针对这一现状，某知名健身器材制造商决定来设计和开发一款智能健身器材。

该公司进行了广泛的市场调研，通过问卷调查、访谈、网络数据分析等手段，收集了大量关于消费者对于健身器材的需求信息。调研内容涵盖了健身目的、使用频率、器材偏好、预算范围等多个方面。收集到的数据经过专业的分析软件处理后，形成了一系列关于消费者需求的报告。这些报告详细展示了消费者的需求分布、需求强度、需求变化趋势等信息。

基于数据分析的结果，该公司将消费者的需求进行了分类和提炼。他们发现，消费者对于健身器材的需求主要集中在以下几个方面：个性化训练计划、智能化监测与反馈、多功能性、便捷性、舒适性以及合理的价格。

在明确了消费者的主要需求后，该公司开始将这些需求转化为具体的产品功能。例如，为了满足个性化训练计划的需求，他们设计了一套智能算法，能够根据用户的身体数据和个人目标，自动生成个性化的训练计划；为了满足智能化监测与反馈的需求，他们在器材上集成了多种传感器和显示屏，能够实时监测用户的运动数据并给出反馈。

在明确了产品功能后，该公司开始进入产品设计与开发阶段。他们组建了一支由设计师、工程师、产品经理等组成的跨部门团队，共同进行产品的设计与开发。在设计过程中，他们始终坚持以消费者需求为导向，不断优化产品方案，确保产品能够满足消费者的实际需求。

经过数月的努力，智能健身器材的样机终于制作完成。该公司邀请了部分消费者进行产品测试，并根据测试反馈进行了进一步的优化和改进。最终，这款智能健身器材在市场上获得了广泛的好评和认可，销量也持续攀升。

案例思考

需求分析法的基本原则是什么？它有什么样的优势？

一、发现问题

发现问题和需求是解决问题的第一个阶段，也是创意开发的一个起点。因此人们首先要做的工作是找到问题的所在，紧接着就是要根据系统期望来确立需要实现的目标，再来寻求问题的解决方法。

发现问题和需求的重要前提就是要保持对周围的系统环境进行仔细而又有效的扫描。这样的系统环境涉及内部系统和外部系统两部分：对于外部系统而言，经济形势的好坏、技术上的进步、消费需求与消费构成的变化、竞争对手的态势，甚至于组织所处国家或地区的传统习俗和固有的文化模式，以及这些要素的变动等，都要被加以关注和考虑。同样还有内部系统，要保持对内部系统可能出现的问题的敏感。例如，对一个工厂来说，需要注意生产设备和其他各种机械的运转是否处于正常状态，关注整个工厂各个生产环节的运行情况及工艺流程的状态及效率，同时内部系统中的人这一因素也很重要，要关注员工们对工作岗位的满意程度，如果不满意还要探寻造成抱怨的原因，这些都是对内部系统进行问题扫描所要重点关注的问题。

如果可以根据不同的环境及系统的特点，建立起一套行之有效的问题扫描系统，就可以尽早发现问题。同时也能为问题的定义和再定义提供有力支持，也为创造性地解决问题奠定良好的基础。

二、界定问题

发现问题之后，就应当定义和分析问题，这是一项非常重要的工作。绝大多数的问题本身都可以有不止一种定义，也就是说对同一个需要解决的问题，可能存在着从不同角度出发的不同定义结果。不同的定义结果带来的解决思路也就各具特色，可以说对任何给定问题的某种特定的解决途径本身就反映了其定义和思维的方式。

对于问题的定义和分析有一整套专门的技术，但是不管涉及哪个方面，其基本的目的都是为某一待解决的问题寻求一种新的观察视角，这么做的意义在于：首先，对于给定的问题也许尚没有一个准确的界定，因此也就无法进行下面的工作，在这种情况下，就需要通过分析问题进行界定。其次，拥有了问题的新定义，也就意味着找到了一种新视角，将导致新创意、新观念、新思维的产生，由此带来的供选择的新概念可能会更多并且更为有用。

在进行问题定义的时候，有两点需要加以注意：

其一，绝大多数问题都不只有一种定义方式，这些问题都可以通过多种不同的定义方式加以界定。

其二，对问题的定义与再定义依赖于对期望目标阐明的方式，因此对目标的探寻也就起着定义问题的作用。例如，假如某企业想在所在的行业长期生存并繁荣发展，那么它提出的问题就应该是具有战略性的，它在生产、研发以及市场营销等方面的问题就将围绕"如何保持企业产品的竞争力和企业的创新能力，建立长期竞争优势"这一方面，可见是出于长期发展这一基本目标的。如果该企业面临着所在产业的结构调整，企业希望进行转型也就是撤出原行业，那么企业决策者的目标可能就会是在转产之前"赚最后一笔"，那么其研发和营销方面的目标就肯定会有根本的不同，也就是说它的问题将在目标中得到反映。那么对于这两个不同的问题，其解决方略必然有天壤之别。

问题的定义并不总是明确和清晰的，在某些时候也可能是模棱两可的，因而无法为解决问题提供支持和帮助。同时描述得太过笼统和一般化的定义也会给实际操作带来阻碍，比如"提高企业的利润率"这样的问题定义涵盖的范围过大，很难操作；再如"提高员工的生产效率"同样由于太过笼统，很难找出具体可操作的解决方案。

目前应用的定义问题的方法有两种：二次定义技术与要素分析技术。

二次定义技术旨在利用对问题的再次定义来尽量避开对问题的固有成见和思维束缚，力图获得不同于首次问题描述的可能定义。采用二次定义技术通常需要用发散性的思考方式才能够达到预想的效果，其好处就在于通常能够获得对问题更独特的解决和处理方法。

要素分析技术需要操作者对问题的重要因素、属性加以分析，通过不同维度的分析达到从整体到局部的思考。要素分析技术同二次定义技术相比，其思维特点有助于缩小选择的范围，有助于整合与问题相关的信息，也有助于获取新的信息。

三、解决需求

（一）检验表法

检验表法就是用一张一览表对需要解决的问题逐项进行核对，从各个角度诱发多种创造性设想，以促进创造、发明、革新，或解决工作中的问题，是一种可以大量开发创意的方法。可以说发展到一定阶段的检验表法就是清单法的一种扩展。

（二）序列—属性转换矩阵法

序列—属性转换矩阵法的操作步骤如图3-3所示。

图3-3 序列—属性转换矩阵法

操作步骤：

（1）写出与问题相关程序的逻辑步骤。

（2）阐明修改过程的一般方法（如消除、替换、重新安排、组合、增加、减少等）。

（3）建立一个二维矩阵。在其中，左边纵向因素为逻辑步骤，矩阵的顶端横向因素为变化形式。

（4）检查矩阵的元素，寻求有发展前景的创意，这时的研究要细致，探索得越深入细致，就越可能产生革新性的思维。

（5）寻找具有创造性的问题解决思路。

（三）信息交合法

信息交合法认为，人的思维活动的实质，是大脑对信息及其联系的输入的反映。一切创新活动都是创造者对自己掌握的信息进行重新认识、联想的组合。使用信息交合法，就是要改变人们传统的思维习惯，拓宽视野，进行创造性思维。

信息交合法的操作步骤如图3-4所示。

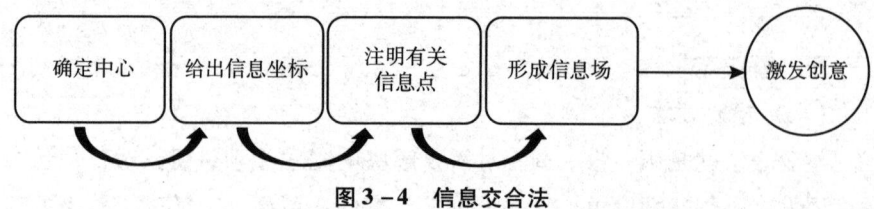

图 3-4　信息交合法

操作步骤：

（1）确定一个中心，也就是零坐标（原点）。

（2）给出若干的标线（信息坐标），即串起来的信息序列。

（3）在信息坐标上注明有关的信息点。

（4）将若干信息坐标形成信息反应场，信息在信息反应场中交合，引出新创意。

 课后练习题

1. 请阐述自己面临问题后是如何分析并解决的。
2. 请结合本节提到的需求分析方法开发一项新产品。

第四节　TRIZ 方法

案例导入

在 20 世纪 90 年代初期，三星电子开始生产液晶屏幕。然而，他们发现在制造过程中会出现一个问题：每个像素点的颜色无法准确控制，导致屏幕显示出来的颜色有些"糊"。这个问题一直困扰着三星电子的工程师们。于是，三星电子决定使用 TRIZ 理论解决这个问题。他们对问题进行了分析，发现这个问题的根本原因是在生产过程中，每个像素点的颜色控制器无法准确控制。为了解决这个问题，三星电子开始寻找解决方案。通过 TRIZ 理论的思维方式，三星电子的工程师们想到了一个解决方案：使用一个小型的光学镜片来调整每个像素点的颜色。这个小型的光学镜片可以通过微小的调整来准确地控制每个像素点的颜色，从而解决了屏幕显示不清晰的问题。

资料来源：吴敏，陈巧巧，刘德胜．大学生创新思维训练与实践[M]．北京：高等教育出版社，2023．

案例思考

1. TRIZ 理论的核心是什么？
2. TRIZ 理论解决问题的步骤有哪些？

TRIZ 理论的中文名称为发明问题的解决理论，是苏联发明家、教育家根里奇·阿奇舒勒及其研究团队，通过分析大量专利和创新案例总结出来的一套完整的发明创新理论与方法，是目前世界上较先进、实用的发明创新方法之一。

一、TRIZ 理论的核心思想和科学思维

（一）核心思想

阿奇舒勒经研究获得了以下三条重要发现：一是类似的问题与解决办法在不同的工业及科学领域交替出现，即创新存在规律；二是技术系统进化的模式在不同的工程及科学领域交替出现，即"他山之石，可以攻玉"；三是创新依据的科学原理往往属于其他领域，即"拓宽思路，打破思维定式"。这三条发现构成了经典 TRIZ 理论的核心思想。

随着 TRIZ 理论的发展，学者们把现代 TRIZ 理论的核心思想归结为以下三个方面。

（1）无论是一个简单的产品，还是复杂的技术系统，其核心技术的发展都是遵循客观的规律发展演变的，即具有客观的进化规律和模式。例如，手机从黑白屏到彩屏，从按键输入到触屏输入、语音输入，从图形化界面到动态化界面。

（2）各种技术困难、冲突和矛盾的不断解决是推动这种进化过程的动

力,即当一个技术系统的进化完成四个阶段(生长、成熟、衰老、灭亡)后,必然会出现一个新的技术系统来替代它,如此不断地替代,如整个产品的不断进化,气垫船的进化过程是按照"划船—帆船—轮船—汽船—水翼船—气垫船"不断进化的。

(3)技术系统发展的理想状态是用尽量少的资源实现尽量多的功能。例如,手机从按键输入到语音输入,实现了资源利用的最优化。

(二)科学思维

为什么用 TRIZ 理论能实现创新呢?

首先,TRIZ 理论是从数百万发明专利分析得出的创新理论,发明专利是人类发明智慧和方法的最前沿的体现;其次,TRIZ 理论总结了技术系统进化发展的规律,指导人们按照规律创新;再次,TRIZ 理论对技术系统的常见问题进行了分类,并根据不同类型的问题总结了解决问题的方法,指出了创新的途径;最后,TRIZ 理论将各行业的普遍真理、普遍发明原则提取并精练化,提供跨行业的解决技术问题的通用方法,并可重复使用。TRIZ 理论蕴含着以下科学思维。

(1)矛盾的对立与统一思想。TRIZ 理论指出,普遍存在的矛盾的解决是推动系统进化的唯一途径。例如,TRIZ 理论将技术系统分解为若干子系统,每个子系统可以由更小的子系统组成,而技术系统内部的功能子系统之间存在矛盾,由此产生了技术矛盾及其解法。系统内部的物理子系统之间存在矛盾,由此产生了物理矛盾及其解法。矛盾的普遍性是辩证法的核心,也成为 TRIZ 论的核心内容之一。

(2)系统论的观点。TRIZ 理论认为系统应相对其环境独立,与环境有一定的边界,保持稳定。系统得到输入量,经过系统内部处理,向外输出需要的量。系统内部有功能组元和物理组元,物理组元是功能组元的载体,组元间网络状的联系和互动构成复杂而有序的系统,最终有目的地改变输入量。

因此,TRIZ 理论是一种面向人而非面向机器的、基于知识的系统化的方法。相对于传统的创新方法,如试错法、头脑风暴法等,TRIZ 理论具有鲜明的特点和优势。它成功地揭示了创造发明的内在规律和原理,着力澄清和强调系统中存在的矛盾而不是逃避矛盾;它的最终目标是完全解决矛盾，获得最终的理想解，而不是采取折中或妥协的做法；它基于技术的发展演化规律研究整个设计与开发过程。

二、TRIZ 理论的主要内容和理论体系

TRIZ 理论的主要内容包括许多系统、科学且富有可操作性的创造性思维方法和发明问题的分析方法及基本工具。

目前，TRIZ 形成了九大经典理论体系，即技术系统进化法则、最终理想解、40 条发明原理、39 个工程参数及阿奇舒勒矛盾矩阵、物理矛盾和分离原理、物—场模型分析、发明问题的标准解法、发明问题的解决算法、科学效应和现象知识库。

（一）技术系统进化法则

针对技术系统进化演变规律，TRIZ 理论提出若干基本进化法则。利用这些进化法则，可以分析、确认当前产品的技术状态，并预测未来发展趋势，开发富有竞争力的新产品。

1. 技术系统

技术系统由多个子系统组成，并通过子系统间的相互作用实现一定的功能，简称子系统。子系统本身也是系统，是由元件和操作构成的。技术系统的更高级系统称为超系统。例如，汽车作为一个技术系统，轮胎、发动机、方向盘等是汽车的子系统，而每辆汽车都是整个交通系统的组成部分，因此对于汽车而言，交通系统就是汽车的超系统。技术系统进化是指实现系统功能的技术从低级向高级变化的过程。对于一个具体的技术系统来说，对其子系统或元件进行不断的改进，以提高整个系统的性能，就是技术系统的进化过程。

2. 技术系统进化的 S 形曲线

通过对大量专利的分析，阿奇舒勒发现技术的性能随着时间的变化呈 S 形曲线变化。但进化过程是靠设计者推动的，新技术的引入使其不断沿着某些方向进化。TRIZ 理论中的 S 形曲线描述了一个技术系统的完整生命周期，其中横轴代表时间，纵轴代表技术系统的某个重要性能参数（如在飞机这一技术系统中，飞机的速度、安全性等都是重要的性能参数），技术系统的进化一般经历四个阶段，分别是婴儿期、成长期、成熟期、衰退

期，每个阶段都会呈现不同的特点。

3. 技术系统进化法则

技术系统进化法则是技术系统为增强自身功能，从一种状态过渡到另一种状态时，系统内部组件之间、系统组件与外界环境之间本质关系的体现，即技术系统与生物系统一样，也有一个进化发展的过程，并且这个进化发展过程具有一定的规律性。这些技术系统进化发展的规律就是技术系统进化八大法则。

（1）系统完备性法则。

保证技术系统基本功能装置的最低工作能力是完备技术系统实现功能的必要条件。完备技术系统的基本功能装置包括：执行装置、传动装置、动力装置和控制装置。执行装置是直接完成所创建技术系统要实现的主要功能的技术系统组成部分。例如，水磨的执行装置是将谷物研磨成面粉的磨盘。为了完成主要功能，执行装置应通过传动装置（转轴和齿轮）从动力装置（磨轮）获取能量。

任何一个功能装置不能正常工作，技术系统都不能实现其主要功能。例如，电钻具有完备技术系统的全部基本功能装置。试想其中一个功能装置不具备最低工作能力，如钻孔时发动机（动力装置）没有足够的功率旋转钻头，这样电钻就不能完成其主要功能；如果卡头（传动装置）不能稳稳地夹住钻头使其旋转，那么电钻同样也不能完成其主要功效。

（2）能量传递法则。

来自动力装置的能量经传动装置传递到执行装置是技术系统存在的必要条件，具体表现在以下两个方面。

第一，能量从动力装置传递到执行装置不应该有损耗。理想模型中不存在能量损耗。实际上能量损耗不仅存在于传递过程中，也存在于能量形式转换过程中。例如，收音机在金属屏蔽的环境（如汽车）中就不能正常收听高质量的广播。尽管车载收音机内各子系统工作都正常，但电台传导的能量源（作为系统的组成部分）受阻，使整个系统不能正常工作。若在汽车外加一根天线，问题就解决了。

第二，技术系统的进化应该沿着使能量流动路径缩短的方向发展，以减少能量损失。例如，用刀片旋转运动代替垂直运动，能量传递路径缩短，能量损失减少，同时提高了效率。

（3）动态性进化法则。

技术系统的进化应该沿着结构柔性、可移动性、可控性增强的方向发展，以适应环境状况或执行方式的变化。掌握了"动态性进化法则"，有助于提高技术系统的高度适应性。

动态性法则包括以下三个子法则。

第一，提高柔性法则。提高系统柔性是指系统在进化过程中不断由刚性向柔性发展。例如，尺子由最初的直尺逐渐演变为折尺，进而演变为皮尺、激光测距仪等。

第二，提高可移动性法则。技术系统的进化应该沿着系统整体可移动性增强的方向发展。例如，由四脚椅到转椅再到滚轮椅。

第三，提高可控性法则。提高可控性法则是指技术系统的进化将沿着系统内各部件的可控性增加的方向发展。例如，电灯开关从拉线（绳）开关到拨动开关、翘板开关，再到声光控开关、智能开关。

（4）协调性法则。

技术系统子系统的功能和技术系统及其超系统进程的节律（振荡频率、周期性）协调是技术系统存在的必要条件。换言之，如果技术系统的子系统功能周期性是协调的，就能有效实现主要功能。例如，机械表机芯内部各个齿轮转速不同，但要协调它们的节律，使分针转一周的时间正好等于时针转一周的1/12，也就是转30度。还有一种协调可能性，即在一次动作的间歇时间完成另一个动作。例如，20世纪初，发明了"穿过"机翼螺旋桨的射击装置：子弹在旋转的螺旋桨叶片未遮挡枪口的瞬间，飞速穿过螺旋桨。某些情况下，这个法则表现为有意识的节律失调。例如，在危险地震带建造楼房时，特别要注意施工对象的固有振荡频率，要让其极度区别于大地构造的振荡频率。

（5）提高理想度法则。

提高理想度是技术系统进化的方向。提高理想度，即在降低创建及使用技术系统的消耗前提下改善技术系统功能或为技术系统补充新功能。科学中经常应用模型工具，如理想化。当揭示技术系统中一些重要的特性及趋势时，人们认为技术系统的理想化达到极限。在此模型中，可以忽略客体或过程中对具体研究不那么重要的其他性质、特征。理想化过程能够让现实客体发展形成逻辑极限即理想客体，如"理想气体"概念。

阿奇舒勒将理想技术系统概念引入 TRIZ 理论，理想系统是用于创建系统及完成功能的消耗为零的系统，这样的系统具有无限效益。当然，设计人员和发明家的目的就是追求鲜明、直观的实例：仅仅几十年时间，计算机从要几个小时不间断工作的庞大设备发展为仅在有要求时起作用的微型结构，同时，其计算、存储、信息交换速度也在不可想象地增长。如果深入分析存储 1 比特信息所必须组织的原子数量，就会明白这是一个多么巨大的进步。如果 20 世纪 50 年代需要组织上千亿个原子，那么 70 年代需要组织几千万个原子，而现在只要一万个原子。现代化实验证实了向量子计算机发展的可行性，量子计算机只用一个原子就可以存储 1 比特信息甚至更多。

（6）子系统不均衡进化法则。

技术系统子系统不均衡进化，即系统越复杂，其子系统进化越不均衡。技术系统进化过程中，其子系统进化是不均衡的，一部分子系统能够"跳跃"进化，而另一部分则可能停滞进化。"先进"子系统的潜力与其"滞后"子系统的特性产生矛盾，而处理器冷却系统（表面冷却器）实际上没有改变，所以计算机尤其是便携式计算机的冷却往往是不起作用的，因而计算机维修的部分原因就是在于冷却器的损坏。

（7）向超系统进化法则。

在进化过程中，技术系统可能将部分功能转移到超系统或与其他技术系统组成新的超系统。其本质是在超系统中完成同一类技术系统的一种或几种功能比各系统独立完成快。例如，过去每栋房子都有独立的供热系统——火炉，现在加热载热体的功能转移到超系统——出现了中央加热系统。此时，一个锅炉可同时向几栋楼房供暖，而住宅内只有散热装置——暖气片。

两个技术系统联合所得到的新系统称为双系统，双系统是联合技术系统中任一技术系统的超系统，同类技术系统联合所得到的超系统会产生新的有益特性。例如，双筒猎枪的一个好处是狩猎者带一支枪顶替两支枪，另一好处在于枪筒可以装上不同子弹；双体船同单体船相比更加平稳，并且仅需一张帆；在辨别所观察对象的相对距离时，双筒望远镜的效果明显优于单筒望远镜。

仅在某个特性上有区别的相似技术系统常常联合为双系统，称为功能联合双系统。例如，红蓝铅笔一端是红色笔芯，另一端是蓝色笔芯。再如，双金属板是平行地硬性联合起来的具有不同线性膨胀系数的两块金属板，它具有新特性：加热或冷却时的温度变化决定双金属板向哪面弯曲，此性能广泛应用于电熨斗、电暖器等温度调节器。

具有互补功能或特征的技术系统也可联合为双系统。例如，钢筋混凝土是水泥和钢铁结构的结合。钢筋抗拉性能优良，而水泥抗压缩性能良好，性能叠加结果就是钢筋混凝土能有效抵抗两种作用力，此外，水泥还能避免金属被腐蚀。再如，在打印机联合扫描仪的双系统中还自动产生一个复印功能。

不仅是两个技术系统可以联合为一个系统，多个技术系统也可以联合为一个系统，这时建立的系统称为多系统。例如，带有一套彩色笔芯的圆珠笔是一个多系统，它联合了几个具有相近特性的技术系统。再如，现在的智能手机联合的系统除电话系统还有照相机、录音机、时钟、计算器、个人计算机及其他技术系统。

（8）宏观向微观进化法则。

技术系统执行装置先是向宏观水平进化，然后向微观水平进化。宏观水平适用于我们周围经常应用的客体及系统。形象地说，是那些显而易见并能触摸到的一切宏观客体：机床、宇宙飞船、飞机、公共汽车及日常技术设备、铅笔和别针等。向微观水平转化是技术进化的重要趋势，分子、原子、光子逐渐开始代替某种"小铁块""小东西"等，并完成其主要功能。从宏观向微观进化的意义在于执行装置变得易于操控、调节，并出现新的可能性。例如，瞬间整体加工产品或可避免那些能引起结构不稳定的零件移动；激光切割取代刀具切割物体的粗糙机械方法，其基本优势是可以实现复杂形状（包括固体物质）精密细致的剖面；喷气式推进装置代替飞机螺旋桨这一机械推进装置，如今可以在微观水平上利用加热气体完成执行装置的功能。现代 TRIZ 理论还在不断修改补充技术系统进化法则，如今需要在解决技术系统问题基础上建立更能够指导现实的工具方法。

（二）最终理想解

TRIZ 理论在解决问题之初，抛开各种客观限制条件，通过理想化来定义问题的最终理想解，以明确理想解所在的方向和位置，保证在问题解决过程中沿着此目标前进并获得最终理想解，从而避免了传统创新涉及的方法中缺乏目标的弊端，提升了创新设计的效率。如果将创造性解决问题的方法比作通向胜利的桥梁，那么最终理想解就是这座桥梁的桥墩。

（三）40 条发明原理

阿奇舒勒对大量的专利进行了研究、分析和总结，提炼出了 TRIZ 中最重要的、具有普遍用途的 40 条发明原理。它的作用主要是解决系统中存在的技术矛盾，为一般发明问题的解决提供了强有力的工具。

（四）39 个工程参数及阿奇舒勒矛盾矩阵

1. 39 个工程参数

TRIZ 理论通过对大量专利的详细研究，总结提炼出工程领域内常用的表述系统性能的 39 个通用工程参数。在问题的定义、分析过程中，选择 39 个工程参数中相对应的参数来表述系统的性能，这样就将一个具体的问题用 TRIZ 理论的通用语言表述了出来。39 个工程参数中常用到运动物体与静止物体两个术语，运动物体是指自身或借助于外力可在一定的空间内运动的物体，静止物体是指自身或借助于外力都不能使其在空间内运动的物体。

2. 阿奇舒勒矛盾矩阵

阿奇舒勒通过对大量专利的研究、分析、比较、统计，归纳出了当 39 个工程参数中的任意两个参数产生矛盾时，化解该矛盾所使用的发明原理，这就是著名的 40 条发明原理。阿奇舒勒还将工程参数的矛盾与发明原理建立了对应关系，整理成一个"39×39"的矩阵，以便使用者查找，这个矩阵称为阿奇舒勒矛盾矩阵。矩阵的横轴表示希望得到改善的参数；纵轴表示相应参数改善引起恶化的参数；横纵轴各参数交叉处的数字表示解决系统矛盾时使用的创新原理的编号。

（五）物理矛盾和分离原理

当一个技术系统的工程参数具有相反的需求时，就出现了物理矛盾。例如，要求系统的某个参数既要出现又不存在，或既要高又要低，或既要大又要小。相对于技术矛盾，物理矛盾是种更尖锐的矛盾，在创新中需要解决这种矛盾。物理矛盾所存在的子系统就是系统的关键子系统，系统的关键子系统应该具有满足某个需求的参数特性，但另一个需求要求系统的关键子系统不能具有这样的参数特性。分离原理是阿奇舒勒为解决物理矛盾而提出的，分离方法共 11 种，归纳概括为四大分离原理，分别是空间分离、时间分离、条件分离和系统级别分离。

（六）物—场模型分析

阿奇舒勒认为，每个技术系统都由许多功能不同的子系统组成，因此，每个系统都有它的子系统。① 而每个子系统都可以进一步细分，直到分子、原子、质子与电子等微观层次。无论大系统、子系统还是微观层次，都具有功能，所有的功能都可被分解为两种物质和一种场（三种元素组成）。在物—场模型的定义中，物是指某种物体或过程，可以是整个系统，也可以是系统内的子系统或单个的物体，甚至可以是环境，具体取决于实际情况；场是指完成某种功能所需的手法或手段，通常是一些能量形式，如磁场、重力场、电能、热能、化学能、机械能、声能、光能等。物—场模型分析是 TRIZ 理论中的一种分析工具，用于建立与已存在的系统或新技术系统问题相联系的功能模型。

（七）发明问题的标准解法

发明问题的标准解法是阿奇舒勒于 1985 年创立的，共有 76 个，分为 5 级，各级解法的先后顺序也反映了技术系统必然的进化过程和进化方向。标准解法可以在一两步中快速解决标准问题。标准解法是阿奇舒勒后期进行 TRIZ 理论研究的最重要的课题，同时也是 TRIZ 高级理论的精华。标准解法也是解决非标准问题的基础，非标准问题主要应用 TRIZ 理论来解决，主要思路是将非标准问题通过各种方法进行变化，转化为标准问题，然后应用标准解法来获得解决方案。

（八）发明问题解决算法

发明问题解决算法是指发明问题解决过程中应遵循的理论方法和步骤，是基于技术系统进化法则的一套完整解决问题的程序，是针对非标准问题而提出的一套解决算法。TRIZ 的理论基础由以下三条原则构成：TRIZ 理论用来确定和解决引起问题的技术矛盾；问题解决者如果采用 TRIZ 理

---

① 吴敏，陈巧巧，刘德胜．大学生创新思维训练与实践［M］．北京：高等教育出版社，2023．

论来解决问题，则其惯性思维因素必须被加以控制；TRIZ 理论不断地获得广泛的、最新的知识基础的支持。TRIZ 理论经过多次修改才形成比较完善的理论体系，主要包括九大步骤：分析问题、分析问题模型、陈述最终理想解和物理矛盾、分析物—场资源、应用知识库、转化或替代问题、分析解决物理矛盾的方法、利用解法概念、分析问题解决的过程。

（九）科学效应和现象知识库

科学原理，尤其是科学效应和现象的应用，对解决发明问题具有超乎想象的、强有力的帮助，应用科学效应和现象应遵循五个步骤，解决发明问题时会经常遇到需要实现的 30 种功能，这些功能的实现经常要用到 100 个科学效应和现象。

许多文献把 TRIZ 理论体系分成了三个组成部分：一是问题分析的基础理论，主要指技术系统进化法则；二是问题分析的工具，包括冲突分析、物—场分析、需求功能分析、ARIZ 算法等；三是基于知识的工具，包括 40 条发明原理、76 个标准解、科学效应和现象数据库等。基于知识的工具和问题分析的工具的不同之处在于，基于知识的工具指出了解决问题的过程中系统转换的具体方式，而问题分析的工具只用于改变问题的描述。以技术系统进化法则为基础，通过应用分析工具对待解决技术系统问题进行分解分析，建立相应的问题模型，然后选择相应的解决问题工具来获取问题解决方案。

概而言之，应用 40 条发明原理、39 个工程参数和阿奇舒勒矛盾矩阵来解决技术矛盾问题；应用分离原理来解决物理矛盾；应用物场模型与 76 个标准解，通过系统实施最小改变来解决问题；通过因果链分析来找出根源问题；应用 S 曲线分析和技术系统进化法则，可以预测下一代产品，实现渐进式创新或突破性创新；而对于相对比较模糊的问题，则可以采用 ARIZ 算法和功能导向搜索来寻求解决方案。如果问题的解决需要领域外知识，则可以借助科学效应与现象知识库来完成。现代 TRIZ 理论分析工具增加了功能模型与功能分析、因果链分析。TRIZ 理论同时包括了解决工程矛盾问题和复杂发明问题所需的各种分析方法、解题工具和算法流程。

第三章　掌握创新方法

 课后练习题

请思考 TRIZ 理论可以应用在哪些领域？

 拓展阅读

传统马桶水箱使用一个固定的水位来保持水量，而这种方式会导致水的浪费，因此需要一种新的节水方案。那如何在不影响马桶冲洗效果的情况下，减少水箱的用水量？

分析：根据 TRIZ 理论，我们需要寻找冲突和矛盾，并通过创新的方式来解决问题。在这个案例中，我们可以发现存在矛盾：马桶需要一定量的水来冲洗，但是需要减少水的浪费。因此，我们需要找到一种方法来解决这个矛盾。

解决方案：根据 TRIZ 理论的创新原则，我们可以采用以下三种方法来解决问题。(1) 引入新的技术或原理。我们可以引入压力控制技术，使水箱内的水压力得到控制。这样，可以通过控制水压力来控制水的流量，从而达到节水的目的。(2) 采用新的结构或形状。我们可以设计一个可调节水位的水箱，这样就可以根据需要来调整水位，以达到节水的目的。(3) 利用新的物质或材料。我们可以使用新的材料来制造水箱，如使用高强度塑料，这样可以减少水箱的体积，从而减少用水量。通过以上三种方法的结合，我们可以设计出一种新的马桶水箱，可以根据需要来调整水位，从而达到节水的目的。这种新的节水方案不仅可以减少用水量，还可以保证马桶冲洗效果，提高水的利用率。这种方案已经得到了广泛的应用，并取得了很好的效果。

第五节　综摄方法

案例导入

日本南极探险队第一次准备在南极过冬，当时南极越冬队队员正在设法用输送船把汽油运到越冬基地。因为是初到南极过冬，实地操作时才发现输送管的长度根本不够，可是又没有备用的管子。这个难题困住了所有的队员，大家不知该如何办才好。这时，队长西堀荣三郎突然提出了一个很奇特的设想，他说："我们用冰来做管子吧！"他的这个设想当然不是凭空想出来的，因为南极非常冷，水在碰到外界空气的瞬间就会变成冰，可以说是滴水成冰。但问题的关键是怎样使冰形成管状，而且在中途不会断裂。

西堀队长很快又有了灵感。"我们不是有医疗用的绷带吗？就把它缠在铁管上，上面再淋上水让它结冰，然后拔出铁管，不就成了冰管子了吗？用这种方法做冰管子，再把它们一截一截连接起来，想要多长就有多长。"

在西堀队长的整个构想中，首先是找出冰管来代替输油管，其次是将绷带的机能由包扎伤口转为缠绕铁管。

西堀队长的聪明之处在于通过已知的东西作为媒介，将毫无关联的、不相同的知识要素结合起来，也就是摄取各种事物的长处，把它们综合在一起，找到解决问题的创造性方法。这位西堀队长灵活运用综摄法，充分发挥了潜在的创造力，使越冬输油管的难题得到了解决。

资料来源：吴敏，陈巧巧，刘德胜. 大学生创新思维训练与实践[M]. 北京：高等教育出版社，2023.

案例思考

1. 综摄法的基本原理是什么？
2. 综摄法实施步骤包括哪些方面？

一、综摄法简介

综摄法（Synectics）一词最早出自希腊语，指"把表面上看来不同而实际上有联系的要素综合起来"，综摄法还有很多种叫法，如集体研究制、集中导向法、共同研讨法、比拟法等。这种方法最初的含义是指由不同性格和不同专业的人员组成精干的小组，采取自由运用比喻和类比方式进行非正式的交换意见、进行创造性思考,并在此基础上阐明观点、构思创意并解决问题。该方法一般由主持人、相关领域的专家以及各种专业领域的成员共同运用,以外部事物或已有的发明成果为媒介,并将它们分成若干要素,对其中的要素进行讨论研究,综合利用激发出来的灵感,来发明新事物或解决问题,是标准的集体创意构思技法。

综摄法最初是由威廉·戈登(William Gordon)开发的。1944年,戈登对一名发明家进行了连续的观察,以期了解创造活动的心理过程,他期待通过自己的研究成果可以开创出一种更有效地从事发明创造的方法。在观察中,戈登发现在创造活动中会出现几个反复性的心理过程,并证明这是一种普遍现象。后来乔治·普林斯(George Prince)加入戈登的研究行列,他们二人合伙在美国创建了以这种创意方法命名的公司——Synectics公司。后来戈登在1960年离开了公司,两人各自建立起一套关于综摄法的学说,但是这两套体系总的说来是一致的,其差别主要在于采用的术语上。

从字面上说,"综摄法"意为把分离的诸元素组合起来。在戈登的著作中贯穿始终的指导思想是强调有必要"使熟悉的陌生起来",以便增加获得洞见或创意的可能性。综摄法就是这样的一种过程:小组成员以一种古怪的方式来分析和解决问题。这种方法重在突出思想中的非理性成分,同时通过发挥非理性思维的作用,来获得对于解决问题的具有独创性和启发性的看法与创意。

二、综摄法的原理

(一)基本假定

戈登在创立综摄法的过程中,不但注意观察创造家和天才的情况,而且重视创造家的传记,这样做的目的是刻画出创造的心理过程,并让一般人学会如何进入反复、特殊的创造性心理状态,从而提高一般人的创意开发能力。戈登通过长期对创造心理过程的观察和研究,将综摄法的使用建立在以下五种基本假定之上:一是每个人都有潜在的创造力,都有构思创意的可能。二是通过特定个人的创造现象可以描绘出创造共同的心理过程。三是在创造过程中,非理性因素比理性思维更加重要。四是创造中的心理过程能通过适当的方法加以训练和控制。五是集体的创意构思过程可以模拟个人的思维创造过程。

（二）思维基础

综摄法的思维是以类比为基础的，这就意味着，在设想某一事物时，应该查明与该主题"本质上相似的东西有什么"，从而得到启发进而刺激出设想和创意。例如，尼龙带扣就是通过类比思维，模仿自然界中一种带有钩状小刺的小型植物（当人们在这种植物中走过的时候，这样的小刺往往可以黏附在人的裤腿上）而得到的创意。

综摄法是一种利用类比思维的典型技术，戈登经过整理将类比分为四种主要类型：直接类比（direct analogy）、切身类比（personal analogy）、象征类比（symbolicanalogy）和荒诞类比（absurd analogy）。

戈登曾经以教学为例，说明了切身类比的使用[①]：

老师：假想你是一堆软泥，有一只螃蟹筑窝其中。

学生：我想不会有人在乎我的。我浑身是洞。夜间有螃蟹在我身体里爬行。它们纵然感激，但我也只是泥土而已。我想为螃蟹做一些事情使它们感激我。因为假如没有我，这些螃蟹会失去藏身之地而在一夜之间被捕捉干净。

老师：你如何使螃蟹感激你呢？

学生：我想当螃蟹爬进洞的时候，我就将洞封闭，这样就可以保护它们了。可是糟糕的是我无法动弹，因此每当我看到一只螃蟹即将被游鱼吞没的时候，我虽然有冲出去将它们抱起来以救它们一命的愿望，但是我却无能为力。

在这里，戈登通过软泥的例子说明了当将心境融入切身类比的创造性心理过程时，能够对所研究的事物进行充分的把握，从而提出创见性意见。

后来，随着人们对类比思维的认识和应用的不断深入，类比思维得到了不断地扩充，现在的类比思维方法可以分为八种：直接类比、拟人类比、因果类比、荒诞类比、对称类比、象征类比、结构类比和综合类比（在前面类比创意开发法章节中我们已经进行了详细讨论，这里不再赘

---

① 吴敏，陈巧巧，刘德胜. 大学生创新思维训练与实践［M］. 北京：高等教育出版社，2023.

述）。这八种类比方法各具特点：

直接类比：根据原型启发，直接将一类事物的现象或者规律搬到另一类事物上去。

拟人类比：把自己同问题对象进行类比。

因果类比：把两事件的起因和结果联系起来进行类比。

荒诞类比：把最荒诞的创造性思维和实现愿望联系在一起进行类比。

对称类比：利用自然界许多事物都存在着对称性的关系进行类比。

象征类比：把表面看来不同而实际上有联系的要素结合起来进行类比。

结构类比：利用结构上的某些相似把已知事物和未知事物进行类比。

综合类比：把两件事物进行全面的、综合的类比。

值得注意的是，在对综摄法的应用过程中要根据实际情况选择其中的一种，或多种结合使用。在使用类比来激发创意解决问题时，一般遵循如下步骤：一是陈述问题；二是选择类比；三是使用类比来激发创意。

例如，设想某人在努力改进其组织内部的沟通状况。也许，用"旅途"来做类比可以为问题解决人员提供获得新创意的可能性思路，因此对其进行一番考察。当交通堵塞、延误时间及出现挫折的时候，经常会产生旅途"瓶颈"现象。这样的类比就给出了这样的启示：如果想要改善组织内部的沟通状况，就需要考虑加快信息流通速度，减少沟通"瓶颈"的出现，为了达到这样的效果，可以考虑将内部沟通的信息分解成独立可控的信息单元。

贝思·罗杰斯（Beth Rogers，1993）在其关于类比运用的论文中提出了一个关于类比的非常精彩的实例。她指出类比的运用价值就在于它可以被用来提升人的感知水平，从而可以使长期存在的常识占据上风，进入感觉领域。日常情境就是一种非常理想的思想创意资源。例如，将现金流类比为管道系统，将雇员的培训类比成园艺，这样往往能收到意想不到的效果，得到精彩的创意。

贝思·罗杰斯曾经运用市场战与军事战争之间的类比来解决产品市场萎缩的问题。她把负责产品生产的人员组成一个实习小组，这些小组成员负责的产品正在缓慢地失去它们的市场，而该产品的后续产品还处在研制阶段，整个公司正处于艰难的过渡时期。为了帮助员工面对这样的困境，并解决问题，贝思·罗杰斯把公司当时所处的状况类比成中期阶段的围攻战役。这样的类比有助于问题的解决者制定出回应产品市场衰退的战略举措。

小组的成员通过类比明确了当前的首要问题，要解决这一问题将产品在市场上推出，需要养成一种与消费者"休戚相关"的思想和态度，同时需要向消费者做出产品质量的承诺并使自己的承诺靠得住。与此同时，还需要确认与开发新产品相关的风险，为此需要做一定的市场调研，还需要同有能力影响消费者购买决定的第三方力量建立联盟。这一类比的现实基础就是：如果四面楚歌的城防司令缺乏智慧，不知道其军队的军事目标，也不能和同盟建立联系并寻求援助的话，他根本就无法对敌人的围攻予以反击，更谈不上取得最终的胜利。

（三）心理状态

1. 异质同化和同质异化

综摄法本身是这样一个过程：小组成员通过一种奇怪的方式来分析和解决问题。这种方法突出的是思想中的非理性成分，也就是创造性思维，通过发挥创造性思维来获得具有独创性的构思和启发性的创意。综摄法通过类比思维的手段正好可以达到这一目的，有两种操作性技术：其一，使陌生者看似熟悉，并对其加以巧妙设计，以使使用者以新的方法观察审视问题，并获得深入的理解。其二，使熟悉者看似陌生。这样做的目的在于把问题的解决者从问题中拉离，使其不会深陷问题而不能自拔。而通过让其远离，反而可能获得对问题的更具创造性的解决方法。或者说这两种操作性技术就是异质同化和同质异化。

（1）异质同化。

简单来说，异质同化是指把看不习惯的事物当成早已习惯的熟悉事物。在发明没有成功前或问题没有解决前，它们对我们来说都是陌生的，异质同化就是要求我们在碰到一个完全陌生的事物或问题时，要用所具有的全部经验、知识来分析、比较，并根据这些结果，做出很容易处理或很老练的态势，然后再去想用什么方法才能达到这一目的。

（2）同质异化。

所谓同质异化就是指对某些早已熟悉的事物，根据人们的需要，从新的角度或运用新知识进行观察和研究，以摆脱陈旧、固定的看法的桎梏，产生新的创造构想，即将熟悉的事物当成陌生的事物看待。

2. 五种心理状态

在进行异质同化和同质异化的思考过程中，戈登总结出使用综摄法构思创意所需要的五种心理状态。

（1）介入与分立。

介入是这样的一种状态，在其中，你会感觉到被捆在一个问题上。这个问题牢牢地吸引着你，使你无法脱身、无法回避。这个时候你有一种想弄清问题的确切感受。分立则正好与此相反，如果你处于分立状态，那么你的感受是处身问题之外，是从外部的角度来观察。这两种心理状态对于创造性地解决问题都是必要的。

（2）延缓。

这种心理状态是避免提出不成熟的问题解决办法。那种显而易见的解决办法通常潜伏着危险。因为一旦采取这样的办法，就很容易忽视可能存在的更好的方案。因此，应该暂时把显而易见的解决方法搁置起来。

（3）遐思。

这是一种畅想的能力。它允许小组的成员尽其所能"想入非非"，充分调动其智慧，无边际地进行畅想。开发这样的意念旨在接受不可能的或几乎是不可能的想法。

（4）物自体。

当问题解决者接近最终的解决方案时，要形成这样的感觉：问题是"外在"于问题解决者的。问题似乎是以独立的身份呈现的，它不再在问题解决者的控制之下。这一点需要多加鼓励。

（5）享乐性反应。

这是一种虽无有效证据支持，但仍然自得其乐、自以为在正确的轨道上畅行的感觉。有文献论证过，只有进入这样的五种心理状态后，人的心智的无意识和非理性因素才能与意识和理性融为一体，从而获得更大的创造性效果。

（四）机制

戈登认为，这种方法的机制就在于两个方面：一是使陌生的熟悉起来。二是使熟悉的陌生起来。

第一点是把自己初次接触到的事物或者新的发现应用到自己早已熟悉的事物中去的思维方式；第二点是指通过新的观念来寻求自己已经熟悉的事物中的创造点。一般说来，所谓创造性思维即创意通常是将看来毫无关系的事物组合成新的结构，创造出新的、更出色的事物来，要将事物构成新的组合需要从不同的视角进行观察，从而找出事物中蕴含的创造点，这就是"使陌生的熟悉起来"；观察新奇的事物时，必须了解事物如何由现存的性质、功能、结构搭配组成，这就是"使熟悉的陌生起来"。这一机制的本质就在于寻找"本质上相似的东西是什么，能不能作为创造点？"

"使陌生的熟悉起来"和"使熟悉的陌生起来"是综摄法的两类最基本的创造活动，它们都是通过使用类比来进行的，使用类比、发散创意可以令使用者进入"创造的心理状态"，从而进行有效的创意开发。

（五）特点

综摄法的基本特点之一是在提出创意时很随意，等到采用方案来进行实际问题的解决时又很严谨。"权且松散随便，直到当真要严谨缜密。"[1] 这正是综摄法的口号，它反映了这种方法的基本特点。

严谨、精确等属性是必要的，但是它们的价值只在其派上用场时才显现出来，而其本身却不构成创造性的成分或要素。如果我们希望充分自由地发挥想象力、创造力和开拓精神，我们需要努力把常规的、默认的智力评判标准暂时搁置在脑后，不要去管它，自觉地为思维留出一块创造的空间。

综摄法的特点之二是不要企图去界定问题。把当事人对问题的陈述看成讨论会的起点，由当事人对要解决的问题背景做简单的介绍和相应的解释说明，这一点要求当事人完全按照他们实际看到的情况来说明。接下来，小组成员与当事人一起以"如何"的语言对问题进行定义，也就是对问题进行再阐释。

这样得到的对问题的再次定义通常会像预期的那样，是充满幻想的、有些理想化的、一定程度上脱离现实的，但也可能是一厢情愿，总之得到

---

[1] 吴敏，陈巧巧，刘德胜. 大学生创新思维训练与实践［M］. 北京：高等教育出版社，2023.

的是有挑战性的定义。这样做是为了打开整个问题领域，给当事人一个重新审视原问题的机会，使他们能从新的视角看问题，跳出常规的思考套路，这样得到的问题再定义才能不落窠臼。

综摄法的特点之三是在人员组织上与头脑风暴法比较类似，但是氛围不如头脑风暴法，产生的创意数量不如头脑风暴法多。小组领导是促进者，同时也是资料的收集者，他在讨论进程中一般不承担其他积极的角色，主要任务就是要在不打击其他参与者士气的情况下防止过多的创意构思的产生，因为综摄法不必像头脑风暴法那样在同一时间内产生出很多观念或设想，只要产生两三个就足够了，因此使用综摄法的时候，场面的热闹程度通常是不如头脑风暴法的。

三、综摄法的实施
（一）成员组成

要有效地利用综摄法这种创意开发技术，不仅需要密切注意问题解决的全过程，同时也要注意参与者在使用这种方法时所扮演的角色。相对来说，这种方法是一种结构化方法，它需要一位经过训练的领导者来指导并带领小组成员通过不同的阶段，并把对原问题难点的评论意见整合起来。寻求问题解决方案的整个过程中，除非这一过程经过精心组织策划，否则很难达到预先期望的心理状态，因此也就无法出现高质量的、有创造性的问题解决方案。

这种方法的创始人戈登专门制定了使用这种方法的小组成员资格及小组组成标准。他建议小组成员应该由那些经常运用、已经熟练类比思维方法的人组成，这些人应该具有互相帮助的品格，具有积极主动配合的团队意识，同时还要有必要的抽象概括能力。戈登认为他们还应该具有诸如"感情成熟""勇于承担风险""富有建设性"等特征。同时小组成员应该表现出对组织以及组织目标的忠诚，年龄最好在25~40岁。

相对而言，综摄法对组员的要求比头脑风暴法小组组员的要求高一些，因为小组成员的素质在很大程度上决定了这种方法能否获得成功。

一个综摄法小组成员以5~8名比较合适。其中一名担任主持人，与讨论问题相关的专家一名，再加上各种科学领域的专业人士4~6名，这样的人员组合是这种方法所要求的基本组合。

1. 主持人

主持人的角色是相对于整个方法的实施过程而言的，主持人的作用仅仅是指导工作的展开和推进，也就是说主持人不应该以任何方式加入到有关内容的讨论之中。

主持人的作用在于把握讨论的方向，知道讨论过程，不需要他贡献意见、建议或者可行方案。主持人需要特别注意的是要让每一位成员的能力都得到充分的发挥，这样就需要他尽全力来对全体组员提出问题引入类比，最终激发创意，这一过程需要相当的技巧和策略。同时，如果当专家受到组员的意见启迪，显示出要积极思维的时候，主持人应该把握时机向专家交代清楚问题。

主持人应对以下事项负责，这就是他的具体作用：一是确保小组成员信守规则。二是鼓励深思。三是管理时间。四是记录所有创意。五是与专家一起检查会议进程，考察小组的讨论是否沿着正确的方向展开。

主持人的选择对方法的实施十分重要，因此选择的主持人应具有以下特点：一是从不卷入小组成员间的竞争。二是作为每一位小组成员的倾听者。三是不会让组织的任何人陷入防卫心理。四是使组织成员保持旺盛的精力。五是能调动其他人的积极性。六是不操纵小组，不企图霸占全场。

正是因为对小组的主持人的要求十分高，所以通常小组主持人必须经过培训。

2. 专家

综合法小组里面必须有一位专家，他必须是会议讨论的问题方面的专家。虽然不同的文献中对于"专家"这个角色的叫法是不同的，但是不论称呼什么，其作用是一样的，只不过有时有多重身份而已。

综摄法不仅对主持人的要求很高，对专家的要求也很高。在讨论开始的时候，专家的任务是说明问题，让组员们了解问题的背景以及现状等关键。然后，他就要与主持人一起对应该达到的目标进行研究，同时要广泛听取其他组员的意见。在确定要达到的目标后，他又要在组员提出的设想中提取具有启示性的要素，激发自己的创意。尤其是应该注意在会议的前半程（也就是自由设想阶段）切不可因为自己是专家就对其他成员提出批评,那样很容易将别人的思路局限于自己的思想框架内,也就失去了集体创意构思的意义了。

因为通过综摄法得到的最终解决方案是为了解决实际问题,因此专家一定要保证具有一定的能力或权威让小组集思广益得到的方案付诸实施,这样才能让其他小组成员得到创意成真的满足感,才会有继续创意的动力。同时在实施过程中,专家应该明确自己期望的目标是什么,这样如果讨论进程出现偏离目标的情况时,自己不至于手足无措,这也要求他理解这一方法的实施过程。

3. 其他成员

参加小组的其他成员最好和会议主题没有多大的关系,可以邀请下列专业人员参加会议:心理学、市场学、人类学、社会学等方面的专家,以及熟悉物理、化学、生物学、通信和电子技术的人。这样各位成员既可以最大限度地应用自身拥有的专业知识,又可以互相激发创造性思维,突破各自专业的限制,以便萌发出广泛的创意。

如果小组成员中有几位思路开阔、善于提出荒诞不经的想法的成员,那么将对整个综摄法的有效应用十分有益。

如果主持人记录的速度不如组员提出设想的速度快,组员应该自己把自己的想法记录下来,那些未成形的想法和奇思妙想都要记录下来。小组成员在讨论的时候应该互相鼓励、彼此提供支持,同时可以在适当的时候给予同伴无私的赞美,这将会进一步提升小组的工作成效。

(二)实施过程

综摄法是一种程序化的方法,这样的程序是最为简单的"工作路径",小组的主持人需要灵活地运用这一"指南",选择适当的路径,改善并提高综摄法工作流程的效率和效果。

综摄法有 8 个阶段,现介绍如下。

1. 提出问题

提出使用综合法应该解决的问题,有的时候由小组成员提出,有的时候问题来自外界,通过主持人向小组全体宣读。

2. 分析问题

对给定的问题进行简短分析,可以在主持人提出问题之后,先由专家对该问题进行解释和概要分析,由于参加讨论的组员不是该问题的专家,因此无须进行详细说明,但是简明扼要地介绍分析还是必要的。这一步骤的目的在于"使陌生的熟悉起来"。

3. 净化问题

这一步用来进一步厘清问题。当人们听到一个问题时,他们总会去构想解决方案,这一步正好为他们提供了验证自己见解的机会。在综摄法中,小组其他成员在这一阶段把他们的想法表述出来,提交专家进行评价。专家会尽力对这些观点做出判断和评论,通常他会解释为什么有的方法从他的角度看是不合适的,存在哪些问题。这样做的目的,是为了让问题对于各成员来说是极其切身的,并使成员从多个方面加以感受、观察,以达到"净化"问题的目的。

如果专家觉得哪些观点是十分新颖的、带有启发性的,就要把这些观点列在事前准备好的白纸上(会议室应备有若干大号的白纸),并做标记。

4. 理解问题

这一步从选择问题的某一个部分分析入手,为此每一个参与者都要尽可能地利用类比法中所包含的多种思维形式来描述他所感受到的问题,对问题进行再次定义。在这一过程中,主持人应该鼓励畅所欲言并记录下组员提出的各种观点,然后可以选择一位成员与专家一起再进行详细分析。

这一步的操作可以是这样进行的:先由小组的每一位成员根据自己对问题的理解独自写下一种或多种见解,或者也可以鼓励成员以期望性的、理想化的语言来描述其问题定义。可以采用"如果……我们应该如何"这样的句式。主持人将小组成员提出的对问题的看法记录在备好的纸板上,以便在随后的工作中参阅。然后,主持人和专家选择其想要解决的问题,并要求成员根据安排进行下一步的操作。

5. 类比畅想

这一过程可以被视为一次远离问题的"假日",也正是综摄法的关键所在。在本阶段,类比的操作技巧会派上用场,而使用类比来获得解决问题的方案正是综摄法的迷人之处。

首先主持人会提出一些需要或激发类比性答案的问题,小组成员则使用直接类比、拟人类比、因果类比、荒诞类比、对称类比、象征类比、结构类比、综合类比等操作技巧进行创意。随着一连串类比的提出，主持人会从各位成员提出的类比中，选择其中一种类比来进行详细分析或阐释，尽可能选择适当的类比是十分重要的。比较典型的做法是，领导依据其与问题的相关性，以及小组成员对使用的类比方法的熟悉程度和兴趣，以及与此相关的知识储备来进行遴选。

6. 牵强配对

这一步有两种做法，戈登的做法是把类比畅想（第五步）与被理解的问题（第四步）牵强地进行配对。在这种情况下激发创意，通常会产生极具创造性的效果。而另一种做法是把两种元素牵强地联系在一起，同时尽其幻想之能事，将两者联系起来。

不管采用哪种做法，小组成员均需要围绕问题与类比展开讨论和研究，直到发现看待问题的新途径。

7. 实用配对

在此阶段，要结合解决问题的目标，对之前开发出的类比进行深入研究，从类比的例子中彻底找出更详细的启示。

例如，为了寻找途径来吸引更多的消费者，特洛伊木马就是一种很好的类比资源。通过这个故事展开奇思妙想，会收到意想不到的效果。在此情况下，类比涉及为消费者提供某种独特的产品，因为他们对这样的产品有着强烈的需求，以致无法抵挡购买的诱惑。接下来，就是要抛开牵强的配对，转而开发更为实际的应用方案。

8. 制订方案

使用综摄法是要最终形成某种观点，也就是对问题的新的看法和解决方法。为了制订完整的解决方案，在这一阶段要尽可能发挥专家的作用，要求专家提供指导性意见，以便把创意构思转化为对问题的解决方案。

人们应该按照上述8个步骤进行操作，当然也不一定要完全照搬程式，在运用这种方法的时候，应注意三个要点：一是界定并分析问题；二是加深理解，"使陌生者熟悉化"或"使熟悉者陌生化"；三是对由使用操作技能所获得的问题进行整合，或进行牵强配对。

（三）操作技巧

综摄法是以类比为灵魂的创意开发方法，它的"同质异化"和"异质同化"两种思考方式以及类比的几种类型本身就是实施综摄法的利器。除此之外,使用综摄法应该注意的相关技巧还包括以下几种。

1. 意见

首先是不应该让问题提出者描述问题情境的每一个复杂的细节。同时在目标的再定义阶段,小组成员应该尽可能从不同的角度来审视问题所处情境和背景,这样才可能沿着最为适当的方向寻找解决方案。

我们在尽力寻求考察或界定问题的不同角度时,应该允许组员追求奇思妙想,哪怕是想入非非。这就要求小组成员不得评价他们自己的想法,因为越是离奇的想法就越容易激发其他成员的想象力和创造力。

2. 选择

问题提出者应有机会对问题的再定义进行反思,并且从中选择两到三个最能反映问题背景和内涵的定义。需要提醒他的是:不要只选择那些一眼看上去就很实用、像是答案的定义,相反最好选择那些看来有趣的、奇特的和具有新颖观念的定义。此外,还需要让他们阐述是什么因素引导他们做出选择的。

3. 遐想

在综摄法中,有各种类型的遐想。选择哪种遐想方式,要考虑解决问题所要求的新奇性,同时也要考虑预备冒多大的风险和所要解决问题的类型特点。希克斯(Hicks)对两种类型的离题畅想做了区分:一种是"幻想性的离题",另一种是"例证离题"。[1] 前者是最不正统的一种离题方式。它对那些思想保守的小组来说具有潜在的困难,但是它又常常会产生戏剧性的效果。尤其是当人们并未抱有什么希望,但它确实激发出最具创意的构思的时候,这种作用就更加明显了。

4. 转移

在综摄法应用过程中,假如开发出的设想不够,小组成员就应该暂时转移"目标",从而激发出更多的新创意,并打破他们心理上的束缚。转移应该按照下列步骤进行操作:

(1)主持人要求专家选择他要取得的某个方向性的目标或愿望。

(2)主持人从这个目标或愿望中选择一个关键词"行动、观念"。

---

[1] 吴敏,陈巧巧,刘德胜. 大学生创新思维训练与实践[M]. 北京:高等教育出版社,2023.

（3）主持人组织小组成员（包括专家在内）从与原有问题极不相关的领域里找出一个说明这两个词（行动、观念）的例子来。由主持人选定这个领域，并记录大家提出的例子。

（4）要求大家忘记原有问题和现在的目标或愿望，而集中精神于现已记录下的例子，思考这些例子引起的联想和形象。小组成员中要有人记录这些联想和形象。

（5）主持人要组织运用全部或者部分例子针对原来专家提出的目标或愿望产生一个独特的构思，并从这一构思中提取深层次的创意。

（6）主持人要从这些衍生出来的创意中选择出一个。

（7）回到原来的问题上。

5. 反应

不应该拒绝那些尚未完善的想法。建议仔细研究这些想法，并尽力将其转化成更加切合实际的解决之道。也就是说，要采取一种温和的评价方式，这样的评价方式应该鼓励消除细节性的缺陷，但是反对因为细枝末节而否定整个创意。

综摄法已经开发出一项间接的技术"条目化反应"（itemized response，IR），利用 IR 技术，可以从任何一种观念中开发出一种可能的解决方案。这项技术始于这样的假设：所有的构想都具有一定的价值，因此在揭示提出的构想存在的缺陷和不足之前，应该把好的部分列举出来，这样可以强化和肯定该构想的价值。

6. 解决

小组成员着手解决问题，通常一次只处理一种主要问题。随着程序的不断进行，小组距离找到可能的解决办法越来越近。最后得到的行动方案是使得面对问题的人在没有小组的进一步帮助下，也完全可以将其付诸实施。主持人要将这种解决方案记录下来。

（四）参考实例

某个小组所面临的问题是职员不能处理分配给他们的工作。办公室里的工作无法顺利进行，安排的工作要么被拖延，要么无法被完成。小组尝试采用一些方法来解决这一问题，但是收效不大。小组主持人决定采用类比思维的方法使小组成员暂时丢开问题，因为他们已经连续几个星期深陷于问题中了。主持人觉得小组成员距离问题太近,反而影响了创意构思的效果,因为他们完全被已有的想法束缚住了。

一开始,对问题的界定是"如何改进办公室的工作效率",随后他们对问题进行了重新定义:"如何消除办公室组织管理中的缝隙?"

主持人从问题的再次定义中选出了关键词——缝隙,接着要求小组成员从自然界中寻找有关缝隙的想法(之所以选择自然界作为类比物,是因为它与办公室相去甚远)。经过类比思维,就产生了诸如断裂性大峡谷、自然断痕、杂交动物或巨兽,以及癌症细胞的繁殖等想法。

接着,为了使小组与问题之间保持距离,主持人提出如下问题:"如果变成平原上的一个断层,将会有何种感受?"可能的反应是"丑陋、缺陷、不需要的东西、不必要但是很自然"。

然后,主持人抓住"很自然"这条线索,看它与所提问题具有什么可能的联系。接着他向小组成员提出问题:"如果你是风景中的一道断痕,需要什么样的条件才能使你感到这不是一件自然之事?"也许可以得到下面的回答:

"展示你对环境造成的破坏。""指出你与环境多么不协调。"

向组员展现风景中的自然断痕究竟是什么,实际上它可能具有相当大的吸引力。

接下来,主持人要求小组成员把这些观念与最初的问题联系起来,"展示对环境的破坏"显然与原有问题相契合,如果把它转换成办公室中出现的问题,那就是由于办公效率不高而对公司的总体运营状况造成了消极的影响,比如销售额下降、成本提高、利润降低等。设计某种用于显示因效率低下而造成不良后果的装置就是下一步要考虑的问题。

最后,开发出一套监测系统,用来监测由办公室的关键失误或疏忽造成的影响。这套系统同时可以用来监测办公室工作对销售、利润及成本带来的影响。

课后练习题

1. 综摄法的思维基础和基本假定各是什么?

2. 综摄法的操作步骤是什么，在使用综摄法过程中会出现的典型心理状态是什么？

3. 综摄法有哪些相关操作技巧？

4. 请举出一个使用综摄法进行创意开发的例子。

5. 请查阅相关书目，尝试在一次会议中使用综摄法，并考察实际效果。

 本章小结

　　头脑风暴法鼓励自由畅想，通过集体智慧激发创新思维。思路扩展法重点是打破思维定式，从多角度、多层次寻求解决方案。TRIZ 方法提供系统化的创新手段，帮助快速找到解决问题的有效方案。综摄法整合不同领域的知识和方法，推动跨学科的创新思考。

 拓展阅读

　　六顶思考帽是"创新思维学之父"爱德华·德·博诺博士开发的一种思维训练模式，或者说是一个全面思考问题的模型。它提供了"平行思维"的工具，避免将时间浪费在互相争执上。强调的是"能够成为什么"，而非"本身是什么"，是寻求一条向前发展的路，而不是争论谁对谁错。运用德博诺的六顶思考帽，将会使混乱的思考变得更清晰，使团体中无意义的争论变成集思广益的创造，使每个人变得富有创造性。

　　六顶思考帽是指使用六种不同颜色的帽子代表六种不同的思维模式。

　　（1）白色思考帽。白色是中立而客观的。戴上白色思考帽，人们思考的是关注客观的事实和数据。

　　（2）绿色思考帽。绿色代表茵茵芳草，象征勃勃生机。绿色思考帽寓意创造力和想象力。具有创造性思考、头脑风暴、求异思维等功能。

　　（3）黄色思考帽。黄色代表价值与肯定。戴上黄色思考帽，人们从正面考虑问题，表达乐观的、满怀希望的、建设性的观点。

　　（4）黑色思考帽。戴上黑色思考帽，人们可以运用否定、怀疑、质疑的看法，合乎逻辑地进行批判，尽情发表负面的意见，找出逻辑上的错误。

(5) 红色思考帽。红色是情感的色彩。戴上红色思考帽，人们可以表达自己的情绪，人们还可以表达直觉、感受、预感等方面的看法。

(6) 蓝色思考帽。蓝色思考帽负责控制和调节思维过程。负责控制各种思考帽的使用顺序，规划和管理整个思考过程，并负责做出总结。

第四章　锻炼创新能力

思维导图

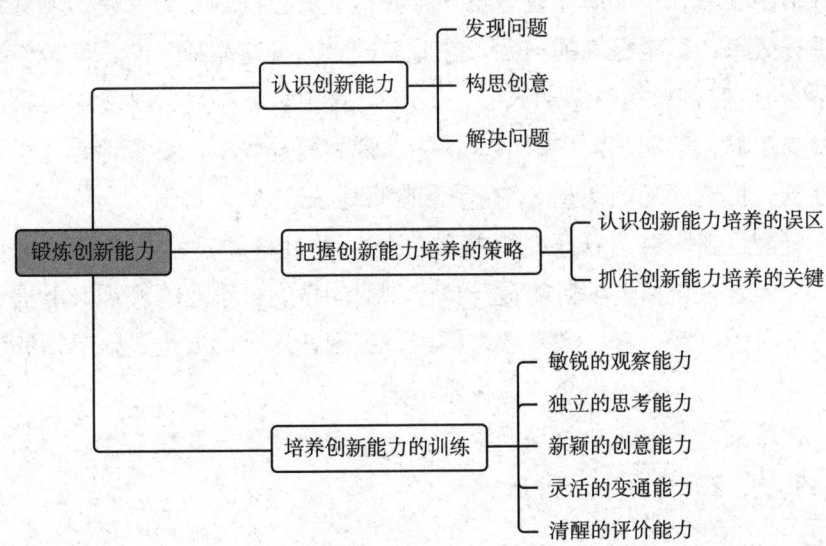

第一节　认识创新能力

案例导入

杨明平是一位"80后""高校系"创业者，2012年《福布斯》刊登的"中国30位30岁以下创业者"名单上，他位列其中。

上大学三年级时，杨明平盘下了学校旁边的一家餐饮店面，一年后，他将饭店做成了年收入200万元的火锅店。如果说开火锅店是误打误撞，那么创办超级课堂则是杨明平团队深思熟虑的结果。这也是他从传统线下走向线上，进入科技领域的一大转折。超级课堂的目标是将在线教育规模化，通过两个途径来实现，一个是互联网，另一个是做内容。经过一年的时间，超级课堂有了1万多位付费用户，销售收入达3000万元。

如今他专注于移动教育的应用产品开发和运营。旗下有两大产品线。产品之一为"物理大师"——专注于k12（中小学）教学资料片的开发和运营；产品之二为"老师无忧"——提升教师批改作业和试卷效率的工具，把纸质作业电子化，并构建大数据的题库系统，形成教师提升效率、黏度极高的产品。在此基础上，构建教师社交、家校沟通的平台。"我们能提供激动人心、最高效的教学资料片，以及作业批改和社交工具，帮助教师在课前、课中、课后提升效率，更多地专注于学生互动，打造未来的课堂。"杨明平自豪地说。

杨明平还同时活跃于创业投资领域，做过移动美术社交和智能出行。在他看来，投资项目能提升自己创业的技能，创业的经历又能提升投资项目的判断一直在教育领域探索、突围，这个领域也是他热情和专业所在，他表示将来也会一直探索下去。

资料来源：冯晓宇．杨明平．创业是我选择的一种生存方式［J］．今日科技，2015（8）：8-9．

案例思考

请分析杨明平在接手川菜馆、转型火锅店以及创立超级课堂这三个创业阶段中，体现其哪些创新能力？

一、发现问题

（一）创新能力的含义

创新能力是动物本能，也是人类具有的各种能力中，其中一种能力的诠释或代称，如果将人类具有的各种能力分级的话，那么创新能力是各种能力中的最高级别的能力。创新能力，由创新和能力两个名词组成。创新能力，按更习惯的说法，也称为创新力。创新能力按主体分，最常提及的有国家创新能力、区域创新能力、企业创新能力等，并且存在多个衡量创新能力的创新指数的排名。

在 20 世纪二三十年代，福特汽车公司以大规模生产黑色轿车独领风骚十余载，但随着时代变迁，消费者的消费需求也发生着变化，人们希望有更多的品种、更新的款式、更加节能的轿车。而福特汽车公司的产品，不仅颜色单调，而且耗油量大、废气排放量大，完全不符合日益紧张的石油供应和日趋紧迫的环境治理的客观要求。此时，通用汽车公司和其他几家汽车公司则紧扣市场脉搏，制定正确的战略规划，生产节能、小型、轻便的汽车，在 20 世纪 70 年代的石油危机中后来居上，而福特汽车公司一度濒临破产。所以，福特汽车公司前总裁亨利·福特深有体会地说："不创新，就灭亡。"[1]

美国经济学家熊彼特（1990；1997）认为，创新就是"建立一种新的生产函数"，即把一种从来没有过的关于生产要素和生产条件的新组合引入生产体系。中国学者认为，创新是指以现有的思维模式提出有别于常规或常人思路的见解为导向，利用现有的知识和物质，在特定的环境中，本着理想化需要或为满足社会需求，而改进或创造新的事物，并能获得一定有益效果的行为。管理大师彼得·德鲁克则指出："创新的行动就是赋予资源以创造财富的新能力。事实上，创新创造出新资源……凡是能改变已有资源的财富创新潜力的行为，就是创新。"[2] 因此，企业创新能力就是企业在市场中将企业要素资源进行有效的内在变革，从而提高其内在素质，驱动企业获得更多的与其他竞争企业的差异性的能力，这种差异性最终表现为企业在市场上所能获得的竞争优势。企业创新能力的提升是企业竞争力提高的标志。创新能力的高低，直接关系一个企业竞争力的强弱。创新能力强的企业，其竞争力也强；反之亦然。

（二）培养问题意识

什么是企业管理中最大的问题？一位管理大师说："发现不了问题是最大的问题"，而发现了又没有解决它或没有解决好也是一大问题。作为一个企业管理者，应该能够不断发现各种问题，否则就不是一个称职的管

---

[1] 李艳菲，李颖. 汽车文化与新技术［M］. 北京：机械工业出版社，2021.
[2] 徐德力，钱军. 创新创业管理［M］. 苏州：苏州大学出版社，2022.

理者。发现问题需要管理者有细致的工作态度、追求完美的心态、不断进取的精神,更需要有敢于承担责任的勇气。因为在解决问题和创新的过程中有可能要推翻原有的准则,不可避免地会触及一些人的利益,不可避免地会遇到阻碍和挫折。

有问题并不可怕,可怕的是发现不了问题。只有不断去发现问题、不断去改进存在的问题,才能提高管理水平,管理者在这个过程中不断锻炼和成长,才能实现自我的价值。现代企业生存和发展的关键是"创新"。一个连问题都发现不了的管理者,创新从何谈起呢?企业可能面临很多问题,如服务质量问题、安全卫生问题、硬件更新问题、产品创新问题、员工思想问题、劳动纪律问题等。企业就像一台机器,随时随地都生产出大到宏观决策、小到服务细节的各类产品,而其中大量的"问题"产品要靠每一个管理者去分析、解决,使企业这台大机器正常运转。

1. 培养问题意识、打破思维定式

所谓思维定式就是思维习惯,过去的思维对当前思维的影响。思维定式通常有以下三种表现形式:

(1)书本定式。有些人书读多了就成了书呆子,平时遇到一些事情,他们就会想到来某书本里是怎么做的,于是就照本宣科,丝毫不差地按照书本讲的去做。这就是通常讲的本本主义。

(2)经验定式。有些人在办事情、处理问题的过程中,把以往得到的经验绝对化,完完全全按过去的老经验办事。所谓的经验主义者、教条主义者,就是指这类人。

(3)权威定式。一些人在生活和工作中,迷信和崇拜一些权威人士说过的话、做过的事完全遵照权威人士的方式、方法去做。

要提高创新思维能力,就必须突破这三种思维定式的束缚,在办事情和解决问题的过程中,做到具体问题具体分析,因地制宜,灵活多变,确保采取正确的思维方式。

2. 转换事物视角、培养创新思维

(1)发散思维。

发散思维是指从一个目标出发,沿着各种不同的途径去思考,探求多种答案的思维。例如,树上有五只鸟,一枪打中一只鸟后,树上还有几只鸟？这里可以有几种答案，可能树上没有一只鸟，枪打下一只鸟，另外四只鸟听到枪响后就惊飞了；也可能有五只鸟，如果枪是无声的，或是另外四只鸟是聋子，打中的那只挂在了树上，另外四只鸟也没飞走；也可能有四只鸟，打下一只，另外四只鸟是聋子，没飞走；也可能剩下三只鸟，有一只是正常的鸟，能听到，跑了；也可能剩两只鸟，有两只能听到；也可能剩一只鸟，有三只能听到枪响。

发散思维包含组合扩散法、侧向扩散法、立体扩散法和列举扩散法。

组合扩散法就是以某一个事物为发散点，尽可能多地与另一（或一些）个事物联结成具有新价值（或附加价值）的新事物的思维方式。

侧向扩散法就是从与问题相距很远的事物中受到启示，从而解决问题的思维方式。

立体扩散法就是思考问题时跳出点、线、面的限制，进行立体式思维。例如在山区栽树，有四棵树苗，要使每两棵树距离相等，这就需要进行立体栽种了。

列举扩散法就是将相关问题尽可能多地列举出来，从而解决问题的思维方式。

（2）逆向思维。

逆向思维就是悖逆通常的思考方法，从相反方向思考问题的方法。例如，战国时期孙膑智胜魏惠王的故事就是很好的逆向思维的体现。孙膑是战国时著名兵家，至魏国求职。魏惠王心胸狭窄，忌其才华，故意刁难，对孙膑说："听说你挺有才能，如果你能使我从座位上走下来，就任用你为将军。"魏惠王心想：我就是不起来，你又奈我何！孙膑想：魏惠王赖在座位上，我不能强行把他拉下来，怎么办呢？只有用逆向思维法，让他自动走下来。于是，孙膑对魏惠王说："我确实没有办法使大王从宝座上走下来，但是我却有办法使您坐到宝座上。"魏惠王心想，这还不是一回事，我就是不坐下，你又奈我何！便乐呵呵地从座位上走下来，孙膑马上说："我现在虽然没有办法使您坐回去，但我已经使您从座位上走下来了。"魏惠王方知上当，最后任用孙膑为将军。[1]

---

[1] 彭四平，伍嘉华，马世登，等. 创新创业基础［M］. 北京：人民邮电出版社，2018.

（3）形象思维。

形象思维就是用直观的形象和表象解决问题的思维，其特点是形象性强。形象思维是反映和认识世界的重要思维形式，在科学研究中，科学家除了使用抽象思维以外，也经常使用形象思维。在企业经营中，高度发达的形象思维是企业家在激烈而又复杂的市场竞争中取胜不可缺少的重要条件。高层管理者离开了形象思维，他所得到的信息就可能是间接的、过时的甚至是不确切的，因此也就难以做出正确的决策。人们充分地展开自己的想象，无论是神话还是科幻，都给人们提供了如梦般的画面，使人们的精神文化生活丰富多彩。毛泽东的"星星之火，可以燎原"①，为促进中国早期革命发展展现了一个形象的画面，大大推进了中国革命的进程。

3. 敢于发现，敢于怀疑，敢于创新

很多人习惯模仿，不敢创新，或者说不愿意创新，是因为他们头脑中关于得失、是非、安全、冒险等价值判断的标准已经固定，这使他们常常不能换一个角度想问题。许多最有创意的解决方法都是来自换一个角度想问题，在对待同一件事时，从相反的方面来解决问题，甚至某些最尖端的科学发明也是如此。所以，爱因斯坦说，把一个旧的问题从新的角度来看需要创意的想象力，这成就了科学上真正的进步。

克服因循守旧的坏习惯并不像人们认为的那么困难，此时所必须做的便是立刻行动，而不是等到明天或者下个星期。

因循守旧是思想的沼泽地，一个人必须从中走出来，才可能达到成功。因循守旧者的典型特征是抱着自己的老观念不放，不去主动接受新鲜的思维，进行脑力革命。这本身就是思维上的惰性使然。成功者必须时刻学会"洗脑"，摒弃因循守旧，努力创新求变，才会获得真正的成功。有很多人常抱怨自己脑子太笨，这是因为不开动脑筋，在过去的思维模式中打转转的缘故。

做事就需付出代价和担当风险，努力也可能会遭遇失败；如果不做任何事情，也可免遭风险和失败，但是，结果会怎样呢？避免了可能的失败，同时也就避免了可能的成功。

---

① 1930 年毛泽东率领红四军作战时说的这句话，大有深意 [N]. 北京日报，2020 - 07 - 09.

（三）努力发现问题

人们在日常的工作、生活和学习中，要善于观察事物，善于发现问题。一个人如果能经常发现很多问题，那么他的创新思维能力一定很活跃，在工作、生活和学习中就一定能取得大的成就。例如，牛顿正是在极普通的苹果落地这一现象中发现了万有引力定律；瓦特正是根据极平常的蒸汽冲动壶盖这一现象发明了蒸汽机；有人在住院治疗中观察了医院墙壁上的一张世界地图才提出了大陆漂移假说；还有人观察了杯子落地碎片的多少、硬币反复抛出落地后正反面各出现的次数等现象提出了概率论。

这些现象都是极普遍、极普通的事情，大多数人都熟视无睹，而那些问题意识强的人却对这些现象产生了疑问，在这些疑问的驱使下，他们发现了一些客观存在的规律，成为伟大的科学家、创造家、文学家、艺术家和政治家，为人类改造自然、改造社会作出了巨大的贡献。

1. 发现问题的一般做法

（1）用眼睛看：管理人员要善于观察事物，善于发现问题并及时跟进。要眼中有物、眼中有事、眼中有人、眼中有活。要做到能用眼睛表达、用眼睛说话，随时发现顾客的各种需求问题，提前看到顾客的下一步要求、打算，把问题解决在顾客要求之前。眼里看到问题是经验积累和对业务、专业熟悉的表现。同时在管理的实践中还要能看到自己的不足，重视每一次疏漏或失误，从困难、失败中去总结，任何问题都将迎刃而解。

（2）用脑子思考：用心思考、用脑做事，是每一个管理人员解决问题的法宝。管理者要善于思考问题，善于谋划未来，善于分析判断。要勤动脑，多出主意，多当参谋，对外善于协调，对内善于沟通；要善于学习，收集、捕捉先进的文化信息和变化的市场信息，提高认知度，提高个人素质，提高对市场的敏感性，并对市场变化立即做出反应。

（3）用耳朵听：员工处在服务第一线，他们能最早发现问题，最多看到问题，最快地反映问题，他们最有发言权。企业管理者应经常倾听他们的意见、建议和批评，建立一个对话的平台。

（4）用双腿走：如果管理人员整天坐在办公室，只是听取汇报，那真正的问题就很难发现。经常到企业各个部门的现场去走走，可以发现很多企业存在的具体问题，便于及时整改和调整。

2. 用 5W 分析法去发现问题

5W 分析法又称 5 问法，最初由丰田公司提出并在丰田公司广泛采用，因此也被称为丰田 5 问法。5W 分析法在日系企业广泛应用，在丰田公司召开的一次新闻发布会上有人问，丰田公司的汽车质量怎么会这么好？丰田公司的设计师大野耐一回答说："我碰到问题至少要问 5 个为什么。"①

5W 分析法的关键：鼓励解决问题的人努力避开主观或自负的假设和逻辑陷阱，从结果着手，沿着因果关系链条，顺藤摸瓜，穿越不同的抽象层面，直至找出原有问题的根本原因。

二、构思创意

创意是创造意识或创新意识的简称，是指基于对现实存在的事物的理解以及认知，所衍生出的一种新的抽象思维和行为潜能，是一种通过创新思维意识，从而进一步挖掘和激活资源组合方式，进而提升资源价值的方法。创意是传统的叛逆，是打破常规的哲学，是破旧立新的创造与毁灭的循环，是思维碰撞、智慧对接，是具有新颖性和创造性的想法，也是不同于寻常的解决方法。每一次成功的背后，都有"另辟蹊径"的创意，它是解决问题的"加速器"。构思创意有以下三个方法。

（一）和田创造十二技法

"和田创造十二技法"包括 12 个 "一"，具体内容如下。

（1）"加一加"：加高、加厚、加多、组合等。

（2）"减一减"：减轻、减少、省略等。

（3）"扩一扩"：放大、扩大、提高功效等。

（4）"变一变"：改变形状、颜色、气味、音响、次序等。

（5）"改一改"：改掉缺点、缺憾，改变不便或不足之处。

（6）"缩一缩"：压缩、缩小、微型化。

（7）"联一联"：原因和结果有何联系，把某些似乎不相干的东西联系起来。

（8）"学一学"：模仿形状、结构、方法，学习先进。

---

① 分析事故根本原因的利器——5WHY 分析法 [EB/OL]. 搜狐网，2023 - 10 - 26.

(9)"代一代":用别的材料代替,用别的方法代替。

(10)"搬一搬":换个地区、换个行业、换个领域,移作他用。

(11)"反一反":能否把次序、步骤、层次颠倒一下。

(12)"定一定":定个界限、标准,能提高工作效率。

(二)"三境界"法

清代国学大师王国维(字静安,1877~1927年)在代表作《人间词话》中提出,"古今之成大事业大学问者,必经过三种境界",用三段绝美的宋词极其形象地描述了寻找"解决方案"的过程:

(1)第一境界"昨夜西风凋碧树,独上高楼,望尽天涯路",对目标、对象和环境的高视点、多角度、全方位地观察(收集)、整理和分析。

(2)第二境界"衣带渐宽终不悔,为伊消得人憔悴",根据经验、标准、规律等参照系对前阶段经过分解列举的各个关联要点进行筛选、判断,是不断地去伪存真、去粗存精的艰辛过程。

(3)第三境界"蓦然回首,那人却在,灯火阑珊处",经过不断的探索、比较、验证的思维过程,终于顿悟开朗的创新时刻。

(三)行停法

行停法是美国创造学家阿里克斯·奥斯本(A. F. Osbern)总结、整理出的一种设问类型的创新技法。通过"行"——发散思维(提出创造性设想)与"停"——聚敛思维(对创造性设想进行冷静分析)的反复交叉进行,逐步接近所需解决的问题。行停法的操作步骤如下。

(1)"行",思考列举与所需要解决的问题相关联的要点因素。

(2)"停",对此进行详细的分析和比较。

(3)"行",有哪些可能对解决问题有帮助的信息。

(4)"停",如何方便地得到这些信息。

(5)"行",提出解决问题的所有关键点。

(6)"停",判断确认最好的解决切入口。

(7)"行",尽量找出验证试验的方法。

(8)"停",选择最佳的试验验证方法……循环往复,直至思维创新达到预期目标,获得成功答案,形成完整的策划方案。

三、解决问题

人们生活在前所未有的"新"时代:每天在指尖滑动屏幕间接收新鲜资讯,上下班穿梭于城市里拔地而起的建筑群,无时无刻不在享受着科技为生活带来的便利。与此同时,人们也见证着创新推动社会的进步和发展:国家从"中国制造到中国创造"的转变;人工智能在各个领域的渗透;青蒿素的发现及应用;改变无数人工作、生活、娱乐方式的各类商业模式,无不是一代又一代人创新能力的体现。

创新的过程是了解人的需求、看清事物本质、打破思维定式、提出解决方案的过程。被称为"新四大发明"的高铁、移动支付、共享单车和网购,究其本质是基于人的需求为城际出行、支付方式、城市居民出行的"最后一公里"、购物提供更为便捷的解决方案。可见,创新的本质是解决问题。

创新的过程也是发现问题、分析问题、解决问题的过程。众多科学技术的创新是解决产品、技术更新迭代的需求,很多商业模式的创新是基于寻找并解决用户的痛点,可以这么说,培养创新能力的核心是培养解决问题的能力。

(一) 解决问题的能力

解决问题的能力是指人们运用观念、规则、一定的程序方法等对客观问题进行分析并提出解决方案的能力。分析能力是人在思维中把客观对象的整体分解为若干部分进行研究、认识的技能和本领。客观事物是由不同要素、不同层次、不同规定性组成的统一整体。为了深刻认识客观事物,可以把它的每个要素、层次、规定性在思维中暂时分割开来进行考察和研究,搞清楚每个局部的性质、局部之间的相互关系,以及局部与整体的联系。借助分析能力,可以对决策对象的认识由表到里、由浅入深、由难到易、由繁到简,从而把握决策对象的本质,为科学决策、解决问题打下基础。

具有初级解决问题能力的人,能够发现一般的显性问题,能够初步判断,可以简单处理。解决问题能力较强者,能较容易地在自己熟悉的领域或范围内发现隐藏的问题,有一定的发现问题的技巧,具备一定的分析能力,能够根据现象探求解决问题的途径,并找到答案,可以较好地解决问题。

具有更高层次的解决问题能力的人,能够更早期地发现问题,感知外界对自己的不良影响,可以准确预测事情发展过程中的各种问题,并将其消灭在萌芽状态,同时能总结问题发生的规律,可以指导并提高他人发现问题的能力。

(二)解决问题能力的种类

1. 运用他人成功的经验解决问题的能力

老子曰:"善人者,不善人之师;不善人者,善人之资。"[①] 仔细观察行善者的行为,不耻下问,向能者求教,学会用他们的思维和角度来分析问题,并对比自己作为局外人的想法,找出其中的差异,了解自己的不足,从而学会自己不懂的东西,从而达到解决问题的目的。对于"不善人"的行为,要观察和分析其"不善"的原因以及整个过程中的不足,以此作为自己的镜子,避免自己遇到类似情况犯类似的错误。

这样,尽管没有"善人"和"不善人"的经历,也能在短时间内获得同样的甚至更深刻的经验。一旦遇到这样的问题,成功解决问题的概率就会大大提高。大学生应通过向多数人的经验学习,接受多数人的影响,获得多方面的培养。也就是说,通过与人交往,从多数人的经验中学习。被称为日本"银座犹太人"的藤田冈,为了让下级学会观察和思考别人行为的成败处,规定每月由公司出钱,选一部最新的能够训练经商头脑的电影,要求全体员工必须去看,如果无特别的原因而缺席者,便从薪水中扣除一张电影票的钱,他本人也不例外。这种方法使人学到了东西。

2. 分析和综合的思维方式解决问题的能力

分析是思维把事物分解为各个部分加以考察的方法,综合是思维把事物的各个部分联结成一个整体加以考察的方法。辩证逻辑把分析与综合看作认识过程中相互联系着的两个方面,并把它们作为一种统一的思维方法。人们借助这一方法揭示事物的本质和内在联系,获得关于事物多样性统一的具体知识,从而达到解决问题的能力。

对分析与综合的辩证统一的认识是人类思维长期发展的结果。古代西方一般把分析与综合当作两个平衡的思维方法。到近代,这两种方法被形而上学地对立起来。黑格尔第一次对分析与综合做了辩证的解释。他不仅

---

① [春秋] 老子. 道德经:第二十七章 [M]. 北京:作家出版社,2016.

批判了经验论者和唯理论者使分析与综合相对立的做法，而且认为哲学的方法应该"既是分析的，又是综合的"，不仅把分析和综合"平列并用"或"交替使用"，而且以扬弃的形式包含上述两个方面。黑格尔立足于客观唯心主义，把外界事物看作理念外化的结果，把对事物的分析与综合仅仅看作理念在各个环节上的运动和展开的过程。马克思主义经典作家批判地吸取了黑格尔关于分析与综合相统一的合理思想，科学地阐明了分析与综合的辩证关系，使之成为辩证逻辑的科学方法。

3. 辩证逻辑的思维方式解决问题的能力

所谓辩证逻辑思维，就是从看似对立无法"调和"的两个事物之间，深刻认识它们的相互关系，从中寻找解决问题的有效途径。辩证逻辑思维能力是高水平理论思维能力的核心。怎样才能具有辩证逻辑思维能力呢？最有效的方法是：掌握辩证逻辑思维方法，开发辩证逻辑思维能力。一个民族要想站在世界科学技术的高峰，这个民族就必须掌握辩证逻辑思维方法，开发辩证逻辑思维能力。同样地，问题要想快速、恰当地解决就必须掌握辩证逻辑思维方法，开发辩证逻辑思维能力。

（三）应用经验型思维方式解决问题的模式

前人成功的经验变成一种解决问题的逻辑程序或一种模式，只要照搬套用就能解决问题的方法，称为应用经验型思维方式解决问题的模式。

1. 5W1H 解决问题的模式

5W1H 分析法也叫六何分析法，是一种思考方法，也可以说是一种解决问题的模式，1932 年，美国政治学家拉斯维尔提出 5W 分析法，后经过人们的不断运用和总结，逐步形成了一套成熟的"5W＋1H"模式。5W1H 就是对选定的项目、工序、操作或者问题，都要从原因（何因，why）、对象（何事，what）、地点（何地，where）、时间（何时，when）、人员（何人，who）、方法（何法，how）六个方面提出问题进行思考。

5W1H 主要说明时间、地点、人物、事情、情节、背景，针对这 6 点逐步展开，逐步分析，循环往复，使复杂的问题简单化，问题剖析得越来越有深度，有利于找出根本的原因，科学解决问题就有了基础。

（1）原因。为什么会出现这样的问题，找出理由，可以获取广大支持。例如，为什么采用这个技术参数？为什么不能有变动？为什么要做成这个形状？为什么采用机器代替人力？为什么非做不可？

（2）对象。解决什么样的问题，即目标问题。例如，公司生产什么产品？车间生产什么零配件？为什么要生产这个产品？能不能生产别的？我到底应该生产什么？如果这个产品不挣钱，换个利润高点的产品好不好？

（3）地点。解决在哪里出现的问题，即环境问题。例如，生产是在哪里完成的？为什么偏偏要在这个地方？换个地方行不行？到底应该在什么地方生产？这是选择工作场所应该考虑的。

（4）时间。解决什么时间出现的问题，即起点问题。例如，这个工序或者零部件是在什么时候完成的？为什么要在这个时候完成？能不能在其他时候完成？把后工序提到前面行不行？到底应该在什么时间完成？

（5）人员。解决谁负责的问题，即事件的主体问题。例如，这个事情是谁在负责？为什么要让他负责？如果他既不负责任，脾气又很大，是不是可以换个人？有时候换一个人，整个生产就有起色了。

（6）方法。解决怎么做的问题，即方法问题。例如，我们是怎样做的？为什么用这种方法来做？有没有别的方法可以使用？到底应该怎么做？有时候方法一改，全局就会改变。

2. ECRS 思考原则

在进行 5W1H 分析的基础上，可以寻找问题的改善方向，构思新的解决问题的办法，以取代现行的解决方法。运用 ECRS 思考原则，即取消（eliminate）、合并（combine）、重组（rearrange）和简化（simplify）的原则，可以帮助人们找到更好的解决问题的办法和工序。

（1）取消。首先考虑该问题是否有存在的可能性。如果所研究问题可以取消而又不对其他方面产生影响，这便是最有效果的改善。例如，不必要的工序、搬运、检验等，都应予以取消，特别要注意那些工作量大的装配作业；如果不能全部取消，可考虑部分取消。

（2）合并。合并就是将两个或两个以上的需要解决的问题合并成一个，如工序或工作的合并、工具的合并等。合并后可以有效地消除重复现象，能取得较大的效果。有些问题会出现在不同的地方，完全可以考虑合并在一起进行问题的解决。

（3）重组。重组也称为替换，就是通过改变思考方式，按问题出现的先后顺序重新组合。观察问题重新组合之后是否有利于问题的解决。例如，前后工序的对换、手的动作改为脚的动作、生产现场机器设备位置的调整等。

（4）简化。经过取消、合并、重组之后，再对出现的问题做更深入地分析研究，使现行方法尽量地简化，最大限度地提高解决问题的能力。

3. PDCA 循环

PDCA 是英语单词 plan（计划）、do（实施）、check（检查）和 act（调整）的第一个字母，PDCA 循环就是按照这样的顺序解决问题，并且循环不止地进行。

（1）计划：计划出现的问题解决之后需要出现的效果。

（2）实施：解决问题的过程。

（3）检查：根据计划和实施过程，对问题是否得到解决进行检查，并报告结果。

（4）调整：采取措施，以持续改进和促进问题的解决。对于没有解决的问题，应提交给下一个 PDCA 循环去解决。

以上 4 个步骤不是运行一次就结束，而是周而复始地进行，一个循环完了，解决一些问题，未解决的问题进入下一个循环。循环的过程如下：

（1）分析问题出现的情况。

（2）分析问题的各种影响因素。

（3）找出影响问题的主要原因。

（4）针对主要原因，提出解决措施并执行。

（5）检查执行结果是否达到了预定的目标。

（6）把成功的经验总结出来，制定相应的标准。

（7）把没有解决或新出现的问题转入下一个 PDCA 循环去解决。

（四）应用分解的思维方法解决问题的模式

分解是把整体分解为多个部分来认识的方法。分解不是将问题的整体分解为部分，而是要求人们深入到问题的内部。分解思维法是指将问题进行科学的分离或分解，使要解决的问题的本质属性和发展规律从复杂现象中暴露出来，从而使研究者能够厘清研究思路，抓住主要矛盾，以获得新思路和新的解决方法。

利用分解的思维方法解决问题的一般程序如下。

（1）确定解决什么问题。

（2）找出影响这个问题的因素。

（3）给予每一个因素权重。

（4）找出可以选择的方案。

（5）就每一个要素给方案排序。

（6）根据权重和排序计算结果。

（7）择优。

（8）实施后评价方法是否可行。

（五）应用综合的思维方法解决问题的模式

综合的思维方法是指把对于事物的各个部分的认识结合成整体来解决问题的方法，解决问题的程序如下。

（1）确定解决的问题。

（2）列出影响该问题的现象（全面、不遗漏）。

（3）合并同类项。

（4）进行数量分析。

（5）找出影响问题解决的80%的要素。

（6）从以上要素中找出能解决问题的要素。

（7）从能解决问题的要素中找出花费时间少而且效果显著的要素。

（8）从效果显著的要素中找出见效快的方法。

（9）分析原因，找到原因，验证原因，基于原因找措施。

（10）制订一个解决问题的方案。

（六）运用辩证逻辑思维方法解决问题的模式

辩证逻辑思维的方法是把概念的辩证运动以及如何通过概念反映现实矛盾的问题作为自己解决问题的思路。通过概念、判断、推理的三段思维程序对未知问题做出概括，认识到问题本质，从而解决问题。

运用辩证逻辑思维方法解决问题的程序如下。

（1）概念：确定目标和问题的方向，确认要解决的问题是什么的。

（2）判断：确定问题目标之后，判断要先做什么后做什么。

（3）推理：这个问题应该怎么解决。

每个人遇到问题时的反应大有不同，有的人被问题带来的负面情绪所困扰，选择逃避或困在原地；有的人很清醒地意识到问题并不会自动消失，反而会因为逃避而变得更为棘手，直面问题，鼓起勇气，向前一步，才有可能更好地解决问题。

现实中即便有很多人有勇气迈出第一步，也并不一定能够真正解决问题。发牢骚、抱怨、拖延的消极态度很容易让人退回到原点。保持积极、乐观态度的人，思维方式更接近成长型思维。挑战和失败可以暴露出自己的不足，而弥补这些不足就是下一个努力的目标。态度往往决定人们是把焦点放在"如果解决不了别人怎么看待我"上，还是"我怎样想办法解决问题"上。

即便是同样一个问题，时空不同或事情背景不同，或者发生在不同的人身上，解决它的方法可能都会千差万别。因人因时因势运用的不同方法即策略，策略的运用往往取决于人们已有知识和经验结构，以及看待问题的角度。

在教育领域中，创新能力也常常被表述为创造性。创造性通常体现在两个方面：一是艺术上的创造性，二是解决问题的能力。两者并不矛盾，两者兼备的人可能是一位充满创意的设计师，可能是一位极具才华的科研人员，也可能是一位审美能力颇佳而又富有创新精神的企业家，创新型社会往往更需要这类创造者。

 课后练习题

1. 培养创新思维的方法有哪些？
2. 用5W1H、PDCA等思维方式分析一个你当前需要解决的问题。

第二节　把握创新能力培养的策略

案例导入

中国高铁展现铁路人强大的自主创新能力。高速铁路的建设是一项复杂的系统工程,其创新更是一个布满荆棘、充满艰难险阻的过程。2004年,中国决定通过技术引进发展高铁,但是在国际市场中,核心技术是很难用钱买到的,高铁技术也是如此。为此铁路方面先引进先进技术,再从技术设计到制造工艺,安排科研人员、技术人员学习,开阔中国技术人员的思路和眼界,从"依样画葫芦"到引领世界高铁发展的征途中,铁路的技术人员用不屈不挠的意志、变不可能为可能的勇气,努力学习技术并积极向未知领域出发。时速350千米的复兴号从2012年开始研制到2017年投入使用,前后历时仅5年,具有完全自主知识产权的复兴号中国标准动车组已经装备超过560组;高铁软件和操作系统也做到了自主可控,在追赶到领跑这条漫长而艰辛的路上,无数科学家、工程师一路开拓求索、筚路蓝缕,不知道走过了多少艰辛历程,付出了多少心血汗水,熬过多少不眠之夜,才有了今天的伟大成就,彰显了我国强大的自主创新能力。

资料来源:黎舜. 创新创业基础[M]. 上海:上海交通大学出版社,2022:19-21.

案例思考

结合上述案例谈谈如何提升我们的创新能力?

创新能力的培养是一个涉及多方面因素的复杂系统工程,实质是人的相应素质的培养过程,实践活动是相应素质转化为创新能力的关键环节。

一、认识创新能力培养的误区

创新能力培养的过程中,存在一些常见的误区,这些误区可能妨碍了创新能力的培养和发展。以下是一些主要的误区。

(一)过度强调创新思维而忽略基础知识和技能

许多人认为创新就是要有新颖的想法,而忽视了创新实际上需要建立在扎实的基础知识和技能之上。没有足够的知识储备和技能,创新思维很难得到有效的实施和转化。

（二）将创新能力视为少数人的天赋

这种观念导致许多人认为创新能力是天生的，与自己无关，从而放弃了对创新的追求。实际上，创新能力是可以通过后天的学习和实践进行培养和提升的，每个人都有可能成为创新者。

（三）忽视创新过程中的风险和挑战

创新往往伴随着不确定性和风险，需要面对各种挑战和困难。然而，一些人过于害怕失败和承担风险，从而不敢尝试新的想法和方法，阻碍了创新能力的培养。

（四）过于追求短期成效

创新能力的培养是一个长期的过程，需要时间和耐心。然而，一些人往往期望能够立即看到成果，对于需要长时间投入和努力的创新活动缺乏耐心和信心，导致创新努力半途而废。

（五）忽视创新教育的个性化

每个人的创新能力和兴趣点都是不同的，但许多创新教育方法往往采用一刀切的方式，无法满足不同学生的个性化需求。这可能导致一些学生感到无趣或无法适应，从而无法有效培养他们的创新能力。

为了克服这些误区，我们需要正确看待创新能力的培养，注重基础知识和技能的培养，鼓励每个人积极参与创新活动，正视创新过程中的风险和挑战，保持耐心和信心，并关注个性化教育的重要性。只有这样，我们才能有效地提升创新能力，推动个人和组织的发展。

二、抓住创新能力培养的关键

（一）重视创新主体的培养

重视创新主体的培养对于推动创新发展和提升创新能力至关重要。创新主体是指那些具有创新思维、创新能力和创新实践精神的人，他们是推动社会进步和经济发展的重要力量。因此，我们需要从多个方面来重视和培养创新主体。

1. 教育体系应该注重培养学生的创新思维和创新能力

传统的教育模式往往过于注重知识的灌输和应试能力的培养，而忽视了对学生创新思维的激发和创新能力的培养。因此，教育体系应该进行改革，注重培养学生的独立思考能力、批判性思维能力和解决问题的能力。通过开设创新课程、组织创新实践活动等方式，为学生提供更多机会去探索、尝试和创新，从而激发他们的创新潜力。

2. 企业和社会也应该积极培养创新主体

企业可以通过设立创新基金、建立创新团队、提供创新培训等方式，鼓励员工积极参与创新活动，提升他们的创新能力。同时，企业还可以与高校、科研机构等合作，共同开展创新研究和项目，吸引和培养更多的创新人才。社会方面，可以通过举办创新竞赛、设立创新奖项等方式，激发人们的创新热情，为创新主体提供更多的展示和交流平台。

3. 政府应在创新主体的培养中发挥重要作用

政府可以制定相关政策，为创新主体提供资金、税收等方面的支持，降低创新风险，激发创新活力。同时，政府还可以加强创新基础设施建设，为创新主体提供更好的创新环境和条件。

4. 创新主体自身的努力和素质提升也是非常重要的

创新主体应该保持开放的心态，积极学习和掌握新知识、新技能，不断提升自己的创新能力。同时，他们还应该具备坚韧不拔的毅力和敢于冒险的精神，勇于面对创新过程中的挑战和困难。知识储备是指个人或组织在特定领域内所积累的知识总量和深度。它是个人或组织在解决问题、做出决策以及进行创新活动时的重要基础。为了有效地进行知识储备与调整，我们可以从以下几个方面进行考虑：

（1）持续学习与积累。要有持续学习的意识。无论是通过阅读书籍、参加课程、在线学习还是与他人交流，都是获取新知识、扩大知识储备的有效途径。同时，要注意知识的深度和广度，不仅要了解基本概念和原理，还要掌握其背后的逻辑和应用场景。

（2）建立知识体系。在积累知识的过程中，要注重建立知识体系。将新学到的知识与已有的知识进行关联和整合，形成一个完整、系统的知识框架。这样不仅有助于记忆和理解，还能提高知识的运用能力。

（3）知识更新与调整。随着时代的发展和科技的进步，知识也在不断更新和变化。因此，我们要保持敏锐的洞察力，及时关注新知识、新技术和新思想的出现。同时，对于已经过时或错误的知识，要及时进行修正和更新，确保知识储备的准确性和时效性。

（4）实践与应用。知识的价值在于应用。通过实践，我们可以将知识转化为实际能力，解决实际问题。因此，在知识储备的过程中，要注重将知识与实践相结合，通过实践来检验和巩固所学知识。

（5）反思与总结。在知识储备与调整的过程中，反思和总结是非常重要的。通过反思，我们可以发现自己的不足和错误，进而进行调整和改进。同时，总结经验和教训，有助于我们更好地积累和应用知识。

（二）克服三大障碍

1. 思维模式障碍

思维模式就是人在思维活动中已经形成的定式，它是思维内容与思维方式的统一，定式思维的极端会发生思想僵化。因此，应努力克服这些影响创新思维的障碍。

2. 个性心理障碍

某些不良的个性心理品质会干扰和破坏心理系统功能的正常发挥，成为创新能力形成中的严重障碍，如胆怯、自卑、怠惰等。

3. 社会环境的障碍

社会环境的障碍是指创新能力形成中社会环境各方面的障碍，如政治环境的障碍、文化环境的障碍、知识经验的障碍、物质条件的障碍、人际关系的障碍等。

（三）强化创新素质的方法

1. 不断吸收新知识

不断吸收新知识，以替代过时的或弥补过去没有的知识，调整和改善自己的知识结构。

2. 进行单项能力训练

观察力、记忆力、想象力等与拥有的知识量的关系并不是绝对的，必须进行专门训练。

3. 提高心理素质

要提高心理素质具体要从七个方面入手：情感调控、意志培养、个性塑造、自我意识训练、智力训练、学习指导和交往指导。

4. 善于提出问题

通常人们大脑里有一个比较固定的概念,当某一经验与这个概念发生冲突时就会产生问题,若此问题反作用于思维世界,人们就会产生摆脱或消除问题的渴望,这就构成了创新的源泉。

(四)重视现实生活的教育意义

很多人认为,人的价值观是通过学校教育尤其是学校的知识教育确立的,其实这是一个认识误区。价值观固然有知识的成分,学校的知识教育也可以发挥必要的作用,但知识并不构成价值观形成的充分条件。价值观的确立是一个人对价值的理解、判断、选择和追求的结果,而其对事物价值理解、判断和选择的根据与标准则来源于他在现实生活中形成的价值观念,取决于他自身的需求和利益,来源于他的生活实践。因此,教育特别是价值观教育必须主动面向广泛的社会生活,不能热衷于说教而无视现实生活的教育意义。

(五)重视知识的积累

知识是人对世界的观念把握,又是人进一步认识和改造世界的工具和力量。知识是能力和价值观构成的基本要素,离开知识,能力和价值观就无从谈起。从更深远的意义上说,知识能够真正为人们提供改造现实的力量。人是现实的存在物,存在于现实的世界中。人既不满足于自己的现实,又不满足于外部世界的现实,总是力图超越现实,追求高于现实的理想。总而言之,知识积累是创新能力培养的基础和前提。

 课后练习题

1. 谈谈你所在的学校构建的创新环境?
2. 请思考并列举你在创新过程中可能遇到的障碍,并针对每个障碍提出至少一种克服策略。

第三节　培养创新能力的训练

案例导入

创新是一种能力,这在日本清酒问世过程中得到充分体现。日本清酒和中国江南的黄酒比较类似,都是大众喜欢的普及型米酒,但日本的米酒在明治之前是比较浑浊的,这是美中不足之处。有一名商人叫善右卫门,以制作和经营米酒为业。一天,他与仆人发生口角。仆人怀恨在心,伺机报复。他在晚间将炉灰倒入米酒桶内。第二天,善右卫门发现原来浑浊的米酒变得清亮了,细看桶底,有一层炉灰。善右卫门具有极强的创新意识,他敏锐地发现炉灰具有过滤作用,能够解决米酒的浑浊问题。他经过无数次的改进之后,终于凭借较强的创新能力找到了使浊酒变成清酒的过滤办法,制成了后来畅销的日本清酒。

资料来源:安然. 从错误中发现成功的契机 [J]. 企业管理, 2021 (11): 85.

案例思考

善右卫门的创新能力是怎样培养起来的?

面对时代发展提出的诸多挑战,只有认识创新能力、分析创新能力,进而掌握培养创新能力的基本方法,使我们培养出的大学生具备一定的创新能力,为社会做出更大贡献,才能牢牢把握时代发展主动权。

一、敏锐的观察能力

观察力对于一个人来说是非常重要的。敏锐的观察力可以使我们避免受表面现象的迷惑而真正地看到事物的本质和变化的趋势。观察力,可以使人变得更加睿智、严谨,发现许多人所不能发现的东西。

要培养敏锐的观察能力,掌握良好的观察方法十分必要。

一要确立观察目的。对一个事物进行观察时,要明确观察什么,怎样观察,达到什么目的,做到有的放矢,这样才能把观察的注意力集中到事物的主要方面,以抓住其本质特征。目的性是观察力最显著的特点,有目的的观察才会对自己的观察提出要求,获得一定深度和广度的锻炼。反之,如果东张西望,左顾右盼,对事物熟视无睹,你的观察力就得不到锻炼。

二要制订观察计划。在观察前,对观察的内容做出安排,制订周密的计划。如果在观察时毫无计划,漫无条理,那就不会有什么收获。因此,我们进行观察前就要做好打算,先观察什么后观察什么,按部就班,系统进行。观察的计划,可以写成书面的,也可以记在脑子里。

三要培养浓厚的观察兴趣。每个人由于观察敏锐性的差异,在同一件事物的观察上产生共同的兴趣。注意到不同事物或同一事物的不同特点。因此,培养浓厚的观察兴趣是培养观察能力的重要前提条件。为了锻炼观察能力,必须培养每个人广泛的兴趣,这样才能促使人们津津有味地进行多样观察。同时,还要有中心兴趣。有了中心兴趣,就会全神贯注地对某一领域进行深入的观察。

四要观察现象,探寻本质。观察力是思维的触角,要培养同学们的观察力,就要善于把观察的任务具体化善于引导他们从现象乃至隐蔽的细节中探索事物的本质。

五要掌握良好的观察方法。大多数同学缺乏生活经验和独立、系统的观察能力,在观察事物时,往往抓不住事物的本质,或者看得粗心、笼统,甚至观察的顺序杂乱无章。一个良好的观察者必须具备观察事物的技巧,掌握适当的观察方法。

二、独立的思考能力

独立思考能力就是不受已有的常识限制、有不被他人想法左右的思考能力。独立思考是创新能力的重要方面,培养独立思考能力有时候也需要技术性的方法,以下是培养独立思考能力的几种方法。

(一) 切断常规思维的源泉

在钻进图书馆翻阅经典书籍之前,在打开电脑进行资料搜索之前,在向权威专家虚心请教之前，先自己想想。越过那些限制吸引你的常规思维，多独自思考，你就可以提高自己独立思考的能力。独立的思考者并不一定背道而驰，然而他们反对不经思辨默认现状、固守成规的态度。

（二）中断惯性思维的轨迹

不要受思维习惯的约束，不要受旧的经验的禁锢，要敢于投身到与固有知识相冲突的新体验之中，要善于从新的角度观察和思考问题。要勤于探索新的领域，要接受新的发现。要有新的思考，要勇于寻求新的方法、找寻新的答案。

（三）置身事外清醒思考

先把切身利益抛在脑后，置身事外换一个角度看事物、想问题。这样你就能头脑清醒、心无旁骛地进行独立思考，正所谓旁观者清。

（四）养成怀疑的习惯

要有怀疑一切的勇气。怀疑一切并非否定一切，而是不对固有常识和权威观点采取不加思考的迷信态度。养成本能的怀疑思维习惯，对任何所谓的不言而喻的"真理"持怀疑态度除非自己能够证明那就是不争的事实。有怀疑的习惯才能有独立思考的习惯。

三、新颖的创意能力

新颖的创意能力是指在一定知识积累的基础上，创意者充分发挥其主观能动性，积极调动智力和非智力因素进行创造性思维的能力。创意能力是在实践的基础上对已有知识经验在不同层面的灵活运用。就创意能力是创造性思维能力这一点来说，心理学家吉尔福特等认为：创造性思维是多种思维的结合表现。它既是发散思维与聚合思维的结合，也是直觉思维与分析思维的结合。它不仅包括理论思维，而且也离不开创造想象。这样来说创意能力主要指创造性思维能力，但更倾向于一种综合的能力，它包括一定思维模式和知识经验的综合。新颖的创意能力有以下三个方面的特点。

（一）智能性

智能性创意能力往往能出奇制胜。创意者利用超常的智慧，能将日常生活中最基本最简单的素材进行大力的组合，从而形成一个新的创意，并将其推向市场。这种智能性的创意能力往往具有极强的前瞻性，更具有独一无二的新颖性。智能性创意思维能力的养成并非由先天决定的，而多由后天有意识地培养和有利的环境因素对创意主体无意识的陶冶逐渐养成的。

（二）综合性

综合性创意能力是在对创意环境、创意对象做充分了解的基础上，创意者通过系统、充分的比较、权衡以及对未知创意做可靠的预测之后做出创意的一种能力。由于创意者已掌握了相当充分的资料，做了周密的准备，所以创意更具有市场占有的长期性。这种创意能力由于对创意对象已经有了充分的了解，故对创意者的市场调研力提出了高要求，创意者必须通过具体的考察，以文案或图表形式表示调查结果。由于创意者同时又必须对诸多创意倾向进行系统充分的权衡比较，所以它必须具备冷静思索、坚决果断的决策力。综合性创意如果缺乏决策力，创意将流于空谈，只讲冷静思索而无决策力，创意就不会真正落到实处。冷静思索、果断决策二者的紧密结合才能将好的综合性创意变成现实。

（三）灵活性

灵活性创意能力是适应变化着的环境，对原创意做适当的调整或重新组织的一种能力。灵活性是市场对创意的内在要求。创意最终要融入市场，它就必须有市场适应性。市场在不断变化，如果创意还依然如故，那它就走上了绝路，等于是在自寻短见。创意要融入市场，灵活机动性首当其冲。当然灵活性的创意能力也有一个度的问题。如果对市场的暂时性波动认识不够就容易手忙脚乱而草木皆兵。反之，如果对市场关键性的转变缺乏敏感，那只能痛失良机，坐以待毙。

创意能力的智能性、综合性、灵活性是相互关联的，三者互为依赖、相辅相成、互相补充。新颖独特的好创意产生的过程往往同时体现出这三个方面的特点。

 拓展阅读

国内知名的体育运动品牌李宁联手小米生态链企业华米科技，共同发布了两款智能跑鞋，李宁、雷军以及华米 CEO 黄汪一同出席了发布会。李宁智能跑鞋内置了华米智芯，而这颗智芯则是安放在鞋垫下方的凹槽中。

通过蓝牙4.0李宁智能跑鞋中的华米智芯就可以和手机中的小米运动客户端连接。功能方面，李宁智能跑鞋除了拥有GPS卡路里计算、时速和配速显示以及关注好友等常规功能之外，李宁智能跑鞋还可以进行脚步落地分析和精准步频分析，让用户能够更科学、姿势更正确的跑步。

资料来源：朱壮志．"互联网＋"体育产业生态建构与发展策略［M］．南京：南京大学出版社，2019．

四、灵活的变通能力

在漫长的人生旅途中，每一个人不能不面对变化，不能不面对选择。学会变通，不仅是做人之诀窍，也是做事之诀窍。我们如何提高自己灵活的变通能力呢？

首先，学会审时度势、打破常规。一是要有一个良好的心态，如果心浮气躁，就看不清事物的本来面目就会主观行事，一错再错。如果心平气和，就能认清事物的本来面目，就能万事得理一顺百顺。二是学会换位思考。香港著名企业家李嘉诚是一位擅长换位思考的人，他有一句名言："与人合作，你能分到十分，你最好只拿八分或七分，这样你就会有下次合作。"① 三是要打破常规，我国有句成语叫作茧自缚，就是说习惯按所谓既定的规则行动，结果不敢越雷池一步，其结果就是困死自己，而创新无成。

其次，学会变通。要有勇气应对变化，勇气的作用就是调动起自己全部的能力去迎接变化和挑战。一个人想学会变通，必须鼓足勇气。它虽然不能具体地去处理某一个问题，克服某种困难，但这种精神和心态却能唤醒心中的创新潜能，帮助应对一切变化和困难。

再次，要有信心开发潜能。所谓信心，就是一种心态潜能。也就是说你是一个充满信心的人，有信心克服困难，有信心获得成功，那么，你身上的一切能力都会为你的信心去努力；反之如果你缺乏信心，总以为自己没能力去做这一切，那么，你的一切创新能力也就会随之沉寂就会成为一个没有创新能力的人。

---

① 苏白茹，苏庆谋，黄真真．大学生创新创业基础［M］．厦门：厦门大学出版社，2019．

最后，善于改变自己的思维定式。人的思维方式，常常出现两大定式：一是直线型，不会拐弯抹角，不会逆向思维和发散思维；二是复制型思维，常以过去的经验为参照，不容易接受新鲜事物。西方有一句谚语"上帝向你关上一道门，就会在别处给你打开一扇窗。"诗人陆游有诗云"山重水复疑无路，柳暗花明又一村。"只要我们不拒绝变化，并且善于变化自己的思维习惯，善于改变自己的观念，我们就能走出创新困境，进入我们的新天地。

实践证明，不管你是觉察到还是没有觉察到，不管你是愿意还是不愿意，每个人时时刻刻都在寻求变通，所不同的是，善于变通的人越变越好。而不善于变通的人越变越差。掌握了变通之道，就能应对各种变化，在变化中寻找到创新机会，在变化中取得成功。

五、清醒的评价能力

评价能力包括社会评价和自我评价。所谓自我评价，就是一个人对自己能力、素质、水平等高低程度的评判。合理的自我评价对于调整一个人的焦虑程度和动机、志向水平，提高学习、工作效率有着重要作用。社会评价就是社会对个人在生活、学习、工作中表现出能力的综合评价。

自我评价的高低与学业成绩的优劣之间的关系，在临界值出现之前是正相关，即自我评价越高、学业成绩越好；但当自我评价超过了某个临界值以后，自我评价越高、学业成绩越差（即负相关）。提高自我评价能力，不能简单地等同于要调高自己对自己能力、素质、水平的预期而是提高自己对于自我素质、能力高低的评价"度"的把握能力。

合理地评价能力，对于一个人学业成绩和事业成就的影响都是巨大的。而提高这种清醒的自我评价能力，把自己对于自己的预期调整到合理的水平。对于一个人创新能力的提高和创新水平的发挥具有重要作用。

 课后练习题

1. 如何通过创新思维提升你的学习效率？
2. 选择一个传统产品，思考如何通过创新使其适应现代市场？

 **本章小结**

在当今快速变化的时代背景下,创新能力已经成为企业和个人取得成功的关键因素。本章主要围绕如何锻炼和提升创新能力进行了深入的探讨,旨在帮助大学生了解创新的重要性,并掌握有效的创新方法和策略。创新不仅仅是发明新技术或新产品,更是一种思维方式和生活态度。创新思维是创新能力的核心,通过学习和运用这些思维方法,我们可以更好地发现问题、分析问题并解决问题,从而提升自己的创新能力。同时,创新不仅仅是理论上的探讨,更需要在实际操作中不断尝试和完善。通过参与创新项目、开展实践活动等方式,我们可以将理论知识与实际操作相结合,不断提高自己的创新实践能力。锻炼创新能力是一个长期而复杂的过程,需要我们时刻保持创新意识、掌握创新思维方法、积极参与创新实践并持续学习和知识更新。只有这样,我们才能在激烈的竞争中脱颖而出,实现个人和企业的可持续发展。

 拓展阅读

杰夫·巴恩斯是居住在伦敦的一位孤独而富有的老人,他无儿无女,体弱多病,于是决定搬到养老院去住。为此,老人决定出售自己位于伦敦郊外的一栋漂亮公寓。买房者闻讯蜂拥而至,公寓的底价最初定为 8 万英镑,但是很快就被炒到了 10 万英镑,并且价钱还在不断攀升。斯蒂夫·特里是一个普通的单身打工族,他看到媒体的报道后,也对这栋房子产生了兴趣——尽管他的积蓄只有 1 万英镑。但他决心想办法买下这栋房子。怎样才能用 1 万英镑买到价值 10 万英镑的房子呢?如果换成是其他人,恐怕早就打退堂鼓了。然而,特里却不这么想。他看着报纸上巴恩斯的照片,突然冒出一个大胆的想法。经过一番考虑后,特里决定亲自去见巴恩斯一面。

特里谎称自己是一家房产杂志的记者,要采访巴恩斯。巴恩斯把他请到了自己的餐厅。特里看到巴恩斯窝在沙发里,眼窝深陷,目光无神。但是特里发现，即便他面色如土，说话的口气也还是那么强硬："请不要浪费我的时间，年轻人，我只给你5分钟！"

特里微笑着坐下来，注视着老人，缓缓地说："先生，首先请原谅我，其实我并不是杂志的记者。"

"什么，你敢骗我！"老人的愤怒只持续了不到一分钟，"算了，不管你是做什么的，我只给你5分钟！"

"先生，坦白地讲，我是想要买您的房子。"

"说吧，你打算出价多少，目前别人给出的最高价码是12万英镑。"

衣着寒酸的特里坐到老人跟前，真诚地说："先生，我真的很想买下这栋房子，但目前我只有1万英镑的积蓄！"

"1万英镑？小子，你是在耍我吧？"老人愤怒地站起来。

"先生，请不要激动，坐下听我说完！请原谅我的唐突。当我从报纸上第一眼看到您的照片时，我就觉得您跟我很有缘。其实，我非常理解您此时卖房子的心情，坦白地讲，我知道您搬到养老院是迫于无奈，否则您不会卖掉这栋漂亮的陪您度过了大半生的房子。"

老人的眼神由愤怒、激动转为平和，他嗓音低沉："你说得不错，但是目前我也没有别的办法，我现在最需要的就是钱，养老的钱，难道就凭你兜里的1万英镑就可以让我度过我的后半生吗？"

"可以的！"特里坚定地说，"我现在也是一个人，如果您愿意把房子卖给我，我会与您一起生活，请相信我，我绝不会打扰您正常的生活，我的生活也很简单，就和您一样，读读报纸，喝喝茶，看看杂志，散散步，更重要的是，我会像对待我的祖父一样关心和照顾您！"

"说得倒挺好，但是我凭什么相信你？1万英镑就把这房子卖给你，我究竟是疯子还是傻子？"

"先生，你可以不相信我，我知道要相信一个人并不容易，但我也知道，凭您的阅历与经验你应该清楚我是什么样的人。现在我把我的名片留在桌子上，你可以继续等待别的买家。如果你在周末想找个人陪你一起去钓鱼的话，可以随时去找那个叫斯蒂夫·特里的傻小子！"三天后，特里接到了老人的电话："小子，你那1万英镑没有赌马输光吧？""当然没有"特里笑着回答。

1万英镑能在伦敦买到一所漂亮公寓吗?很多人都会摇头说:"除非做梦吧。"可是故事里的主人公却真的办到了。著名的金融投资家索罗斯说过:"经验是一笔财富,但是在股票市场上,绝对不能盲目相信投资经验。股票市场随时都发生着变化,不同时段的投资手法绝对不一样。光凭经验投资,往往跟不上股市变化的步伐。"

除此之外,索罗斯还认为:"人不能墨守成规,应当注意时时调整自己,包括习惯和风格。保持良好的精神状态,才能更好地做出投资决策。投资风格是不能改变的,而习惯是可以改变的。在股票市场上,应该发生的事情,必然是会发生;而认为不可能发生的事情,也是会发生的。过去发生过的事情就是经验,由于股票市场每一天都不同,经验的作用对于我们就不那么重要了。"

机会随时会出现,随时也会溜走。要想抓住它,你就不要让过去的经验成为阻碍自己前进的绊脚石。这也正是股市投资的一个精髓所在:不按常规套路出牌。绝不盲目相信经验。

资料来源:马永霞,等. 创新创业教育 [M]. 北京:北京理工大学出版社,2022:77-78.

下 篇

创 业 篇

第五章　创 业 概 述

思维导图

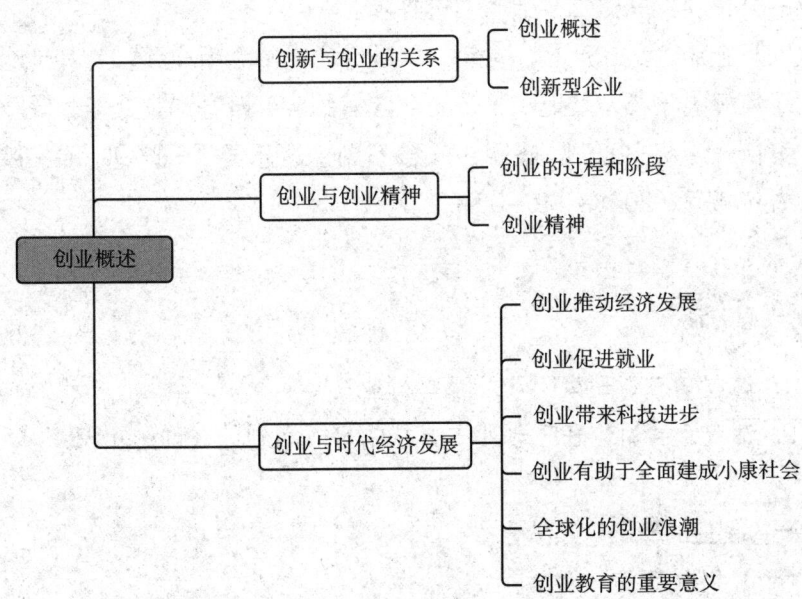

第一节　创新与创业的关系

案例导入

旺旺集团是一家在食品行业具有举足轻重地位的企业,其创新精神和实践为其他企业树立了榜样。以旺旺集团创新为例,它不仅仅是一家食品生产企业,更是在产品、营销、管理等方面不断创新的先行者。

旺旺企业通过不断推出新品类、新产品,如植物肉产品、功能性零食等，不断满足消费者日益多样化的需求。其产品创新不仅在于产品本身的研发，更包括对消费趋势的敏锐洞察和市场细分。

在营销方面，旺旺企业通过大胆创新的广告策略和多元化的营销手段，成功打造了多个知名品牌，并在不同的市场中取得了显著的成绩。其广告语"旺旺零食，饱了吗？"等经典广告语更是深入人心。

在管理方面，旺旺企业也积极探索创新，采用先进的管理理念和方法，注重人才培养与激励，构建了一支富有创造力和凝聚力的团队，为企业的可持续发展提供了强有力的保障。

旺旺企业以其在产品、营销、管理等方面的创新实践，为其他企业树立了良好的榜样，展现了一流企业应有的创新精神和实践能力。

案例来源："旺旺"集团：从食品到主题乐园［EB/OL］. 品牌湖南官方搜狐号，2023-09-05.

案例讨论

1. 你还知道旺旺集团涉及哪些行业？
2. 请查阅并讨论旺旺创业史，从中可以学到什么创业知识？

一、创业的概念

（一）创业定义

创业一词最早出现于《孟子·梁惠王下》："君子创业垂统，为可继也。"[1] 其意思是说，君子创建功业，传给子孙后世，为的是能够传承（光大）。因而《辞海》将创业解释为开创基业、创建事业。美国最早从事创业教育的教育家，被称为"创业教育之父"的杰弗里·蒂蒙斯（Jeffiry A. Timmons）在他经典教材《创业学》中将创业定义为：创业是一种思考、推理结合运气的行为方式，它为运气所带来的机会驱动，需要在方法上全盘思考并拥有领导才能的行为过程。在他的概念里，创业是一个要将时机、资源和个人才能进行全盘思考并付诸行动的实践过程。

---

[1] 梁涛. 孟子［M］. 郑州：中州古籍出版社，2018.

国内对创业的研究重点不在于对创业概念的界定，而是在创业管理中。实战性地对创业人在不同阶段的管理措施、绩效提升进行策略指引和方法指导，目的是帮助初创企业生存发展。对创业教育的研究，开始于2015年国务院办公厅发布的文件《国务院办公厅关于深化高等学校创新创业教育改革的实施意见》（〔2015〕36号），为了实施高校毕业生更高质量创业就业、促进经济提质增效升级、推进高等教育综合改革，实施创新驱动发展的国家战略，逐步推进铺展开来。作为较早研究创业教育的学者，具有代表性的著名生涯规划和创业教育专家李家华教授，他认为：创业是不拘泥于当前的资源约束，寻求机会进行价值创造的行为过程。邓文达教授认为：创业是一个复杂的创造过程，必须贡献出时间、付出努力，承担相应的财务的、精神的和社会的风险，并以获得金钱的回报、个人的满足和独立自主为目的的社会行为。

综合国内外学者的观点，创业可分为广义的创业和狭义的创业。

广义的创业泛指在各个领域开创事业，并且在特定领域内造成巨大的影响，惠及社会和民生，一般强调创始基业，关系着国计民生的事业。比如历代开国创建者，为建立新的国家而运筹帷幄、千折百回，集智勇于万众，最终大功告成。发展经济，不断突破新领域，呈现新态势，也是创业。创业是以价值实现为终极目标，创业的价值表现为个人价值与社会价值的统一。

狭义的创业泛指在社会各个领域内的自主创业。其可以指举办企业，创造者在不确定的环境中通过发现，识别和捕捉创业机会，并有效整合资源，获得商业利润。也可以指立足组织岗位和社会角色，拓展新的需求、渠道、途径、服务，满足用户需要，获得商业价值、创造个人价值与实现社会价值的过程。

综合创业的内涵，必须从以下几个方面进行理解。

（1）创业是一个艰巨的创造过程。这个创造的"业"，在一定程度上属于"无中生有"，是被创造出来的"有价值"的新事物。它不仅对创业者本身有价值，而且对社会、对国家也要有价值。价值属性是创业的首要属性，同时也是创业活动的评判标准，没有增值和创收，创业就没有意义。

（2）创业需要结合机会。创业通常离不开创业时机，识别机会、把握机会、利用机会带来的窗口期，进行有效活动是创业者开始创业的起点。创业必然是从识别"商机"开始，寻求有效商业机会是产生创业活动的前提，只有发现了商机，才有可能更好地整合资源和创造价值。

（3）创业需要创业者花费大量的时间和精力，付出超乎常人的努力。要完成整个创业过程，要创造新的有价值的事物。就需要大量时间来思考、计划、咨询、统筹，以及各个方面的要素准备和综合评估，而想要获得成功，更需要坚韧不拔的意志和"咬定青山"的坚持，接受实践过程中汇水成河的打磨和检验，顶住内部要素和外部客观条件的碰撞与磨合，克服艰苦时期和突发状况的考验与测评，才能"淘尽黄沙始到金"。

（4）创业需要面对资源障碍，设法突破资源约束。创业几乎都会经历白手起家、从无到有的过程。一般情况下，创业者不会拥有创业需具备的所有资源，如果是那样就无须开创了。正是因为拥有的可利用的资源有限，才需要围绕创业，将资源整合、调动、有效配置起来，优化组合，达到理想状态从而产生效益。或者创新组合资源利用的有效手段、途径及资源获取渠道，摆脱资源约束的困境，获得资源支持和资源效能。

（5）创业要承担必然的风险。创业的风险来自各个方面，可能有不同的形式，但高风险是创业的代名词，也是创业成功的阻碍。创业的外部风险主要包括商机误判风险、人力资源风险、市场风险、财税风险、法律风险、技术风险、合同风险、突发事故风险等；创业的内部风险是创业者及团队的心理压力、精神状态等自身风险。创业者要具备超人的胆识，强大的抗压能力，同时敢冒风险，勇于作为。

（二）创业要素

1. 商机

从经验中找到知识，从经验的否定中找到知识的肯定，这就是商机。商机具有几个特点：创业过程的核心是商机问题，新企业得以成功创建的起始点是商机，而不是其他任何要素；商机的最重要特征是设想中的产品或服务具备潜在的市场需求；一个好的思路未必是一个好的商机；商机的评价标准可以应用到对商机的寻找和评估中。

2. 资源

创业资源是创业过程中的各种投入，包括人、财、物、技术和信息。

创业资源不仅包括有形资产，如厂房、机器设备，也包括无形资产，如技术、专利；不仅包括个人资源，如个人技能、经营才能，也包括社会资源，如信息传递、权力影响、情感支持。创业团队是由创业带头人与创业成员组成的。创业团队是协调创业活动的系统，是资源整合的平台，是创业实践的载体。创业者在创业过程中，要努力构建创业型团队，形成以创业者为核心的组织架构及相关的社会关系网络。在社会关系网络中，不仅包括新创企业或组织内的人，也包括新创企业或组织之外的人，既有顾客、供应商、经销商、投资者、合作伙伴，也有政府官员、社区工作人员等。创业团队是企业成功的关键因素。优秀的团队总是由一位非常有能力的创业带头人建立和领导。团队的业绩记录不仅向人们展示了成就，也展示了一个团队拥有的高贵品质。

3. 创业精神

创业精神，也称为企业家精神，是指创业者的思想、观念、个性、意志、作风和品质等。创业精神的本质特征就是将创业意识、创业思维与创业实践结合起来，通过追求商业机会，借助创新来满足社会需求，并产生结果和价值。创业需要创业精神，没有创业精神的创业缺乏动力，没有支撑，更不会成功，也不能称为创业。在创业过程中，商机的形式、大小、深度决定了资源与团队所需的形式、大小、深度。创业过程本身是动态的，商机、资源、团队这三个因素是循环的，并且它们之间的平衡是动态的。而将这三者紧密连接在一起，并推动创业过程持续向更高层次发展的关键因素则是创业者与创业团队所具有的创业精神。由于外界环境的不确定性、机会模糊性、创业活动的动态性、风险性等因素对创业活动的冲击，原有的机会、资源和创业团队三者的平衡被破坏，出现失衡现象。这时候，在创业精神的激励下，创业者通过创业团队来调整机会和资源，努力实现这三个方面的再次平衡。由此可见，这一模型中的创业过程是"平衡—失衡—平衡"的动态过程，创业团队是保持三者平衡的关键因素，而创业精神是引领创业团队前行的灵魂。

（三）创业类型

按照不同的标准，可以从动机、项目、风险等不同的角度对创业进行分类（见表5-1）。

表 5-1　　　　　　　　　　　创业的分类

分类标准	类型
创业动机	机会型创业、生存型创业
创业者数量	独立型创业、合伙型创业
创业项目	传统技能型创业、高新技术型创业、知识服务型创业
创业风险	依附型创业、独创型创业
创业者身份	自主型创业、岗位型创业

1. 机会型创业和生存型创业

按照创业的动机，可以将创业分为机会型创业和生存型创业。

（1）机会型创业是指创业者把创业作为其职业生涯的一种选择，看到有比目前工作机会更好的创业机会而选择创业。这类创业活动是以市场机会为目标，创造出新的市场需要或满足潜在的市场需求。机会型创业是一种主动型创业，产品或服务有较高的科技含量，创建的新企业往往属于成长型企业，发展潜力较大。

（2）生存型创业是指创业者把创业作为其不得不做出的选择，因为其他选择不是没有就是不满意，创业者必须依靠创业为自己的生存和发展谋求出路。例如，一些下岗工人创业，一些因找不到工作的大学毕业生创业等。这类创业活动是在现有市场上寻找创业机会，没有创造新的市场需求，反而加剧了现有市场的竞争。

2. 独立型创业和合伙型创业

按照创业者的数量，创业可以分为独立型创业和合伙型创业。

（1）独立型创业是指创业者独自创办企业或组织，表现为独立决策、产权清晰、利润独享、自担风险。如个体工商户、个人独资企业等，就属于独立型创业。这类创业活动的特点在于企业或组织由创业者自主掌控，按自己的思路经营管理。由于创业资源准备相对比较困难，也受创业者个人能力的制约，独立型创业的风险很大。

（2）合伙型创业是指创业者与他人合作，或由团队共同创办企业或组织，表现为集体决策、共同出资、共享收益、共担风险。如同学或朋友之间合作创办一家有限责任公司，就属于合伙型创业。这类创业活动的特点就是形成了团队合力,降低了创业风险。但由于合作者在经营管理过程中容易产生分歧,也极易发生利益冲突,导致内部管理成本提高。

3. 传统技能型创业、高新技术型创业和知识服务型创业

按照创业的项目,创业可以分为传统技能型创业、高新技术型创业和知识服务型创业。

(1) 传统技能型创业是指采用传统的技术和工艺进行的创业。如酿酒、饮食、工艺美术、服装等传统技能项目。这类创业活动由于具有独特的技术、工艺或配方,拥有一定的市场优势。至今,许多的传统手工生产方式在国内外仍然保留着。

(2) 高新技术型创业是指借助带有前沿性、研发性的新技术、新产品进行的创业。如创办软件公司、生物制药企业等就属于高新技术型创业。这类创业活动具有知识密集、技术密集、拥有自主的知识产权等特点,产品或服务具有很强的市场潜力和利润空间。

(3) 知识服务型创业是指创业者为社会提供知识、信息服务的创业活动。如律师事务所、会计师事务所、管理咨询公司等。这类创业具有投资少、见效快、易于转型等特点。当今社会,信息量越来越大,知识更新越来越快,为了满足人们节省精力、提高效率的需求,各类知识型咨询服务机构不断细化并增加。

4. 依附型创业和独创型创业

按照创业的风险,创业可以分为依附型创业和独创型创业。

(1) 依附型创业可以分为两种情况:一种是依附于大企业或产业链而生存,主要是创办小企业,为大企业提供配套服务或在产业链中专门为某个或某类企业生产零配件、包装材料等;另一种是加盟连锁,使用特许经营权,充分利用品牌优势和成熟的经营模式,以减少创业企业的经营风险,如利用麦当劳、肯德基等的品牌效应和成熟的经营管理模式,减少经营风险。

(2) 独创型创业是指创业者通过提供有创造性的产品或服务,来填补市场需求的空白。这类创业活动的特点是独创性,这种独创性既有内容,也有形式,大到商品整体,小到某种技术,也可以是某类服务等。由于消费者对新事物、新产品、新技术或新服务都有一个接受的过程,所以独创

型创业具有一定的风险性。

5. 自主型创业和岗位型创业

按创业者身份，创业可以分为自主型创业和岗位型创业。

（1）自主型创业是指创业者是企业的创始人或事业的发起者，创业者从策划到实施，从企业或组织的组建到运行管理都担负起主要或领导责任。自主型创业者一般都是企业或组织的法人代表，是直接创造劳动岗位的人。自主创业者是创业大军中的中坚力量，是促进经济社会发展的先锋。

（2）岗位型创业是指在本职岗位上进行工作创新、管理创新、技术创新或新产品开发。岗位型创业与自主型创业的区别在于它不创造劳动岗位，但能使已有劳动岗位变得更有价值。岗位型创业者构成了创业大军的主体，是人数最多的创业队伍。

二、创新型企业

创新型创业是指创业者突破传统的经营理念，通过自身的创新行为、创造性活动引导新市场的开发和形成，通过培育市场来营造商机的创业行为。创新型创业可以分为技术驱动型创业和创意驱动型创业。技术驱动型创业是指创业者以自己拥有的专业特长或已有技术成果为核心竞争力来进行的创业活动。创业者具备某一专业（技术）特长，或研制成功一项新产品、新工艺，同时发现潜在市场或利润空间，将拥有的专长或技术发明发展成创新企业，并成功推向市场。创意驱动型创业是创业者根据全新的运营理念或创新构想，探索新的商业模式的创业活动。此类创业模式可能是所有创业模式中难度最大的一类，但是一旦成功将拥有先发者优势。如果在创业过程中相关互补性资源迅速跟进，可以成为新辟市场的领导者，拥有标准和价格制定权，甚至可能出现"赢家通吃"的现象。此类创业需要创业者具有敏锐的市场眼光、独特的个性特征和旺盛的创业欲望，善于洞察商业机会并敢于冒险，是一种开创性价值创造型创业。

在信息社会和知识经济发展过程中，创新型企业越来越重要，并表现出三大重要特征：一是创新型企业以满足和开辟顾客新需求为首要任务。顾客需求是任何创新和创业活动的根本要求与动力，没有需求的创新和创业活动都是没有价值的。创新型创业活动，一方面可以从当前市场角度出发，通过一系列的技术创新，为顾客提供质量更高、性能更好的产品；另一方面知识经济拓展了工业经济时代人类需求的范围，新的需求不断衍生，创新型创业的一条重要实现途径就是顺应时代潮流，积极探索和开拓新的需求。二是创新型创业强调不断创新，善于把握和利用机会。创新型创业与传统创业最根本的差异就在于创新，正因为创新，为市场提供的产品或服务的附加值更高，具有更大的市场成长性。但是，创新是永无止境的，新的技术、新的管理模式、新的商业模式会不断诞生、不断升级换代。所以，通过创新型创业实现事业的不断壮大，必须不断跨越已有的范式，转换思维模式，要善于把握和利用各个维度的变迁机会。三是创新型企业不仅要注重技术创新，更要特别关注非技术创新的商业模式变迁。新的历史时期，新的业态不断诞生，这些新的业态的诞生不仅来自技术的进步，人类社会文明的进步和财富的积累创造的新的需求更为关键。新的需求可能来自已有技术、产品和服务的组合，创新型创业的成功要求创业者具有全新的思维模式和资源整合能力，才能实现开辟全新的"蓝海"的梦想。

 课后练习题

1. 创新与创业之间具有什么样的关系？
2. 你能列举出几个创新精神突出的知名企业吗？

第二节 创业与创业精神

案例导入

1945年出生在江苏徐州的宗庆后生活在一个家境贫寒的普通农民家庭，由于家庭经济状况的限制他只得于1961年初中毕业后就提前离开校园开始打工维持生计。在这个成长过程中他养成了自强不息的品质也体会到了生存的艰辛,他曾利用闲置的设备在街头兜售小生意,也曾在深夜的火车站为旅人提供热食。不甘于现状的宗庆后不断尝试其他工作,他曾办过电表厂也做过电扇制造还并亲自四处奔波跑业务收款,每一次的转换和经历都在丰富着他的商业经验。宗庆后在处处碰壁的情况下仍未放弃希望并保持着敢于冒险的勇气,这也磨练出了他日后在企业管理中所需要的精神品质。1988年保健市场的空缺引起了宗庆后的注意,于是他前往医学院寻找专家研发出了第一款婴幼儿营养品并于当年上市,他开创了中国营养品行业的新模式并引起消费者强烈的反响。随着业务规模的扩大宗庆后开始瞄准了新的市场,恰逢杭州罐头厂因长期亏损而处在困境,他下定决心引入了娃哈哈纯净水的生产线。这次大胆的举动使得工厂在短短几个月内就扭亏为盈,同时也增加了娃哈哈的生产能力继续加快市场的扩张。随后娃哈哈的联营体模式通过多级经销实现了全国性的产品布局与快速普及,此外宗庆后还下沉市场至乡镇并深入农村地区带动了销量增长。到20世纪90年代中期娃哈哈的产值已经达到了每年几十亿元规模,成功成为一家真正意义上的集团企业,这些举措缔造出了娃哈哈在其行业中的主导地位。

资料来源:42岁才创业,一手造出中国饮品航母,从宗庆后身上看如何创业[EB/OL]. 搜狐网,2024-02-28.

案例讨论

1. 宗庆后具有怎样的创业精神?
2. 在宗庆后的成长史中,你能从中看到他哪些人格特质?

一、创业的过程和阶段

创业是创建一个新企业的过程。作为创业者,要创建新的企业或者发展新的经营方向,通常要经历4个阶段:发现和评估市场机会、准备和撰写创业计划、确定并获取创业所需的各种资源、管理创新事业(见图5-1)。这4个阶段有着明确的次序,但各个阶段相互之间并不是完全隔绝的,并不是一定要在前一阶段全部完成之后才进入下一个阶段。

第五章 创业概述

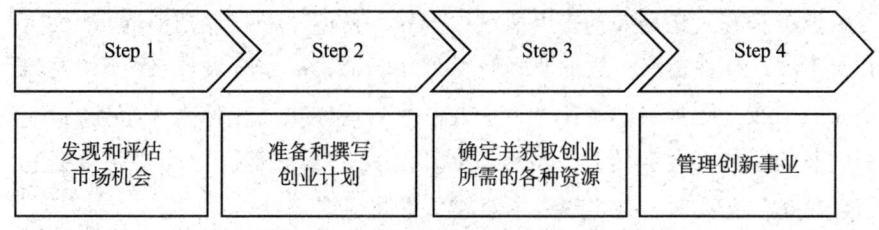

图 5-1 创业的四个阶段

（一）发现和评估市场机会

发现和评估市场机会是创业过程的起点，也是创业过程中具有关键意义的一个阶段。创业者初创企业的动力往往是发现了一个新的市场需求或者发现市场需求能力大于市场的供给能力，或者认为新产品能够开发新的市场需求。但并不是每个市场机会都需要付诸行动去实现它，而是要评估这个机会所能带来的回报和风险，评估这个市场机会所创造的服务周期或产品生命周期，它能否支持企业长期获利，或者让企业能够在适当的时候及时退出。对于一位目光敏锐的创业者来说，市场机会每时每刻都在出现。在发现市场机会后，对市场机会进行客观的评估，以理性的方式来决定下一步的行动，是一名优秀的创业者必须具备的能力。一般来说，市场机会评估有如下步骤。

（1）对市场的了解与把握。企业要生存，要在市场中占据一定的地位，要保持一定的市场优势，就必须把握市场的消费形态、市场特征等。特别是在产品研究方面，不管新旧产品，需要及时了解消费者和市场的反应，需要经常进行与产品有关的各种调查研究将为产品技术与销售服务注入新的元素。

（2）对竞争者的了解与分析。除了极少数的垄断性行业之外，世界上不存在没有竞争的生意。竞争者暂时没有出现，不代表以后也不会出现。企业要了解谁是竞争对手、谁是潜在竞争对手，才能在竞争中处于优势地位。对竞争对手的了解及应对策略分为 6 个层次：①能够找出谁是竞争对手；②描述竞争对手的状况；③分析竞争对手的状况；④掌握竞争对手的方向；⑤洞悉竞争对手的战略意图；⑥引导竞争对手的行动和战略。

（二）准备和撰写创业计划

如何撰写创业计划书呢？要视计划书的对象的不同而有所不同，是要写给投资者看,还是要拿去申请银行贷款,目的不同,计划书的重点也会有所不同。就像盖房子之前要画蓝图,才知道第一步要做什么,第二步要做什么,或是同步要做些什么,别人也才知道你想要做什么。而且大环境和创业的条件都会变动,事业经营也不止两三年,有这份计划书在手上,当环境条件变动时,就可以逐项修改,不断地更新。

创业计划是说服自己,更是说服投资者的重要文件。不仅如此,创业计划书也将使创业者深入地分析目标市场的各种影响因素,并能够得到基本客观的认识和评价。使创业者在创业之前,能够对整个创业过程进行有效的把握,对市场机会的变化有所预警,从而降低进入新领域所面临的各种风险,提高创业成功的可能性。

(三)确定并获取创业所需的各种资源

创业企业需要对创业资源区别对待,对创业十分关键的资源要严格地控制使用,使其发挥最大价值。而且对于创业企业来说,掌握尽可能多的资源有益无害。当然还有一个问题,那就是如何在适当的时机获得适当的所需资源。创业者应有效地组织交易,以最低的成本和最少的时间获取所需的资源。

(四)管理创新事业

从企业发展的生命周期来说,新创企业需要经过初创期、早期成长期、快速成长期和成熟期。在不同的阶段,企业的工作重心有所不同,创业者需要根据企业成长时期的不同采取不同的管理方式和方法,以有效地帮助企业成长,保持企业的健康发展。例如,在初创时期和早期成长期,创业者直接影响着创业企业的命运,在这一时期,集权的管理方式灵活而富有效率;而到快速成长期和成熟期,分权的管理方式才能使企业获得稳定的发展。

二、创业精神

创业精神是一种突破资源限制,通过创新来把握机会、创造价值的行为,而不是简单地体现在创造新企业上。因此,可以将创业精神概括为:没有资源创造资源,没有条件创造条件,用有限资源去创造更多资源。

(一)创业精神的本质

创业精神是创业者的本质,创业者是参与企业组织和管理的具有创业精神的人。创业精神的本质主要包括冒险精神、诚信守法、创新精神、实干精神及社会责任感。

1. 冒险精神

创业者是风险承担者。企业的盈利，正是企业主承担风险所获得的回报。

2. 诚信守法

诚信守法是创业者应具备的基本精神素质。诚信是市场经济的基本信条，只有诚信、守法、注重声誉的企业，才能在激烈的市场竞争中获得最大的利益。

3. 创新精神

创业精神的本质就是创新，创新是企业持续发展的根本。创新精神主要指创造新的生产经营手段和方法、新的资源配置方式，以及新的符合消费者需求的产品和劳务。在这种创新概念下，创新首先能使企业开辟一个更广阔的生存发展空间，不断地领先，不断地发展，使企业在发展中不断扬弃陈旧事物，以非常规的方式配置企业的有效资源，推动企业的运行，从而获得巨大的成功。事实上，任何企业，不论其效益如何显著，或在行业中如何成绩斐然，都需要不断创新、变革，这样才能使企业在市场竞争中立于不败之地。具有锐意进取创新精神、推出新产品或改进生产方式等的人，才是真正意义上的创业者。一个企业可以暂时没有核心技术、核心人才，也可以没有雄厚的资本，但必须具备勇往直前、披荆斩棘的探索精神，见人所未见、做人所不做的创造精神。

4. 实干精神

创业者需要具有决断力、信心、说服力，以及坚定不移的品质；执着地不懈努力，身先士卒，全力以赴。

5. 社会责任感

一般认为企业的社会责任就是企业要创造利润，企业在对股东利益负责的同时，还要承担对员工、对消费者、对社区和环境的社会责任，包括遵守商业道德、保障生产安全和职业健康、保护劳动者的合法权益、保护环境、支持慈善事业、捐助社会公益事业和保护弱势群体等。

（二）创业精神的来源

创业精神是每个人身上都具备的一种潜在品质，只是有些人的这种潜能没有被发现或没有被激发。影响创业精神的因素很多，包括主观和客观两个方面。主观上表现为个人自身的特质因素，客观上则表现为外部的环境因素。影响创业精神形成与发展的主要外部环境因素包括：文化环境、产业环境和生存环境等。

1. 文化环境

创业者是生活在现实文化环境中的学习者。作为学习者，其生活所在区域的文化价值观是其学习的重要内容之一，因此在一个商业文化氛围浓厚的地方，潜在的创业者容易培养创业精神。独特的区域文化传统，会孕育创业者的创业精神，如浙商、徽商、闽商等。

2. 产业环境

不同的产业环境会对创业精神产生影响。对于垄断行业而言，企业缺少竞争，就容易抑制创业精神的产生。而在一个完全竞争的市场结构中，由于企业间的优胜劣汰，竞争激烈，往往能够激发创业精神。

3. 生存环境

在资源匮乏的地方，人们为了改善生存状况而寻求发展机会，整合外界资源，更容易激发和形成创业精神。如我国历史上晋商的形成，最初就是源于生存环境的艰难，导致很多人"走西口"寻求生存与发展。

（三）创业精神的作用

创业精神能够激发人们创业的欲望，是一种内在的动力机制。它在很大程度上决定着一个人是否敢于投身创业实践活动，支配着人们对创业实践的态度和行为，并影响着态度和行为的方向及强度。创业精神能够渗透到3个层面上产生作用：第一，个人成就的取得，即个人如何创建自己的企业；第二，组织的成长，也就是一个组织如何重新焕发创业精神，从而具有更强的竞争力；第三，国家的发展，也就是如何实施创新驱动发展战略，全面建成小康社会，使国家更富强，人民更幸福，社会更和谐。创业者必须拥有创业精神，才会有创业的动机，才会有创业的意识和观念，才会有创业的动力和行为，也才会有创业的成果和收获。

（四）创业精神的培养

良好的精神品质是创业成功的前提和条件，一个人对于创业的理解和追求是在后天的生活实践中陶冶训练出来的，只要通过正确的途径，创建和培养良好的环境氛围，对于大学生创业精神的培养就会起到很好的促进作用。

1. 开设创业思想教育课程

通过广泛深入地开展创业教育，使大学生树立创业理想，增强大学生的创业意识，使他们愿意创业、乐于创业。学校可以通过创业思想教育帮助大学生端正创业态度，树立正确的人生观、价值观；通过创业理论教育使学生明确创业的目的和意义，从而将创业理想转化为自觉的行动，积极主动地投身于创业实践；通过创业典型教育激发大学生的创业欲望，让他们创业有动力，学习有典型，追赶有目标。

2. 建设有利于创业的环境

学校要广泛利用广播、电视、校刊、校报、板报等宣传工具，大力宣传创业的重要意义，宣传创业的经验，宣传成功创业的典型，树立勇于创业的榜样，弘扬创业精神，在校园形成讲创业、想创业、崇尚创业，以创业为荣的校园舆论氛围，引导形成鼓励创新、开拓进取、宽容失败、团结合作、乐于奉献的校园创业文化氛围。

3. 树立创业榜样进行引导

古往今来，创业成功者具有一些共同的精神品质：自信，心态积极，喜欢独立思考，具有寻根究底的好奇心和探索精神，敢于创新，敢于竞争和冒风险，热情，专注，意志坚定，不怕挫折，情绪稳定等。榜样的力量是无穷的，他人的创业行为和成就是一部宝贵的创业秘籍。

（1）借鉴历史上的创业榜样，编选他们创业成功的案例，通过他们明确创业目标，激发创业热情，树立创业志向。

（2）要学习现实生活中的创业榜样，各行各业的创业典型是大学生学习的活教材，通过"请进来、走出去"的方式，让大学生们耳濡目染，受到熏陶。

（3）教师应成为创业的榜样，教师具有创业的成功经历，不但对学生起到示范作用，还可以转换至教学之中，这会给大学生创业者以莫大的启示和感染。

4. 提供创业实践锻炼的机会

良好创业精神品质的形成重在实践训练，积极的实践能带来及时的反馈和成就感，也能带来节节成功的喜悦。大学生如果能够切切实实地投入创业实践中去，定能磨炼出坚强的创业心理品质。

（1）学校要构建创业实践基地，为学生提供创业实践的便利，如创业见习基地、创业实习基地和创业园等，实现产、学、研一体化。

（2）社会要为大学生提供更多的创业岗位供学生选择，如勤工俭学岗位、社区服务岗位等，使其经受创业实践熔炉的考验。

（3）大学生可以在课余时间主动参与创业实践，从小商品推销到饭店洗盘子，从为人打工到自己开店，熟悉各种职业特点和自己的能力特点，积累创业经验，增长创业才干，减少将来创业的盲目性。

只有经受了创业实践的锻炼，创业目标才会更加明晰，创业信念才会更加强烈，才会形成良好的创业习惯和人格。

5. 创业心理指导

心理指导是在专业人员的指导下，参与者自己练习、实践、锻炼的方法，实质上是一种特殊的教育过程。

（1）应开设心理课程，如《心理与情商教育》《心理训练》《大学生创业心理品质的陶冶》等，传授心理知识，将心理知识内化为大学生的心理品质。

（2）开展心理咨询活动，帮助大学生分析创业过程中出现的心理问题，进行咨询指导。

（3）进行自我修养指导。如何挖掘和开发自己的创业潜能？如何培养自己的创业心理品质？最关键的还是要通过自我修养才能达到。古人曾强调要"吾日三省吾身"，就是要对照标准，经常看看自己的心理品质是否符合要求，就是要有一面镜子，时时端正自己，这样持之以恒地坚持下去，终会形成良好的创业心理品质。

 课后练习题

1. 如何培养创业精神？
2. 培养创新精神的途径有哪些？请举例说明。

第三节 创业与时代经济发展

> **案例导入**

字节跳动作为中国科技行业的佼佼者,其创业故事对中国经济产生了深远影响。该公司的崛起不仅改变了人们获取信息和娱乐的方式,也为中国经济注入了新的活力。

首先,字节跳动的创新产品,如抖音、今日头条等,重新定义了内容消费模式。这不仅促进了内容产业的发展,也为广告、电商等行业带来了新的商业机会,推动了数字经济的蓬勃发展。其次,字节跳动的成功吸引了国内外大量投资和人才涌入,推动了科技产业的迅猛发展。通过持续的技术创新和产品优化,字节跳动成为中国科技行业的领军企业之一,为中国的数字经济发展树立了典范。此外,字节跳动的国际化布局也对中国经济起到了重要推动作用。通过海外并购、跨国合作等方式,字节跳动将中国的科技实力输出到全球,促进了中国与世界其他国家在数字经济领域的交流与合作。

总的来说,字节跳动的创业成功不仅推动了中国经济的转型升级,也为中国在全球数字经济中的地位提升做出了重要贡献。其创新精神和影响力将继续推动中国经济朝着更加繁荣和可持续的方向发展。

资料来源:重新认识字节跳动 [J]. 人力资源,2021 (20):150.

> **案例思考**

1. 你从字节跳动的创业故事中学到了什么?
2. 你了解字节跳动市场的发展现状吗?请查阅相关资料并讨论。

一、创业推动经济发展

20 世纪 70 年代中期以来,在技术进步、经济全球化、放松规制、劳动力供给需求多样性，以及由此引起的高度不确定性的推动下，产业结构发生了从高集中度向低集中度方向变迁的趋势，经济增长的范式发生了变化。创业活动日益成为国家或地区经济活力的源泉。创业活动对经济增长的贡献是长期的和潜在的。经济学家熊彼特（2019）说过："创业是经济过程本身的主要推动力。"经济体系发展的根源在于创业活动，创业活动在创新、新兴产业成长、区域经济发展等方面做出了突出的贡献，对一国（地区）生产率增长至关重要。正是在这种背景下，世界各国政府无不把促进鼓励创业、发展以创新为依托的创业经济作为世界各国竞相采取的国家战略和政策取向。例如，欧盟委员会就于2003年1月发表了以创业企业为核心的《欧洲创业》绿皮书，旨在为提高欧洲社会对创业的认知、扶持初创企业和新兴企业的持续增长、平衡创业风险与收益提供一个有利于创业的政策环境，从而掀起欧洲的创业浪潮。

（一）当今时代是创业时代

纵观全球创业发展的历史，大体经历过三次创业浪潮。第一次创业浪潮产生于工业革命时期；第二次是二战后复苏的商业经济使大量的创业活动不断出现；20世纪80年代以来的新经济创业革命风暴席卷全球，则是以经济全球化扩张、信息技术高速发展以及知识时代的出现为背景的第三次创业浪潮。

20世纪80年代，科技发展突飞猛进，科技竞争愈演愈烈，世界新科技革命正在酝酿新的重大突破，新科技革命的出现使资源优势日益让位于技术优势；信息化经济导致地域壁垒日益让位于技术壁垒。以生物医药、光电子信息、航空航天技术、新材料、先进制造技术等为代表的高新技术主导技术群已经成为这个时代经济增长新的技术基础，因此，相应产业领域的科技创业活动日益成为各国科技战略的主流。在全球新技术、新产业大发展的背景下，包括中国、美国在内的许多国家自主创业率上升，正步入一个创新和创业的高峰期。创业不仅造就了中关村、硅谷等具有竞争力的新兴产业集群，也促进了一轮又一轮的技术创新浪潮。

（二）企业翘楚对国家经济的贡献

企业翘楚对国家经济的贡献，不仅仅体现在其总量对经济和就业的贡献上，许多创业活动还直接促成对国家经济命脉有着重要影响的世界级企业的诞生。微软公司由比尔·盖茨在1975年创建,当时员工只有4人,创业资金是3000美元,到1977年年底销售收入达382万美元,年发展增速636%。截至2004年5月,其销售收入已经达2780亿美元。微软的产品已经渗透到国民经济、人民生活、国家安全的每一个角落。思科公司由斯坦福大学的两位教师于1984年发起成立。成立初期,公司得到了200万美元的风险投资,于1986年推出第一批产品。1990年2月16日,思科作为互联网设备制造供应商上市,当年的年度收入为6900万美元。自此以后至2001年财政年度,思科公司的营业额每年以超过40%的速度递增(只有1998年例外)。思科公司能够在大规模的条件下高速增长,按照钱伯斯当初的设想,思科系统会在25年内完成通用电气公司100多年才能完成的任务。2000年3月24日,思科公司在纳斯达克股市市值超过微软和通用电气,达5792亿美元。这些企业中的翘楚,不仅为社会提供了大量的投资和就业机会,同时也带动了上下游产业,派生出大量的创新企业和创业活动。[①]

二、创业促进就业

创业是创业者通过发现和识别商业机会,成立活动组织,利用各种资源提供产品和服务以创造价值的过程。创业是就业的另一种表现形式,创业者不但为自己创造就业机会,而且还主动地为他人创造就业机会。

19世纪中后期的美国,运输和通信技术方面的革命使得企业可以比市场更为有效地协调生产与流通的各个环节。这种企业内部交易成本的大幅度降低,史无前例地扩展了企业可能存在的边界。这个时代的企业家对生产设施、销售和批发网络以及内部管理都进行了大规模的投资,而大规模投资为企业家带来的是大规模收益。规模为"管理资本主义的时代"拉开了经济高速增长的序幕。规模成为整个时代的主旋律,即大规模生产一定以大规模销售为前提,大规模销售一定以大规模消费为前提。

(一)高成长型创业企业发展态势迅猛

在美国、日本、德国等国家,都有一批竞争力很强的高成长型创业企业,很多大型企业、跨国公司也是从高成长型创业企业发展起来的。高成

---

① 邓小河. 用人不疑:比尔·盖茨的用人之道 [J]. 国际展望, 2000 (19): 54-55.

长型创业企业是新兴企业群体中的优秀代表,它们具有较高的技术创业效率,具备强劲的竞争力,并且勇于采用新的商业模式,是成长速度较快、能迅速进入市场的创业型高技术企业。一个地区的高成长型企业数量越多,表明这一地区的创业活力越强,发展速度越快。推动高成长型企业的快速增长,将高成长型企业逐步培育为专业领域的"小巨人"和具有技术集成创业能力的"大公司"。有证据表明:新创公司和少数迅速成长的年轻公司在提供就业岗位上起重要作用,澳大利亚新工作岗位的45%是由新建公司创造的;在荷兰,新创立企业和高速增长公司创造了80%的新工作。

(二)全球创业模式日趋多样化

从创业孵化模式角度来看,出现了多种创业模式,如园区孵化的创业模式、大企业衍生的创业模式、自主创业模式等。比如硅谷模式就是著名的园区孵化创业模式。这种模式是在20世纪中期随着美国斯坦福大学园区即"硅谷"的诞生而同步形成的。此后由于科技园区的迅猛发展,目前遍布世界各国的1000多家科技工业园都把其主要功能定位在孵化科技创业企业上,有效地推动了科技创业企业的发展。园区孵化创业模式依托高新技术产业开发区(国外称科技工业园区)良好的基础设施和特有的创新网络,不断孵育科技创业企业。科技工业园区作为适应知识经济的一种新的社会组织形式,集中智力资源、信息和高技术,通过现代管理实现规范化、网络化和产业化,吸引大批科技人员,为其提供信息、技术资金和市场等一切创业服务,帮助其将成果孵化为成熟的技术、成熟的商品和胚胎型的企业实体,并最终将其推向社会,利用社会力量和资源(如风险资本的运作),促使其尽快壮大并脱离母体,成为能在市场中拼搏的企业。

(三)中小企业的创业活动成为吸纳就业的主力军

首先,创业活动产生了大量的中小型企业。这些中小型企业为经济总量及就业作出了巨大的贡献。其次,频繁的创业活动催生出一批优秀的企业成为国家经济的中流砥柱。最后,一些成熟的企业也凭借创业活动和创新精神获得了新生。

提及创业活动对经济总量的贡献,人们最容易想到的还是新创企业对经济总量的贡献。这是由于人们经常将新创企业与创业活动紧密联系在一起。虽然前者不能涵盖全部创业活动(如大公司创业),但讨论新创企业对经济总量的增长也确实能够帮助我们理解创业活动对经济增长的贡献。根据《全球商业观察》的研究报告,40 个参与《全球商业观察》研究的国家和地区的总人口数为 40 多亿人,大约占全世界 70 亿人口的 63%。在这 40 多亿人中,有 24 亿人在 18~64 岁,这是大多数国家和地区的就业年龄。在这 24 亿人中,又有 2.97 亿人(占 12%)所在的 1.92 亿个企业完成了最初的创业工作并运作 3 年。

传统的观念或经济学中的主流观点为:大企业创造了整个社会中绝大多数的就业机会、产品和服务,是经济发展的主导力量和社会福利的主要来源。但是现有的研究表明,1980 年以来,在美国和世界的其他一些地区,小企业和创业者每年创造了 70% 以上的新就业机会和 70% 以上的新产品和服务。[1]

不仅是新创企业的创业活动对经济增长发挥着积极的作用,而且随着投资和企业内部创业的活化,成熟企业内部的创业活动也日益成为经济增长的"推动器"。比如 3M 公司,企业内部的创业活动每年为公司创造 30% 营业收入。苹果公司利用公司创造的"iPod + iTunes"这一新的商业模式获得了新生。

一些统计数据和调查确实能够体现出经济增长与创业活动之间存在的紧密联系。《全球商业观察》1999 年对 10 个国家(美国、加拿大、以色列、意大利、英国、丹麦、芬兰、法国、德国和日本)的调查研究发现:创业活跃程度较高的美国、加拿大和以色列,经济增长率和就业率也较高;创业活跃程度较低的丹麦、芬兰、法国、德国和日本,经济增长率和就业率也较低。

三、创业带来科技进步

(一)创新是创业的主要驱动力

一个国家的经济竞争力如何,往往决定了这个国家发展的前途和命运。全面提升我国经济整体竞争力,关键在于国家创新能力的全面提升,在于坚持走改革开放的道路。

---

[1] 创业研究专题(19):美国创业教育发展的四大背景 [EB/OL]. 中国青少年研究中心,2009 – 05 – 17.

创新是国家经济竞争力的真正源泉。创新是一个民族进步的灵魂，是一个国家兴旺发达的不竭动力，也是中华民族最深层的民族禀赋。在激烈的国际竞争中，惟创新者进，惟创新者强，惟创新者胜。惟有创新者才能进步、强大、胜出，这一历史发展规律和国际竞争大势的科学概括，揭示了创新发展与国家竞争力之间的内在联系。

创新是经济保持持续增长的重要因素。提升一个国家的经济竞争力，首先是要保持持续的经济增长。从世界各国经济发展的规律看，在工业化初中期阶段，实现经济增长主要是依靠资本、劳动力以及资源。这样一种仅仅依靠生产要素投入的增长模式，很快就面临"规模报酬递减"瓶颈，同样的投资规模只能换来越来越低的经济增长率，以至于经济最终不再增长，或增长的幅度低于稳定社会和促进民众福利增加的要求。创新可以克服"规模报酬递减"的限制。新的知识和技术可以作为传统生产要素的补充，甚至替代传统要素，达到"规模报酬递增"的效果，推动经济增长的"轮子"持续滚动，突破传统增长模式的"天花板"。新加坡就是一个例子。新加坡经过几十年的努力奋斗，依靠大力发展高新技术产业和建设国际化大都市，发展水平已经跃居世界前列，成为2019年世界经济论坛排行榜上全球最具竞争力的经济体。

新中国成立70多年来，尤其是改革开放以来，我国在创新尤其是科技创新方面取得了显著的成就，毫无争议地成为发展中国家中的创新"领先者"。根据世界知识产权组织的统计和排列，2019年我国科技创新综合排名居世界第14位，是中等收入国家中进入前30名的唯一国家。2018年我国研究与发展经费支出1.97万亿元，占国内生产总值2.19%，经费投入总量居世界第二，投入占比在发展中国家中名列前茅。[①] 但是，正如《世界是平的》这部有影响力的著作中指出的，当今世界各国是在一个更大的平台上交流与竞争，你面对的竞争对手不仅是经济发展水平相同的国家，还有世界上最强大的国家，更多是与拥有最先进技术的跨国公司竞争，因此，创新必须要有更高的要求。我国在创新方面还有许多"短板"，科技创新领域还有不少薄弱环节，如世界级的顶尖创新人才不足、创新成果数

---

① 世界知识产权组织：《2019全球创新指数报告》。

量较多但质量不高、创新与产业发展脱节比较严重、经济发展存在许多关键技术"卡脖子"问题，等等。这些充分说明，我国的创新工作不仅不能放松，而且要以只争朝夕、时不我待的决心加快推进。近年来我国的创新技术快速发展，带动相关产业稳健发展。

例如，"祝融"探火，遥远火星镌刻中国印记。2021年5月15日，在经历了长达近7个月的"奔火"之旅、3个月的"环火"探测之后，天问一号"登火"成功，稳稳降落于火星乌托邦平原。天问一号通过一次任务，完成火星环绕、着陆、巡视三大目标，使我国在行星探测领域进入世界先进行列。火星探测迈出我国星际探测征程的重要一步，实现了从地月系到行星际的跨越。以火星探索为起点，我国在深空探索领域确定了下一个方向。"羲和"逐日，太阳探测"三步走"计划稳步推进。2021年10月14日，我国成功发射太阳探测科学技术实验卫星"羲和号"，正式迈入空间探日时代。对于太阳探测计划的后续发展，中国航天设计了分步实施的"三步走"计划，为太阳探测贡献中国方案。2022年10月9日，我国成功发射先进天基太阳天文台卫星，以"一磁两暴"为科学目标对太阳开展观测。航天科技成果已经成功推动先进材料、节能环保等新兴产业集群和物联网、智能机器人、无人机等智慧产业快速发展，有力支撑了制造强国、质量强国、网络强国和数字中国建设。

多年来，我国在农业科技基础研究、应用基础研究、关键核心技术攻关等方面取得了一系列突破，农业科技进步贡献率从2012年的54.5%提高到2023年的62.4%，提升了近8个百分点。核心种源"卡脖子"问题得到缓解，畜禽、水产核心种源自给率分别超过75%和85%，作物良种覆盖率超过96%；农业农村现代化水平大幅提升，农作物耕种收综合机械化率达到73%，智慧农业、数字乡村建设不断深入；农业科技创新产学研深度融合成效显著，建成国家级农业科研平台867个。科技创新已成为农业农村现代化的第一驱动力。①

中国的经济已经由高速增长阶段转向高质量发展阶段，发展的质量和效益成为核心标志，建设现代化经济体系成为中心任务，必须紧紧依靠创

---

① 科技创新"慧"农 更惠农［N］. 经济日报，2024-07-05.

新,坚定不移地实施创新驱动发展战略。

(二) 创业是科技进步的主要动力

创业促进技术创新的原因在于创业投资具有创新发现功能、创新加速功能、创新产业化促进功能以及创新风险分散功能。

技术创新作为一种整合科学、技术、知识与经济等要素的人类实践活动,不但在社会经济系统的变迁上显示了积极的推动作用,而且通过其特有的活动方式作用于社会文化系统,改变着社会物质文化、制度文化和精神文化的面貌。

技术创新是指企业应用创新的知识和技术,采用新的生产方式和经营管理模式,提高产品质量,开发新的产品,提供新的服务,占据市场并实现市场价值。

科技是第一生产力,科技创新是经济社会可持续发展的不竭源泉。要发挥科技作为第一生产力的作用,一是要促进技术创新的发生;二是要促进科技成果快速、顺利地转化为现实的生产能力。创业在上述两方面均可发挥巨大的作用。

1. 技术创业成为经济发展的引擎和推动力

创业者在促进技术创新发生的同时,还需要促进科技成果快速、顺利地转化为现实的生产能力,将创新产品引入市场,并利用它为顾客创造价值。创业者所研发的产品或服务必须盈利,由一个良性运转和良性领导的组织来进行营销,并得到保护,且不受竞争者的注意。创业过程包含着新产品和新服务的产生,这对创业的成功起关键作用,而从整个经济社会的角度看,这也是产业更替和演进的过程。从经济发展规律来看,许多新兴产业的产生与发展是由一大批富有创造力和创新精神的创业者推动的,尤其是一些高新技术产业,如半导体、软件、计算机、互联网等。

一个企业的创新能力和核心竞争力将决定企业的市场地位、生存能力与发展前景。而新创企业的创业活动正是形成并强化创新能力和核心竞争力的主要途径,对企业的生存和发展有着重要的意义。由此可见,创新是创业的主要驱动力量,创业是促进科技进步和技术创新的主要动力。

2. 技术创业已成为科技成果转移、转化的桥梁和载体

基于新技术的创业活动在增加就业、提升生活质量方面发挥的作用日益巨大，已成为经济发展的引擎和推动力。而学研机构作为国家创新系统的重要组成部分，在当今知识经济社会中发挥着不可或缺的功能，并通过技术许可（包括技术合作、技术转让、技术咨询和技术服务等）和衍生企业等技术创业形式，直接或间接参与经济活动，对区域就业水平提高和经济、产业发展水平提升具有积极影响。因此，世界各国对技术创业活动的发展和学研机构参与技术创业活动功能的发挥都非常重视，纷纷出台直接或间接的刺激政策，以提升本国技术创业活动水平。

通过上述内容，我们不难得出这样的结论：科技与经济的结合、创新链与产业链的互动，两者实现真正的紧密结合，才能实现基础研究与科技进步、经济社会发展的良性循环、相互促进的机制。

四、创业有助于全面建成小康社会

（一）伟大构想

党中央作出建设创新型国家的重大部署，强调要坚持走中国特色自主创新道路，这对我国科技工作者提出了新的更高要求，更对广大青年工作者寄予莫大期待和厚望。广大青年工作者要坚定理想信念、胸怀祖国、心系人民，自觉把个人的创新创业行动与推进国家的科技发展、经济繁荣、社会进步结合起来，坚定地走既灿烂又充实的人生之路；要不断发奋学习，努力掌握本领域最先进的知识和技术、最前沿的动态和趋势，力争在科技创新、产业发展、技能突破等方面不断取得新进步；要恪守科学精神、脚踏实地、埋头苦干、坚忍不拔、不畏挫折、淡泊名利、不浮不躁，始终保持探索真知的坚定意志和创新创业的高昂激情；要勇做创新先锋，善于攻坚克难，努力形成一流的科研成果，创办一流的科技企业，苦练一流的工作技能，成长为一流的创新创业人才，用自己的聪明才智创造无愧于时代和人民的业绩。

（二）创业有助于推进我国现代化建设

以人才驱动科技创新，以科技创新驱动高质量发展，这是我国新时代人才强国战略、科技强国战略和创新驱动发展战略的基本逻辑。习近平总书记在党的二十大报告中指出，"坚持创新在我国现代化建设全局中的核心地位""加快实现高水平科技自立自强""强化现代化建设人才支撑"。①2023年12月召开的中央经济工作会议强调,"以科技创新引领现代化产业体系建设"。②科技创新本质上是人的创造性活动,科技创新最根本的问题是人才问题。新征程上,我们要坚持以习近平总书记关于人才工作的重要论述为指导,激发科技人才的创新创业创造活力,为中国式现代化建设提供更加坚实的科技和人才支撑。

党的二十大报告指出:必须坚持科技是第一生产力、人才是第一资源、创新是第一动力,深入实施科教兴国战略、人才强国战略、创新驱动发展战略,开辟发展新领域新赛道,不断塑造发展新动能新优势。③坚持教育优先发展、坚持为党育人、为国育才,全面提高人才自主培养质量,着力造就拔尖创新人才,聚天下英才而用之。

创新创业是培育和催生经济社会发展新动力的必然选择,是扩大就业、实现富民之道的根本举措,更是激发全社会创新潜能和创业活力的有效途径,是实现高水平科技自立自强、进入创新型国家前列、推动经济高质量发展的重要支撑。青年大学生富有想象力和创造力,是创新创业的有生力量,为党和国家培养更多创新创业人才是时代赋予高校的使命。党的十八大以来,党和国家高度重视大学生创新创业工作,习近平总书记强调:"全社会都要重视和支持青年创新创业,提供更有利的条件,搭建更广阔的舞台,让广大青年在创新创业中焕发出更加夺目的青春光彩。"④《国务院办公厅关于深化高等学校创新创业教育改革的实施意见》指出,深化高等学校创新创业教育改革,是国家实施创新驱动发展战略、促进经济提质增效升级的迫切需要,是推进高等教育综合改革、促进高校毕业生更高质量创业就业的重要举措。《国务院办公厅关于进一步支持大学生创新创业的指导意见》指出,纵深推进大众创业万众创新是深入实施创新驱动发展战略的重要支撑,大学生是大众创业万众创新的生力军,支持大学生创新创业具有重要意义。

---

①③ 习近平:高举中国特色社会主义伟大旗帜 为全面建设社会主义现代化国家而团结奋斗——在中国共产党第二十次全国代表大会上的报告[EB/OL]. 中国政府网,2022 - 10 - 16.

② 积极的财政政策适度加力、提质增效——财政部有关负责人谈落实中央经济工作会议精神[EB/OL]. 新华社,2023 - 12 - 29.

④ 逐梦新征程 青春正当时(创见)[N]. 人民日报,2021 - 01 - 10 (05).

五、全球化的创业浪潮

随着新一轮技术浪潮的到来,创新创业成为国际科技竞争的新领域,特别是在最能代表国家实力的制造业方面,竞争空前激烈。按照当今世界的共识,对于工业的划分,普遍认为工业1.0是蒸汽机时代、工业2.0是电气化时代、工业3.0是信息化时代,而工业4.0是"互联网+制造",也就是所谓的智能化时代。

(一)德国

作为西方工业化强国,德国敏锐地捕捉到了新机遇、新挑战。在2013年的汉诺威工业博览会上,最先提出"工业4.0"战略。2014年8月德国政府通过《数字化行动议程(2014—2017)》,2016年紧接着发布了"数字战略2025",2018年10月又发布"高技术战略2025",明确了德国未来7年研究和创新政策标志性目标。指明了微电子、材料研究与生物技术、人工智能等领域的技术发展方向、培训和继续教育紧密衔接的重点领域,创建创新机构并通过税收优惠支持研发,截至2018年底,德国联邦政府投入达2亿欧元。"工业4.0"战略迅速成为德国的另一个标签,并在全球范围内引发了新一轮的工业转型竞赛。

德国实施"工业4.0"战略的目标,就是在新一轮工业革命中占领先机,在继续保持国内制造业发展的前提下,推动德国成为全球新一代工业生产技术的供应国和主导市场,提升它的全球竞争力。

"工业4.0"战略的主要内容:

首先是建设"智能工厂",重点研究智能化生产系统及过程,以及网络化分布式生产设施的实现。

其次是打造"智能生产",主要涉及整个企业的生产物流管理、人机互动以及3D技术在工业生产过程中的应用等。该计划将特别注重吸引中小企业参与,力图使中小企业成为新一代智能化生产技术的使用者和受益者,同时也成为先进工业生产技术的创造者和供应者。

最后是搭建"智能物流",主要通过互联网、物联网、物流网,整合物流资源,充分发挥现有物流资源供应方的效率,而需求方,则能够快速获得服务匹配,得到物流支持。

这三方面统称为"智能制造"。智能制造构成"工业4.0"的核心，它通过嵌入式的处理器、存储器、传感器和通信模块，把设备、产品、原材料、软件联系在一起，使得产品和不同的生产设备能够互联互通并交换命令。工厂能够自行优化并控制生产过程。智能制造不仅仅在于产品和机器的互联，还在于实现工厂、消费者、产品、信息数据的互联，最终实现万物互联。以万物互联为基础，打造"标准化"，德国以国内的"标准化"向全球推广和应用，企业用标准取得发展、赢得竞争；消费者用标准保护权益、指引生活；技术创新的迅速扩散，转化为现实的生产力提升，从而重构整个社会的生产方式。更进一步说，智能数字化的日益普及，改变了现有生产内容、工艺流程，对劳动者知识技能和工作习惯提出新的要求，需要重组学校、科研院所、生产企业，在交叉融合领域进行组织体系和运行机制的变革，建立创新体系，不仅需要德国自身努力，还应借助和拓展与欧盟及其他国家的教育与科技合作。

德国的制造业，本来就是世界上最具竞争力的制造业之一，在全球制造装备领域拥有"领头羊"的地位。德国完善的民主法制和知识产权保护，是保障制造业健康发展的坚实后盾，更是降低社会生产成本、提升效率的真正利器。但这些都没有让德国骄傲自满、止步不前，反而激发了它放眼全球的战略眼光，它将目光投向了未来，投向全球社会生活领域，投向决定人类命运的创新创业领域。

（二）美国

美国在德国提出"工业4.0"时，也于2013年6月由制造业巨头通用电气提出了工业互联网概念。随后美国五家行业龙头企业联手组建了工业互联网联盟，IBM、思科、英特尔和AT&T等也加入该联盟。工业互联网也被称为"美国版工业4.0"。

工业互联网是一个开放、全球化的网络，将人、数据和机器连接起来，目标是重构全球工业，激发生产力，让世界更美好、更快速、更安全、更清洁、更经济。

美国的工业互联网主要包含三大要素：

（1）智能机器。以崭新的方法将现实世界中的机器、设备、团队和网络通过先进的传感器、控制器和软件应用程序连接起来。

（2）高级分析。使用基于物理的分析法、预测算法、自动化和材料科学，电气工程及其他关键学科的深厚专业知识来理解计算机器与大型系统的运作方式，并通过数据实现分析共享。

（3）工作人员。建立员工之间的实时连接，连接各种工作场所的人员，以支持更为智能的设计、操作、维护以及高质量的服务与安全保障。

工业互联网的核心是设备数字化。美国基于其强大的互联网技术以及在消费产业的应用经验，将大数据采集、分析、反馈以及智能化生活的全套数字化运用引入工业领域，用自己所擅长的"软服务"颠覆了传统行业的一切生产、维护方式。首先，让设备与设备之间产生关联，生产数据实时记录，能实现全自动化的统计及反馈，工厂的管理者可以随时随地利用手机查看工厂生产状态、设备运行状况、设备故障的预警通知等，实现设备数字化、智能化，提高企业生产效率。其次，通过数据进行智能化管理工厂的一切，包括人、设备、生产过程、生产成果，通过传感器、控制器、软件应用程序、互联网，将现实世界中的机器、设施、生产线和人全部连接起来，形成大的"数据流"。这样不仅使工厂制造的每一项数据都可以被查询和调用，同时国家通过传感器、网络、计算机、云计算系统，将全社会的人口、企业、车辆和数以百计其他类型的实体全面整合，推动整个工业产业链的效率全面提升。

美国在互联网领域是当之无愧的大国，互联网带动了无数消费产业的发展，为应对新科技产业革命，争夺国际产业竞争话语权，美国将重振制造业作为近年最优先发展的战略目标。据美国智库威尔逊中心发布的《全球先进制造业趋势报告》，美国研发投资量居世界首位，其中3/4投向制造业，在合成生物、先进材料、快速成型制造等先进制造业领域优势明显。有分析人士认为，在政府和私营部门的大力推动下，美国逐渐形成了无线网络技术全覆盖、云计算运用、智能制造技术创新浪潮。

美国和德国这场工业之争是世界工业之争的缩影，虽然实现途径有所不同，但是从战略的落脚点上看，生产设备是实现智能制造的共同载体，而且都在强调信息通信技术和制造业结合的重要性。

（三）中国

18世纪中叶开启工业文明以来，世界强国的兴衰史和中华民族的奋斗史一再证明，没有强大的制造业，就没有国家和民族的强盛。与世界先进水平相比，中国制造业仍然大而不强，在自主创新能力、资源利用效率、产业结构水平、信息化程度、质量效益等方面差距明显，打造具有国际竞争力的制造业，是我国提升综合国力、保障国家安全、建设世界强国的必由之路。如今，国际产业分工格局正在重塑，新一轮科技革命和产业变革与我国经济转型发展形成历史性交汇，我们必须紧紧抓住这一重大历史机遇，按照"四个全面"战略布局要求，迎接挑战，实施制造强国战略，加强统筹规划和前瞻部署，力争到中华人民共和国成立一百年时，把我国建设成为引领世界制造业发展的制造强国，为实现中华民族伟大复兴的中国梦打下坚实基础。

2014年12月，我国首次提出"中国制造2025"这一概念。"中国制造2025"是在新的国际国内环境下，中国政府立足于国际产业变革大势，做出的全面提升中国制造业发展质量和水平的重大战略部署。其根本目标在于改变中国制造业大而不强的局面，为中国迈入制造强国行列，到2045年将建成具有全球引领和影响力的制造强国奠定基础。

"中国制造2025"的主要内容包括五个方面：

第一，创建制造业创新中心（工业技术研究基地）。围绕重点行业转型升级和新一代信息技术、智能制造、增材制造、新材料、生物医药等领域创新发展的重大共性需求，形成一批制造业创新中心（工业技术研究基地）。重点开展行业基础和共性关键技术研发、成果产业化、人才培训等工作。制定、完善制造业创新中心遴选、考核、管理的标准和程序。在2020年，重点形成15家左右制造业创新中心（工业技术研究基地），力争在2025年形成40家左右制造业创新中心（工业技术研究基地）。

第二，打造智能制造工程。紧密围绕重点制造领域关键环节，开展新一代信息技术与制造装备融合的集成创新和工程应用。依托优势企业，紧扣关键工序智能化、关键岗位机器人替代、生产过程智能优化控制、供应链优化。支持市、产、学、研、用联合攻关，开发智能产品和自主可控的智能装置并实现产业化。分类实施流程制造、离散制造、智能装备和产品、新业态新模式、智能化管理、智能化服务等试点示范及应用推广。建立智能制造标准体系和信息安全保障系统，搭建智能制造网络系统平台。

第三，实施工业强基工程。开展示范应用，建立奖励和风险补偿机制，布局和组建一批"四基"研究中心，支持核心基础零部件（元器件）、先进基础工艺、关键基础材料、产业技术基础服务体系的公共平台的创建。在2020年，关键基础材料实现自主保障，受制于人的局面逐步缓解，航天装备、通信装备、发电与输变电设备、工程机械、轨道交通装备、家用电器等产业急需的核心基础零部件（元器件）和关键基础材料的先进制造工艺得到推广应用。在2025年，70%的核心基础零部件、关键基础材料实现自主保障，80种标志性先进工艺得到推广应用，部分达到国际领先水平，建成较为完善的产业技术基础服务体系，逐步形成整机牵引和基础支撑协调互动的产业创新发展格局。

第四，实施绿色制造工程。组织实施传统制造业能效提升、清洁生产、节水治污、循环利用等专项技术改造。开展重大节能环保、资源综合利用、再制造、低碳技术产业化示范。实施重点区域、流域、行业清洁生产水平提升计划，扎实推进大气、水、土壤污染源头防治专项。制定绿色产品、绿色工厂、绿色园区、绿色企业标准体系，开展绿色评价。在2025年，制造业绿色发展和主要产品单耗达世界先进水平，绿色制造体系基本建立。

第五，实施高端装备创新工程。组织实施大型飞机、航空发动机及燃气轮机、民用航天、智能绿色列车、节能与新能源汽车、海洋工程装备及高技术船舶、智能电网成套装备、高档数控机床、核电装备、高端诊疗设备等一批创新和产业化专项、重大工程。在2025年，自主知识产权高端装备市场占有率大幅提升，核心技术对外依存度明显下降，基础配套能力显著增强，重要领域装备达到国际领先水平。

制造业是国民经济的主体，是立国之本、兴国之器、强国之基。"中国制造2025"被看作是中国进入国际先进制造舞台的宣言，按照市场主导、政府引导的原则，既立足当前，又着眼长远；在制造业领域既能全面推进，但又有重点突破；立足于自主发展，但又在表达合作共赢。在新一轮的国际合作与竞争中，保持自己的中高速发展势头，提高创新发展能力和国际竞争力，抢占竞争制高点。

德国"工业4.0"、美国工业互联网、"中国制造2025"三大战略，并不是单纯的竞争关系，也不是三个制造业大国关起门来各自为战的制造业竞赛，其中既有国家之间的竞争，也有战略合作、共享共赢。但谁占据了制高点，拥有先进制造和信息，谁就拥有了全球话语权。

六、创业教育的重要意义

（一）创业教育的内容

所谓创业教育，就是激励青少年积极开发自己的最大潜能，善于发现和把握一生中那些通往成功的无数潜在的机遇，以开发和增强青少年的创业基础素质，培养具有开创性的个性人才为目的的教育。创业教育涉及多方面的研究领域和学科知识。可以说，青少年创业能力的强弱是反映个人素质、创新意识和工作能力的一个重要方面。

创业与创业教育是相互促进和相互依存的关系。中国经济的稳定与发展需要更多的创业者。高等院校的学生要想成为一个成功的创业者，除具备基本的文化知识和专业知识外，还须通过创业教育，具备创业所需的基本素质和能力。反过来，成功创业者的事迹，会影响和推动创业教育的深入，使立志创业的同学更好地学习创业经验，从而使他们成为未来成功的创业者。

创业教育是一种有目的、有计划的群体教育行为。首先通过创业教育培养学生具有企业家精神、自我发展意识和自我就业意识，使他们有眼光、有胆识、有能力、有社会责任感。其次通过创业教育，使学生能够在毕业时做好创业的思想准备、心理准备以及必要的创业知识储备。创业教育可以通过多种形式进行。例如，"挑战杯"创业计划竞赛活动，其主题内容就是中国大学生的创业计划竞赛活动；也可举办各类创业讲座，如华东理工大学曾推出"创业精神论坛"，邀请一批企业家为大学生作报告，或者介绍一些与创业有关的知识；还可利用创业者的成功案例进行案例教学，加深学生对创业与创业知识的理解和认识。

关于创业教育的内容，包括以下几个方面。

（1）培养探索精神、冒险精神、进取心、事业心等心理素质，进行企业家的基本素质和个性特征的教育，如企业家的心理素质、思维方式、行为特征等。

(2) 关于参与商业、企业活动的规则、规划和基本过程的教育，学习与创办企业或公司有关的法律事务以及财税金融知识，如合同法、公司法、知识产权、纳税政策等；了解与企业或公司内部运作有关的知识与技能，如创业策划、资金运作、筹资与融资、资产管理、成本控制、市场营销、市场分析、产品开发、产品服务等。

(3) 关于创业管理的教育，学习管理学方面的知识，如管理学要素（决策、组织、领导、控制、创新）以及当前各企业颇为关注的质量管理体系和环保政策等。

(4) 关于创业环境的教育，如当前国家对于大学生自主创业的优惠政策，法律法规等。

(5) 关于与创业有关的实践教育环节，如邀请一些已经成为企业家的高等院校毕业生以自身的创业经历和切身的体会开展讲座、座谈等。

总之，创业教育的实质是让受教育者形成创业的初步能力。高等院校非常重视创业教育，并建立一种机制，形成一套相对完善的学生创业培训与服务体系，为高等院校的学生增长创业才干创造宽松的环境，提供更多的实践机会，使高等院校的学生的创业意识和潜能尽早发挥出来。

（二）创业教育与实践的结合

1. 政府着力打造良好的创业环境

政府要为高校毕业生创造良好的创业宏观环境。大学生创业者应该是新岗位的开拓者，能为社会带来就业的机会，也可以为政府分担就业压力。

政府应给予创业大学生各项政策支持。鼓励社会上的风险投资家对大学生创业的项目予以重视和扶持。在金融贷款方面：首先，考虑优先贷款支持、适当发放信用贷款。其次，应简化贷款手续。通过简化贷款手续，合理确定贷款额度，在一定期限内周转使用。最后，在利率上给予优惠，对创业贷款给予一定的优惠利率扶持，视贷款风险度不同，在法定贷款利率基础上可适当下浮或上浮。在企业注册登记方面：程序更简化，减免各类费用（如第一年的工商管理费）以鼓励创业者。在各级政府方面：应出台鼓励各种资本对毕业生创新高科技实体进行投资的倾斜政策，尤其是一些科技含量高的项目；设立大学生创业基地，并为创业大学生提供专业指导、法律咨询、市场分析等服务。

2. 健全学校创业教育体系

创业教育作为一种新的教育观念，它不但体现了素质教育的内涵，而且突出了教育创新和对学生实际能力的培养。学校在强调教学质量的同时，把创业教育作为教学目标之一。

（1）深化教学体制改革。教学体制机制是确保创业教育实施的关键，学校可采取积极灵活的措施，促进创业教育与实践。学校在宏观上应对重点创业项目进行扶持，并对大学生的创业设计、立项、论证、审核等给予指导和帮助。作为课堂教学的延伸和拓展，最重要的是要开展创业实践活动教育，加大实验、实习和社会实践等教学环节在课程体系中的比重，通过门类众多的课外活动和领域广泛的社会实践，把创业需要的知识课程纳入创业机会识别、企业成长、成功收获等完整的创业过程，并教授给学生，彻底改变我国创业教育一直存在重理论轻实践、重知识传授轻能力培养的问题，强化大学生创业意识，切实提高创业者的综合素质。

（2）加强师资队伍建设。培养并逐步建立一支师德高尚、指导有力、梯队合理的创业教育教师队伍，是开展创业教育的一项紧迫任务。学校可以通过和相关机构合作，组织教师进行培训或者选择有成功创业经历的企业家或大学生担任创业教育教师等途径实现教师队伍的强化，让学生感受创业体验，接触创业中的实际问题，提高他们分析问题的能力。

（3）优化创业教育课程体系。结合自身学科和专业特点设计课程体系，既要考虑和突出专业知识与技能，又要兼顾创业知识、技能的学习与实践，课程与课程有交叉，专业学习与创业教育互相促进，根据创业教育的目标和内容来确定渗透的知识内容，创业课程应围绕创业构思、融资、创业营销、中小企业管理、财会管理等开设。

3. 大学生自身应积极主动地为创业成功做扎实的准备

（1）理性认识创业教育。创业需要一个人具备创业的综合素质和能力，加强创业教育，不是鼓动学生毕业后都去创业，更不是放弃学业去创业，而是通过了解创业政策，学习创业的理论知识以及一些成功者的创业经验，掌握创业技能、提高创业素质，达到"就业有实力，创业有能力"的目的，拓宽就业途径。

（2）合理设计职业规划。大学生要充分利用大学时光，尽早根据自己的个性、爱好、特长制定实施职业规划，学习专业知识，提高综合素质和创业能力，注重个性发展，发挥自身优势，变被动接受为主动出击，使自己在激烈的就业竞争中立于不败之地。

(3) 积累经验，提高抗挫折能力。首先，在创业前，大学生可在兼顾学业的同时利用周末和假期兼职等机会进行大量的社会实践积累经验，加强心理素质的锻炼，提高经受挫折的心理承受能力和持之以恒的坚韧毅力。其次，注重选择创业方向。在创业方向的选择上，应遵循以下三点原则：一是做自己喜欢的事，这样会投入更大的热情，也就更容易取得成功；二是做自己熟悉的事，无论从事哪一行，只有自己熟悉各个运作环节才能得心应手，不会找不到头绪；三是做好市场调查工作，通过收集有关资料和数据，加以研究和分析，为市场的预测提供可靠的依据。比如科技服务、科技成果应用、智力服务、电子商务、创意小店、连锁加盟等都是比较适合大学创业的项目。尽管大学生自主创业还没形成主流，我国高校创业教育也处于起步的初期阶段。然而，就像每一个新生事物都难以避免种种阻碍，但最终冲破阻碍一样，我国的大学生自主创业也必将战胜重重困难，成为新世纪蔚为大观的新气象。

(三) 创业教育的重要意义

创业是创业者全面素质和综合职业能力的体现，是富有创新精神的高层次劳动。这种劳动不仅能为自己和其他就业者提供就业岗位，而且还能为自己和社会创造财富，也是一种促进社会稳定和发展不可缺少的富有进取精神的劳动。创业对创业者的要求更高、更严格。创业不等于创新，但体现了创新精神。目前，培养具有创新意识、创新精神和创新能力的创业人才已成为高等教育的重要目标之一，成为高等教育深化教育教学改革和全面推进素质教育的重要内容。

1. 创业教育转变了传统的就业观念

我国高等教育的迅速发展和毕业学生人数的不断增加，以及政府部门的人员分流和企业改制而引起的劳动力市场人力需求的变化，叠加了我国结构性就业矛盾，出现了大学毕业生就业难的局面。尤其是国家实施高等教育招生扩招政策后，就业形势更为严峻。根据教育部发布的最新信息，2016年高校毕业生人数达765万人，超越2015年的749万人，高校毕业人数创历史最高，堪称"史上更难就业季"。① 当代大学生应当顺应形势发展，志存高远、脚踏实地，转变择业观念，坚持从实际出发，勇于到基层一线和艰苦的地方去，勇于创业，把人生的路一步步走稳走实，善于在平凡岗位上创造不平凡的业绩。

通过创业教育对学生进行创业素质、精神、开拓创新、合作能力、个性品质、适应能力等方面的教育和指导，可以逐步改变学生的传统思想观念，促进学生树立正确的符合时代的新观念，这是创业教育的核心意义，也是创业教育的目的所在。

创业教育实质上是创业意识的培养、创业能力的训练、创业知识的传授以及创业实践经验的介绍过程。大学生在教师的指导下，认识创业过程，逐步成为一个高素质的创业者，其中包含着一种全新的就业思想认识教育。以往的职业教育，只是强调一个标准，就是使受教育者具备"应聘"或"从业"能力，而创业教育不仅仅是使受教育者有应聘从业能力，更重要的是使受教育者有自我创业的能力和意识，通过自身的创业实践，更大程度地发挥创业者的潜能和实现人生价值。

2. 创业教育提高了社会就业率

创业者在创业的同时，也为其他就业人员提供就业机会，为社会提供优质服务，因而也就提高了社会就业率，促进了社会稳定，增进了经济的繁荣和发展。可以说，创业者和创业家是国家经济可持续发展的原动力。从 20 世纪 80 年代开始，美国率先进入创业型经济时代，每年涌现大量的新企业重新使美国的经济发展速度大大超过了日本、欧盟等，并且率先步入知识经济时代，因此，创业者和创业家被称为美国经济再创辉煌的"新英雄"。鼓励创业、以创业拉动经济增长、减轻就业压力的思路已经成为世界各国的共识。

目前，我国正在各个方面为创业者提供良好的环境。例如，统一的市场体系正在逐步形成，市场法规正逐步建立和完善，市场观念意识日益深入人心，私人财产受法律保护，生产要素市场日益完善，并且各生产要素参与分配已经写入了宪法等。这些都为每个想创业的人提供了良好的机遇

---

① 报告：毕业生单位就业比例上升，国企仍是首选 [N]. 北京日报, 2023 – 05 – 08.

和保障。

现代社会为大学生的成长和发展提供了广阔的天地，同时，知识经济的到来和发展需要更多的高新技术企业生产出更优、更好的新产品，来不断满足人们生活的需要。为了加强对大学生的创业教育工作，国务院办公厅 2015 年印发的《关于深化高等学校创新创业教育改革的实施意见》就已明确提出实施弹性学制，放宽学生修业年限，允许调整学业进程、保留学籍休学创新创业。因此，加强对高等院校学生进行创业方面的教育，有利于加快知识的转化，有利于促进高新技术企业在我国的快速发展，有利于提高企业的管理水平，有利于国民经济的发展，同时，即将走向社会的高等院校毕业生将成为工作岗位和工作机会的创造者。他们在创业的过程中不仅自己获得了财富，同时也为社会创造了就业的机会，为社会尽了一份责任。

但是，创业绝不是件容易的事，绝不是单靠满腔激情和美好的憧憬、幻想就可以成功的。创业需要每一个创业者脚踏实地、准确判断，及时抓住可能的机会。

 课后练习题

美国创业协会设计了一份试卷，可以让你在做出决策之前对自己的创业能力有一个初步的了解。也许你正准备或正在创业，不妨做做下面的试卷，当然，我们的测验只能检验你的创业能力，在现实中创业成功与否，除了跟创业能力相关外，还取决于许多方面的因素，因此，以下测试只是一个参考而已。

以下试题请根据你的实际情况回答："经常""有时""很少"或者"从不"。不要考虑太多，每道题以自己的经验及第一印象为准。

1. 在急需作出决策的时候，你是否在想："再让我考虑一下吧？"

2. 你是否为自己的优柔寡断找借口说："是得慎重考虑，怎能轻易下结论呢？"

3. 你是否为避免冒犯某个或某几个有相当实力的客户而有意回避一些关键性的问题甚至表现得曲意奉承呢？

4. 你是否无论遇到什么紧急任务,都先处理琐碎的日常事务?
5. 你非得在巨大的压力下才肯承担重任吗?
6. 你是否无力抵御或预防妨碍你完成重要任务的干扰与危机?
7. 你在决定重要的行动计划时常忽视其后果吗?
8. 当你需要做出可能不得人心的决策时,是否找借口逃避而不敢面对?
9. 你是否总是在快下班时才发现有要紧事没办,只好晚上回家加班?
10. 你是否因不愿承担艰巨任务而寻找各种借口?
11. 你总是拐弯抹角地宣布可能得罪他人的决定?
12. 你喜欢让别人替你做自己不愿做的事吗?

计分:"经常"得4分,"有时"得3分,"很少"得2分,"从不"得1分。

50分及以上:你的个人素质与创业者形象相差甚远。

40~49分:你不算勤勉,应彻底改变拖沓、效率低的缺点,否则创业只是一句空话。

30~39分:大多数情况下充满自信,但有时犹豫不决,不过没关系,有时候犹豫是成熟、稳重和深思熟虑的表现。

15~29分:恭喜你!你是一个高效率的决策者和管理者,更是一个成功的创业者。

 **本章小结**

在当今时代背景下,创业及创业教育已经成为世界各国教育的重点及必然趋势,面对我国创业教育的现状,大学生应将职业生涯规划与创业结合起来,扬长避短、抓住机遇、提升素质、创新创业,这是对新时期人才的必然要求。

 **拓展阅读**

2015年,小米科技创始人、董事长雷军出席武汉大学2015届毕业典

礼，雷军结合自己的创业故事，对毕业生提出了两点建议。一是始终相信梦想的力量，二是敢于相信坚持梦想的力量。雷军透露，为了策划演讲内容，前一天晚上他没睡好。

以下为雷军演讲实录：

同学们：

大家好！站在这里讲话，我的心情和大家一样激动，因为24年前我也和大家一样，带着小板凳，坐在这个小操场上参加毕业庆典，所以我特别能理解大家的心情。

参加毕业典礼，即将迎来人生新的征程，你们一定有一点点紧张、一点点迷茫，但更多的是激动和兴奋，是对未来美好生活的憧憬。在这个时刻，我能跟大家讲点什么呢？昨天我想了一晚上，也没怎么睡好觉。我在想，我比大家年长24岁，早24届，作为学长，面对这么多学弟学妹即将开始人生征程的关键时刻，我能讲点什么呢？说实话，千言万语，真的不知道应该从哪讲起，而且讲太多是不是真的对大家有帮助，这是我昨晚觉得压力巨大的地方。我后来想，我和大家只讲两点。

第一点，要永远相信梦想的力量。

为什么在这里谈梦想，因为回顾走过的路，在我的人生中，最难忘的就是武汉大学，武汉大学在我的人生历程中起着不可磨灭的作用。我18岁时，大学一年级，一个非常偶然的机会，在图书馆看了一本书，这本书在我的人生中起到决定性的作用。

我非常清楚地记得，书名叫《硅谷之火》，价格大概是2块1毛4，讲述了乔布斯这些硅谷英雄创业的故事。看完这本书后，我的内心像有熊熊火焰在燃烧，激动得好几个晚上睡不着觉。我在操场上走了一圈又一圈，心情很难平静。这过程中，我奠定了人生的梦想——日后一定要干些惊天动地的事情，天生我材必有用，日后自己一定要做个伟大的人。

当然，拥有梦想是很容易的，我相信每位同学都有很伟大的梦想，但是有梦想之后你是否去实践了？所以大学一年级时我告诉自己，光有梦想是不行的，要脚踏实地真正做几件不一样的事情。

我给自己定的第一个目标是两年修完大学所有的课程。很感谢武汉大学的学分制，从那天开始，我真的修了两倍的学分。我记得去年参加学校校友会时，大屏幕上还显示了我当年的学分卡。当我有这个梦想后我真的去试了，发现其实也不难。至少我觉得当年在计算机科学系，两年足以学完所有课程。

在大学我还有第二个第三个目标，都完成了。我在想，在那个年代，绝对不是我比别人更聪明更勤奋。我觉得最大的不一样是，我比他们更早确立了人生的梦想，并且付诸了实践。这就是我给大家的第一个建议，要永远相信梦想的力量。今天，大家即将走上人生的征程，尽早地确立梦想和目标，并且尽早地去付诸行动，我觉得这是人生的开始。

第二点，要永远相信坚持梦想的力量。

有梦想很容易，去实践梦想也很容易，但是坚持梦想很难。你今天能坚持，五年后还能坚持吗，十年后、二十年后还能坚持吗？刚才主持人介绍了小米的成绩，小米我就不展开介绍了，我要介绍的是什么力量让我创办了小米公司。小米是五年前创办的，发布手机是三年半前，小米仅仅用了两年半就在全球竞争最激烈的行业和市场（前有苹果三星，后有华为）做到了中国市场第一、全球市场第五。

这个成绩真的能算是全球商业市场的奇迹。这个奇迹的背后是什么呢？我参与创办的第一家公司是金山软件，金山软件的行业竞争也很激烈。2007年，金山上市后我就退休。我应该实现了在座很多人的梦想，三十岁就能退休。上市了一家公司、卖了几家公司、投资了几十家公司，退休以后我主要的工作就是投资，人生也算非常的圆满。

你们可能对创业充满了非常多的好奇和羡慕，而且我也相信在座的各位未来也一定会出现伟大的企业家。在这个时刻我想和大家多说一句，创业绝对不是人干的活，是阿猫阿狗干的活。如果没有钢铁般的意志，你是绝对干不了的，我觉得创业并不好玩。所以在今天这个大众创业万众创新的时代，我提醒一下大家，如果真的要创业，要做好准备。

我自己参与了金山软件的创办，深知创业的艰难，那是什么启发我退休以后再创业的呢？是在我快四十岁时，有天晚上做梦醒来，觉得自己好像离梦想渐行渐远，我问我自己是否有勇气再来一回。其实这个问题很难回答，我想了半年多才下定决心：不管这次创业成功与否，我不能让人生充满遗憾。我一定要去试一下，看自己能不能创办一家世界级的技术公司，做一件造福世界上每一个人的事情，所以我下定决心要做这件事情。

做了决定后，我还有很多很多顾虑。为什么呢，因为如果干砸了，我就晚节不保。当时我说服自己，在刚开始一两年的时间里，要极其低调，高度保密，脚踏实地，直到把产品做得差不多了再站出来说话，成算会大一点。我用各种方法克服了对再次创业的恐惧、对再次创业失败的恐惧，然后创办了小米。

今天站在这里，我想跟大家说，我相信在座的每一个人都有梦想，我相信你们为了梦想都付诸了行动。我要问的是，五年后十年后，二十四年后二十五年后，你们还有没有坚持梦想的勇气和决心？还相不相信坚持梦想的力量？这就是此时此刻我给大家的两条建议。

最后，大家马上就要毕业了，祝福你们前程似锦，事业成功，万事顺利。更重要的一条是，开开心心就好。谢谢大家。

资料来源：雷军：相信梦想，坚持梦想——在武汉大学 2015 届毕业生毕业典礼上的讲话［EB/OL］. 武汉大学新闻网，2015-06-27.

第六章 创业者与创业团队

思维导图

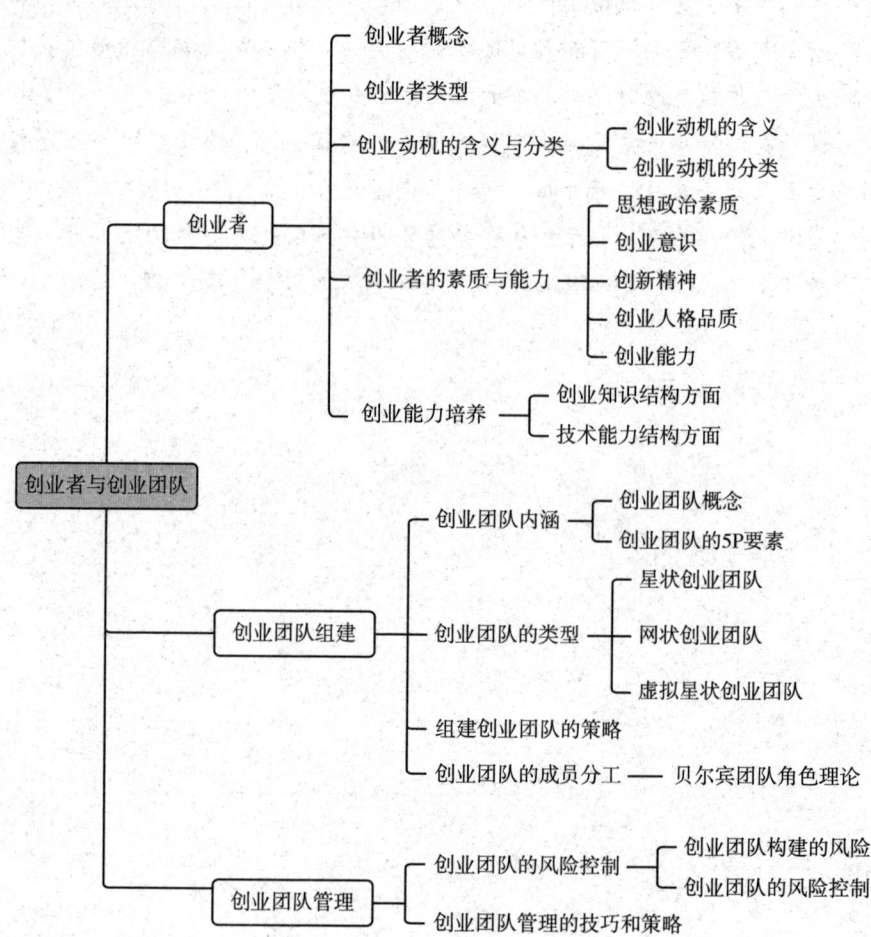

第一节 创 业 者

> **案例导入**

蜜雪冰城,一家在饮品界崭露头角的品牌,其背后的创业者张红超,以其坚韧不拔的创业精神,书写了一段令人瞩目的传奇。

张红超,蜜雪冰城的创始人,从一开始就怀揣着对饮品行业的热爱和梦想。他深信,只要用心去做,即使是最普通的饮品,也能创造出非凡的价值。于是,他毅然决然地踏上了创业之路,开启了蜜雪冰城的传奇之旅。

创业初期,张红超面临着资金短缺、市场竞争激烈等诸多困难。但他并没有因此气馁,反而更加坚定了自己的信念。他亲自研发饮品配方,力求打造出让消费者满意的产品;他深入市场调研,了解消费者需求,不断调整经营策略。在他的带领下,蜜雪冰城逐渐在市场上站稳了脚跟。

随着企业的不断发展,张红超始终保持着对创业的热情和执着。他注重团队建设,吸引了一批志同道合的伙伴;他关注品牌形象,不断提升品牌影响力和美誉度。在他的努力下,蜜雪冰城逐渐成了饮品行业的佼佼者,赢得了广大消费者的喜爱和认可。

> **案例思考**

在创业过程中,创业者应具备哪些关键能力和素质,以应对市场的挑战和机遇,推动企业的持续发展?

一、创业者概念

"创业者"一词,源于17世纪法语,原意为新企业的风险承担者,早期更类似于风险承包的角色。在欧美经济学领域,创业者被定义为组织、管理商业活动并愿意承担风险的人。经济学家熊彼特进一步指出，创业者应为创新者，他们具备发掘和引入更优质、更盈利的产品、服务和流程的能力。

在我们看来，创业者首先是梦想的追逐者，他们追求的回报并非眼前的利益，而是未来的价值实现。若未来的收益低于预期或不及当前，则缺乏创业的动力。因此，创业活动对创业者而言，是追求更大价值的过程，这既涉及物质层面的满足，更涵盖人生价值、理想的实现。

创业者的未来收益，实则是投资性活动的回报，这种投资不仅限于资金投入，还包括个人及团队的时间、精力等。相应地，收益也不仅限于金钱，更在于价值的创造、理想的达成。

创业者通常具备以下特质：他们是主导劳动方式的领导者；他们肩负使命、荣誉与责任，并具备相应的能力；他们善于组织、运用服务、技术和资源；他们拥有出色的思考、推理和判断能力；他们能够吸引并带领团队，实现共同利益；他们拥有完全的权利和行为能力。

在现实生活中，创业者的商业才能不仅体现在企业的创立上，更在于其能在企业发展过程中做出明智决策，解决问题，引领企业不断成长，成为行业翘楚。同时，从社会角度看，那些开创全新商业模式并推动其发展的创业者，为其他企业提供范例、创造就业机会、持续贡献社会财富的，同样值得被尊称为创业者。

二、创业者的类型

根据不同的标准，创业者可以划分为不同的类型。

（一）根据创业过程中所扮演的角色和所发挥的作用划分

从在创业过程中所扮演的角色和所发挥的作用上看，创业者可划分为独立创业者和团队创业者两种类型。

1. 独立创业者

独立创业者是指自己出资、自己管理的创业者。独立创业充满机遇和挑战。独立创业者可以自由地发挥自己的想象力、创造力，充分发挥主观能动性、聪明才智和创新能力；可以主宰自己的工作和生活，按照个人意愿追求自身价值，实现创业的理想和抱负。但是，独立创业的难度和风险较大,创业者可能缺乏管理经验、缺少资金、技术资源、社会资源、客户资源等,生存压力较大。

2. 团队创业者

相对于独立创业而言,团队创业是指在创业初期(包括企业成立前和成立早期),由一群才能互补、责任共担、愿为共同的创业目标而奋斗的人所组成的团队来进行的创业。在一个创业团队中,包括主导创业者与跟随创业者。带领大家创业的人就是团队的领导者,即主导创业者;其他成员就是跟随创业者,也叫参与创业者。美国一项针对104家高科技企业的研究报告指出,在年销售额达到500万美元以上的企业中,有83.3%是以团队形式建立的;而在另外73家停止经营的企业中,仅有53.8%有数位创始人。这一模式在一项关于"100强企业"的研究中表现得更为明显:100家创立时间较短、销售额高于平均数几倍的企业中70%有多位创始人。由此可见,由于知识互补、资源共享,团队创业的后期成长空间比个人创业更宽广。但是,团队创业也存在着思想意识难以统一、发展过程中产生分歧以致难以为继的现象。因此,创业模式主要依据创业目标的类型来选择。阿里尔·阿斯普隆(Arild A. Aspelund)对创新技术型公司的创业团队的研究表明,创业是一个包含众多人的组织的形成过程,特别是这个过程更为复杂的技术型公司要求输入更多的力量。因此,创新技术型公司宜采用团队模式进行创业。[1]

(二)根据创业者的创业背景和动机划分

从创业者的创业背景和动机看,创业者可划分为生存型创业者、变现型创业者和主动型创业者3种类型。

1. **生存型创业者**

这类创业者是我国数量最大的创业人群。清华大学的一份调查报告指出,这一类型的创业者占我国创业者总数的90%。这种类型的创业者,最初或许根本就没有什么创业的概念以及伟大的理想与梦想,只是出于生存的渴望与责任,凭借自己的勤劳、努力与节俭,在生存的道路上不断积累财富、经验、人脉,然后不断做大、做强,最后在历史潮流的推动下,走

---

[1] 刘小庆,曹静,王存芳. 大学生创新创业[M]. 北京:人民邮电出版社,2019.

上一条持久创业发展的道路，最终取得自己从未曾想过的成就与事业。

2. 变现型创业者

这类创业者就是过去聚拢了大量资源的人，在机会适当的时候，自己出来开公司、办企业，实际上是将过去的资源和市场关系变现，将无形资源变现为有形的货币。

3. 主动型创业者

主动型创业者又可以分为两种：一种是盲动型创业者，另一种是冷静型创业者。前一种创业者大多极为自信，做事冲动。这样的创业者很容易失败，但一旦成功，往往就是一番大事业。冷静型创业者是创业者中的精英，其特点是谋定而后动。他们不打无准备之仗，或是掌握资源，或是拥有技术，一旦行动，其创业成功的概率通常很大。这种创业者执着于心中的梦想与目标，充满激情与活力，但他可能没有什么特别的权势与财富积累，只是凭借自己的眼光、思想、特长、毅力与感召力去坚持不懈地努力，感召越来越多的志同道合者，聚集越来越多的资源，吸引越来越多的投资商，凭着一股"打不死"的精神，做出一番事业。

三、创业动机的含义与分类

（一）创业动机的含义

我们常说，行为之后必有原因，这里所说的原因就是动机。动机与需要是紧密联系的。如果说需要是人类活动的基本动力的源泉，那么，动机就是推动这种活动的直接力量。创业动机则是指引起和维持个体从事创业活动，并使活动朝向某些目标的内部动力。它是鼓励和引导个体为实现创业成功而行动的内在力量。说得通俗一点，创业动机就是有关创业的原因和目的，即为什么要创业的问题。

行为心理学认为，需要产生动机，进而导致行为。创业的直接动机就是需要。创业活动是一种综合性很强的社会实践活动，它源于人的强烈的内在需要，这种内在需要是创业活动最初的诱因和动力。如果没有创业的需要，就绝不可能产生创业行为。仅有创业需要也并不一定有创业行为，只有当创业需要上升为创业动机时，才能形成创业者竭力追求并获得最佳效果和优异成绩的心理动力。

创业动机就是推动创业者从事创业实践活动所必备的积极的心理状态和动力。一旦创业者拥有了积极的心理状态和动力并将其付诸实践，他们就会坚持不懈，勇往直前。

（二）创业动机的分类

从社会宏观环境来说，创业是创业者对时代潮流的顺应。一般而言，经济活跃期也是创业踊跃期。因为经济发展，客观上市场机遇较多，创业机会也就较多。反之，创业的踊跃又会促进经济的发展。目前我们既面临着下岗、失业等挑战，同时又面临着许多机遇，这正是造就创业英雄的时代。

经济学家约瑟夫·熊彼特对创业家的创业动机在精神层面上进行了剖析，他将创业动机归结为"建设私人王国，对胜利的热情，创造的喜悦"。实际上，创业家希望摆脱任人摆布的命运，渴望独立、自由地分配时间，安排企业经营活动，实现自我价值。① 这种独立性、自由和自我发展是创业的关键动机。库拉特科和纳夫齐格提出了创业动机的四大类别：第一，外部激励，主要是金钱和股份的形式；第二，内部激励，指个体的内部需要，包括内部控制需要和成就需要；第三，独立与自我控制，主要指通过自己做老板的途径来实现；第四，家庭保障，指由于公司裁员而被迫创业的，需要创业者通过创业为自己和家庭提供保障。

曾照英和王重鸣提出了中国情境下创业者动机的二维模型：事业成就型和生存需求型。其中，事业成就型包括获得成就认可、实现创业想法、扩大圈子影响、成为成功人士、控制自己人生五个维度。生存需求型包括不满薪酬收入、提供经济保障、希望不再失业三个维度。

四、创业者的素质与能力

作为一名创业者，能够选择创业道路，并且成功创办经营自己的企业，往往与创业者所具备的相对独特的创业素质相关，一般来说，创业素质包含以下几个方面。

（一）思想政治素质

思想政治方面的素质包括政治态度、政策法规水平、思想道德品质三

---

① 王国红，等．创业与企业成长［M］．北京：清华大学出版社，2019．

大部分。一个国家的政治制度、政策、法规影响着经济发展方向,一个创业者的政治水平、思想觉悟,也会影响着企业的适应能力、成长方向和发展后劲。包玉刚认为,要想当一个世界著名的经济大亨,就不能远离政治,必须了解时局,在缤纷复杂的表象中,抓住实质性的东西。① 创业者必须自觉提高思想觉悟、提高政策法规水平,服从世界、国家和人民利益的大局,遵守国家相关政策法规要求,符合国家和社会的发展要求,诚信经营,才能使自己的企业得到正常有效的发展。

(二) 创业意识

所谓创业意识是指在创业实践活动中对个体起动力作用的个性意识倾向,主要包括创业的需要、动机、兴趣、理想、信念和世界观等心理成分。创业意识支配着人们对创业实践活动的态度和行为,规定着态度和行为的方向和强度,具有较强的选择性和能动性,是创业基本素质结构的中心。美国心理学家森姆·詹纳斯对多位白手起家的百万富翁的早期心理调查结果表明,他们共同的心理特征就是对金钱的强烈兴趣。② 持续的兴趣和冲动会外化为干事情的激情,持续的激情就表现为热情。对创业的热情可以产生坚韧的毅力和辛苦工作的意愿。大学生能否对创业有着强烈的需求和热情,即能否具备较强的创业意识,往往影响着他们为创业付出的努力和精力的强度和持续度。作为一名创业者,首先应认识到创业可以给我们带来的价值和意义,这样可以提高创业的动力,同时可以避免盲目性,提高创业的可行性和有效性。

(三) 创新精神

创业是实现创新的过程,而创新是创业的本质和手段。

在企业创立发展的过程中,创业者需要通过利用一种新发明或者更一般地利用一种未经试验的技术可能性来生产新商品或者用新方法来生产老商品,通过开辟原料供应的新来源或开辟产品的新销路,通过改组工业结构等手段来改良或彻底改革生产模式等。从主观上说,创新是存在于创业者内心的亢奋激昂的追求经济利益和追求成就感的内在冲动;从客观上讲,通过创新,在优胜劣汰的竞争中能使创业者寻求到优势及发展企业的

---

① 亚洲华人企业家传奇 (53) [EB/OL]. 北方网,2011 - 05 - 01.
② 宿春礼. 决定一生的8种理念 [M]. 北京:中国社会出版社,2005.

外在压力。

创新是保持企业生存发展的原动力，同时也是创业的生命。

（四）创业人格品质

心理学对创业者的研究表明，创业者具有区别于他人的主体人格的特征，同时他们的人格特征又具备共性：他们往往希望通过自己的努力做出一番事业，有更强的成就动机；他们更相信自己的能力和努力在解决问题中的作用，遇到问题更多地会从自身找原因，而不总是归结于外部原因；他们更敢于承担风险，更能容忍生活中一些不确定性的事件的存在；他们更自信，并富有创新意识。丹尼斯·考兹娄斯基被认为是美国公司中最具进攻性的交易商。① 他的雷厉风行和大胆果断使公司取得了巨大的成功。莱曼兄弟的小理查德·法尔德面对"9·11"事件对公司的沉重打击，知难而进，面对对手拼命裁员以减少成本，法尔德却反其道而行之，坚持保留现有员工，并雇用新人，结果极大增强了公司的凝聚力。明基中国营销总部总经理曾文祺说得好：别人不肯做的，对我就是挑战。通用电气的杰克·韦尔奇总是有自己坚定的信仰、价值观和原则，他能够通过人格的力量来带领一个团队去实现他们的目标，而不是别的。② 通过这些例子我们可以看出创业者不同于别人的一些独特的人格品质。

（五）创业能力

所谓创业能力是指影响创业实践活动效率，促使创业实践活动顺利进行的主体心理条件。拥有创业能力可以促使创业者的创业资源得以充分利用，创业者的创业能力水平会影响创新企业的绩效水平，是直接影响创业实践活动效率的主要操作系统，因此是创业基本素质的重要组成部分之一。

五、创业能力培养

创业是一项需要大量投入的艰辛而复杂的过程，必要的创业知识和技能为成功创业提供了智力支持和实践准备。创业的行业选择多种多样，创业所涉及的事务纷繁复杂，这些都对创业者的知识结构和能力素质提出了

---

① 《商业周刊》评出全球25位最佳经理人［EB/OL］.北方网，2002-02-25.
② "全球第一CEO"杰克·韦尔奇留给我们的10个管理原则［EB/OL］.澎湃新闻，2020-03-07.

很高的要求。

（一）创业知识结构方面

创业基础知识是指在创业实践活动过程中个体应具有的知识系统及其构成，是个体创业素质的基础要素。创业知识范围十分广泛，可以将创业的基本知识结构从产品、组织、市场、融资、企业管理等相对具体的角度进行归纳。

（1）产品相关的知识，创业者必须学习技术知识、生产知识及与服务相关的知识。

（2）市场相关的知识，包括销售、促销、一般市场知识等。

（3）组织相关的知识，包括人力资本知识、社会资本知识、公司结构与系统知识、管理知识等。

（4）融资相关的知识，包括资金资助、内部金融管理、纳税计划等。

（5）创办企业相关的知识，包括识别机会、评估机会、开办新企业。为新企业筹措资金，获得企业的关键资源；新企业的营销；新企业的管理与稳定、创造与创新等知识。

（6）新企业扩张与成长相关的知识，包括为成长中的企业注入资金，企业联合，成长管理，推销策略，发展预算控制系统与信息控制系统，人力资源管理，组织文化，组织中的角色，组织结构与员工安排，吸收与采购，运作管理与技术管理，企业的国际化层面，供给连锁管理，企业模式与规范，纳税问题等。

也可以将创业的基本知识结构从经济学、社会学、管理学及行业专业知识等相对宏观的角度进行概括。归纳起来，成功的创业者不但应具有某个行业必要的专业知识，还需要掌握现代自然科学、人文社会科学、社会管理科学等方面的基本常识，并且具有不盲目崇拜、实事求是、与时俱进、敢于质疑、敢于挑战传统的科学精神。

（二）技术能力结构方面

创业者除了需要具备创业基本知识外，还需要具有一定的创业技能。创业技能是创业者所具有的创业素质的能力表现。通常可将技术能力分为：硬件能力和软件能力两大类。硬件能力主要包括人力、财力和物力；软件能力是指个人能力，这里主要是指个人的创业技能，包括创新能力、沟通能力、理财能力、资源整合能力等。

创业过程既是一个勇于创新、迎接挑战的过程，也是一个追求新知、不断学习的过程，创业知识、技能结构的完善和丰富需要创业者在创业实践中善于学习思考，善于总结提炼，并通过创业实践过程不断提高知识和技能水平。当代大学生面临经济全球化的发展趋势，企业竞争更加激烈，其创业实践中更要有意识并积极主动地积累创业经验和创业理论，了解并掌握经营管理、法律、工商、税收、保险等知识，以及其他社会综合知识，锻炼和培养自身在企业经营、行业竞争等过程中的实践能力。

 课后练习题

作为创业者，如何在面对市场变化、竞争压力以及个人成长挑战时，保持持续的创新精神和应变能力，以确保企业的长期竞争力和个人事业的持续发展？

 拓展阅读

大疆无人机，作为全球领先的无人机制造商，其背后的创业者汪滔，以其卓越的创新能力和坚韧的创业精神，成功打造了一个无人机产业的传奇。

汪滔，大疆无人机的创始人，自小便对无人机技术充满热爱与好奇。他坚信，无人机技术将改变世界，为人们带来全新的视角和体验。因此，他毅然决然地选择了创业这条道路，立志要将自己的梦想变为现实。

创业初期，汪滔面临着资金短缺、技术难题和市场空白等多重挑战。然而，他并没有因此放弃，反而更加坚定了自己的信念。他带领团队日夜奋战，攻克了一个又一个技术难关，不断推出创新产品。同时，他积极寻找市场机会，与合作伙伴建立紧密的合作关系，为大疆无人机的发展奠定了坚实的基础。

随着大疆无人机的不断发展，汪滔逐渐成了无人机行业的领军人物。他带领大疆无人机不断创新，推出了多款具有里程碑意义的产品，赢得了全球消费者的广泛认可和赞誉。同时,他也注重企业文化的建设,倡导创新、协作和拼搏的精神,为大疆无人机的长远发展注入了强大的动力。

汪滔的创业故事,充满了激情与奋斗。他用自己的实际行动诠释了创业者的担当与使命,也为我们树立了一个值得学习的榜样。他告诉我们,只要心中有梦、敢于创新、勇于挑战,就一定能够创造出属于自己的辉煌事业。

资料来源:大疆创始人汪滔:从学生时代到无人机巨头的创业历程[EB/OL]. 问天下366,2023-06-02.

第二节　创业团队组建

案例导入

在非洲大草原上如果见到羚羊在奔跑,那一定是狮子来了;如果见到狮子在躲避,那就是象群发怒了;如果见到成百上千的狮子和大象集体逃命的壮观景象,那是什么来了呢?是蚂蚁军团来了!狮子和大象为什么会害怕蚂蚁军团呢?原来,在非洲土地上生活着一种蚂蚁,叫矛蚁(行军蚁),数量庞大,居无定所。当先头部队抓住比它们体积大上几千倍的猎物时,主力军会第一时间赶到,猎物随即被淹没在茫茫苦海中,能活下来的机会是零,它们是非洲大地上一支恐怖的"军事力量"。"齐心协力,其利断金"正是蚂蚁军团制胜的法宝。

案例思考

创业团队如何借鉴蚂蚁军团的协作精神,构建高效协作机制,应对市场变化、克服挑战,实现共同目标?

一、创业团队内涵

(一)创业团队的概念

俗话说:"一个好汉三个帮,一个篱笆三个桩。"良好的创业团队是创建新企业的基本前提。创业活动的复杂性（涉及技术、市场营销、人力资源、财务、税收、法律等领域和专业），决定了所有的事务不可能由创业者一个人包揽，而要通过组建分工明确的创业团队来完成，而这需要一个过程。创业团队的优劣，基本上决定了创业能否成功。有效工作的团队如同一支成功的足球队，全体队员要各就其位，各司其职，同时更要密切配合，才能发挥整体效能。

关于什么是创业团队，可以从狭义和广义两个层面来理解。狭义的创业团队是指有着共同目的、共享创业收益、共担创业风险的一群共同创建新企业的人；广义的创业团队不仅包括狭义的创业团队，还包括创业过程中的部分利益相关者（如风险投资商、律师、会计师及参与企业创建的专家顾问等）。在这里，我们更强调狭义层面的概念。

秦王讨伐六国前，曾经问大臣们这样一个问题："我们国家的人和别国相比，怎么样？"有个大臣是这样回答的："一个一个人比，我们不如他们；如果是一国一国比，他们比不过我们。"[①] 最后，秦国战胜了比自己强大的楚国、齐国等国，统一了六国，靠的就是团队的力量。一个好的创业团队对于新创企业的成功起着举足轻重的作用。当然，并不是说没有团队的新创企业就一定会失败，但可以说要建立一个没有团队而仍然具有高成长潜力的企业极其困难。

（二）创业团队的 5P 要素

创业团队需要具备以下 5 个关键要素（俗称 5P）。

1. 目标（purpose）

创业团队应该有一个既定的共同目标，该目标为团队成员导航。没有目标，这个团队就没有存在的价值。目标在初创企业的管理中以企业的愿景、战略的形式体现。缺乏共同的目标将使团队没有凝聚力和持续发展的动力。

2. 人（people）

创业的共同目标是通过人来实现的，不同的人通过分工来共同完成创业团队的目标，人是构成创业团队最核心的力量。两个或两个以上的人就

---

① ［西汉］司马迁：《史记·卷六》（秦始皇本纪）。

可以构成团队。在创新企业中，人力资源是所有创业资源中最活跃、最重要的资源。所以，人员的选择是创业团队建设中非常重要的内容，创业者应该充分考虑团队成员的能力、性格、经验等方面的因素。

3. 定位（place）

创业团队的定位包含两层意思：（1）团队的定位，是指创业团队在企业中处于什么位置，所扮演的角色是什么以及团队内部的决策力和执行力怎么样；（2）成员（创业者）的定位，作为创业团队中的成员在团队中扮演什么角色，是制订计划还是具体执行计划，即创业团队的角色分工问题。定位问题关系到每一个成员是否对自身的优、劣势有清醒的认识。创业活动的成功推进，不仅需要整个企业能够寻找到合适的创业机会，同时也需要整个创业团队能够各司其职，优势互补，并且形成一种良好的合力。

4. 权限（power）

权限是指新创企业中职、责、权的划分与管理。一般来说，团队的权限与企业的大小及正规程度有关。在新创企业的团队中，核心领导者的权力很大，但随着团队的成熟，核心领导者的权限会降低，这是一个团队成熟的表现。

5. 计划（plan）

计划有两层含义：一方面计划是指为保证目标的实现而制订的具体实施方案；另一方面大的计划在实施中又会分解成许多小的计划，需要团队成员共同努力去完成。

以上是团队构成的 5P 要素，但是在创业之初，创业者往往会面临很多困难，团队的建设并不像想象中的那样简单，这需要创业者有充分的心理准备。有时创业过程会与团队组建一起完成，由于创业活动的特殊性，创业团队不必具备每一个因素。随着企业的逐步成熟，团队建设也应该逐步完善。创业者应当时刻记住一句俗语"三个臭皮匠，顶个诸葛亮"，这正说明了创业团队在创业过程中的重要性。

二、创业团队的类型

依据创业团队的组成者，创业团队被划分为星状创业团队（star team）、网状创业团队（net team）和虚拟星状创业团队（virtual star team）。

(一) 星状创业团队

在团队中一般有一个核心人物(core leader),充当领队的角色。星状创业团队在形成之前,一般是核心人物有了创业的想法,然后根据自己的设想进行创业团队组建。因此,在团队形成之前,核心人物已经就团队的组成进行过仔细思考了,并根据自己的想法选择相应的人员加入团队。这些加入创业团队的成员有可能是核心人物熟悉的人,也有可能是不熟悉的人,但这些团队成员在企业中更多时候充当的是支持者(supporter)的角色。星状创业团队结构如图6-1所示。

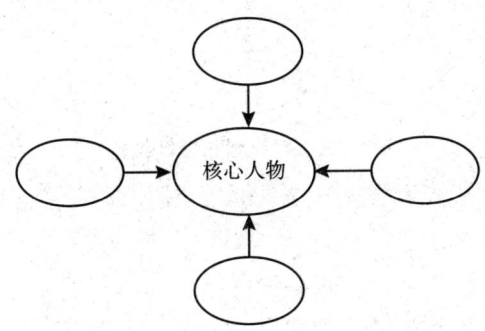

图6-1 星状创业团队结构

资料来源:邓文达,吴月瑞,钟利红.大学生创新创业[M].北京:人民邮电出版社,2022:63.

星状创业团队有以下几个明显的特点:

(1) 组织结构紧密,向心力强,核心人物在组织中的行为对其他个体影响巨大。

(2) 决策程序相对简单,组织效率较高。

(3) 容易形成权力过分集中的局面,从而使决策失误的风险加大。

(4) 当其他团队成员和核心人物发生冲突时,因为核心人物的特殊权威,其他团队成员往往处于被动地位;在冲突较严重时,其他团队成员一般都会选择离开团队,对组织的影响较大。

(二) 网状创业团队

网状创业团队的成员一般在创业之前都有密切的关系,如同学、亲戚、同事、朋友等,一般都是在交往过程中,共同认可某一创业想法,并就创意达成共识以后,开始共同创业。在创业团队组成时,没有明确的核心人物,大家根据各自的特点进行自发的组织角色定位。因此,在企业创立之初,各位成员扮演的是协作者或者伙伴的角色,如图6-2所示。

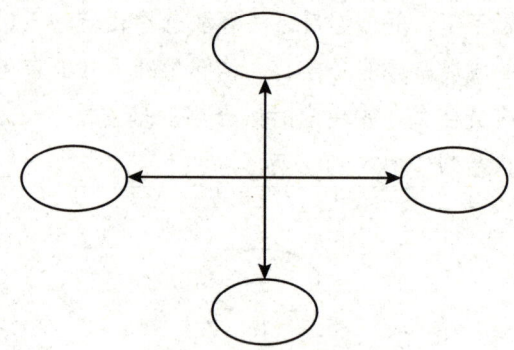

图6-2 网状创业团队结构

资料来源:邓文达,吴月瑞,钟利红. 大学生创新创业[M]. 北京:人民邮电出版社,2022:63.

网状创业团队的特点如下。

(1)团队没有明显的核心人物,整体结构较为松散。

(2)组织在进行决策时,一般采取集体决策的方式,通过大量的沟通和讨论达成一致意见,因此组织的决策效率相对较低。

(3)由于团队成员在团队中的地位相似,因此容易在组织中形成多头领导的局面。

(4)当团队成员之间发生冲突时,一般都采取平等协商、积极解决的态度消除冲突。团队成员不会轻易离开,但是一旦团队成员间的冲突升级,某些团队成员撤出团队,就容易导致团队涣散。

这种创业团队的典型例子是微软的比尔·盖茨和童年玩伴保罗·艾伦,惠普的戴维·帕卡德和他的斯坦福大学同学比尔·休利特等。这些创业之前已有密切关系的人,基于一些互动激发出创业点子,然后合伙创业。

(三)虚拟星状创业团队

虚拟星状创业团队由网状创业团队演化而来,基本上是前两种的中间形态。团队中有一个核心人物,但是该核心人物地位的确立是团队成员协商的结果,因此核心人物从某种意义上说是整个团队的代言人,虽然不如星状创业团队中的核心人物那样有权威,但在团队中有一定的信服力,能充分考虑和听取其他团队成员的意见。这种团队的决策既集中又民主,是一种比较理想的创业团队类型,如图 6-3 所示。

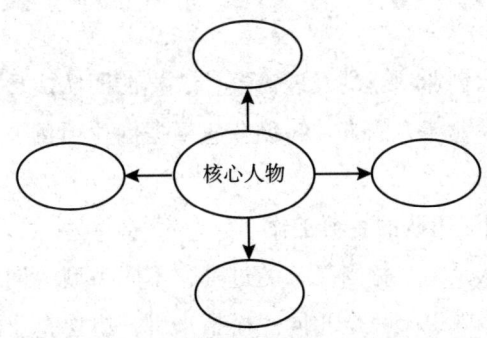

图 6-3　虚拟星状创业团队结构

资料来源:邓文达,吴月瑞,钟利红.大学生创新创业[M].北京:人民邮电出版社,2022:63.

三、组建创业团队的策略

(一) 组建创业团队需要考虑的四大要素

创业团队对新创企业的成功起着举足轻重的作用。创业团队的凝聚力、合作精神等可以帮助新创企业克服各种意想不到的困难,保证新创企业的生存。另外,团队成员之间的相互支持、相互协调的关系,对新创企业起到了提高管理水平、降低管理风险的作用。因此,组建一个高效、有序的创业团队就显得十分重要。一般来说,创业团队的组建应考虑以下四个因素。

1. 核心创业者因素

核心创业者是指创业团队中占主导地位的人,他是创业活动的发起者和组织者,是创业团队的核心领导人,是具有使命、荣誉、责任和思考、推理、判断能力的人。

2. 社会网络因素

社会网络是指个体成员之间因互动而形成的相对稳定的关系体系,也就是人们通常所说的"关系网"。社会网络能够给创业者带来人才、物质、资金、项目等各种创业所需的资源。

3. 机会成本因素

机会成本是经济学上一个重要的成本概念,它是指把一种资源投入某一特定用途之后,所放弃的在其他用途中所能得到的最大收益。创业者加入创业团队意味着放弃其他发展机会,因而在加入创业团队之前需要三思。

4. 项目发展因素

项目发展是指创业项目的发展需要什么样的团队成员。创业项目中可能需要有各方面专业能力的人才,创业应根据创业项目来挑选合适的创业伙伴。

(二)组建创业团队的主要工作

组建创业团队是一个相当复杂的过程,不同类型的创业项目所需的团队不一样,创建步骤也不完全相同。概括来讲,组建企业团队的主要工作包括以下环节。

1. 明确创业目标

创业目标就是要通过完成创业阶段的技术、市场、规划、组织、管理等各项工作,实现企业从无到有、从起步到成熟。总目标确定之后,为了推动团队最终实现创业目标,再将总目标加以分解,设定若干可行的、阶段性的子目标。

2. 制订创业计划

在确定了一个个阶段性子目标以及总目标之后,紧接着就要研究如何实现这些目标,这就需要制订周密的创业计划。创业计划是在对创业目标进行具体分解的基础上,以团队为整体来考虑的计划,创业计划确定了在不同的创业阶段需要完成的阶段性任务,通过逐步实现这些阶段性目标来最终实现创业目标。

3. 招募合适的人员

招募合适的人员也是组建创业团队最关键的一步。关于创业团队成员的招募,主要应考虑两个方面:一是互补性,即考虑其能否与其他成员在能力或技术上形成互补。这种互补性既有助于强化团队成员间彼此的合作,又能保证整个团队的战斗力,更好地发挥团队的作用。一般而言,创业团队至少需要管理、技术和营销三个方面的人才。只有这三个方面的人才形成良好的沟通协作关系后，创业团队才可能稳定高效发展。二是适度规模，适度的团队规模是保证团队高效运转的重要条件。团队成员太少无法实现团队的功能和优势，而过多又可能会产生交流的障碍，团队很可能会分裂成许多较小的团体，进而大大削弱团队的凝聚力。一般认为，创业团队的规模控制在 2~12 人最佳。

4. 职权划分

为了保证团队成员执行创业计划，顺利开展各项工作，必须预先在团队内部进行职权的划分。创业团队的职权划分就是根据执行创业计划的需要，具体确定每个团队成员所要担负的职责以及相应所享有的权限。团队成员间职权的划分必须明确，既要避免职权的重叠和交叉，也要避免无人承担造成工作上的疏漏。此外，由于还处在创业过程中，面临的创业环境又是动态复杂的，会不断出现新的问题，团队成员可能不断出现更换，因此创业团队成员的职权也应根据需要不断地进行调整。

5. 组建创业团队制度体系

创业团队制度体系体现了创业团队对成员的控制和激励能力，主要包括团队的各种约束制度和各种激励制度。一方面，创业团队通过各种约束制度（主要包括纪律条例、组织条例、财务条例、保密条例等）指导其成员避免做出不利于团队发展的行为，对其行为进行有效约束，保证团队的稳定秩序。另一方面，创业团队要实现高效运作必须具有有效的激励机制（主要包括利益分配方案、奖惩制度、考核标准、激励措施等），使团队成员看到随着创业目标的实现，其自身利益将会得到怎样的改变，从而达到充分调动成员的积极性、最大限度发挥团队成员作用的目的。要实现有效的激励，首先必须把成员的收益模式界定清楚，尤其是关于股权、奖惩等与团队成员利益密切相关的事宜。需要注意的是，创业团队的制度体系应以规范化的书面形式确定下来，以免带来混乱。

6. 团队的调整融合

完美组合的创业团队并非创业一开始就能建立起来，很多时候是在企业创立一定时间以后随着企业的发展逐步形成的。随着团队的运作，组建团队时在人员匹配、制度制定、职权划分等方面的不合理之处会逐渐暴露出来，这时就需要对团队进行调整融合。由于问题的暴露需要一个过程，因此团队调整融合也应是一个动态持续的过程。在完成了前面的工作步骤之后，团队调整融合工作专门针对运行中出现的问题不断地对前面的步骤进行调整直至满足实践需要为止。在进行团队调整融合的过程中，最为重要的是要保证团队成员间经常积极有效地沟通与协调，培养强化团队精神，提升团队士气。

四、创业团队的成员分工

贝尔宾团队角色理论提出，一个结构合理的团队应该由9种角色的人员组成。每位团队成员必须清楚自己和其他人所扮演的角色，了解如何相互弥补不足，发挥彼此的优势。团队中各角色的特征和作用如表6-1所示。

表6-1　　　　　　　　团队中各角色的特征和作用

类型	角色	特征	在团队中的作用
谋略导向	审议员/监督者	优点：理智谨慎，判断力和分辨力强，讲求实际 缺点：缺乏鼓动和激发的能力	分析问题和情境；对繁杂的材料予以简化，并澄清模糊不清的问题；对他人的判断和作用做出评价
	专家	优点：主动自觉、全情投入，能够提供不易掌握的专业知识和技能 缺点：贡献的范围有限，沉迷于个人兴趣	提供专业建议
	智多星/创新者	优点：思维活跃、想象丰富，知识面广，具有创新精神 缺点：高高在上、不重细节、不拘礼仪	提供建议；提出批评并有助于引出改进意见；对已经形成的行动方案提出新的看法
人际导向	协调者	优点：沉着、自信，看待问题比较客观，拥有控制局面的能力 缺点：在智力及创造力方面稍逊一筹	协助明确团队目标和方向；帮助确定团队中各角色的分工、责任和工作界限
	凝聚者	优点：擅长人际交往，性格温和，敏感具有较强的环境适应能力和团队凝聚能 缺点：危急时刻优柔寡断	给予他人支持和帮助；解决团队中出现的问题

第六章 创业者与创业团队

续表

类型	角色	特征	在团队中的作用
人际导向	外交家/信息者	优点：外向热情、好奇心强、消息灵通 缺点：兴趣转移快	提出建议；引入外部信息
行动导向	执行者	优点：保守、务实可靠、勤奋 缺点：缺乏灵活性，对没有把握的主意不感兴趣	将计划转为实际步骤
行动导向	完成者	优点：勤奋有序、有紧迫感、理想主义 缺点：拘泥于细节、容易焦虑、不洒脱	强调任务的目标要求：查漏补缺，督促他人完成
	鞭策者	优点：思维敏捷、开朗、能主动探索、有干劲、爱挑战 缺点：好激起争端、易冲动、急躁	寻找和发现方案，推动团队成员达成一致意见，并朝着决策行动

 课后练习题

在组建创业团队时，如何有效筛选和整合具备不同背景、技能和经验的成员，以形成优势互补、协同作战的高效团队？

 拓展阅读

字节跳动是一家全球知名的科技公司，以其创新的算法和内容推荐技术而闻名于世。该公司由张一鸣等在2012年创立，从最初的新闻聚合应用"今日头条"起步，逐渐发展成为拥有多个热门产品的科技巨头，包括抖音、西瓜视频、懂车帝等。

字节跳动的创业团队是一个典型的多元化、高效协作的团队。在团队组建初期，张一鸣就注重选拔具备不同背景、技能和经验的成员。他相信，一个成功的团队需要拥有多元化的视角和思维方式，才能应对市场的快速变化和挑战。因此，字节跳动的团队成员来自不同的领域，包括技术、产品、市场、运营等。他们有的擅长算法研发，有的擅长用户体验设计，有的擅长市场推广，各自在自己的领域里拥有深厚的专业知识和丰富的经验。

在团队协作方面，字节跳动实行扁平化管理，鼓励成员之间直接沟通、快速决策。同时，公司还建立了一套完善的内部协作机制，包括定期的项目会议、知识分享会等，以促进团队成员之间的交流和合作。

正是凭借这样一支高效协作的团队，字节跳动在短时间内取得了惊人的发展成果。其产品在市场上获得了广泛的认可和好评，公司估值也不断攀升。字节跳动的成功，充分证明了在创业过程中，组建一个多元化、高效协作的团队是至关重要的。

资料来源：字节跳动企业文化新增"多元兼容"打造全球化团队[EB/OL]. 东北网, 2020-03-11.

第三节 创业团队管理

案例导入

刘先生是青岛A公司的总经理，他的公司从事家庭装修材料的生产和销售，经过四五年的发展，公司已经成为青岛地区家庭装修材料市场的领头羊，2022年全年销售额9000多万元，市场占有率稳居第一。不过刘先生的心情非常郁闷，因为和他一块从江西老区出来打天下的几个公司元老级人物离开了他的公司，其中最令刘总心痛的是公司的王副总，王副总在公司的威望很高，是元老中唯一的本科生，公司的发展有一大半应归功于王副总。王副总的一番话令刘总至今难忘。"刘总，当年是你把我和文涛（公司销售部经理）、刘庆（公司技术部经理）从江西老区拉到这里，我们一起拼命干，从6个人5万块钱做到现在的300多个人9000多万，可是企业越做越大，我们的心也越来越寒，这么多年了，每年分红就凭你一时的高兴，想给谁多少就多少，大家心里都不踏实啊。我们都觉得干活没盼头，像现在这样下去，我们肯定都会走的。"

资料来源：创业路上如何保持创业团队的稳定［EB/OL］. 大学生创业网，2022 –11 –27.

案例思考

公司老员工为什么要离开公司？

一、创业团队的风险控制
（一）创业团队构建的风险
1. 盲目照搬成功的组建模式

创业团队的组建基本可以分成3种模式：关系驱动、要素驱动和价值驱动。关系驱动是指以创业领导者为核心的人际关系圈的圈内成员构成团队。他们因为经验、友谊和共同兴趣结成合作伙伴，彼此发现商业机会后共同创业。关系驱动模式比较符合中国文化的特点，其团队的稳定性相对较高，但这种模式下，关系的远近亲疏经常会成为团队发展的瓶颈。要素驱动是指创业团队成员分别贡献创业所需的创意、资源和操作技能等要素。由于这些要素完全互补，团队成员之间处于相对平等的地位。要素驱动模式比较符合西方文化的特点，现在的互联网创业团队大多属于这种模式，如果成员之间磨合顺利，可以缩短企业成功所需的时间，但是如果磨合不顺利，就很容易发生解散的风险。价值驱动是指创业成员将创业视为一种实现自我价值的手段，他们的使命感很强，成功的冲动也很强。价值驱动模式中的团队成员虽然是为了追求自我实现组合在一起的，但是一旦产生分歧，基本没有妥协的余地。

不同的组建模式适用的条件不尽相同，如果盲目照搬照套某种组建模式，会给企业带来巨大的风险。

2. 团队成员选择具有随意性和偶然性

创业团队是要将个体的力量整合为集聚的攻击力，并保持这种攻击力的持久性。理想创业团队的构成，通常包含9种不同角色的人：提出创新观点并做出决策的创新者；将思想语言转化为行动的实干者；将目标分类，进行角色职责与义务分配的协调者；促进决策实施的推进者；引进信息与外部谈判的信息者；分析问题与看法并评估别人贡献的监督者；给予个人支持并帮助他人的凝聚者；强调任务的时效性并完成任务的完美主义者；具有专业技能和知识的专家。

在团队组建初期由于规模和人数的限制，创业团队在成员选择方面考虑不够全面，过于随意和偶然，甚至只是因为碰到创业问题而一拍即合，所以不可能具备所有这九种角色，之后又没有进行及时的补充，或是在团队中承担某种角色的人才过多，团队成员之间角色和优势重复，这些都会引发各种矛盾，最终导致整个创业团队的解体。

3. 缺乏明确和一致的团队目标

杰出团队的显著特征是具有共同的愿景与目标，凝聚人心的愿景与经营理念是团队合作的基础。目标则是共同愿景在客观环境中的具体化，能够为团队成员指明方向，是团队运行的核心动力。

事实上，在创业初期，创业团队的目标一般并不十分清晰和明确，可能只是一个朦胧的发展方向，有些人甚至不明白自己为什么会走上创业的道路。而且即使创业领导者的目标明确，也不能保证其他成员都能够准确理解团队目标的含义。随着创业进程的推进及外界环境的变化，团队成员可能会发现原先确定的目标和现实之间存在差距，必须对目标进行适当调整，此时如果团队成员之间意见难以调和，或是个人目标与组织目标出现较大的不一致，那么团队就会面临解散的风险。

4. 激励机制尤其是利润分配方式不完善

有效激励是企业长期保持团队士气的关键。如果缺乏有效的激励，团队或者组织的生命都难以长久，有效激励的重点是给予团队成员合理的"利益补偿"。利益分配对于创业团队的持续长期发展有着重要的意义。

实际上，在团队组建初期，由于企业前途未卜，各成员在创业企业中的作用和贡献无法准确衡量，因此团队无法给出一个明确的利润分配方案，可能只是简单地采取平均主义的做法，这样，随着企业的发展和利润的增加，团队成员在利润分配时就会出现争议，从而导致创业团队人心浮动。

（二）创业团队的风险控制

1. 选择合适的团队成员

建立优势互补的创业团队是保持团队稳定性的关键，也是规避和降低团队组建模式风险的有效手段。在团队创建初期，人数不宜过多，能满足基本的要求即可。在成员选择上，要综合考虑成员在能力和技术上的互补性，基本保证具备理想团队所需的九种角色。而且，成员的能力和技术应该处于同一等级，不宜差距过大。如果团队成员在理解能力、表达能力、执行能力、社会资源能力、思维创新能力等方面存在较大的差异，就会产生严重的沟通和执行障碍。

此外，在选择成员时还要考虑创业激情的影响。在企业初创期，所有成员每天都需要超负荷工作，如果缺乏创业激情和对事业的信心，不管其专业水平多高，都可能成为团队中的消极因素，对其他成员产生负面影响。

2. 确定清晰的创业目标

创业团队在实践中要不断总结和吸取教训，形成一致的创业思路，勾画出共同的目标，以此作为团队努力的目标和方向，鼓励团队成员尽快掌握工作内容和了解职责，竭诚与他人合作交流，贡献个人能力。

创业团队的目标必须清晰明确，能够集中体现出团队成员的利益与团队成员的价值取向一致，并保证所有团队成员都能正确理解，这样才能发挥鼓励和激励团队成员的作用。此外，创业团队的目标还必须切实可行，既不应太高，也不能太低，而且能够跟着环境和组织的变化及时更新和调整。

3. 制定有效的激励机制

正确判断团队成员的"利益需求"是有效激励的前提。实际上，不同类型人员对于利益的需求并不完全一样，有些成员将物质追求放在第一位，而有些成员则是希望能够获得荣誉、发展机会、能力提高等其他利益。因此，创业团队的领导者必须加强与团队成员的交流，针对各成员的情况采取合理的激励措施。

创业团队的利润分配体系必须体现出个人贡献价值的差异，而且要以团队成员在整个创业过程中的表现为依据，而不仅是某一阶段的业绩。其具体分配方式要具有灵活性，既包括股权、工资、奖金等物质利益，也包括个人成长机会和相关技能培训等内容，并且能够根据团队成员的期望进行适时调整。

二、创业团队管理的技巧和策略

新创企业的管理,实际上包含公司组织、生产服务、市场营销等几个方面,新创企业的管理重点一般会落在生产管理、市场、服务等环节上,而忽视团队的建设与管理,这种做法是不科学的。如何管理创业团队呢?主要有以下几点。

(一)保持沟通流畅,营造相互信任的团队氛围

沟通是有效管理团队的重要内容。杰克·韦尔奇说,"竞争、竞争、再竞争,沟通、沟通、再沟通",① 顺畅的沟通是企业不断前进的命脉。没有沟通,团队就无法运转。其一,沟通使信息保持畅通,实现信息共享,避免因为信息缺失而出现错误的决策与行为。其二,沟通可以化解矛盾,增强团队成员彼此之间的信任。在长期合作共事的过程中,成员之间难免会有矛盾,缺少沟通可能导致相互猜疑、相互抱怨,矛盾会随着时间的推移越来越大,最后可能导致团队的分裂。而情感上的相互信任,是一个团队最坚实的合作基础。团队的成功与否,根本原因在于人与人的"兼容性",相互信任就是兼容过程中的"润滑剂"。其三,沟通可以有效地解决认知性冲突,提高团队决策的质量,促进决策方案的执行。在企业经营管理过程中,团队成员对有关问题会形成不一致的意见、观点和看法,这种论事不论人的分歧称之为认知性冲突。优秀的团队并不回避不同的意见,而是进行充分的沟通和交流,鼓励创造性的思维。这也有助于推动团队成员对决策方案的理解和执行,提高团队决策的质量,提高组织绩效。

(二)让合适的人做合适的事

从人力资源管理上"人岗匹配"的原则来说,让合适的人做合适的事,是科学的用人原则。这样做的结果对个人来说,可以保证团队每一名成员得到发展,充分调动团队成员的潜能,激发其工作热情,使其将个人的优势发挥得淋漓尽致;对团队来说,扬长避短无疑是提高效率的最佳配置方式。

(三)制定严格的规章制度

"没有规矩,不成方圆",一个初创团队,如果没有严格的规章制度

---

① 沟通无处不在![EB/OL]. 搜狐网, 2019-04-25.

（如绩效考核制度、财务管理制度、行政管理制度等）作为运转保障，就会成为一盘散沙。因此，最初创业时就要把该说的话说到，该立的规矩立好，把最基本的责、权、利说得明白、透彻，不要碍于情面含含糊糊。规章制度具有明确性的特点，有助于规范团队内部各成员的行为，使每个人都能恪尽职守，各司其职，避免新创企业中经常出现的团队成员责、权、利混淆的情况，避免出现因责、权、利等的分歧而导致创业团队的解散。

（四）建立良好的团队文化

团队文化的精髓就是强调合作精神，团结合作才能成就共同的目标，从而满足团队成员各自的需求，为团队营造一种快乐工作和积极进取的氛围。要形成真正良好的氛围，关键在于彼此的信任。没有信任就没有尊重，也就没有相互关怀和支持。创业团队成员之间的信任程度，将在一定程度上决定他们的沟通程度，进而影响整个团队的凝聚力。

（五）建立合理的决策机制

要成为一个有凝聚力的团队，团队核心人物（决策者）必须学会在没有完善的信息、团队成员没有统一的意见时做出决策，而且承担决策的后果。只要自己认为对的事情，不可优柔寡断，必须付诸行动。而正因为完善的信息和绝对的一致意见，决策能力就成为一个团队能否成功的重要因素。但如果一个团队没有鼓励、建设性的意见和毫无戒备的冲突，决策者就不可能学会决策。这是因为只有当团队成员彼此之间热烈地、不设防地争论，直率地说出自己的想法，团队核心人物才可能有信心做出充分集中集体智慧的决策。决策的主要内容是公司发展的长期目标与一定阶段的计划，还有一些是与公司发展相关的重大决策。

（六）马上执行，对结果负责

有了决策，还需要严格地执行，执行力也是一种显著的生产力。在创业团队，我们高度强调团队成员必须对结果负责，"没有结果就是没做"，没有任何理由和借口。在团队里，也许我们并不需要每个团队成员都异常聪明，因为过度聪明往往会导致自我意识膨胀，好大喜功；相反，却需要每个人都具有强烈的责任心和事业心，对于公司制订的业务计划和目标能够在理解、把握、吃透的基础上，细化、量化自己的工作，坚定不移地贯彻执行下去，对于过程中的每一个运作细节和每一个项目流程都要落到实处，对结果负责。其实，决策者的角色也不是一成不变的，决策者应首先以一个执行者来要求自己，只有当自己也能完成方案时，才能将类似的方案交给其他执行者去执行。

（七）注重团队凝聚力

团队的凝聚力是指群体成员之间为实现共同目标而实施团结协作的程度，凝聚力表现在成员的个体动机行为对群体目标任务所具有的信赖性、依从性乃至服从性上。在创业过程中，团队所有成员都认同整个团队是一股密切联系而又缺一不可的力量。团队的利益高于团队每一位成员的利益，如果团队成员能够为团队的利益而舍弃自己的小利，团队的凝聚力就会加强。没有完美的个人，只有完美的团队。虽然在创业团队中，每一位成员都可以独当一面，但是合作仍然是团队成员首先要学会的东西。成功的创业公司中，团队的成功远远高于个人的成功。创业者团队核心成员只有相互配合，共同激励，树立同舟共济的意识，才能成就梦想。

 课后练习题

如果你是一个创业团队的总体规划者，你认为自己的收入应当占利润的百分比是多少？企业利润应当如何分配？

 拓展阅读

腾讯的五虎将：腾讯的五位创始人在创业前最主要的关系是同学和同事。其中马化腾、张志东、许晨晔和陈一丹是从中学到大学的校友，前三位在深圳大学甚至是一个系的，而曾李青则是马化腾姐姐的同事，也是许晨晔的同事。

携程四君子：携程创业的四君子中，除 CEO 梁建章是复旦大学毕业之外，沈南鹏、范敏、季琦均是上海交通大学的校友。早在 1982 年中学生计算机竞赛上，沈南鹏和梁建章这两个数学"神童"同时获奖，从此产生交集。1999 年春的一天，梁建章和季琦、沈南鹏等上海交通大学校友聚会，几个年轻人对互联网话题热烈地讨论了一夜。最后的结论是：一起做一个向大众提供旅游服务的电子商务网站。

复旦五虎：复旦集团的创始人是郭广昌、梁信军、汪群斌、范伟、谈剑几个复旦校友组成的"复旦五虎"。1992年复星集团创始资本仅3.8万元，到了2012年，净资产已经超过516亿元。总结起来他们团队的特点是：互相信任、志同道合、能力互补、各尽其才，个人才能得到了最大的发挥。

这些成功的创业案例彰显了创业团队的重要性，无论是同学情谊还是同事合作，共同的目标、互补的能力和深厚的信任关系都是推动创业成功的关键力量。

资料来源：张雅伦，张丽丽. 大学生创新创业基础教程［M］. 北京：北京理工大学出版社，2018；校友合伙人：腾讯五虎、新东方三驾马车、携程四君［EB/OL］. 搜狐网，2015-08-06.

请根据个人在创业实践的实际表现进行打分，并统计总分。测试结果可对创业者的能力进行初步评估。总分越高，说明个人在创业能力方面表现越优秀。

评分规则：A. 非常符合（4分）；B. 符合（3分）；C. 一般（2分）；D. 不符合（1分）。

（1）创业者在团队中总能清晰表达愿景和使命。

（2）创业者在困难面前能保持冷静，为团队指明方向。

（3）创业者能有效激励团队成员，提高团队士气。

（4）创业者能够及时处理团队冲突，促进团队协作。

（5）创业者对市场趋势有敏锐的洞察力，能抓住商机。

（6）创业者能准确分析竞争对手的优劣势，制定有效策略。

（7）创业者能深入了解目标客户的需求和痛点。

（8）创业者能根据市场变化及时调整产品或服务。

（9）创业者具备创新思维，能提出新颖的想法和解决方案。

（10）创业者敢于尝试新的商业模式和技术手段。

（11）创业者能够持续推动团队进行创新和改进。

（12）创业者的产品或服务在市场上具有独特性。
（13）创业者能够识别潜在的风险和威胁。
（14）创业者有完善的风险应对策略，能降低风险影响。
（15）创业者在面对风险时能保持冷静，不轻易放弃。
（16）创业者能够从失败中吸取教训，避免重复犯错。
（17）创业者能够将计划和目标转化为具体的行动计划。
（18）创业者能够合理分配资源，确保项目顺利进行。
（19）创业者能够跟踪项目进度，及时调整执行策略。
（20）创业者对结果负责，能够按时交付成果。

本章小结

创业者作为引领者，需具备强烈的创业动机、敏锐的市场洞察力和卓越的领导才能。不同类型的创业者拥有各自独特的优势和特点，共同推动着创业活动的繁荣发展。创业团队的组建则是创业成功的关键。一个优秀的创业团队应具备目标、人员、定位、权限和计划这五个核心要素，遵循互补性、共同性和平衡性的组建原则。在组建过程中，需要明确团队成员的角色分工，确保团队结构的合理性和高效性。然而，创业团队的管理同样重要。在团队运行过程中，可能会面临各种风险和挑战，因此必须采取相应的控制措施，确保团队的稳定和持续发展。同时，掌握有效的团队管理技巧和策略，能够提升团队凝聚力和执行力，为创业成功奠定坚实基础。

拓展阅读

2020年底开始创业成立传媒公司的陈颖最近有些手忙脚乱。她原本是一家传媒企业的技术骨干，由于原来公司的转型和搬迁，她和一批老同事选择退出并自己创业，本来在原工作单位大家都积累了行业知识、技能和人脉关系，但是创业伊始，她就开始为管理头疼。"过年这几天，我都在定规矩,我发现自己在拿到第一单业务前,就要被亟须制定的各项制度累垮了。经营团队每天在外面跑,却难以监测工作成果;又比如员工出现错误,想惩罚又没有标准。这些制度哪些需要、哪些不需要我真的有点发蒙。"陈颖表示。为此,她赶紧向一位职业经理人朋友取经,朋友告诉她:"创业初期的企业,规章制度应简单、务实,不必制定太多、太细碎的规定去约束员工的行为。但是基本的工作、薪资、绩效、财务等制度要及早建立。"

根据朋友的建议,陈颖将几个合伙人召集起来,经过半天的讨论,制定出了一份"员工手册"。在员工手册中,对岗位职责、考勤制度、薪金构成、奖惩标准等进行明确说明,能够使刚入职的员工很快地清楚知道自己应该做什么、不能做什么,有效地减少了工作中的低级失误。之后,陈颖又规范了公司在报销、成本核算和成本控制方面的制度,使公司的财务制度化,有效地控制了公司的现金流。

在宣布这些制度后,陈颖又特别宣布公司的制度每年会进行修订,并且鼓励员工发挥自己的能力去获取业绩,凡是公司制度上没有限制的都可以进行尝试。在合理的制度下,陈颖的传媒公司很快走上了正轨。

陈颖的传媒公司在初创时没能建立起规范的管理制度,导致她一度手忙脚乱。在经过咨询后,该创业团队迅速建立起了执行性强、适应当下需要的制度,企业也很快走上了正轨。

资料来源:作者根据资料自行整理而得。

第七章　创业机会与创业风险

思维导图

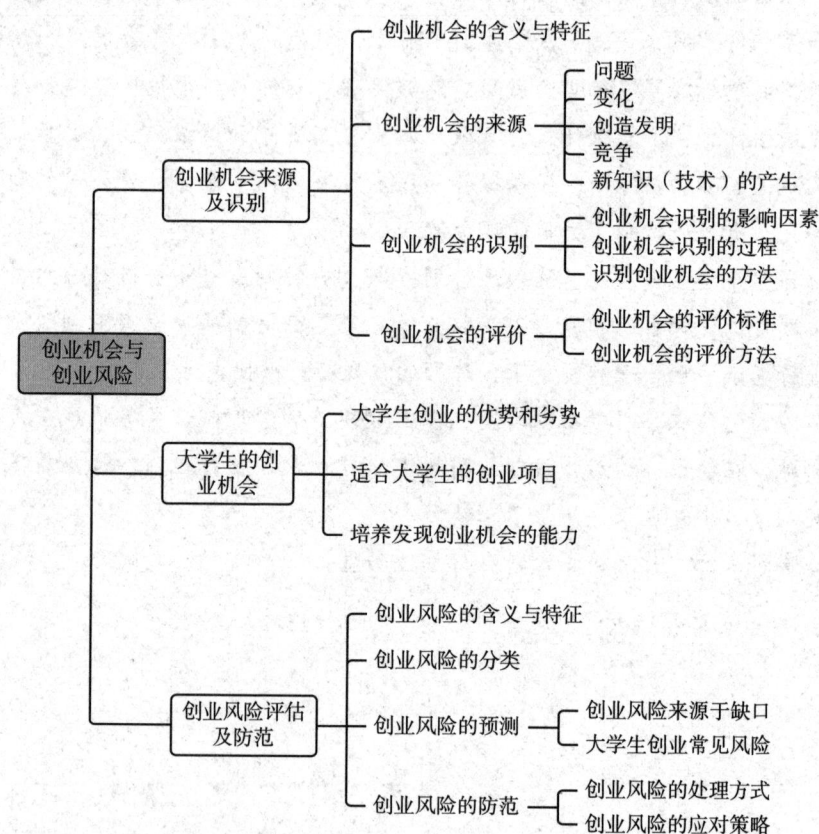

第七章 创业机会与创业风险

第一节 创业机会来源及识别

> **案例导入**

在消费结构不断优化升级的时代背景下，万师傅以其独特的创业理念和科技驱动的服务模式，成功抓住了家居服务行业的巨大机遇。作为国内最大的互联网家居服务平台，万师傅自创立以来，始终坚持以师傅为核心，以人为本，致力于提供高品质、高效率的家居服务。

万师傅通过大数据、智能算法与 AI 技术的运用，实现了家居服务的数智化升级。平台不仅提供了全国范围内的配送、安装、维修、清洗、疏通等一站式服务，还通过精准匹配和智能调度，提高了服务效率和质量。这种创新的服务模式，不仅赢得了消费者的信任和认可，也吸引了大量师傅和商家的加入。

万师傅"让用户自由选择，让师傅自主经营"的独创理念，让"人"的主观能动性在服务过程中得到调动和提升，万师傅打造出的公开、透明、安全的交易环境，进一步解决了消费者找好师傅难、好师傅找活儿难的行业痛点。用户与师傅之间的"双向奔赴"，在帮助更多用户解决售后服务问题的同时，也进一步净化行业生态，形成良性循环。

截至 2023 年，在短短十年间，万师傅已累计服务超过 1 亿次，注册师傅超过 250 万人，服务范围覆盖全国 368 个城市共 3294 个区/县，服务超过 100 万企业用户及 2400 万个人家庭用户。这一成绩的取得，不仅彰显了万师傅在家居服务行业的领先地位，也证明了其创业模式的成功和可持续发展潜力。

资料来源：万师傅订单规模突破 1 亿：家居服务业迈出"一大步"[EB/OL]. 国际在线，2023-08-07.

> **案例思考**

1. 数智时代,如何发现创业机会?
2. 为什么"万师傅"会获得创业成功?

一、创业机会的含义与特征

创业机会广泛存在于经济和社会发展之中,由于创业者自身的知识及特质的不同,对机会的认识也有所差异。面对同一个创业机会,某些创业者可能会不屑一顾,而另一些创业者则可能认为是天赐良机。在创业活动中,要做到"慧眼识珠",抓住创业机会,首先必须了解创业机会。

(一)创业机会的含义

关于创业机会,有以下几种常见定义。

(1)创业机会可以为购买者或使用者提供或增加有价值的产品或服务,它具有吸引力、持久性和适时性。

(2)创业机会可以引入新产品或新服务,并能使相关产品或服务以高于成本价出售。

(3)创业机会是一种新的"目的—手段"关系,它能为经济活动引入新产品、新服务、新材料、新市场或新组织方式。

综上所述,我们可以得出较为全面的概念:创业机会是指在市场经济条件下,在社会经济活动过程中形成和产生的一种有利于企业经营成功的因素,是一种带有偶然性并能被经营者认识和利用的契机。

(二)创业机会的特征

创业机会如同沙中的黄金,其稀缺性和难以捕捉性显而易见,需用独特的创业视角和方法才能发现,创业机会具有如下特征。

1. 隐蔽性

创业机会具有隐蔽性,创业机会出现在每个人面前但不会被大众所认识,而隐蔽性也正是其价值所在。如果一个非常优秀的创业机会被大众所普遍认识,那么其潜在的利润空间也会被压缩到很低,其价值就被削弱了。

2. 偶然性

虽然创业机会的出现是市场、需求、技术等因素联系的必然产物,但对于一个企业来说，创业机会的发现和捕捉带有很大的不确定性，任何创业机会的产生都有偶然因素。

3. 普遍性

凡是有市场、有经营的地方，客观上就存在着创业机会。创业机会普遍存在于各种经营活动之中。

4. 时限性

创业机会不是一个常态的、确切地存在，而是一种随时变化的情境。随着市场技术、需求等因素的变化，会不断产生新的创业机会、湮灭旧的创业机会。只有在时限内抓住创业机会才能产生效益。

5. 抢先性

创业机会的潜力是有限的，其能创造的价值是一定的，只有最先抓住创业机会的创业者才能够收获其大部分价值，而后来者可获得的利益会大大降低甚至无利可图。

二、创业机会的来源

创业机会客观存在，且每天都在更新，所以理论上所有人都有发现并把握创业机会，进而创造出巨大价值的可能性。但是事实上能够发现创业机会的人凤毛麟角，所以怎么识别出转瞬即逝的创业机会成了每个创业者都需要考虑的问题。大多数的创业者都是抓住创业机会从而成功创业的。王传福看到新能源汽车市场的商机，"好利来"罗红看到蛋糕市场的商机，在现实生活中，这样的例子数不胜数。但这也只是千军万马过独木桥后幸存下来的成功。企业面对同一机会，有少数人成功了，但大多数人却失败了，那么，创业者究竟该如何把握机会？这就需要创业者不仅要善于发现机会，更需要把握机会并果断行动，将机会变成现实的结果。创业机会的来源主要包括：问题、变化、创造发明、竞争和新知识（技术）的产生。

（一）问题

问题是令人们"烦恼的事""困扰的事"，也是市场的痛点。如果创业者能着眼于人们的苦恼、困扰，有效提供问题的解决办法，实际上就是找到了机会。如外卖平台的出现解决了消费者无法便捷地获得食物的问题，快递解决了人们无法快速便捷地传递物品的问题，二者都取得了成功。创业的根本目的是满足顾客需求，而顾客需求在没有被满足前就是问题。寻找创业机会的一个重要途径是善于去发现和体会自己和他人在需求方面的问题或生活中的难处。

以线上问诊为例，近年来随着互联网的普及和人们对健康管理的日益重视，线上问诊逐渐崭露头角，为创业者提供了巨大的机会。具体来说，线上问诊的创业机会源于多个问题的存在。首先，传统医疗体系面临资源紧张、挂号难、看病贵等问题，导致许多患者难以获得及时有效的医疗服务。其次，随着人们生活节奏的加快，很多人没有足够的时间去医院排队等候，他们更希望能够在家中就能享受到便捷的医疗咨询服务。针对这些问题，许多创业者开始探索线上问诊的模式。他们通过搭建线上医疗平台，邀请专业医生入驻，为患者提供远程医疗咨询、处方开具等服务。这种模式不仅解决了患者看病难的问题，还为他们节省了大量的时间和精力。同时，线上问诊也降低了医疗机构的运营成本，提高了医疗资源的利用效率。

（二）变化

创业的市场机会大多产生于不断变化的市场环境。环境变化了，市场需求、市场结构必然发生变化。这种变化主要来自产业结构的变动、消费结构的升级、城市化的加速、人们思想观念的变化、政府政策的变化、人口结构的变化、居民收入水平的提高、全球化趋势等多个方面。例如，居民收入水平提高，私人轿车的拥有量将不断增加，这就会派生出汽车销售、修理、配件、清洁、装潢、二手车交易、代驾等诸多创业机会。再比如在"双碳"标准推动下，我国新能源产业引领了一股绿色低碳新风潮，加上绿色发展理念的日益深入，新能源汽车得到快速发展，由此派生出充电桩运营、新能源汽车修理、美容等诸多创业机会。

（三）创造发明

创造发明提供了新产品、新服务，更好地满足了顾客需求，同时也带来了创业机会。例如，随着电脑的诞生，电脑维修、软件开发、电脑操作的培训、图文制作、信息服务、开网店等市场机会随之而来，即使不发明新的东西，销售和推广新产品也能给人们带来商机。

随着科技的飞速发展，大数据和 AI 智能技术为创造发明提供了更加广阔的舞台。在大数据的助力下,我们能够更加精准地了解和分析顾客的需求,从而开发出更加符合市场需求的产品和服务。例如,基于大数据的个性化推荐系统,可以根据用户的浏览和购买历史,为他们推荐最符合其兴趣和需求的商品,极大地提升了用户的购物体验。AI 智能技术则为创造发明提供了无限的可能性。通过 AI 技术,我们可以实现自动化生产、智能客服、智能语音识别等多种功能,大大提高了工作效率和服务质量。同时,AI 技术也催生了诸如智能家居、自动驾驶等新兴产业,为创业者提供了前所未有的机会。

即便不发明新的东西,销售和推广基于大数据和 AI 智能的新产品也能带来巨大的商机。例如,利用大数据分析用户行为,精准定位目标客户群体,并通过 AI 技术进行智能营销和广告投放,可以有效提升销售转化率和品牌知名度。

(四)竞争

社会主义市场经济中,竞争无处不在。企业必须综合利用外部资源,为顾客创造价值,提升自身综合能力,才能赢得声望和市场,创业才能成功。

过去,传统的出租车行业一直占据着主导地位。然而,随着移动互联网的普及和智能手机的广泛使用,人们开始寻求更加便捷、高效的出行方式。这时,网约车平台应运而生,它们通过智能手机应用,实现了乘客与司机之间的直接联系,提供了更加个性化的出行服务。这一新兴业态的出现,立即引发了传统出租车行业的竞争。传统出租车公司开始感受到市场的压力,他们意识到如果不进行创新和改革,将会失去更多的市场份额。于是,一些有远见的出租车公司开始寻求与网约车平台的合作,希望通过技术升级和服务优化来提升自己的竞争力。

(五)新知识(技术)的产生

当今是科技高速发展的时代,知识更新的速度越来越快。新知识、新技术如果能够转化为生产力,必然会刺激人们的需求,促进社会的进步。例如,随着物联网技术的进一步普及,物流行业为创业者提供了巨大的机会。而当今许多重大技术的新成果,如铁基高温超导、纳米限域催化、光量子计算原型机、二氧化碳人工合成淀粉、干细胞修复技术、碳离子治癌装置、煤制乙醇、煤制低碳烯烃等,同样带来了广阔的创业前景。

三、创业机会的识别

(一) 创业机会识别的影响因素

创业机会的识别受到很多因素的影响，比如，创业者过去的经验和认知能力等。从本质上来说，创业机会识别是一种受创业者主观因素影响较大的行为过程。以下是创业机会识别的四类主要因素。

1. 先前经验

创业经验的积累受到创业者既往接受的教育培训、工作经历以及创业经历等的影响。创业经验在创业者识别创业机会中起着非常重要的作用，不同的创业者在面对同样的机会信息时，常常会解读出不同的商业价值，这种对创业机会的不同分析与其先前的经历密切相关。有调查显示，70%左右的创业机会其实是在复制或修改以前的想法或创意，而不是发现全新的创业机会。

2. 认知因素

认知因素是创业者识别创业机会的基础，主要包括创业意识、创新思维等方面，这些方面本身就是创业者创业能力的重要组成部分，是创业者识别创业机会的重要前提。发现创业机会，必须满足两个必要条件：第一，能够获取创业机会的信息；第二，可以合理理解这些信息并识别其中蕴含的商业价值。创业机会认知就是认识和识别创业机会的过程，通常由商机、资源、组织、管理、风险和利益等一系列相关因素的结构化知识所组成。良好的创业认知能力对于创业者来说具有重要的意义，有助于创业者敏锐地感知市场的变化，并迅速地洞察这种变化所带来的价值。

3. 社会关系网络

创业者的社会关系网络是其在长期的生活中积累的"人脉"，这些"人脉"将会为创业者提供许多重要的信息和资源，这些信息和资源有利于创业者发现创业机会。很多创意来自企业外部，要想及时而经济的获得这些创意，就必须与外部的社会建立广泛的联系。一般情况下，社会交往面广、交往对象多样化、与高社会地位个体之间关系密切的创业者更容易发现创新性强的机会。社会关系网络不仅提供了孕育创意的土壤，其深度和广度也将影响创业者对机会的识别。

4. 创造性思维过程

创造性思维过程是产生新奇或有用创意的过程。从某种程度上讲，创业机会的识别过程也要求创造新的价值，最终形成新的产品、新的服务、新的原材料，是一个不断反复的创造性思维过程。当创业者创造性地想出了解决既有产品或服务的问题时，可以用提高性价比的方法，形成新的创意或者创新，同时也发现了创业机会。例如，谷歌（Google）创业者想出了一个方法改善现有搜索引擎的搜索效果，在设计了新搜索引擎并测试成功后，他们最终创造出了一个创业机会。

（二）创业机会识别的过程

创业过程始于创业者对创业机会的把握。创业者从成千上万繁杂的创意中选择心目中的最佳创业机会，随之不断持续开发这一机会，使之成为真正的企业，直至最终收获成功。这一过程中，机会的潜在预期价值以及创业者的自身能力得到反复的权衡，创业者对创业机会的战略定位也越来越明确，这一过程被称为机会的识别过程，一些研究也称为机会开发过程，或者机会规划过程。创业机会识别是对开发有利可图业务可能性的感知，是从创意中筛选合适机会的过程。创业机会识别过程一般可分为创意感知、机会发现、机会评价、机会选择四个阶段（见图7-1）。

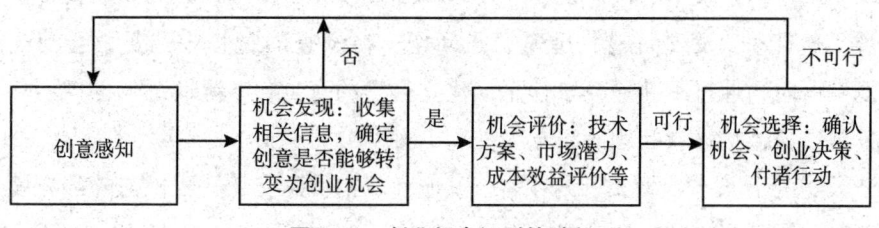

图7-1 创业机会识别的过程

1. 创业感知

创业开始可能来源于一个新产品或新服务的创意，而创意往往来源于对市场机会、技术机会和政策变化信息的感知和分析，来源于创业者在个人经验基础上的创新性思考和"灵感"。

2. 机会发现

创意提出后，需要收集相关的创业机会信息，使创意变成现实的创业机会。创业者需要通过多种方式和渠道收集、分析和解读有关特定的产业、市场、技术、政府政策等相关方面的信息，这些信息能够影响创业者对机会的最初识别。

3. 机会评价

机会评价是仔细审查创意并分析其可行性，主要包括技术方案评价、市场潜力评价以及成本效益评价等方面。创业机会评价是创业机会识别和选择的一个重要环节。可以说，选对了创业项目，就意味着创业成功了一半。

4. 机会选择

创业者利用各种方式和渠道收集有关市场需求或未得到充分利用的资源方面的信息，从中找到改进或者创造"目的—手段"关系的可能性，即创业机会。在此基础上对可能的创业机会进行评价，分析评价结果，识别出真正有价值、具有市场潜力且可行的创业机会。

（三）识别创业机会的方法

常见的把握创业机会的方法有五种：新眼光调查、系统分析、问题分析、顾客建议和创造需求。

1. 新眼光调查

随着信息技术的快速发展，人们可以通过很多种调查方式获取大量信息，这有利于发现问题并迅速切入问题。在调查的过程中，要学会问问题；同时，通过不断地获取信息，建立自己的直觉，"新眼光"也将不断发展，提供很多看问题的新方法。

（1）开展初级调查。与顾客、供应商、销售商交谈，积极与外部环境互动，洞悉当前的市场动态。

（2）注重二级调查。阅读相关作品、利用互联网搜索数据、浏览所需信息的文章等都是二级调查的形式。

（3）记录你的想法。通过记录我们的想法，我们可以更好地理解自己，发现自己的潜力和特长，进而激发出更多的创意。如苹果公司创始人乔布斯，他的创意和想法改变了整个世界。他的许多创意都源自他对生活的细致观察和深入思考。他曾经说过："创新是区别领导者和追随者的唯一标准。"他通过记录自己的想法和创意，不断地推翻旧有的观念，提供全新的产品和服务，引领了科技潮流。

2. 系统分析

多数的创业机会都可以通过系统分析得到发现。人们可以从企业的宏观环境（政治、法律、技术、人口等）和微观环境（顾客、竞争对手、供应商等）的变化中发现机会。借助市场调研，从环境变化中发现机会，是机会发现的一般规律。

3. 问题分析

问题分析可以从"市场痛点"入手，市场痛点是个人或组织想解决而无法解决的难题。一个有效并有回报的解决方法对创业者来说是识别机会的基础。分析需要全面了解顾客的需求，以及可能用来满足这些需求的手段。

4. 顾客建议

一个新的机会可能会由顾客识别出来。顾客建议可分为非正式建议和正式建议，一个讲究实效的创业者总是渴望从顾客那里征求想法。例如，星巴克为了吸引顾客，依靠科技改善顾客体验，推出了一个名为"My Starbucks Idea"的在线平台，专门用于征求消费者的建议和意见。这个平台为星巴克提供了一个渠道，让消费者可以直接向企业反馈他们的想法，了解他们的喜好、消费行为，增强顾客的"正面"体验。

5. 创造需求

这种方法在新技术行业中更为常见，它可能始于明确未满足的市场需求或是一项新技术发明，从而积极探索新技术、新知识和其相应的商业价值。通过创造获得机会比其他任何方式的难度都大，风险也更高。同时，如果能够成功，其回报也更大，这种情况下所产生的创新在人类所具有重大影响的创新中，居于压倒性的主导地位。

四、创业机会的评价

（一）创业机会的评价标准

对于创业机会的评价主要基于如下标准。

1. 盈利时间

有价值的创业机会可能是项目在两年内盈亏平衡或者取得正现金流。

如果取得盈亏平衡和正现金流的时间超过 3 年，那对于创业者的要求就更高了，因为大多数创业者支撑不了这么长的时间，其他的投资者和合作伙伴也没有这么长时间的耐心，这种创业机会的吸引力就大大降低了。除非有其他方面的重大利益，一般要求创业机会具有较短的获得盈利时间。

2. 市场规模和结构

如果市场规模和价值小，往往是不足以支撑企业长期发展的。而创业者若进入一个市场规模巨大而且还在不断发展的市场，即使只占有很小的一个份额，也能够生存下来并渡过发展期。并且存在竞争对手也不用担心，因为市场足够大，构不成威胁。一般来说，市场规模和价值越大，创业机会越有价值。

3. 资金需要量

大多数有较大潜力的创业机会需要相当大数量的资金，只需少量或不需要资金的创业机会是罕见的。如果需要过多的资金，这样的创业机会就会缺乏吸引力。有着较少或者中等程度的资金需要量的创业机会是比较有价值的，创业者需要根据自身的资金实力和可以动用的资源来评价创业机会，超出能力范围的不应考虑。

4. 投资收益

创业的核心目标是实现可持续的盈利增长。为实现这一目标，创业者必须寻求具有坚实盈利基础的创业机会，这体现在两方面：一是较高的毛利率，它直接反映了创业项目将收入转化为利润的能力；二是稳健的市场增长率，这预示着市场的广阔前景和潜在的投资回报。当创业项目能够维持年投资收益率在 25% 以上时，这通常被视为极具吸引力的投资机会；相反，如果年投资收益率持续低于 15%，则可能难以激发创业者和投资者的兴趣，因为这样的回报率往往不足以补偿所承担的风险。

5. 成本结构

竞争优势的来源之一就是成本，较低的成本会给创业企业带来较大的竞争优势，使得该创业机会的价值较高。创业企业靠规模来达到低成本是比较可行的，低成本的优势大多来自技术和工艺的改进以及管理的优化，创业机会如果有这方面的特质，对于创业者来说是非常有利的。

6. 进入障碍

如果创业机会面临进入市场的障碍,那么就不是一个好的创业机会。比如存在资源的限制、政策的限制、市场的准入控制等,都可能成为市场进入的障碍,削弱了创业机会。但是,对于进入障碍要进行辩证地分析,进入障碍不是针对创业者自身的。如果创业者进入以后,不能够阻止其他企业进入市场,这也不是一个好的创业机会。

7. 退出机制

有吸引力的创业机会应具备理想的盈利模式和退出策略,这样创业者和投资者才能高效地获取资金并实现投资回报。退出机制作为创业生态中不可或缺的一环,不仅为投资者提供了资金退出的渠道,更是衡量一个创业项目成熟度和市场潜力的关键指标。缺乏明确退出机制的创业企业或机会,往往难以吸引投资者的目光,因为这意味着投资者可能面临资金锁定和难以变现的风险。因此,一个精心设计的退出策略无论是通过 IPO、并购还是其他方式,都能为创业者和投资者提供强有力的保障,确保他们能在适当的时候顺利退出,实现投资价值的最大化。

8. 控制程度

如果能够对渠道、成本或者价格有较强的控制,这样的创业机会就比较有价值。如果市场上不存在强有力的竞争对手,控制的程度就比较大。如果竞争对手已有较强的控制能力,例如,把握了原材料来源、独占了销售渠道、取得了较大的市场份额、对于价格有较大的决定权,在这种情况下,新创企业的发展空间就会很小。除非这个市场的容量足够大,而且主要竞争者在创新方面行动迟缓,时常损害客户的利益,才有可能进入。

(二)创业机会的评价方法

1. 蒂蒙斯的创业机会评价框架

蒂蒙斯的创业机会评价框架,涉及行业和市场、经济价值、收获条件、竞争优势、管理团队、致命缺陷问题、创业者的个人标准、理想与现实的战略性差异八个方面的 53 项指标。通过一种量化的方式,创业者可以利用这个体系模型对行业和市场问题、竞争优势、经济结构和收获、管理团队、致命缺陷等做出判断,来评价一个创业企业的投资价值和机会(见表 7-1)。

表 7-1　　　　　　　　　　蒂蒙斯机会评价框架

评价要素	评价指标
行业与市场	1. 市场容易识别，可以带来持续收入 2. 顾客可以接受产品或服务，愿意为此付费 3. 产品的附加价值高 4. 产品对市场的影响力大 5. 将要开发的产品生命长久 6. 项目所在的行业是新兴行业，竞争不完善 7. 市场规模大，销售潜力达到 1000 万~10 亿元 8. 市场成长率在 30%~50% 甚至更高 9. 现有厂商的生产能力几乎完全饱和 10. 在五年内能占据市场的领导地位，达到 20% 以上 11. 拥有低成本的供货商，具有成本优势
经济价值	1. 达到盈亏平衡点所需要的时间在 1.5~2 年以下 2. 盈亏平衡点不会逐渐提高 3. 投资回报率在 25% 以上 4. 项目对资金的要求不是很高，能够获得融资 5. 销售额的年增长率高于 15% 6. 有良好的现金流量，能占到销售额的 20%~30% 7. 能获得持久的毛利，毛利率要达到 40% 以上 8. 能获得持久的税后利润，税后利润率要超过 10% 9. 资产集中程度低 10. 运营资金不多，需求量是逐渐增加的 11. 研究开发工作对资金的要求不高
收获条件	1. 项目带来附加价值具有较高的战略意义 2. 存在现有的或可预料的退出方式 3. 资本市场环境有利，可以实现资本的流动
竞争优势	1. 固定成本和可变成本低 2. 对成本、价格和销售的控制较高 3. 已经获得或可以获得对专利所有权的保护 4. 竞争对手尚未觉醒，竞争较弱 5. 拥有专利或具有某种独占性 6. 拥有发展良好的网络关系，容易获得合同 7. 拥有杰出的关键人员和管理团队
管理团队	1. 创业者团队是一个优秀管理者的组合 2. 行业和技术经验达到了本行业内的最高水平 3. 管理团队的正直廉洁程度能达到最高水平 4. 管理团队知道自己缺乏哪方面的知识
致命缺陷	不存在任何致命缺陷

续表

评价要素	评价指标
创业者的 个人标准	1. 个人目标与创业活动相符合 2. 创业者可以做到在有限的风险下实现成功 3. 创业者能接受薪水减少等损失 4. 创业者渴望进行创业这种生活方式，而不只是为了赚大钱 5. 创业者可以承受适当的风险 6. 创业者在压力下状态依然良好
理想与现实的 战略性差异	1. 理想与现实情况相吻合 2. 管理团队已经是最好的 3. 在客户服务管理方面有很好的服务理念 4. 所创办的事业顺应时代潮流 5. 所采取的技术具有突破性，不存在许多替代品或竞争对手 6. 具备灵活的适应能力，能快速地进行取舍 7. 始终在寻找新的机会 8. 定价与市场领先者几乎持平 9. 能够获得销售渠道，或已经拥有现成的网络 10. 能够允许失败

2. 评价创业机会价值的方法

（1）定性方法。美国经济学家、科隆大学教授托马斯·齐默尔等提出了简单定性分析创业机会的方法，其步骤如图7-2所示。

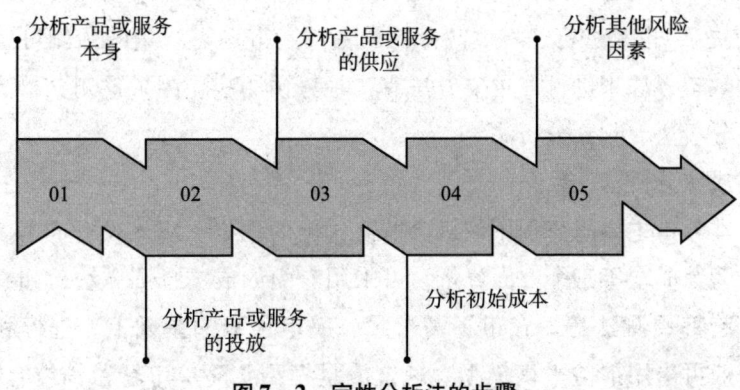

图7-2 定性分析法的步骤

①分析产品或服务本身。判断新产品或新服务将怎样为消费者创造价值；判断新产品或新服务在应用上的障碍；根据前面的结果判断新产品或

新服务的市场需求、其消费者群体及创造收益的预期时间。

②分析产品或服务的投放。分析新产品或新服务在目标市场投放的技术风险、财务风险，由此判断该新产品或新服务进入市场的最佳时机。

③分析产品或服务的供应。考虑新产品在制造过程中能否保证足够的产品数量及质量；考虑新服务提供者能否进行培训并保证服务的质量，衡量培养新服务提供者的周期与投入。

④分析初始成本。估算新产品或新服务的初始投资额，判断是否能够获取足够的资金与稳定的资金来源。

⑤分析其他风险因素。在更大的范围内考虑风险程度及如何控制和管理风险。

定性分析法简单易行，很适合大学生创业者，但不能深入解释创业活动所涉及的各个具体影响因素，也无法定量诊断评价各要素的具体状态。仅凭定性分析法并不足以全面科学地评估创业机会。

(2) 定量方法。定量分析主要是进行商业分析中的经济效益分析，其任务是在初步拟订营销规划的基础上，从财务上进一步判断选定机会是否符合创业目标，一般是通过量、本、利分析法进行。

①市场需求量的预测。

通过市场需求量的预测，可以了解该机会所面临的市场状况及市场潜力（前提），也是进行经济效益分析的基础。市场需求量的预测可以运用一定的数学方法来进行，主要方法有：趋势预测法、因果预测分析法、市场调查分析法、判断分析法等。

②成本分析。

成本分析主要研究利用该机会所需付出的代价。应从投资成本、生产成本、营销成本等三个方面分析，可采用专门的成本预测方法，如直线回归法、趋势预测法等。在市场需求量、成本预测的基础上，进行利润测算，一般可采用损益平衡模型、现金流量模型、简单市场营销组合模型、投资收益率等分析方法进行。

③利润分析。

这一方法明确要求创业者在机会开发的每个阶段都要进行机会评价。一个机会是否能够通过每个阶段预先设置的"通过门槛"，在很大程度上取决于创业者经常面对的约束或限制,如创业者的目标回报率、风险偏好、金融资源、个人责任心和个人目标等。虽然某个创业者可能会因为某个准则而放弃某些机会,但它又会引起其他个人或团队的注意。一项不能成功通过某一阶段的评价门槛进入下一阶段的机会,将被修订甚至被放弃。因此,通过循环反复的"识别—评价—开发"步骤,一个最初的商业概念或创意就会逐步完善起来。同时,评价过程使创业者在开发过程中的每一阶段都要放弃一些机会。

 课后练习题

请结合当前的社会发展趋势和技术进步,思考并阐述在哪些领域或行业中可能存在潜在的创业机会?

第二节 大学生的创业机会

案例导入

孟炎在大学学的是企业管理,毕业后他曾在一家销售轴承的公司工作了一年。因为一直跑业务,经常与客户打交道,所以孟炎认为自己已经全部掌握了这方面的知识和技巧,渴望自己创业。

1. 发现创业机会

一个偶然的机会,他得知同学小谢的家中有人做过机械轴承销售,而且收入颇丰,小谢也称自己有过相关的工作经历,有一些老客户可以联系。于是,孟炎心动了,就和小谢一起开始规划创业的具体细节。

2. 创办企业

孟炎一直觉得自己的创业目的很明确:一是给将来打基础;二是多赚点钱。可是对于具体如何运作、目前的市场前景如何、这个行业有什么特点、具体产品的性能等问题,两人都是外行。随即,孟炎在北京的一座小写字楼里租了一个70多平方米的办公间,每月租金5000多元,加上日常电话费等开支，月支出在1万元左右（原本没必要租这么贵的办公室，但两人觉得做轴承销售，办公室的面积、装修都要体现出一定的实力）。孟炎和小谢共借来8万元作为创业启动资金，为了节省房租，孟炎和小谢搬到了公司住。白天，他们与请来的两个员工一起打印各种资料、报价单等，晚上他们就将这些资料装入信封发给各家企业。可是上万封信发出去后如石沉大海，他们没有等来一个业务咨询电话。

3. 市场危机

4个月后，他们开始到各个机械设备展览会现场、轴承展览会现场向往来客商递送材料，没想到用这种方法竟然让他们收集了几百张中间商的名片，有国内的，也有国外，这令两个人兴奋到了极点，团队也慢慢进入状态。之后他们每天忙忙碌碌，把收集的名片信息做成数据库。借着展览会的后续效应，每天都有十几个客户给他们打电话或上门与他们谈业务。可是过了一个多月后，孟炎察觉到有些不对劲。每天都有客户来咨询，要求他们提供样品或报价，但这些客户拿了资料和报价后就再没了回音。孟炎着急起来，他专门请教了一些业内的人士，并分析原因，最后才知道机械轴承这个行业情况很复杂，国内国外的厂商和供应商之间的关系相对稳定，因此虽然他们公司的产品质量好、价格低还是未能争取到客户。

孟炎心想干脆主动上门与客户洽谈，以加强与客户的沟通，他甚至动员了所有的同学、朋友、家人帮他寻找相关企业的熟人。然而，隔行如隔山，没有一个人能帮上忙。孟炎来越觉得自己就像陷入了一个旋涡中。于是，孟炎决定招几个业务员，他草拟了一份销售计划，然而两个多月过去了，公司仍然颗粒未进，孟炎心急火燎。直到国庆节前夕，公司总算有了第一笔订单，合同金额为7万多元，孟炎将利润降到极低，这一单生意下来公司只赚了4000多元。接着，公司又陆续签了几笔业务，都是小单子，利润不到1万元。几笔生意后，孟炎创下了不错的口碑，上门的客户越来越多，虽然都是很小的订单，但是所赚的利润能够勉强维持每月的开支，这让孟炎再次看到了希望。

4. 管理危机

但是，暂时的成功并不能掩盖公司组织不健全、结构不合理、工作秩序混乱的问题，以及孟炎作为一名创业者在管理方面的欠缺。很快麻烦又来了，业务员之间为了争客户明争暗斗。孟炎起初以为这是业务员竞争过程中的必然现象，并未加以重视，没想到事态逐渐恶化。一次，一个业务员为了抢到订单，竟然与厂商做起了私下交易，当供货出现问题时，业务员早已离职，厂商只能找到孟炎要求赔偿。为了保证公司声誉，孟炎给予了该厂商赔偿，赚到的一点钱就这样赔光了。更严重的是，公司业务员之间的你争我夺，很快就在业内人尽皆知，厂商对孟炎的公司产生疑虑，很快，公司业务再次陷入僵局。

5. 惨淡收场

小谢终于绝望地提出散伙，并且带走了仅有的几个客户。孟炎的生意彻底陷入绝境。事后孟炎说："如果能在同类的外贸公司工作两三年，积累一定的经验和客户资源，也许创业过程就不会这么被动。"

案例思考

孟炎为什么会创业失败？

在创业的过程中，创业者总会遇到各种风险，包括资金短缺、销售无门、管理不善等，稍有不慎就会满盘皆输。在该案例中，孟炎虽然发现了创业机会，但没有对该机会做评估分析，也没有做出有效的市场调查，不了解客户的需求，直接导致产品推广困难，难以打开市场。同时，孟炎疏于管理，手下业务员恶意竞争，使公司遭受很大损失，并给公司形象造成恶劣影响，最终创业团队离散，创业失败。

一、大学生创业的优势和劣势

大学生是一个特殊的群体，他们正值人生最美好的年华，朝气蓬勃，意气风发，有理想、有追求而且拥有一定的专业知识，因此不乏创业的激情、勇气和知识储备。但大学生涉世未深，缺乏必要的工作和社会历练，在生活中也未遭遇过什么大的挫折,很多人对创业的难度认识不足,因而创业的失败率较高。

(一) 大学生创业的优势

1. 自身素质较高

与其他创业者相比,大学生知识层次较高,年轻有为,敢想敢做,思维活跃,而且更容易接受新鲜事物。这有助于大学生通过新思路、新方法、新技术将创意转化为现实产品。

2. 具有较强的环境适应能力

高等教育阶段系统地学习,培养了大学生较强的理解能力、逻辑思维能力以及自我学习和继续学习的能力。因此,在面对瞬息万变的外部环境时,大学生比其他创业者具备更强的适应能力。

3. 拥有创新能力

与其他创业者相比,大学生确实因其活跃的思维和激情而展现出较强的创新能力。他们往往能够敏锐地捕捉到市场中的细微变化,进而转化为创新的商业机会。近年来,随着人们生活节奏的加快和饮食结构的改变,许多人面临着肠胃健康的问题,尤其是"外卖依赖症"在大学生中尤为普遍。针对这一社会现象,一名来自某知名大学的本科生敏锐地捕捉到了这一市场商机。他发现虽然外卖提供了极大的便利,但长期食用油腻、重口味的外卖食品对肠胃健康造成了不小的威胁。于是,他开始构思一个创新的商业项目——即"健康速食盒"。他设想这种速食盒内包含营养均衡、口味清淡的半成品食材,消费者只需简单加工即可食用。为了满足不同人的口味需求,他还计划推出多种口味供消费者选择。经过一段时间的筹备和试运营,"健康速食盒"项目逐渐在市场上崭露头角。许多大学生和上班族都表示,这种速食盒既方便又健康。通过这个例子,我们可以看到大学生创业者凭借其敏锐的市场洞察力和创新能力,成功地将一个社会问题转化为商业机会,并为社会带来了积极的影响。

4. 团队组合有优势

大学生因群体生活能够结识很多志同道合的创业伙伴,因为存在着一定的学缘关系。创业成员间的感情基础深厚,默契度较高,关系也更加牢固。而且因为经历相似、年龄相仿,团队成员的创业意识、管理观念和管理风格也更为一致，所以在创业过程中更容易精诚合作。

5. 我国对大学生创业提供了有力的政策支持

为支持大学生创新创业，国家相继出台了一系列优惠政策，包括提供大学生创新创业教育与指导、优化大学生创新创业环境、加强大学生创新创业服务平台建设、推动落实大学生创新创业财税扶持政策、加强对大学生创新创业的金融支持政策、促进大学生创新创业科技成果转化、办好中国国际大学生创新大赛以及加强大学生创新创业信息服务。例如，在提高大学生创新创业能力方面，2021年颁布的《国务院办公厅关于进一步支持大学生创新创业的指导意见》（以下简称《指导意见》）指出，要将创新创业教育贯穿人才培养全过程，深化高校创新创业教育改革，健全课堂教学、自主学习、结合实践、指导帮扶文化引领融为一体的高校创新创业教育体系，增强大学生的创新精神、创业意识和创新能力。建立以创新创业为导向的新型人才培养模式，健全校校、校企、校地、校所协同的创新创业人才培养机制，打造一批创新创业教育特色示范课程。要加强大学生创新创业培训。打造一批高校创新创业培训活动品牌，创新培训模式，面向大学生开展高质量、有针对性的创新创业培训、提升大学生创新创业能力。组织双创导师深入校园举办创业大讲堂，进行创业政策解读、经验分享、实践指导等。支持各类创新创业大赛对大学生创业者给予倾斜。

在推动落实大学生创新创业财税扶持政策方面，《指导意见》指出，高校毕业生在毕业年度内从事个体经营，符合规定条件的，在3年内按一定限额依次扣减其当年实际应缴纳的增值税、城市维护建设税、教育费附加、地方教育附加和个人所得税；对月销售额15万元以下的小规模纳税人免征增值税，对小微企业和个体工商户按规定减免所得税。对创业投资企业、天使投资人投资于未上市的中小高新技术企业以及种子期、初创期科技型企业的投资额，按规定抵扣所得税应纳税所得额。对国家级、省级科技企业孵化器和大学科技园以及国家备案的众创空间按规定免征增值税、房产税、城镇土地使用税。做好纳税服务建立对接机制，强化精准支持。

在加强对大学生创新创业的金融政策支持方面，《指导意见》指出，要落实普惠金融政策。鼓励金融机构按照市场化、商业可持续原则对大学生创业项目提供金融服务,解决大学生创业融资难题。落实创业担保贷款政策及贴息政策,将高校毕业生个人最高贷款额度提高至 20 万元,对 10 万元以下贷款、获得设区的市级以上荣誉的高校毕业生创业者免除反担保要求;对高校毕业生设立的符合条件的小微企业,最高贷款额度提高至 300 万元;降低贷款利率,简化贷款申报审核流程,提高贷款便利性,支持符合条件的高校毕业生创业就业鼓励和引导金融机构加快产品和服务创新,为符合条件的大学生创业项目提供金融服务。此外,各地人民政府也为大学生创业提供了不同的优惠和扶持政策。如北京市人民政府将对每个优秀大学生创业团队给予最多 5 万元奖励,对遴选的"高校示范性创业中心"给予每校 50 万元的支持;上海专门设立了大学生创业"天使基金",大学生创业贷款最高 30 万元,大学生开办企业可获 5 万元至 30 万元支持等。[1]

6. 高校积极开展创业教育和创业培训

近年来,我国高校越来越重视大学生的创业教育问题,并采取了一系列的积极措施。例如,通过开设创业管理的相关课程培养大学生创业意识,通过指导大学生参加创业大赛以及举办各类创业讲座来培养大学生的创业能力。高校的创业教育和培训大大提高了大学生的创业素养,为大学生今后的创业奠定了坚实的基础。此外,高校还积极建立大学科技园区,为大学生的创业提供实践基地,帮助大学生进行创业项目的孵化,进一步为大学生的创业活动提供有力的支持。

(二)大学生创业的劣势

1. 缺乏必要的创业经验

就目前大学生创业的现状来看,很多大学生对创业计划和市场前景的描绘不过是纸上谈兵。大学生创业缺少实际的社会实践经验,对于公司的创立以及经营等知识都是通过书本得来的,并没有亲身实践过。而且很多大学生对创业的艰辛和困难认识不足。在不少大学生看来,创业就是生产的产品卖出去挣钱或低买高卖以赚取差价。但实际上,创业绝非大学生所想象的那么简单,创业活动涉及财务风险、预算投资、前景预测、市场调研、市场销售等多个方面,无论哪一个环节出现问题,都有可能导致创业

---

[1] 北京市教育委员会 北京市财政局关于印发《北京高校大学生就业创业项目管理办法》的通知 [R/OL]. 北京市人民政府网,2015-07-29.

失败。

2. 创业行为较为盲目

很多大学生的创业行为非常盲目，往往在还没有准备好的情况下就仓促行动。有不少大学生根本不考虑风险，也不去做周密的市场调查，创业全凭个人的直觉和激情，因此极易导致创业活动的最终失败。这种盲目的创业行为，不仅打击了大学生的创业积极性，而且还会让其家庭一同遭受经济损失，同时也会造成社会资源的浪费。所以，大学生在创业之前务必要做好缜密的计划，要对创业的困难和风险有深刻的认识，切不可贸然行事。

3. 创业资金不足

创业资金不足是大学生普遍遇到的一大难题。由于大学生没有稳定的收入来源，因此缺乏创业必需的资金投入，即使依靠家人资助，资金也非常有限。由于事业尚未开展，通过金融机构贷款融资较为困难，所以大学生创业资金不足的问题很难妥善解决。很多大学生在创业过程中都是因为资金问题而不得不终止创业，导致创业活动以失败告终。

4. 社会对大学生创业者的信任度较低

由于一部分大学生自认为具备了一定的专业知识和能力，总感觉高人一等，往往给人以眼高手低、好高骛远、看不起蝇头小利、喜欢纸上谈兵等负面的印象。此外，在社会交往中人们往往认为大学生年纪轻，社会阅历太浅，办事不可靠，不值得信任，这也给大学生创业造成了很多的障碍。

二、适合大学生的创业项目

（一）适合大学生创业的传统项目

创业其实就是创业者利用和整合资源对市场机会进行识别和捕捉，为市场提供产品和服务，通过创业项目实现自我价值、获取收益的过程。创业项目按照观念可以分为传统项目和新兴项目。按照创业领域和途径，传统项目可以分为自主经营型项目、孵化器型项目、网络销售型项目和创意服务型项目。

1. 自主经营型项目

自主经营型项目主要指那些传统的餐饮、服装、图书、商品的零售和开发等项目。对于自主经营型项目，创业者在创业初期一般都是自行筹措创业初始资金，付出必要劳动，自负盈亏。这种项目对创业者的创新能力和科技敏锐度要求不高。自主经营型项目的风险小，相应的收益也偏低。

2. 孵化器型项目

孵化器型项目可以充分利用国家和高校的创业资源，帮助大学生进行创业。孵化器创业园区的设立为大学生创业提供了免费场地，还可以及时对大学生创业项目予以创业风险评估、创业项目咨询等服务和帮助，并对好的创意进行孵化和催熟。这种项目一般对创业者自身的要求比较高，要求其创业构思具有一定的新颖性、可行性，还要具有一定的科技水平。这种项目风险小、成本低，同时还可以享受国家和高校提供的政策优惠和各种帮助。

3. 网络销售型项目

网络营销型项目需要大学生依靠现代网络工具，通过互联网、微博、微信、QQ 等网络社交工具进行线上营销。其优点是准入门槛低，技术含量不高，会使用网络工具即可。同时因为是线上销售，经营成本较低，但同时也存在规模小、创新性差、经营方式被动等问题。

4. 创意服务型项目

创意服务型项目主要需要大学生依靠自身的专业素养和艺术性思维，通过提供创意设计、构思、策划等获取报酬。这种类型的项目主要涉及家装设计、婚庆策划、会议设计、艺术装饰等行业。这类项目对创业者的审美设计、创新思维有一定的要求，同时还要求大学生具有一定的美术和音乐素养。

（二）适合大学生创业的新兴项目

伴随着科学技术的进步，互联网的创新发展，国家关于大学生创业扶持政策的出台和不断修正完善，"大众创业，万众创新"的社会氛围也日渐形成。高校对于创业教育模式的探索也在逐渐深入，大学生的创业项目也从传统项目不断向新兴项目演化。

下面介绍三类比较适合大学生创业的新兴项目。

1. "互联网+"创业项目

"互联网+"创业是利用云计算、物联网、大数据等现代信息技术，通过创业者本身的互联网思维将传统的创业项目进行优化升级或改造重组的活动。这种创业项目需要大学生熟悉互联网知识，能够利用互联网思维并依靠"互联网+"创业的技术和特点来开展创业活动。"互联网+"创业项目利用互联网的现代信息技术对传统企业进行升级改造，这要求大学生具有互联网思维，并能够对传统创业项目的营销模式、运营模式和服务模式进行创新。"互联网+"创业项目注重企业之间不同利益方的连接，通过大数据和云计算帮助企业获得更多的顾客资源，为企业编织更大的价值网络，并以此获取更多的利益。

2. 科技成果转化型创业项目

科技成果转化型创业项目需要大学生对市场需求具有敏锐的辨别能力，依靠高校实验室等科研场所研究出来的科技成果或核心技术，并将这些科研成果转化为产品开展创业。科技成果转化型创业项目具有科技含量高、准入门槛高、创新性强的特点，一旦成功，创业者将会获得较高的收益。科技成果转化型创业项目还要求大学生具有较高的科研水平和专业技术素养。科技成果转化型创业项目可以促进高新技术成果由科研项目向商业化转变，促进国家制造业的发展和优化，是值得鼓励的一类大学生创业项目。

3. 公益型创业项目

公益型创业项目是指大学生改变原有公益项目的运营模式，将其市场化、商业化，通过商业运营模式帮助公益项目获得可持续发展的一种创业活动。公益型创业项目作为一种新兴的创业项目，既可以带动国家公益事业的发展，又可以通过公益组织促进大学生就业，从侧面拉动我国的经济增长。目前，这种创业项目因具有较强的创新性和重大社会意义而被国家、高校以及各类非营利性组织所重视。公益型创业项目需要大学生有爱心、有恒心，并且有较强的社会责任感和奉献精神。公益型创业项目的主要特点为社会性、实践性和创业性。这三个特点是公益型创业项目运营的主要依据。社会性是开展公益型创业项目的最终目的，这就需要大学生对社会上存在的问题进行深入的观察、分析和探讨，制订具体可行的方案去解决这些社会问题，以此帮助企业获取收益。实践性是指大学生通过公益型创业项目可以获得创业实践的经验，这要求大学生提出的社会问题解决方案要切实可行、高效便捷。创业性是公益型创业项目得以运营维持的重要保障，即将商业化的运营模式引入公益型创业项目，并根据市场变化对商业运营模式进行不断的修改调整，促进项目的可持续发展。此外，大学生选择的公益型创业项目必须符合社会发展的要求。

三、培养发现创业机会的能力

作为大学生，要想提高自身的创业机会识别能力，在将来创业过程中能更多、更快发现和把握创业机会，就要综合以上所学知识，结合自身在创业识别中存在的问题，着力提升自己的识别能力。

（一）学好知识，优化自身知识结构

相对于就业来说，创业对大学生的知识结构有更高的要求。首先，要学好专业课。有研究表明，创业者更愿意接触那些与自己所拥有的知识和信息相近的机会。大学生创业的主要优势在于较强的学习能力，这使大学生容易通过学习获得与自己所学专业相关的最新专业知识，将先前在学校学习获得的知识与新知识作整合与积累，提高大学生识别创新机会的能力。其次，除了专业课程，还要对财务、金融、管理、市场营销以及与创业本身相关的其他知识有所了解。这要求大学生具备相应数据搜集、分析、评价能力；同时，还要注重积极培养统摄、想象、概括、综合及辩证分析等能力，以便更好地进行联想、类比或推演，从而能够整体把握创业过程所经历的各个阶段，在更高层次和水平上培养对创业机会的识别和评价能力，这些都有助于大学生更好地进行创业。

（二）重视交往，组建自己的社会网络

大学生要想成功创业，必须有丰富的创业信息来源渠道，这就需要大学生具备一个很好的社会交往能力，构建自己的社会网络。通过社会网络，大学生创业者会迅速接收社会环境变化的信号，从而为自己的创业提供正确的指导。社会网络的强度、密度、多样性等都会对创业者识别创业机会产生重要的影响。社会网络不但是给创业者提供创业相关信息的渠道，同时也是创业者创业之后进行新产品开发和市场营销的社会资源。可见社会网络对于大学生创业成功有着重要的影响。这就要求大学生注重人际交往能力的培养，注重相关知识的学习，掌握人际沟通技巧，提高自身

社交能力，尽快构建自己的社会人脉。

（三）学习创业，提高自身创业能力

大学生还应自觉地学习创业知识，提高自身对创业机会识别的敏感性。创业机会识别能力主要是一种认识能力，创业机会主要源于社会环境中技术、市场和政策的变化。大学生应该更加关注身边的变化，结合自己所学的专业发掘创业机会。比如，自觉阅读与行业相关的新闻报道和网站讯息，培养自身信息意识和收集信息的能力；也可以经常参加相关专业技术前沿专题讲座、科技政策和产业政策报告会、相关产业界报告会等形式获取重点创业领域的信息等，以此来增强自身识别创业机会的能力。此外，大学生应勇敢地把握创业机会，积极投身创业实践。由于大学生创业项目往往具有规模小、风险低、与专业结合等特点，导致大学生创业项目的资金、技术等门槛不高，同一个机会面临的竞争会很大，相应的创业机会的时间窗口比较短。如果投入太多的时间去考察、观察、等待时机更成熟，其结果可能就是会错失良机。同时，市场机遇的出现和捕捉，离不开对市场信息的把握和处理。每个人的知识、经验、思维以及对市场的了解不可能面面俱到，多看、多听、多想，能广泛获取信息，及时从他人的知识经验和想法中汲取有益的东西，从而增大发现机会的概率。发现创业机会的关键点是深入市场进行调研，要了解市场供求状况、变化趋势，考察顾客需求是否得到满足，注意观察竞争对手的长处与不足等。因此，大学生在准备创业的过程中，不要错过最佳创业时间窗口，要学会正确把握最佳创业时机，勇敢地在一次次创业实践中磨炼自己，提高自己的创业能力。

（四）敢为人先，调整自己的创业心态

"一切成功，一切财富，始于意念。"机会往往是被少数人抓住的，要克服从众心理和传统的习惯思维模式，用积极的心态去发现创业机会，才能发现和抓住被别人忽视或遗忘的机会。要以超前的意识把握机遇，要发扬敢闯、敢试、敢为天下先的精神，只有这样才能及时认识和把握国际国内市场提供的良机。每一个想要创业的大学生，如果暂时还没有发现机会或抓住机会，不要怨天尤人，先想想自己的态度是否积极，思想观念、思维方式是否正确。

课后练习题

请结合当代大学生的特点和社会发展趋势，思考并讨论大学生创业的优势和劣势分别是什么？并尝试提出如何充分利用优势、克服劣势，提高大学生创业成功率的建议。

 拓展阅读

刘记森，一位年轻的"90后"新农人，毕业后选择回到家乡河南省周口市商水县魏集镇，与父亲一同经营种植专业合作社。他带着对农业的新理解，致力于提升土地产出率，让同样的土地长出更多的粮食。

他所在的合作社拥有高标准农田，配备物联网控制中心、气象观测站和节水灌溉设备。刘记森利用科技种田，精细管理，减少了人力投入，却实现了每亩地比传统种植增产100多斤的好成绩。

刘记森这样的新型职业农民正快速成长，成为推进粮食高产稳产的重要力量。然而，随着城镇化的加速，农民外出务工导致土地撂荒的问题日益突出，"谁来种地、如何种地"成为新的挑战。为此，国家出台政策，引导土地经营权有序流转，发展农业适度规模经营，并鼓励大学毕业生、能人、农民工和企业家回乡创业。这些政策为刘记森的合作社提供了有力支持，使其流转土地规模不断扩大，创新出"村委＋农户＋合作社"的托管服务模式，带动了农民和村集体经济收入的增加。

刘记森表示，他将继续发展智慧农业，试种新品种，引进新技术，用更少的人力种出更多的粮食，为粮食高产稳产贡献自己的力量。他的故事展现了新型职业农民的风采，也彰显了国家对农业发展的重视和支持。

资料来源：刘记森：麦田里的90后"新农人"［N］.周口日报，2024－05－20.

第三节　创业风险评估及防范

案例导入

百度外卖，作为百度公司进军外卖市场的尝试，在短暂的辉煌后走向了失败。起初，百度外卖凭借百度强大的技术背景和流量支持，迅速吸引了大量用户和商家入驻，市场份额快速增长。然而，随着市场竞争的加剧，百度外卖逐渐暴露出一些问题。首先，其过度依赖价格战，导致利润空间被压缩，难以支撑长期发展。其次，百度外卖在用户体验和服务质量上未能持续提升，导致用户流失严重。最后，百度外卖在运营和管理上也存在不足，导致效率低下、成本高昂。问题在 2017 年达到了顶峰。当时，外卖市场竞争激烈，百度外卖与饿了么、美团等巨头展开激烈争夺。然而，由于资金链紧张、市场份额下滑等原因，百度外卖最终选择了与饿了么合并，结束了其独立创业的历程。

百度外卖的失败给创业者带来了深刻的教训。首先，创业者需要注重长期发展，避免过度依赖价格战等短期手段。其次，创业者需要不断提升用户体验和服务质量，以满足用户不断变化的需求。

资料来源：昙花一现的百度外卖：从 500 亿的豪言壮志，到陨落的 5 亿卖身 [EB/OL]. 网易，2019-11-14.

案例思考

影响百度外卖创业失败的主要创业风险是什么？如何规避风险？

一、创业风险的含义与特征

（一）创业风险的含义

创业风险是指创业者在创业中面临的风险，即由于创业环境的不确定性、创业机会的复杂性、创业者能力与实力有限等原因，创业活动偏离预期目标的可能性及后果。

（二）创业风险的特征

创业风险种类繁多，贯穿并交织于整个创业活动中。这些风险具有一些共同的特征。了解并学会识别创业风险的特征，可以帮助创业者更好地规避风险。

1. 客观性

创业本身就是一个识别风险和应对风险的过程，风险的出现是不以人的意志为转移的，因此，创业风险的存在是客观的，如天气变化、市场变化等。

2. 不确定性

创业所依赖的条件及其影响因素具有不确定性，造成了创业风险具有不确定性。如某产品在创业初期是"热门"的，但生产出来后，可能由于市面上大量同类产品的出现，使该产品失去了市场竞争力。

3. 双重性

创业有成功和失败两种可能性，创业风险也具有盈利和亏损的双重性。在创业活动中，往往风险越大的创业项目回报越高，潜能也越大。所以，回避风险有时意味着回避收益。

4. 可变性

随着影响创业的因素发生变化，创业风险的大小、性质也会发生变化。如在一定时期，资金风险可能是较大的风险，而一段时间后，由于环境因素的改变，技术风险成为最主要的风险。

5. 可识别性

创业风险是可以被识别和划分的。可识别性这一特征可以帮助创业者更好地识别风险，进而规避风险。

6. 相关性

创业风险与创业者的行为紧密相连。针对同一风险，采取不同的对策可能会出现不同的结果。如技术型创业者进行技术改良型的创业属于创业低风险，而对管理型创业者来说，进行技术改良型的创业则可能为创业高风险。

二、创业风险的分类

（一）按创业风险产生的原因划分

按风险产生的原因进行划分，可分为主观创业风险和客观创业风险。

（1）主观创业风险，是指在创业阶段，由于创业者的身体与心理素质等主观方面的因素导致创业失败的可能性。

（2）客观创业风险，是指在创业阶段，由于客观因素导致创业失败的可能性，如市场的变动、政策的变化、竞争对手的出现、创业资金缺乏等。

（二）按创业风险产生的内容划分

按创业风险产生的内容划分，可分为技术风险、市场风险、政治风险、管理风险、生产风险和经济风险。

（1）技术风险是指由于技术方面的因素及其变化的不确定性而导致创业失败的可能性。

（2）市场风险是指由于市场情况的不确定性导致创业者或创业企业损失的可能性。

（3）政治风险是指由于战争、国际关系变化或有关国家政权更迭、政策改变而导致创业者或企业蒙受损失的可能性。

（4）管理风险是指因创业企业管理不善产生的风险。

（5）生产风险是指创业企业提供的产品或服务从小批试制到大批生产的风险。

（6）经济风险是指由于宏观经济环境发生大幅度波动或调整而使创业者或创业投资者蒙受损失的风险。

（三）按创业风险对资金的影响程度划分

按风险对所投入资金即创业投资的影响程度划分，可分为安全性风险、收益性风险和流动性风险。

创业投资的投资方包括专业投资者与投入自身财产的创业者。

（1）安全性风险是指从创业投资的安全性角度来说，不仅预期实际收益有损失的可能，而且专业投资者与创业者自身投入的其他资产也可能蒙受损失，即投资方财产的安全存在危险。

（2）收益性风险是指创业投资的投资方的本金和其他财产不会蒙受损失，但预期实际收益有损失的可能性。

（3）流动性风险是指投资方的资本、其他财产以及预期实际收益不会蒙受损失，但资金有可能不能按期转移或支付，造成资金运营的停滞，使投资方蒙受损失的可能性。

（四）按创业过程划分

按创业过程划分，可分为机会的识别与评估风险、准备与撰写创业计划风险、确定并获取创业资源风险和创新企业管理风险。创业活动须经历一定的过程，一般而言，可将创业过程分为四个阶段：识别与评估机会，准备与撰写创业计划，确定并获取创业资源，创新企业管理。

（1）机会的识别与评估风险，指在机会的识别与评估过程中，由于各种主客观因素如信息获取量不足，把握不准确或推理偏误等使创业一开始就面临方向错误的风险。另外，机会风险的存在，即由于创业而放弃了原有的职业所面临的机会成本风险，也是该阶段存在的风险之一。

（2）准备与撰写创业计划风险，指创业计划的准备与撰写过程带来的风险。创业计划往往是创业投资者决定是否投资的依据，因此创业计划是否合适将对具体的创业产生影响。创业计划制定过程中各种不确定性因素与制订者自身能力的限制，也会给创业活动带来风险。

（3）确定并获取资源风险，指由于存在资源缺口，无法获得所需的关键资源，或即使可获得，但获得的成本较高，从而给创业活动带来一定风险。

（4）创新企业管理风险，主要包括管理方式，企业文化的选取与创建，发展战略的制定、组织、技术、营销等各方面的管理中存在的风险。

（五）按创业与市场和技术的关系划分

按创业与市场和技术的关系划分，可分为改良型风险、杠杆型风险、跨越型风险和激进型风险。

（1）改良型风险是指对现有产品或服务进行小幅度改良或优化，以适应市场需求或降低成本。这种创业方式通常不需要大量的技术革新或市场颠覆，而是通过对现有资源的合理配置和微调来实现商业价值的提升。改良型风险相对较低，因为它基于已有的技术和市场基础进行改进。但也需要对市场趋势和消费者需求有深入的了解，以确保改良的方向是正确的。例如，一家手机制造商可能会针对用户反馈，对手机的摄像头、电池寿命或用户界面进行小幅度优化，以提升用户体验和市场份额。

（2）杠杆型风险是指通过使用财务杠杆或运营杠杆来放大收益和风险。这通常涉及大量借贷或利用固定成本结构来实现规模经济。杠杆型风险相对较高，因为它是基于现有技术去开拓新的市场，当市场环境发生变化或经营出现困难时,高额的债务和固定成本可能会迅速加剧损失。这种风险通常与高度扩张的策略相结合,需要公司具备强大的资金实力和风险管理能力。

(3) 跨越型风险是指通过技术或市场的跨越式发展来实现创业目标。这种风险通常涉及进入全新的市场领域或采用前沿技术,以实现颠覆性或创新性的突破。跨越型风险往往很大,因为它涉及未知领域的探索和技术的不确定性。然而,成功的跨越型创业也可能带来巨大的收益和市场机会。例如,新能源智能汽车结合了电动汽车技术和互联网思维,颠覆了传统汽车行业。

(4) 激进型风险是指在创业过程中采取高度冒险和激进的策略,追求超常的回报和增长。这种风险通常伴随着高风险和高收益,需要创业者具备极高的胆识和决断力。激进型风险往往涉及高风险的投资、高度创新的产品或服务,以及大胆的市场扩张计划。虽然这种策略可能带来快速的增长和巨大的成功,但也可能导致巨大的损失和创业失败。因此,采取激进型策略的创业者需要具备高度的风险承受能力和灵活应变的能力。

(六) 按创业中技术因素、市场因素与管理因素的关系划分

按创业中技术因素、市场因素与管理因素的关系划分,可分为技术风险、市场风险和代理风险。代理风险,是指高级经营管理人才、组织结构以及生产管理等能否适应创业的快速增长或战胜创业企业危机阶段的动态不确定性因素的风险。

这三类风险之间相互作用,使得创业企业运作的各个层面上的诸多因素的不确定性更加复杂,并且在创业企业不同的发展阶段上,各因素的风险性质也将产生一定的变化。

三、创业风险的预测

(一) 创业风险来源缺口

创业环境的不确定性,创业机会与创业企业的复杂性,创业者、创业团队与创业投资者的能力与实力的有限性,是创业风险的根本来源。

由于创业的过程往往是将某一构想或技术转化为具体的产品或服务的过程,在这一过程中,存在着几个基本的、相互联系的缺口,它们是上述

不确定性、复杂性和有限性的主要来源，也就是说，创业风险在给定的宏观条件下，往往就直接来源于这些缺口。

1. 融资缺口

融资缺口存在于将概念转化为有市场的产品原型（这种产品原型有令人满意的性能，对其生产成本有足够的了解并且能够识别其是否有足够的市场）过程中。创业者可以证明其构想的可行性，但往往没有足够的资金将其实现商品化，从而给创业带来一定的风险。通常只有极少数天使基金愿意鼓励创业者跨越这个缺口，如天使投资人专门进行早期项目的风险投资等。

2. 研究缺口

研究缺口主要存在于仅凭个人兴趣所做的研究判断和基于市场潜力的商业判断之间。当一个创业者最初证明一个特定的科学突破或技术突破可能成为商业产品基础时，他仅仅停留在自己满意的论证程度上。然而，这种程度的论证后来不可行了，在将预想的产品真正转化为商业化产品（大量生产的产品）的过程中，即具备有效的性能、低廉的成本和高质量的产品，在从市场竞争中生存下来的过程中，需要大量复杂而且可能耗资巨大的研究工作（有时需要几年时间），从而产生创业风险。

3. 信息和信任缺口

信息和信任缺口存在于技术专家和管理者（投资者）之间。也就是说，在创业中，存在两种不同类型的人：一是技术专家；二是管理者（投资者）。技术专家知道哪些内容在科学上是有趣的，哪些内容在技术层面上是可行的，哪些内容根本就是无法实现的。管理者（投资者）通常比较了解将新产品引进市场的程序，但当涉及具体项目的技术部分时，他们不得不相信技术专家，可以说管理者（投资者）是在拿钱冒险。如果技术专家和管理者（投资者）不能充分信任对方，或者不能够进行有效的交流，那么这一缺口将会变得更深，带来更大的风险。

4. 资源缺口

资源与创业者之间的关系就如颜料和画笔与艺术家之间的关系。没有了颜料和画笔，艺术家即使有了构思也无从实现。创业也是如此。没有所需的资源，创业者将一筹莫展，创业也就无从谈起。在大多数情况下，创业者不可能拥有所需的全部资源,这就形成了资源缺口。如果创业者没有能力弥补相应的资源缺口,要么创业无法起步,要么在创业中受制于人。

5. 管理缺口

管理缺口是指创业者并不一定是出色的企业家,不一定具备出色的管理才能。进行创业活动主要有两种:一是创业者利用某一新技术进行创业,他可能是技术方面的专业人才,但却不一定具备专业的管理才能,从而形成管理缺口,二是创业者往往有某种"奇思妙想",可能是新的商业点子,但在战略规划上不具备出色的才能,或不擅长管理具体的事务,从而形成管理缺口。

(二)大学生创业常见风险

大学生创业者要认真分析自己创业过程中可能会遇到哪些风险,这些风险中哪些是可以控制的,哪些是不可控制的,哪些是需要极力避免的,哪些是致命的或不可管理的。一旦这些风险出现,应该如何应对和化解。特别需要注意的是,一定要明白最大的风险是什么,最大的损失可能有多少,自己是否有能力承担并渡过难关。大学生创业的风险主要有以下几个方面。

1. 项目选择风险

大学生创业时如果缺乏前期市场调研和论证,只是凭自己的兴趣和想象来决定投资方甚至仅凭一时心血来潮做决定,一定会碰得头破血流。大学生创业者在创业初期一定要做好市场调研,在了解市场的基础上创业。一般来说,大学生创业者资金实力较弱,选择启动资金不多、人手配备要求不高的项目,从小本经营做起比较适宜。

2. 缺乏创业技能风险

很多大学生创业者眼高手低,当创业计划转变为实际操作时,才发现自己根本不具备解决问题的能力,这样的创业无异于纸上谈兵。一方面,大学生应去企业打工或实习,积累相关的管理和营销经验;另一方面,应积极参加创业培训,积累创业知识,接受专业指导,提高创业成功率。

3. 资金风险

资金风险在创业初期会一直伴随在创业者的左右。是否有足够的资金创办企业是创业者遇到的第一个问题。企业创办起来后,就必须考虑是否有足够的资金支持企业的日常运作。对于初创企业来说，如果连续几个月入不敷出或者因为其他原因导致企业的现金流中断，都会给企业带来极大的威胁。相当多的企业会在创办初期因资金紧缺而严重影响业务的拓展，甚至错失商机而不得不关门大吉。

4. 社会资源贫乏风险

企业创建、市场开拓、产品推介等工作都需要调动社会资源，大学生在这方面会感到非常吃力。平时应多参加各种社会实践活动，扩大自己人际交往的范围。创业前，可以先到相关行业领域工作一段时间，通过这个平台，为自己日后的创业积累人脉。

一些大学生创业者虽然技术出类拔萃，但理财、营销、沟通、管理方面的能力普遍不足。要想创业成功，大学生创业者必须技术、经营两手抓，可从合伙创业、家庭创业或从虚拟店铺开始，锻炼创业能力，也可以聘用职业经理人负责企业的日常运作。

5. 管理风险

创业失败者，基本上都是管理方面出了问题，其中包括：决策随意、信息不通、患得患失、用人不当、忽视创新、急功近利、盲目跟风、意志薄弱等。特别是大学生知识单一、经验不足、资金实力和心理素质明显不足，更会增加在管理上的风险。

6. 竞争风险

寻找蓝海是创业的良好开端，但并非所有的创新企业都能找到蓝海。且蓝海也只是暂时的，而竞争是必然的。如何面对竞争是每个企业都要随时考虑的事，而对新创企业更是如此。如果创业者选择的行业是一个竞争非常激烈的领域，那么在创业之初，极有可能受到同行的强烈排挤。一些大企业为了把小企业吞并或挤垮，常会采用低价销售的手段。对于大企业来说，由于规模效益或实力雄厚，短时间的降价并不会对它造成致命的伤害，而对初创企业则可能意味着彻底毁灭的危险。因此，考虑好如何应对来自同行的残酷竞争是创业企业生存的必要准备。

7. 团队分歧风险

现代企业越来越重视团队的力量。创业企业在诞生或成长过程中最主要的力量来源一般都是创业团队，一个优秀的创业团队能使创业企业迅速地成长起来。但与此同时,风险也蕴含在其中,团队的力量越大,产生的风险也就越大。一旦创业团队的核心成员在某些问题上产生分歧不能达到统一时,极有可能会对企业造成强烈的冲击。事实上,做好团队的协作并非易事。特别是与股权、利益相关联时,很多初创时很好的创业伙伴都会闹得不欢而散。

8. 核心竞争力缺乏的风险

对于具有长远发展目标的创业者来说,他们的目标是不断地发展壮大企业,因此企业是否具有自己的核心竞争力就是最主要的风险。一个依赖别人的产品或市场来打天下的企业是永远不会成长为优秀企业的。核心竞争力在创业之初可能不是最重要的问题,但要谋求长远的发展,就是最不可忽视的问题。没有核心竞争力的企业终究会被淘汰出局。

9. 人力资源流失风险

一些研发、生产或经营性企业需要面向市场,大量的高素质专业人才或业务队伍是这类企业成长的重要基础。防止专业人才及业务骨干流失应当是创业者时刻注意的问题,在那些依靠某种技术或专利创业的企业中,拥有或掌握关键技术的业务骨干的流失是创业失败的最主要风险源。

10. 意识上的风险

意识上的风险是创业团队最内在的风险。这种风险来自无形,却有强大的毁灭性。风险性较大的意识有:投机的心态、侥幸心理、试试看的心态、过分依赖他人、忘本的心理等。

大学生创业过程中所遇到阻碍并不仅仅此几点,在企业发展过程中,随时都将有灭顶之灾的风险。为此,大学生必须始终保持积极的心态,多学习,多汲取优秀经验并且在此基础上结合自身既有的特长优势,只有这样,创业的步伐才会越走越远,越走越稳。

四、创业风险的防范

较大的企业有能力承受一般意义上的风险损失,而风险损失对处于创业过程中的小企业来说是致命的。创业企业要在自己的努力下学会正常前行,并在这种学习过程中健康成长,不仅要学会预测、评估各种风险,还要具备处理各种风险的能力。因此，如何应对创业风险，消除各种风险可能带来的潜在损失对创业企业而言具有至关重要的意义。

（一）创业风险的处理方式

一般来说，对于风险应采取一些常用的创业风险处理方式，用最小的成本达到最大的安全保障。创业风险的处理方式很多，但常用的有以下几种。

1. 风险规避

风险规避即选择放弃、停止或拒绝等方式处理面临的风险。例如，采取中止交易、减少交易量、放弃交易或离开市场等方式避免风险的发生。这是各种风险处理技术中最简单也是最消极的一种方法。适合采用风险规避策略的情况有以下两种。

（1）某种特定风险所致的损失概率和损失程度相当大。

（2）采用其他风险处理方法的成本超过其产生的效益。

2. 风险保留

风险保留又称风险接受，是指企业自己承担风险损失。当某种风险不能避免，或者因某风险可获得厚利时，由企业自己保留承担的风险，这是最为普遍、阻力最小的风险处理方法。按照处理的顺序和情况，风险保留可分为主动保留和被动保留两种。

风险保留的处理方式有以下四种。

（1）将损失摊入经营成本，即将发生的损失计入当期损益。

（2）建立意外损失基金。

（3）建立专项基金。

（4）从外部借入资金。

除了筹集资金提高企业自身的抗风险能力，企业还可以通过套期保值、设置专业自保公司等方法自留风险。

3. 风险转移

风险转移是指企业通过契约、合同、经济、金融工具等形式将损失的财务和法律责任转嫁给他人，达到降低风险发生频率、缩小损失幅度的目的。风险转移的形式有三种，即控制型非保险转移、财务型非保险转移和保险转移。

（1）控制型非保险转移是指通过契约、合同将损失的财务和法律责任转嫁给他人从而解脱自身的风险威胁,主要有外包、租赁、出售、回租等方式。例如,一家公司在与某建筑承包商签订新建厂房的合同中规定,建筑承包商对完工前厂房的任何损失负赔偿责任。再如,计算机租赁合同中规定租赁公司对计算机的维修、保养及损坏负责。

(2)财务性非保险转移是指利用经济处理手段转移经营风险,主要有保证、再保证中和、证券化、股份化等方式。

(3)保险转移是转移风险的一种办法,它把风险转移给保险人。保险也是一种分摊风险和意外损失的方法,一旦发生意外损失,保险人就应补偿被保险人的损失,这实际上是把少数人遭受的损失分摊给同险种的所有投保人。对创业企业来说,投保是其对企业各类纯粹风险进行管理的最为有效的手段。

4. 风险利用

风险利用是指把风险当作机遇,利用运营中的困难,通过风险战略开拓市场,实现大的战略目的。风险利用是最为积极的风险管理战略,它对于培养经理人风险偏好、构建企业文化有重要的意义。风险利用的方式有配置、多样化、扩张、创造、重新设计、重新组织、价格杠杆、仲裁、重新谈判等。

另外,在风险利用策略中还可通过对风险进行分散、分摊,以及对风险损失进行控制,也可化大风险为小风险,变大损失为小损失,实现风险控制的目的。

5. 损失抑制

损失抑制是指在损失发生时或在损失发生后为缩小损失幅度而采取的各项措施。损失抑制的一种特殊形态是割离,将风险单位割离成很小的独立单位而达到缩小损失幅度的目的。损失抑制常常在损失幅度高且风险又无法避免或转嫁的情况下采用,如损失发生后的各种自救和损失处理等。

(二)创业风险的应对策略

创业者评估风险后,若认为某种风险会给企业带来较大的损失,就会针对该风险采取相应的防范措施。创业风险形式多样,既有来自企业外部的风险,又有来自企业内部的风险。下面按照内外部风险的划分讲述创业风险应如何规避或应对。

1. 应对企业外部风险

企业外部风险,即非企业自身因素造成的风险。外部风险很多是由客观因素造成的风险,是每个创业者都无法避免的。下面讲解常见企业外部风险的应对措施。

(1)应对竞争对手的跟进。所有的行业都不可能独家经营,也不可避免地要面对竞争对手,当"棋逢对手"时,该如何保证自己始终处于优势地位呢?下面讲解一些应对竞争对手跟进的策略。

①控制技术,限制竞争。如果创业依托的技术有专利权,那么将在很大程度上排除同类竞争项目出现的可能,降低投资成本和投资的商业风险。

②紧密关注同领域其他企业的动向。在研发阶段,应密切关注其他企业类似工作的进行情况,如同类产品的功能设计后期研发进度等,从而找出自己产品的优势,为把产品推向市场以及产品上市后的后期跟进提供可执行的方案。

③选择高技术项目。如果项目的技术水平足够高,那么其他企业无法通过破解技术配方或关键内核来仿制新产品,而其他企业自行研制开发需要很长的时间,因而选择高技术项目能够有效地延长其他企业跟进的时间。在此期间,新创企业可以确保收回投资、完成利益返回并且占据较大的市场份额。

④制订换代产品开发计划。在产品开发阶段,即第一代产品还在酝酿创造过程中时,新创企业就要制订后续系列产品的开发计划,并在开发计划中详细论证以确保开发计划的实施。真正有生命力的企业不是停滞不前的,新产品的成功并不代表其获得了整个市场的认可。因此,新创企业一方面要抓紧时机,生产升级换代产品以改掉原有产品的缺点,更好地满足客户的需求;另一方面,还要优化生产工艺和销售渠道,在成本和价格方面适应市场竞争的需要,使自己一直保持领先地位。

⑤注重产品的多样性。在当今市场竞争日益激烈的情况下,新创企业在推出主打产品的同时,一定要采取产品多样化的战略,以扩大市场占有率并满足客户不断变化的个性化、复杂化需求。多样化的产品也能有效防止竞争者的模仿和跟进。

（2）应对市场变化。不管是企业还是企业的产品，都需要面对市场。市场不是一成不变的，它会随着当下的各种因素发生变化，面对市场的变化，创业者应该如何应对呢？下面介绍一些常用的应对措施。

①进行有效的市场调研。只有进行有效的市场调研和分析，才能了解客户的需求。这是保证产品或服务有市场需求的唯一可行办法。市场调研不仅包括项目创意的调研，还要贯穿产品研发和试制过程的始终，成为可依赖的标准，切实指导产品的开发和改进。只有这样，新技术、新产品才能有客户，有市场，有存在的价值。

②成为新领域的先锋。新技术、新产品不仅可以满足客户已有的需要，还能够产生新的市场需求，动态地改变客户的偏好，使企业成为新领域的先锋并由被动适应变为主动引领。

③成为专业扎实、高效的团队。好的创意、好的机会还不足以真正成就一家企业，新产品、新技术的实现和推广特别是进入市场以后的环节，都要依靠专业扎实、高效的团队不断努力。因此，只有高素质、善于学习、能够主动适应市场的团队，才能将新产品的营销推广策略真正落到实处，将企业的战略意图进行到底。

（3）应对宏观经济环境及政策法规的变化。在宏观经济环境及政策法规发生变化时，创业者可采取以下应对措施：

①选准恰当的时机。任何一个国家或地区都存在经济周期。创新企业要把握市场动向，在经济下滑阶段或平稳阶段开始实施创意和研发，然后在宏观经济繁荣时期和经济上升期进行市场运作。这样，在经济周期的上升阶段，投资形势和市场需求情况都较好，商业风险相对较小，从而达到降低成本、提高收益的目的。

②重视环境和对市场的选择。创新企业应谨慎对待选址和市场开拓。创新企业不仅要注重行业发展特点，还应对企业所在地区的政策、文化及自然环境进行综合考虑，特别是对产业运作和资源条件要求比较高的企业更应如此。另外，市场开拓从哪里开始，整体发展如何规划，对于这些问题，创业者应考虑企业所在国家、地区的宏观环境和相应的政策法规。

③了解政策法规。创业企业在选择项目时就应充分了解相关产业的政策法规及行业的发展动向。选择政策法规给予支持的产业、行业对企业是

有一定帮助的。同时，关于企业的组建、运营及市场的各类法律和规范，创业者都应透彻了解，掌握最新动态，善于利用发展机会，这对企业的短期发展和长期发展都有相当大的帮助。创业需要创业者有创新的思维、敏锐的市场嗅觉及有效的管理方式，同时创业者还要注意宏观经济环境和政策法规。政策对创业者而言有利有弊，创业者应趋利避害，根据政策找到利于自己、利于企业的融入点。

（4）应对资金风险。资金是企业运营的关键要素，一般来说，创业者面对资金风险时，应多留意整个市场的价格波动趋势，当发现有价格变化苗头时，应主动采取措施。同时，创业者应动态地配置生产资源，根据市场变化调整进货量、存货量和出货量。创业者要通过观察、内部调控顺利应对资金风险，同时还要争取将风险变为机遇，占领市场先机。

（5）应对信用危机。由于我国的信用机制还处于向健全发展的阶段，因此创业者要提高警惕，对投资方、技术持有者、管理者和技术开发人员、供应方等各方人员或组织的资本信用状况、技术和资金能力等，都要了解清楚。另外，还要通过签订细致有效的合同，利用法律工具保护自己和他人的合法权益。

2. 应对企业内部风险

与外部风险相对的是内部风险。每个企业内部都存在不同程度的风险，下面介绍企业内部常见的风险类型及应对方法。

（1）应对投资的风险。传统行业的投资分析都是在所在产业的历史发展经验数据和可靠材料的基础上进行的，而大多数创新的技术型企业，前期往往缺乏历史数据的支撑，进行投资分析时，仅凭创业者的直观感觉或一些不太成熟的调查数据，这使投资分析的精确度很低。此时，创业者可考虑参考相关行业的发展过程，通过横向比较得出差异与共性，为决策提供可参考的依据。由于采用的是预测和统计的方法，所以在实施时要特别注意动态分析和适时调整，不仅要考虑计算得出的结果，还要考虑环境的变化和企业的真正需要。

（2）应对技术的风险。生产产品的核心是技术，在企业内部应如何避免因技术产生风险呢？总结起来可采用以下两方面的措施。

①专利/知识产权保护。新技术可以估价入股成为新创企业的无形资

产。申请专利或知识产权保护是不容忽视的重要环节。

②技术保护。除了专利或知识产权保护，在将新技术或新产品推向市场之前，还应考虑加入技术成分的保护。如无法通过成分检测破解化学配方、在机器的核心电路部分设置加密芯片或进行封装、软件内核中装有监控毁灭程序等。

（3）应对管理危机。由于新创企业管理团队的成员一般比较年轻，管理团队又是新组建的，成员彼此之间缺乏默契，再加上管理团队成员的管理经验不足，又要在短时间内完成新技术、新产品的推广和生产，因此会出现很多的管理问题，创业者必须积极采取措施进行应对。

①借用外脑。对于创新企业管理队伍年轻化的问题，在企业起步这个比较关键的发展阶段，创业者可以考虑与风险投资企业或孵化企业合作，邀请有经验的人士参与经营管理，还可以聘用相关方面的专业人才加盟，这样可以利用专业人才的知识经验带动整个组织及管理团队成长和进步。

②培养企业文化。企业的成功并不是靠创业者单打独斗得来的，而是需要各个部门协作共同完成，积累形成企业自身的价值而获得的。可以说，企业文化是决定企业最终成功的一个重要因素。面对日益激烈的市场竞争，创业者更应该注意自己团队人才的培养，塑造符合企业发展目标宗旨的企业文化。

③控制人员的流失。由于新创企业很容易遇到各方面的风险和阻力，所以常常要面对技术、管理、销售服务人员流失的问题。创业者要想留住人才，就要根据不同类型人才的特点，采取不同的措施。

对于管理、技术人才，明确利益关系，对于重要人才可考虑分配一定数额的公司股份。同时设立有效的激励机制，对于管理人才和技术人才应该使用不同的绩效考评机制，不仅要利用金钱激励，还要用企业文化所形成的强大凝聚力留住人才。

对于销售服务人才，根据业绩评估，及时提高工资与福利待遇；建立完善的晋升制度，做到奖罚分明；服务人员本土化，加强其从业素质的培训，使其业务能力提高，并感受到在企业中具有的个人价值。

（4）应对财务危机。新创企业在最初一两年很可能遇到财务危机，渡过这个危机，企业可能迎来一个春天。在面对财务危机时，创业者应采取相应的措施。

①放弃追求高利润。大多数创业者在企业略有起色的时候急于向外界表现自己的经营能力，而利润恰好是非常有说服力的证据，因此，大多数创业者在企业发展初期过多地追求达到利润指标。这对新创企业来讲弊大于利，其原因有两方面：一是账面上的利润将成为计税的依据，而此时过多的税务支出对企业来说是很有压力的；二是企业业务的快速膨胀，使得存货、应收账款等占用了大量资金，而此时企业的经验和应变能力都比较弱，任何一个环节出了问题都会引发综合性的财务问题。

②利用现代财务分析工具。良好的财务管理是达到创业目标的必要条件，如果情况允许，企业可用先进的财务分析工具对企业的财务状况进行控制。一般企业需要进行现金流量分析、现金流量预测，以及制订完善的现金管理机制。成长中的新创企业必须准确预测企业现金需求量何时需要，明确需求现金的目的，要留有较长的缓冲时间，从而保证可以筹措到所需的资金。

③适时调整财务结构。企业在发展过程中应适时改变财务结构。事实证明，如果销售额大幅增长，新创企业的成长速度就会大于财务结构的成长速度。因此，新创企业的每一次成长都需要一个与之前不同的新财务结构。当新创企业成长时，来源于私人的资金，不论是来源于创业者本身及其家庭，还是来源于其他人，都无法满足新创企业成长的需求。企业在运营一定年限后，会力求寻找更大的资金来源，主要途径有筹措权益资本（发行股票）、寻找合伙人、与其他企业合伙、向保险公司求援等。在选择资金来源时，创业者必须充分了解合伙人或合伙企业的信誉、营业互补性及发展前景，并且合伙人或合伙企业不可成为自己的竞争对手。

④进行资金规划。企业每个年度都要进行资金规划。进行资金规划对大多数新创企业来说是生存的必要条件。如果成长中的新创企业能事先合理地对资金筹集及资金结构做好一定周期的计划，那么在需要资金时，无论资金的种类、使用时间及需求的方式如何，通常都不会出现太大的困难。如果等到新创企业的成长速度超过资金基础及资金结构的成长速度时再进行财务规划，此时往往已经出现问题，从而使新创企业的发展受阻。

⑤制定财务制度。新创企业只有制定一套完善的财务制度，才能对应收款项、存货、制造成本、管理成本、服务、营销等进行有效控制。同时，新创企业应随时根据实际情况调整财务制度，并确保严格执行该财务制度。

 课后练习题

在创业过程中，如何识别并评估潜在的风险因素？请结合具体的创业案例，阐述你对于创业风险管理的理解和实践。

 本章小结

通过本章学习，大学生在创业之前应该充分了解和认识创业机会，学会怎么去识别、发现创业机会，找到最适合自己的、有市场的创业方向，熟悉创业机会的合理评估。对创业过程中可能存在的创业风险进行合理分析，制定清晰的应对策略。最重要的是，大学生应该根据自身特点和现实情况，筛选出最适合自己的机会并且找到理想的创业思路，及时去实现它，这样才能在众多的创业者中脱颖而出，到达成功的彼岸。

 拓展阅读

如何判断创业项目的价值是摆在很多大学生创业者面前的难题，其实，大学生可以通过以下几个问题来解决这一问题。

（1）市场好吗？

大学生创业者首先要考虑项目在市场中的位置，往往全新的项目或者市场上从来没有的项目，并不一定是最好的选择。最好的市场是度过了萌芽期，这样才能比较平稳。如果创业项目在技术上有非常明显的优势，同时在产品质量上又不是很差，往往意味着成功的机会。

(2) 能控制吗？

控制性包括硬资源和软资源两个方面，硬资源是生产所需要的原材料，软资源是指市场，如果大学生创业者能够在一定程度上控制项目的原材料和市场，甚至只影响其中之一，就能够有效降低经营风险。

(3) 有成长空间吗？

一般来说，市场上显示商机的一个最重要的特征就是市场已经被开发，但是现有的供应商不能够满足市场，在这个时期大学生创业者介入进去，其成功的把握是最大的。而独自开发全新的市场往往很难。

(4) 可以低成本启动吗？

除非家庭能够提供很充足的资金和高效的社会关系，否则大学生创业者很可能没有足够的资金来建立自己的大型经营体系。理想的创业企业应该能够从自身的早期收入中实现自力更生，即快速实现"收支平衡"，这对大学生创业者来说很重要。

(5) 边际成本低吗？

增加一个单位的产量随之而产生的成本增加量即被称为边际成本（Marginal Cost，MC）。例如，生产一部手机的成本是很高，但因为规模经济的原因，生产第10001部手机的成本就低得多，而生产第1000001部手机的成本就更低了。但相反，如果你想扩张你的餐馆、理发店或花店就没那么容易了，因为第二家店的成本如租金、设备、员工工资、物料等几乎不亚于第一家店。所以，大学生创业者要考虑的是必须有超过竞争对手的更大范围内的可扩张性。

(6) 竞争对手如何？

消费者往往会货比三家，尤其是在产品名气不大的时候。所以，在规划并启动创业项目时，大学生创业者应对竞争对手做一些深入的了解和分析。

评估测试

以下测试将帮助大学生检测创业项目是否可行，以及当前是否是创业的恰当时机。注意，该测试仅为大学生是否马上创业提供参考，具体情况仍需要大学生自主衡量。

[测试说明]

表7-2中有30道选择题,每道题有"是""不确定""否"3个选项,请根据你的实际情况,选择最接近你平时做法和感受的选项(打"√"),而不是选择你想要怎样、你以为会怎样或怎样更好的选项。请尽量快地完成每一道题,需注意,选项没有对错之分。各选项中,选"是"得3分;选"不确定"得2分;选"否"得1分。

表7-2　　　　　　　　　　创业时机测试

题号	问题	是	否	不确定
1	你将创办的企业的法律形式是否明确确定			
2	你有把握筹集到自己企业的启动资金			
3	你确定了将要出售的商品或提供的服务吗			
4	你是否做了市场细分并确定了你的销售对象			
5	你是否访问过10个以上的潜在顾客,并向他们了解对你的产品或服务的意见			
6	你知道谁是你的现实的、潜在的竞争对手			
7	你自己对主要竞争对手做过优势和劣势比较吗			
8	你的企业地址确定了吗			
9	你为销售的商品或提供的服务确定价目表了吗			
10	你是否决定花一部分钱做广告宣传			
11	你对企业的促销做预算了吗			
12	你是否已做了一年的销售预测			
13	你是否已根据销售预测做了盈亏平衡分析			
14	你对开业一年的损益状况做了预测分析吗			
15	你第一年的经营状况能保证不亏损吗			
16	你制订了第一年的现金流量计划吗			
17	你和与开业有关的政府各部门接洽过吗			
18	你如果向银行贷款是否有担保的资产			
19	你知道需要怎样的员工及员工数量是多少吗			

续表

题号	问题	是	否	不确定
20	你知道雇佣员工所必须了解的法律知识吗			
21	你知道对员工必须承担的责任和义务吗			
22	你知道为职工缴纳的三金是什么吗			
23	你知道你的企业必须投保哪些险种吗			
24	你是否知道你的企业需要办理特种行业的申办手续			
25	你对企业申办的手续做过详尽的咨询和调查吗			
26	你清楚你的企业必须办理哪些许可证吗			
27	你是否为申办你的企业制定了申办流程和期限表			
28	你对将涉足的行业了解或有足够经验吗			
29	你办企业是否获得家人支持并已安排好了家庭开支			
30	你是否坚信自己一定能把自己的企业办好			

测试分析

若所得总分在 80 分及以上，说明你可以进入创业实施阶段，但对回答"否"和"不确定"的问题要尽快予以明确，否则会影响创业和经营效果；若所得总分在 80 分以下，建议你再做努力，等准备较充分时再进入创业实施阶段。

 拓展阅读

从成功销售第一架数控机床，赚取到第一桶创业基金，到创立 7 个子公司，建立起一支拥有超过 7000 辆新能源汽车的物流车队，固定资产超过 2 亿元的珠三角新能源行业极具发展潜力的公司，卓才仁感慨道："在国家的新发展理念和'双碳'愿景的引领下，我们得以在粤港澳大湾区这片热土上将个人梦想与国家战略相融合，创造更大的社会价值。"

卓才仁，出生于东南沿海城市湛江，家境并不富裕的他，自幼便立志要通过创业改善家人的生活。2018 年，他通过高考进入广东轻工职业技术学院艺术设计学院深造。在完成学业之余,他几乎将所有的时间和精力都投入到了创业之中。入学后,卓才仁便对自己的大学生活进行了精心规划,他经常与同样怀有创业热情的同学、朋友交流探讨商机,逐渐建立了自己的人脉关系网,并组建了一支志同道合的创业团队。

在一次市场调研中,他获得了数控机床的优质采购渠道。于是,他与团队成员开始深入学习销售机床的相关知识,了解产品的优势和潜在目标群体。接着,他们频繁地拜访客户,搜集信息,深入了解客户需求,并记录下客户的反馈。在建立客户库的过程中,他积累了宝贵的销售经验:要尽可能多地了解客户的情况,包括机床的使用状况、运行是否正常、加工产品质量、常见的小故障等;还要了解客户对产品的意见、业务情况(如接单、出货、盈利等)、个人情况以及竞品使用情况等。通过一年的机床销售生意,他赚取了人生的"第一桶金",也为后来创立公司提供了启动资金和宝贵的创业经验。

卓才仁敏锐地捕捉到了"互联网+新能源"的商机。他立足于珠三角发达的制造业,发现珠三角地区货物快速流转的市场需求极大,而运输业的盈利空间可以通过新能源汽车的升级来扩大。经过与创业伙伴的多次深入调研后,他决定投身于新能源汽车运输行业,并于2019年从供应链开发、运营体系、获客渠道、销售团队等多个方面完成了公司产品"装货啦"的0~1的项目搭建。

2020年,还在读大二的卓才仁创立了一省一运(广州)新能源汽车有限公司。公司总部位于全国高新技术中心深圳,华南大区运营中心则位于佛山市南海区桂城街道桂南北路4号中盛国际大厦。公司专注于新能源汽车运输领域,开展新能源充电设备及销售、新能源物流车运营及销售代理、城市物流代理及自建物流货仓等业务。

在公司成立初期,卓才仁与他的创业团队经历了焦虑与希望、困惑与坚定、黑暗与曙光交织的复杂情绪。但他始终坚守信念:"要有最朴素的生活和最遥远的梦想,即使明日天寒地冻,路遥马亡。"

站在新能源行业的风口浪尖上,随着业务的不断拓展和公司营收的持续攀升,卓才仁的创业之路终于迎来了春天。从2019年在广州白云开设首家门店,到2020年成立公司并拓展业务至深圳、佛山,再到2021

年在广东中山、江门、珠海等二三线城市铺设门店，公司实现了跨越式的业绩增长。围绕新能源汽车打造的多元化业务体系让公司扩张速度惊人。如今，公司已建立起一支拥有7000多辆新能源物流车的车队，代理了长安、吉利、海豚等新能源车品牌，物流服务企业包括美团、拼多多、顺丰、美的、屈臣氏等知名头部企业。凭借卓才仁的远见卓识和团队的共同努力，公司获得了红杉资本的五千万注资，成为新能源行业中一颗冉冉升起的新星。

资料来源：借势绿色发展新动能，紧抓新能源运输风口［EB/OL］. 广东轻工职业技术学院学生工作部微信公众号，2022-04-25.

第八章 创业资源与创业融资

思维导图

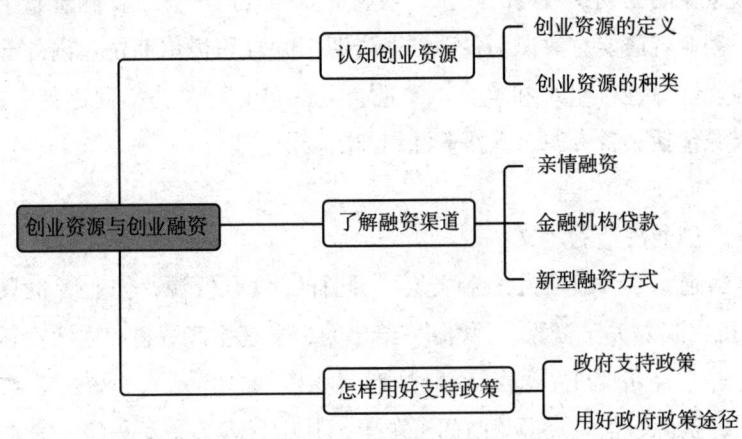

第一节 认知创业资源

案例导入

"村官"农场,是马鞍山市大学生村官积极响应国家"大众创业,万众创新"号召和全国两会提出的"互联网+发展新模式",致力于实现农产品由生产基地直供社区家庭,为辖区居民提供便捷、新鲜、平价、安全的农产品供应而成立的。"村官"农场推行了农产品从农场到餐桌的直供体系,背靠政府认证的本地优质农产品基地,形成种植、采摘、分拣、包装,配送于一体的产业链,减少流通环节,并且能够对农产品质量实现从生产基地到餐桌的全程监控。用户可以直接通过微信公众号下单选购。

案例思考

1. 请阐述在上述创业过程中运用了哪些创业资源?
2. 你认为还可从哪里获得创业资源?

从企业的初创到最终的收获,创业资源的获取和整合伴随着整个创业过程,创业者需要有效识别各种创业资源,并且积极借助企业内外部的力量对创业资源进行组织和整合,实现企业的核心竞争力,促进创业成长。创业资源包括必备资源、支撑资源和外围资源。

一、创业资源的定义

常言道:"巧妇难为无米之炊。"同样,没有资源,创业者也只能望(商)机兴叹。关于资源,《辞海》给出的定义是生产资料和生活资料的天然来源。在经济学上,资源一般是指商业资源,包括人力资源、物力资源、财力资源、信息资源、时间资源等,其中,人力资源是第一资源。在管理学上,资源是企业作为一个经济实体,在向社会提供产品或服务的过程中,所拥有或者所能够支配的能够实现公司战略目标的各种要素以及要素的组合。

创业资源是创业企业从成功创建到逐步发展所不可缺少的基础。在创业之初,创业所需的各项资源往往只能依靠创业者自身努力获取,由于创新企业的高度成长性,在其迅速成长扩张的过程中,组织规模很快就发展到一定规模之上,创业者很快就会发现,通过自身努力获取的资源远远不能支持企业的发展,为了使企业能够继续发展,外部机构给予企业的资源就显得相当必要。因此,在创业过程中,应当积极拓展创业资源获取渠道。也可以这么说,创业是一个发现和捕捉机会并由此提供出新颖产品或服务,实现其潜在价值的过程;是创业者在资源不足的情况下,收集、分析和把握机会,创造性地整合资源,形成合力、实现目标的过程。

二、创业资源的种类

（一）必备资源

必备资源是指创业者必须自己拥有或借助外力能够支配的创业资源，主要包括资金、场地、人才、产品等资源。其中，资金资源主要包括亲戚朋友的借款、政策性低息贷款、各类政策资助与扶持的创业基金或科技基金、风险投资资金、天使投资资金和私募基金等；场地资源主要包括自有产权的房屋场地、可租借的房屋场地、科技园区或工业园区提供的低价场地、各类孵化器、创业园或青年创业工场等提供的廉租房屋场地等；人才资源主要包括创业者自身、创业团队成员，以及可以聘请到的管理营销人才、专家顾问团队、合格员工等；产品资源主要是指具有自主知识产权的产品、创新性产品、具有市场前景的产品等。

（二）支撑资源

支撑资源是指处于创业者直接控制范围之外，但可通过开发、组织、联合甚至租赁而获取的资源，包括营销资源和关系网络。其中，营销资源主要是指自有的营销网络、可以使用或租借的营销渠道、营销渠道的效率与效果是否与产品生产能力匹配等；关系网络主要包括亲朋好友、老师同学、战友同事等个人关系网络，创业前的同事、业务伙伴，可以进行利益共享与交换的群体等社会关系网络，以及具有弱连接的间接社会关系等。

（三）外围资源

外围资源是指创业者身处其中就能感受或享受到的资源，是一种不受创业者主观控制的、外在的公有性资源，包括创业环境、政府创业政策、社会创业文化和市场信息等。其中，创业环境主要包括地区经济发展水平、是否有创业辅导机构、创业融资机构、创业培训与学习条件、政府对创业的态度、区域自然条件等；创业政策主要包括税收优惠及减免政策、工商注册支持政策、行业准入政策、创业扶持政策、确保创业者利益的政策等；创业文化主要包括地区生活习惯、人们对待冒险的态度、对创业行为的看法、地域文化与思维方式、对财富与安逸的追求等；市场信息主要是指是否具有发达的网络系统、市场的开放性、安全性与公平性、信息共享的程度、行业协会与市场组织等。

 课后练习题

以小组为单位,完成以下练习:

(1)梳理项目现有的各种内外部资源,填入表8-1。

(2)根据项目特性的不同,讨论并表明核心资源。

表8-1　　　　　　　　创业项目资源明细

资源分类		现有资源	期望资源	核心资源	备注
内部资源	有形资产				
	无形资产				
	人力资产				
	财务资产				
外部资源	政府资源				
	市场资源				
	合作资源				
	投资资源				

第二节　了解融资渠道

案例导入

2002年就开始办厂,高峰的企业却是"起了个大早,赶了个晚集"。2002~2009年,7年时间里,三洋纸业产值从起步时的300万元提高到2009年的700多万元。然而2010年开始,三洋纸业开始了跳跃式发展:2010年产值1000万元,2011年2000万元,2012年可以做到5000万元,2013年估计能到1亿元。

三洋纸业创业初期购买的生产设备,效率低,无论工人如何加班加点,订单总是"吃不完"。为了提高产能,2010年高峰花了200多万元,从生产包装机械的昌昇集团买了一台高速印刷机。从此,"吃不

完"的订单忽然变得"不够吃"了。高峰想得到大客户更多的订单，但大客户给订单的前提是：三洋纸业必须上一条生产线。上一条生产线，要投入1000多万元，哪里去找这笔钱？高峰把困扰告诉了提供生产线的昌昇集团老板，"可以做啊，金融租赁公司就能帮你解决"。昌昇集团老板的话，让高峰将信将疑。

三洋纸业所处的印刷行业，是江苏金融租赁业务发展中，与医疗、教育行业三足鼎立，具有较强优势，业务规模和竞争力均居国内同行业前列的业务领域，而昌昇集团又正好是与江苏金融租赁合作多年，可以将自己收集到的有融资租赁意向的客户信息，通过初步甄别和提供担保，直接向江苏金融租赁公司提供客户资源的重要供应商之一。

在江苏金融租赁公司寻找客户资源的多元化市场营销模式中，与公司直销团队直接营销的直销模式、与商业银行合作，进行资源共享的银租合作模式、与省市金融办、开发区管委会等政府职能部门、行业协会等合作的政租合作模式、与小贷公司，担保公司、咨询公司、进出口代理商等中介公司合作，利用其渠道优势有序高效开发市场的高效营销模式相比，与昌昇集团这样的设备制造商、销售商合作，由熟悉客户情况的供应商向江苏金融租赁公司提供客户资源的厂租合作模式，是江苏金融租赁公司最重要，也是最能体现租赁业务特色的低风险营销模式。仅江苏金融租赁公司2011年所做的717个项目中，就有300多个项目是由厂租合作模式带来的。

当昌昇集团这样的供应商成为江苏金融租赁公司收集客户信息的重要渠道时，三洋纸业在昌昇集团的介绍下，与江苏金融租赁公司结下不解之缘，就是水到渠成的事了。

案例思考

1. 请阐述三洋纸业在融资过程中运用了哪些渠道？
2. 你认为还可从哪里获得创业融资？

融资渠道包括亲情融资、金融机构贷款以及其他新型融资方式。

一、亲情融资

亲情融资是指以家庭资产为主,以亲属、同乡、同学借款等为辅,运用自有资金创业的一种融资方式。在创业初期,由于金融机构无法满足其资金需求,因此,创业者就需要依靠朋友、家庭成员、亲戚的借款以及自身的存款起步,直到将公司发展到一定规模。这种融资方式,虽然规模较小,但涉及面很广,少则几百元、多则几千元、几万元,这种借贷关系密切,不收取利息或适量收取一些利息。这种融资方式手续一般很简单,当借方需要资金时,通过中介人或按自己意向说明资金用途、借款金额、还款能力及日期、利息,以口头协议或书面协议的形式,就可马上获得资金。

二、金融机构贷款

(一)担保贷款

担保贷款是指由借款人或第三方提供担保而发放的贷款。担保贷款包括保证贷款、抵押贷款、质押贷款。

保证贷款是指按规定的保证方式,以第三人承诺在借款人不能偿还贷款时,按约定承担连带责任而发放的贷款。为顺利取得银行贷款,企业应该选择那些实力雄厚、信誉好的法人或公民作为贷款保证人。若银行等金融机构能作为企业的保证人,则效果更为理想,借款企业取得银行贷款更为容易。

抵押贷款是指按规定的抵押方式,以借款人或第三人的财产作为抵押物发放的贷款。当无法获得银行信用贷款,或者银行所提供的信用贷款难以满足需要时,中小企业可以向银行提供抵押物以获得贷款。

质押贷款是指按规定的抵押方式,以借款人或第三人的动产或权利作为质物发放的贷款。债务人不履行债务时,债权人有权以该动产(或财产权利)折价或者以拍卖、变卖该动产(或财产权利)的价款优先受偿。移交的动产或财产权利成为"质物"。当能够向银行提供质物时,中小企业则很容易从银行获取贷款。

(二)无担保贷款

这类贷款的突出优势是设置门槛低,无须任何担保或抵押,门槛低,手续简单,放款快。比如有些银行规定申请者只要具备稳定的职业和收入、在现单位工作满 3 个月、税前月收入在 3000 元人民币以上，就完全可以凭借自己的个人信用获得贷款。这种贷款不受房贷、车贷等用途唯一性的限制，也不受信用卡指定特约商户的局限。

（三）典当抵押贷款

典当抵押贷款是从古到今最具生命力的行业之一，以实物为抵押，以实物所有权转移的形式取得临时性贷款的一种融资方式，黄金、珠宝、家电、房产、土地、设备、汽车、物资等都可典当，有价证券也可。

三、新型融资方式

（一）众筹

众筹，即大众筹资或群众筹资，指通过互联网方式发布筹款项目并募集资金。相对于传统的融资方式，众筹更为开放，能否获得资金也不再是由项目的商业价值作为唯一标准。只要是网友喜欢的项目，都可以通过众筹方式获得项目启动的第一笔资金，为更多小本经营或创作的人提供无限的可能。众筹具有低门槛、多样性、依靠大众力量、注重创意的特征。它具有发起人、支持者和平台三个要素。发起人，即有创造能力但缺乏资金的人。支持者，即对筹资者的设想和回报感兴趣的、有能力支持的人。平台，即连接发起人和支持者的互联网终端，是一个专业的大众集资网站，创业者将他的想法和设计原型以视频、图片和文字的方式进行展示，假如投资人感觉这个想法很靠谱就可以把钱投给创业者（交易方式类似淘宝）以换取相应的承诺。这种商业模式下任何人都可以成为大众投资者，因为众筹平台的准入门槛很低。

1. 众筹类型

（1）债权众筹。投资者对项目或公司进行投资，获得一定比例的债权，未来获取利息收益并收回本金。

（2）股权众筹。投资者对项目或公司进行投资，获得其一定比例的股权。

（3）回报众筹。投资者对项目或公司进行投资，获得产品或服务。

（4）捐赠众筹。投资者对项目或公司进行无偿捐赠。

2. 众筹成功的关键

对新的创业公司和创业者来说，众筹已成为一种简单的融资方式。众筹成功的关键点有以下几个方面。

（1）筹集天数恰到好处。

众筹的筹集天数应该长到足以形成声势，又短到给未来的投资者带来信心。在国内外众筹网站上，筹资天数为30天的项目最容易成功。

（2）目标金额合乎情理。

目标金额的设置需要将生产、制造、劳务、包装和物流运输成本考虑在内，然后结合本身的项目设置一个合乎情理的目标。

（3）支持者回报设置合理。

对支持者的回报要尽可能价值最大化，并与项目成品或者衍生品相配，而且应该有3~5项不同的回报形式供支持者选择。

（4）项目包装。

应对创业项目做必要的包装，以使得支持者更加了解创业项目。比如，调查显示，有视频的项目比没有视频的项目多筹得114%的资金。而在国内的项目发起人，大多不具有包装项目能力。

（5）定期更新信息。

定期进行信息更新，以让支持者进一步参与项目，并鼓励他们向其他潜在支持者提及你的项目。

（6）鸣谢支持者。

给支持者发送电子邮件表示感谢或在您的个人页面中公开答谢他们，会让支持者有被重视的感觉，增加参与的乐趣，这一点常常被国内发起人忽视。

融资流程如图8-1所示。

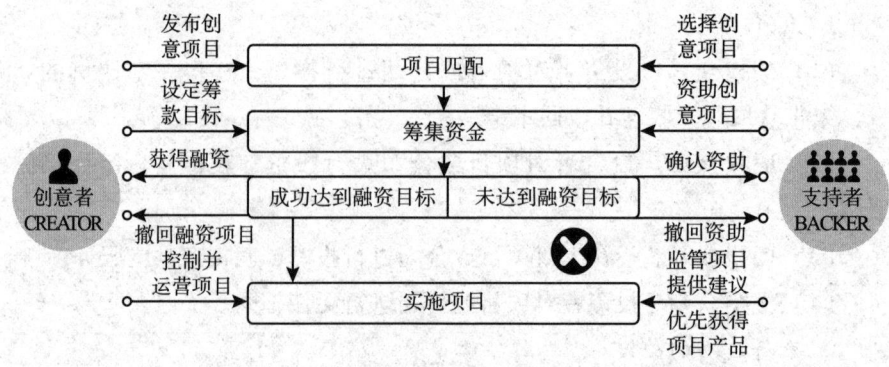

图8-1 融资流程

（二）天使投资

天使投资是权益资本投资的一种形式，是指富有的个人出资协助具有专门技术或独特概念的原创项目或小型初创企业，进行一次性的前期投资。它是风险投资的一种形式。天使投资是对于创业种子期进行的主要融资手段。天使投资者提供的不仅是资金，大多数的天使投资者拥有丰富的经营和融资经验、专业特长、深厚的人脉关系等资源，这些是孵化一个创业企业成功的重要因素。2010 年，在杭州成立的"西湖星巢天使投资基金"是中国首个大学生创业天使投资基金，其基金总规模达到了 1 亿元人民币，取得了很好的社会效益和经济效益。目前，天使投资有五种模式：天使投资人、天使投资团队、天使投资基金、孵化器形式的天使投资、投资平台形式的天使投资。现在有非常多的天使投资机构：戈壁投资、IDG 资本、经纬中国、纪源资本、软银中国创业投资有限公司等。

天使投资人喜欢的一定是可以带来高额投资回报的企业。这类可以带来高额投资回报的企业具有以下几个特点：团队有完整优秀、清晰而完整的商业模式，可操作的商业计划、可预见的成长性。

（三）风险投资

风险投资是指具备资金实力的投资家对具有专门技术并具备良好市场发展前景，但缺乏启动资金的创业家进行资助，帮助其圆创业梦，并承担创业阶段投资失败的风险的投资。投资者投入的资金换得企业的部分股份，并以日后获得红利或出售该股权获取投资回报为目的。风险投资的特色在于甘冒高风险以追求最大的投资报酬，并将退出风险企业所回收的资金继续投入"高风险、高科技、高成长潜力"的类似高风险企业，实现资金的循环增值。

（四）私募基金和公募基金

私募基金是指一种针对少数投资者而私下（非公开）募集并运作的投资基金，因此被称为向特定对象募集的基金或地下基金。其方式基本有两种：一是基于签订委托投资合同的契约型集合投资基金；二是基于共同出资入股成立股份公司的公司型集合投资基金。

公募基金是指受政府主管部门监管的，向非特定投资者公开发行受益凭证的证券投资基金，这些基金在法律的严格监管下，有着信息披露、利润分配、运行限制等行业规范，包括封闭式基金和开放式基金。

 课后练习题

根据小组创业项目资金需求，完成表8-2内容的填写。

表8-2　　　　　　　　　　　创业融资情况

融资渠道	资金提供方	金额（万元）	备注
自有资金			
亲情融资			
金融机构贷款			
其他融资			
总计			

第三节　怎样用好支持政策

案例导入

重庆已将在校大学生纳入微型企业政策扶持体系，并出台了一系列帮扶政策，极大激发了大学生的创业热情，刘真海便是第一批吃螃蟹的代表人物。

依靠5万元创业资本金补助，"90后"大学生刘真海开始圈地打造自己的"沙滩"。刘真海踏出校门发现的第一个商机不是App，而是微信。微信的"圈子营销"模式已获得众多商家青睐，其中最紧缺的便是打造平台的技术人。

刘真海看准了这个市场。"第一单业务是为一家餐饮连锁店设计微信平台业务。用户只要登录该店的公共平台，就能查询餐厅信息、订餐、点菜，到店即可开吃。"刘真海如是说。他花了一个多月的时间，给这家餐饮店制作了一个微信平台，除去1万多元的制作成本外，第一桶金赚了2万元。随后，刘真海又成功拿下了UME、巴将军、武陵山珍、美茜百货等企业打造公众企业微信平台的订单，营业额达到了100万元。

资料来源：重庆大学生用微信创业，赚得人生第一个100万[EB/OL]. 创业家，2018-05-04.

> **案例思考**
>
> 1. 本地针对大学生创业有哪些优惠政策？
> 2. 如果这是你的创业项目，你认为哪些政策可善加利用？请详细说明。

国家为改善个人创业或中小企业融资环境，出台了许多税收优惠、融资政策和创业扶持政策，用好这些政策和优惠对大学生创业具有重要的意义。

一、政府支持政策

（一）税收优惠

国务院和省级人民政府对符合条件的中小企业或个人，给予在一定期限内的税收优惠。条件主要有：一是由失业人员开办、初期经营困难的；二是吸纳社会再就业人员比例较高的；三是设立在少数民族地区、边远地区和贫困地区的；四是从事高科技产品的研究开发的；五是从事资源综合利用和环保产业的；六是国家产业政策规定需要扶持的。比如，2015年国务院推出的优惠政策就包括：持人社部门核发的《就业创业证》的高校毕业生在毕业年度内创办个体工商户、个人独资企业的，3年内按每户每年8000元为限额，依次扣减其当年实际应缴纳的营业税、城市维护建设税、教育费附加和个人所得税。[①] 对高校毕业生创办的小型微利企业，按国家

---

① 财政部 国家税务总局：《关于支持和促进就业有关税收政策的通知》（财税〔2010〕84号）。

规定享受相关税收支持政策。

（二）融资政策

国家鼓励商业银行调整信贷结构，要求各金融机构采取多种形式为创业者和中小企业提供金融服务。比如，对符合条件的大学生自主创业的，可在创业地按规定申请创业担保贷款，贷款额度为10万元。鼓励金融机构参照贷款基础利率，结合风险分担情况，合理确定贷款利率水平，对个人发放的创业担保贷款，在贷款基础利率基础上上浮3个百分点以内的，由财政给予贴息。

（三）创业扶持政策

为鼓励自主创业，国家出台了许多相关扶持政策。比如，对毕业2年以内的普通高校学生从事个体经营（除国家限制的行业外）的，自其在工商部门首次注册登记之日起3年内，免收管理类、登记类和证照类等有关行政事业性收费。对大学生创办的小微企业新招用毕业年度高校毕业生，签订1年以上劳动合同并缴纳社会保险费的，给予1年社会保险补贴。对大学生在毕业学年内参加创业培训的，根据其获得创业培训合格证书或就业、创业情况，按规定给予培训补贴。有创业意愿的大学生，可免费获得公共就业和人才服务机构提供的创业指导服务，包括政策咨询、信息服务、项目开发、风险评估开业指导、融资服务跟踪扶持等"一条龙"创业服务。

二、用好政府政策途径

（一）网络查询

目前，政府一般都会将政策在其官网上进行公布，并印发政府公报。作为创业者，要关注政府公共服务网，定期进行浏览检索，查询是否有最新政策出台或者是否有相关项目可以申报，以争取更多外围资源的支持。

（二）委托咨询

有些政策服务公司比较关注政策变化，并与政府有关部门有着极为密切的关系，它们不仅了解最新政策，还知道如何帮助创业者享受政策。因此，作为初创企业可将之委托给这些政策服务公司，让他们帮助完成这些优惠政策的申请。

（三）沟通交流

创业过程中经常会与一些政府部门打交道，在这过程中一定要注意配合，并注意定期向这些部门咨询最新政策。与政府部门保持密切的关系，可以用足用好政府优惠政策，寻求更快、更好的发展。

（四）主动收集

要充分发挥创业团队的积极性，让每位成员了解并注意收集与其工作有关的政策信息，并及时跟踪相关政策的变化，要做到企业的发展与政策形势的发展相一致。这样才能做到让创业项目可持续发展。

 课后练习题

以小组为单位完成表8-3内容的填写。

表8-3　　　　　　　　　　优惠政策表

创业项目所属产业	
税收政策	
融资政策	
其他	

 本章小结

本章深入探讨了创业资源与创业融资的重要性与实践。从初创企业如何获取资源、选择最佳融资方式到风险投资的运作模式，全面覆盖了创业生态系统的各个方面。强调了创业者需具备的商业洞察力和与投资者合作的能力。理解并善用各种资源，尤其是资金，将对初创企业的成功起到关键作用。

 拓展阅读

美团创始人王兴的互联网创业生涯可用跌宕起伏四个字来表达。2003年王兴从美国特拉华大学终止学业，拉着好兄弟王慧文回国一起创业，开始做校内网（翻版美国的 Facebook）。当时国内已有多家类似的 SNS 和校内网竞争，但校内网很快成为市场占有率第一的社交网站。但最后校内网没钱了，被陈一舟以 200 万美元收入旗下，最终成就了中国 Facebook 的地位。

虽然没能大成，但校内网能卖掉也不算失败。很快，王兴的团队就开始折腾新项目——饭否，即中国版的"Twitter"，也就是后来流行的微博。2009 年上半年，饭否的用户数从年初的 30 万左右，很快激增到了百万。但不幸的是因为无力监管和控制饭否上的违反法律法规的内容，饭否在 2009 年 7 月被关闭。

饭否被关闭也连带了王兴另外一个海外项目被迫关闭，但这样的打击并没有让王兴放弃。他终于借着团购这一风潮强势翻身再次创业美团，经过多轮的融资和团购大战，美团成为中国第一大团购网站，至今已经占据超过 50% 的市场份额。

资料来源：听听美团王兴的 10 年创业故事，挺励志的！[EB/OL]. 中国电子商会电子商务专业委员会，2014-11-18.

第九章 商业模式设计与创新

思维导图

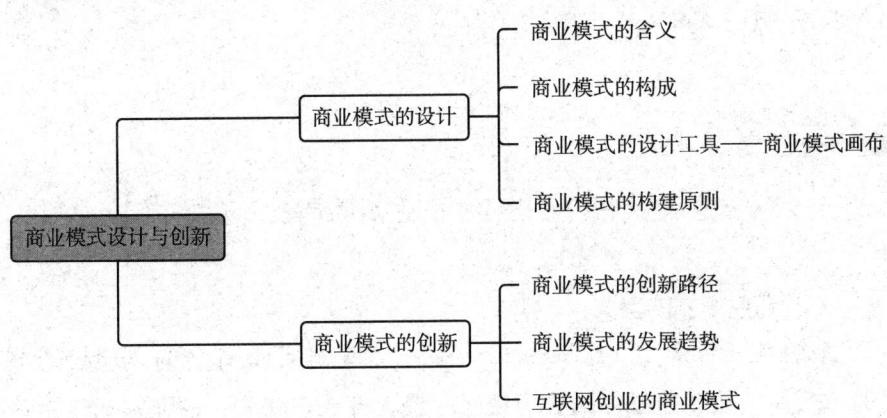

第一节 商业模式的设计

案例导入

优步（Uber）是一家按需付费的交通服务企业，它们在全世界的范围内掀起了一场革命，彻底改变了出租车行业。该公司独特的商业模式，让每一个用户只需要点击一下手机就能够找到一辆出租车，车辆会在最短的时间内到达用户的所在地点，将用户送至他们想去的任何地方。Uber 采用轻资产模式，旗下没有任何一辆属于自己的出租车，但是依然凭借其强大的伙伴司机网络，每天为全世界客户提供超过 100 万次的通勤服务。

选择一个行业，分析这个产业所面临的最普遍的问题，找到一个良好的解决方式，用技术设施打破既有的模式——Uber 在出租车行业就是这样进行破坏的。你的第一批用户对于企业增长来说极其重要。一步一步地完成扩张，而不要尝试一次性地在你的商业模式中添加所有的东西。Uber 最初的时候只是提供出租车服务，而现在它又有了轮渡、直升机、摩托车和其他通勤服务。

目前 Uber 业务已经成功登录了 70 个国家和地区的 400 多个城市。

资料来源：陈丽如. 互联网＋环境下的大学生创新创业发展研究[M]. 昆明：云南人民出版社，2019.

案例思考

Uber 的商业模式与传统出租车行业模式有何不同？

一、商业模式的含义

罗伯森·斯蒂文（Robertson Steven，美国硅谷最著名的风险投资顾问）说："一块钱通过你的公司绕了一圈，变成一块一，商业模式是指这一毛钱在什么地方增加的。"[①] 2000 年前后人们开始逐步形成共识，商业模式的核心是如何在变化的商业环境中创造价值。泰莫斯（Taimosi）认为商业模式是指一个完整的产品、服务和信息流体系，包括每一个参与者和其在其中起到的作用，以及每一个参与者的潜在利益和相应的收益来源。在分析商业模式的过程中，应主要关注某一类企业在市场中与用户、供应商、其他合作者的关系，尤其是彼此间的物流、信息流和资金流。[②]

米切尔·科尔斯（Mitehell Coles，美国企业咨询师）对商业模式的定义是：一个组织在何时（when）、何地（where）、为何（why）、如何（how）和多大程度（how much）地为谁（who）提供什么样（what）的产品和服务（即 7W），并开发资源以持续这种努力的组合。[③]

奥斯特·沃尔德（Oster Walder，联合国大学校长）认为，商业模式是

[①②③] 陈家忠. 基于扎根理论的 B2C 电子商务企业商业模式研究[D]. 兰州：兰州理工大学，2016.

一种包含了一系列要素及其关系的概念性工具，用以阐明某个特定实体的商业逻辑。[①] 它描述了公司所能为客户提供的价值以及公司的内部结构、合作伙伴网络和关系资本等借以实现（创造推销和交付）这一价值并产生可持续盈利收入的要素。哈佛商学院将商业模式定义为"企业盈利所需采用的核心业务"。

商业模式在学术界的定义是，商业模式是为实现客户价值最大化。才能使企业实现客户价值最大化。把能使企业运行的内外各要素整合起来，形成一个完整的、高效率的、具有独特核心竞争力的运行系统并通过最优实现形式满足客户需求、实现客户价值，同时使系统达成持续盈利目标的整体解决方案。其中"高效率""系统""核心竞争力"是基础或先决条件，"整合"是手段，"客户价值最大化"是主观目的，"持续盈利"是客观结果，也是检验一个商业模式是否成功的唯一的外在标准。

商业模式最通俗的定义是，描述企业如何通过运作来实现其生存与发展的"故事"。它涉及企业做什么、怎么做、怎么盈利的问题，是商业规律在经营中的具体应用。

商业模式有别于战略。首先，商业模式从为客户创造价值开始，就围绕如何提供这种价值展开，当然也涉及从所创造的价值中获取收益。而战略则更重视当前和潜在的威胁，关注竞争优势。其次，商业模式概念更强调为企业而不是股东创造价值。财务方面的因素在商业模式中经常被忽视，或默认早期创业资金来源于企业自有资金或风险投资。最后，商业模式假定企业、客户及第三方的知识都是有限的，容易被早期成功惯性所影响。战略假定存在大量可获得的可靠信息，要求对其进行仔细分析、计算及选择。

二、商业模式的构成

每种商业都有其模式，即为向顾客提供服务并从中获取利润而产生的一系列商业设计和执行方式。艾德琳·史莱士基（Adrian Slywotzky, 2010）在《发现利润区》中阐述了商业模式所包含的五个主要成分：第一，客户

[①] 陈家忠. 基于扎根理论的 B2C 电子商务企业商业模式研究 [D]. 兰州：兰州理工大学，2016.

的选择与价值定位,即创业者决定要服务的对象;第二,价值捕捉及利润模式,即如何向顾客提供持续的服务或者维持商业往来;第三,战略控制,即如何向市场施加控制;第四,活动范围,即成功所需要的资产和活动;第五,组织架构,即如何把人员、流程、结构和管理进行配置,以保证成功。

克莱顿·克里斯坦森(Clayton M. Christensen,哈佛大学教授)和孔翰宁(Henning Kagermann,德国 SAP 公司 CEO)认为任何一个商业模式都是一个由客户价值、企业资源和能力、盈利方式构成的三维立体模式。在这3个要素中:"客户价值主张"是指在既定价格上企业向其客户提供服务或产品时所需要完成的任务;"资源和生产过程"是指支持客户价值主张和盈利模式的具体经营模式;"盈利方式"是指企业用以为股东实现经济价值的过程。①

奥斯特·沃尔德(Oster Walder)在综合了各种概念的基础上,提出了一个包含9个要素的参考模型。

(1) 价值主张:公司通过其产品和服务所能向消费者提供的价值。

(2) 消费者目标群体:公司所瞄准的消费者群体,该过程也被称为市场细分。

(3) 分销渠道:公司用来接触消费者的各种途径。这里阐述了公司如何开拓市场以及确定分销策略。

(4) 客户关系:公司同其消费者群体之间所建立的联系。

(5) 价值配置:资源和活动的配置。

(6) 核心能力:公司执行其商业模式所需的能力和资格。

(7) 合作伙伴网络:公司同其他公司之间为有效地提供价值并实现其商业化而形成的合作关系网络。

(8) 成本结构:所使用的工具和方法的货币描述。

(9) 收入模型:公司通过各种收入流来创造财富的途径。

在组成商业模式的基本元素中的任何一个相对应的商业模式创新案

---

① 亚历山大·奥斯特瓦德,商业模式新生代[M].黄涛,郁婧,译.北京:机械工业出版社,2016;秦志华,王永海.商业模式的企业价值测评功能与内容结构[J].中国人民大学学报,2013(3)70-79.

例,最明显的是价值主张的创新。例如,当移动电话出现在市场上的时候,它提出了一种与固定电话不同的价值主张;英国低成本航空公司易捷航空把航空旅行带给了普通大众;戴尔将互联网作为分销渠道取得了成功;吉列依靠其一次性剃须刀与客户建立了持续性的关系,也创造了大量的财富;苹果依靠其出色的设计和电子产品而迅速崛起;思科因对供应链活动的创新而成名;英特尔通过与合作伙伴共同建设加工平台而实现了繁荣;Google依靠与搜索结果相关的文字广告而盈利;沃尔玛依靠巨大的销量成为供应链的主导,并借以降价。

三、商业模式的设计工具——商业模式画布

商业模式画布是指一种能够帮助创业者催生创意、降低猜测、确保找对目标用户、合理解决问题的工具。

商业模式画布图不仅能够提供更多灵活多变的计划,而且更容易满足用户的需求。更重要的是,它可以将商业模式中的元素标准化,并强调元素间的相互作用。

如表9-1所示,商业模式画布由9个模块构成,每一个模块都是一个成功的商业模式的重要构建部分,包括客户细分、价值主张、渠道通路、客户关系、收入来源、核心资源、关键业务、重要合作、成本结构。9个模块的具体内涵如下。

表9-1　　　　　　　　　　　商业画布

重要合作	关键业务	价值主张	渠道通路	客户细分
	核心资源		客户关系	
成本结构			收入来源	

(一)客户细分

客户细分用来描述一个企业想要接触和服务的不同人群或组织我们正在为谁创造价值?谁是我们最重要的客户?客户细分群体类型如下。

(1)大众市场:价值主张、渠道通路和客户关系全都聚集于一个大范围的客户群组,客户具有大致相同的需求和问题。

(2)利基市场:价值主张、渠道通路和客户关系都针对某一利基市场的特定需求定制。这种商业模式常可在供应商—采购商的关系中找到。

(3)区隔化市场:客户需求略有不同,细分群体之间的市场区隔有所不同,所提供的价值主张也略有不同。

(4)多元化市场:经营业务多样化,以完全不同的价值主张迎合完全不同需求的客户细分群体。

(5)多边平台或多边市场:服务于两个或更多的相互依存的客户细分群体。

(二)价值主张

价值主张用来描绘为特定客户细分提供价值的系列产品和服务。我们该向客户传递什么样的价值?我们正在帮助我们的客户解决哪一类难题?我们正在满足哪些客户需求?我们正在提供给客户细分群体哪些系列的产品和服务?

价值主张的要素如下:

(1)新颖:产品或服务满足客户从未感受和体验过的全新需求。

(2)性能:改善产品和服务性能是传统意义上创造价值的普遍方法。

(3)定制化:以满足个别客户或客户细分群体的特定需求来创造价值。

(4)把事情做好:可通过帮客户把某些事情做好而简单地创造价值。

(5)设计:产品因优秀的设计脱颖而出。

(6)品牌/身份地位:客户可以通过使用和显示某一特定品牌而发现价值。

(7)价格:以更低的价格提供同质化的价值满足价格敏感客户细分群体。

(8)成本削减:帮助客户削减成本是创造价值的重要方法。

(9)风险抑制:帮助客户抑制风险也可以创造客户价值。

(10)可达性:把产品和服务提供给以前接触不到的客户。

(11)便利性/可用性:使事情更方便或易于使用可以创造可观的价值。

(三)渠道通路

渠道通路(见表9-2)用来描绘公司如何沟通接触其客户,细分而传递其价值主张,通过哪些渠道可以接触我们的客户细分群体。如何接触他们？我们的渠道如何整合？哪些渠道最有效？哪些渠道成本效益最好？如何把我们的渠道与客户的例行程序进行整合？

表 9-2　　　　　　　　　　　　　渠道通路

渠道类型			渠道阶段				
			知名度	评价	购买	传递	售后
自有渠道	直接渠道	销售人员	我们如何扩大公司产品和服务的知名度	我们如何帮助客户评价我们的价值主张	客户如何能够购买到我们的某项产品和服务	我们如何向客户传递我们的价值主张	我们如何向客户提供售后支持
		网络销售					
		自有商铺					
合作渠道	间接渠道	合作商铺					
		批发商					

（四）客户关系

客户关系用来描绘公司与特定客户细分群体建立的关系类型（见表 9-3）。我们每个客户细分群体希望我们建立和保持何种关系？哪些关系我们已经建立？这些关系成本如何？如何把它们与商业模式的其余部分进行整合？

表 9-3　　　　　　　　　　　　　客户关系类型

类型	特征
个人助理	基于人与人之间的互动，可以通过呼叫中心、电子邮件或其他销售方式等个人助理手段进行
自助服务	为客户提供自助服务所需要的所有条件
专用个人助理	为单一客户安排专门的客户代表，通常是向高净值个人客户提供服务
自助化服务	整合了更加精细的自动化过程，可以识别不同客户及其特点，并提供与客户订单或交易相关的服务
社区	利用用户社区与客户或潜在客户建立更为深入的联系，如建立在线社区
共同创作	与客户共同创造价值，鼓励客户参与到全新和创新产品的设计和创作

（五）收入来源

收入来源用来描绘公司从每个客户群体中获取的现金收入（需要扣除

成本）。什么样的价值能让客户愿意付费？他们现在付费买什么？他们是如何支付费用的？他们更愿意如何支付费用？每个收入来源占总收入的比例是多少？

收入来源类型如表9-4所示。

表9-4　　　　　　　　　　　收入来源

类型	特征
资产销售	销售实体产品的所有权，如图书、家电、汽车等
使用收费	通过特定的服务收费，客户使用的服务越多，付费越多
订阅收费	销售重复使用的服务，如订阅服务、会员卡服务等
租赁收费	暂时性排他使用权的收入
授权收费	知识产权的授权使用收入，授权方只需出让版权
经纪收费	提供中介服务收取佣金，如房屋中介
广告收费	提供广告宣传服务收入，包括传统的媒体行业和会展行业

（六）核心资源

核心资源用来描绘让商业模式有效运转所必需的最重要的因素。我们的价值主张需要什么样的核心资源？我们的渠道通道需要什么样的核心资源？我们的客户关系呢？收入来源呢？

核心资源类型如下。

（1）实体资产：包括生产设施、不动产、系统、销售网点和分销网络等。

（2）知识资产：包括品牌、专有知识、专利和版权、合作关系和客户数据库。

（3）人力资源：在知识密集产业和创意产业中，人力资源至关重要。

（4）金融资产：金融资源或财务担保，如现金、信贷额度或股票期权池。

（七）关键业务

关键业务描绘为了确保其商业模式可行，企业必须做的最重要的事情，如表9-5所示。我们的价值主张需要哪些关键业务？我们的渠道通道需要哪些关键业务？我们的客户关系呢？收入来源呢？

表 9-5　　　　　　　　　　　　关键业务类型

类型	特征
制造产品	与设计、制造及发售产品有关，是企业商业模式的核心
平台/网络	网络服务、交易平台、软件甚至品牌都可以看成平台，与平台管理服务提供和平台推广相关
问题解决	为客户提供新的解决方案，需要知识管理和持续培训等业务

（八）重要合作

重要合作指让商业模式有效运作所需的供应商与合作伙伴的网络。重要合作类型如表 9-6 所示。

表 9-6　　　　　　　　　　　　重要合作类型

类型	特征
非竞争者之间的战略联盟关系	关联度很大的不同行业企业进行合作
竞争者之间的战略合作关系	为对抗更强大的对手，两家同行业企业联合
为开发新业务而构建的合资关系	需要借助其他企业进入新领域
为确保可靠供应的购买方—供应商关系	稳定可靠的供应商

谁是我们的重要伙伴？谁是我们的重要供应商？我们正在从伙伴那里获取哪些核心资源？合作伙伴都执行哪些关键业务？

合作关系作用如下：

（1）降低风险和不确定性：可减少以不确定性为特征的竞争环境的风险。

（2）商业模式优化和经济规模：优化的伙伴关系和规模经济的伙伴关系通常会降低成本，而且往往涉及外包或基础设施共享。

（3）特定资源和业务的获取：依靠其他企业提供特定服务资源或执行某些行业活动来扩展自身能力。

（九）成本结构

成本结构指运营一个商业模式所引发的所有成本。

什么是我们商业模式中最重要的固有成本？哪些核心资源花费最多？哪些关键业务花费最多？

成本结构类型如下。

（1）成本驱动：创造和维持最经济的成本结构，采用低价的价值主张、最大程度自动化和广泛外包。

（2）价值驱动：专注于创造价值，增值型的价值主张和高度个性化服务通常是以价值驱动型商业模式为特征。

四、商业模式的构建原则

有志成为企业家的人一定要学会使用假说思考问题的方法。首先，自己试着设定一个假说，然后对它进行定量分析，并通过实践去确认。即使这个假说是错误的，也可以回到起点，重新修订。你可以无限地在脑海中、在行动中重复这个过程。

（一）客户价值最大化原则

一个商业模式能否持续盈利，是与该模式能否使客户价值最大化有必然关系的。一个不能满足客户价值需求的商业模式，即使盈利也一定是暂时的、偶然的，是不具有持续性的。反之，一个能使客户价值最大化的商业模式，即使暂时不盈利，但终究也会走向盈利。

（二）持续盈利原则

企业能否持续盈利是我们判断其商业模式是否成功的唯一的外在标准。持续盈利是指既要"盈利"又要有发展后劲，具有可持续性，而不是一时的偶然盈利。

（三）资源整合原则

在战略思维的层面上，通过组织协调，把企业内部彼此相关却彼此分离的职能，以及企业外部既参与共同的使命又拥有独立经济利益的合作伙伴，整合成一个为客户服务的系统，取得"1+1＞2"的效果。在战术选择的层面上，根据企业的发展战略和市场需求对有关的资源进行重新配置，以凸显企业的核心竞争力，并寻求资源配置与客户需求的最佳结合点。

（四）创新原则

成功的商业模式不一定是在技术上的突破，而是对某一个环节的改造或是对原有模式的重组，甚至是对整个游戏规则的颠覆。商业模式的创新贯穿于企业经营的整个过程之中，贯穿于企业资源开发与研发模式、制造方式、营销体系、市场流通等各个环节。在企业经营每个环节上的创新都可能变成一种新的商业模式。

（五）融资有效性原则

融资模式的打造对企业有着特殊的意义。资金已经成为所有企业发展中绕不开的障碍和很难突破的瓶颈。商业模式设计很重要的一环就是要考虑融资模式。甚至可以说，能够融到资并用对地方的商业模式就已经是成功一半的商业模式了。

（六）组织管理高效率原则

企业要想高效率地运行，首先要解决的是企业的愿景和使命。其次要有一套科学高效的运营和管理系统。最后要有一套科学的激励方案。这三个主要问题解决好了企业的管理才能实现高效率。

（七）风险控制原则

设计再好的商业模式，如果抵御风险的能力很差，就会像在沙丘上建立的大厦一样经不起任何风浪。这个风险既包括系统外的风险，如政策、法律和行业风险，也包括系统内的风险，如产品的变化、人员的变更、资金的不足等。

 课后练习题

1. 什么是商业模式？
2. 简述商业模式的九大模块。
3. 结合案例，画出唯品会的商业模式画布。

 拓展阅读

从业态分析的角度来看唯品会的崛起，我们或许更能找出这繁华商业巨鳄背后的故事。业态是指针对特定消费者的特定需要，按照一定的战略目标，有选择地运用商品经营结构、店铺位置、店铺规模、店铺形态、价格政策、销售方式、销售服务等经营手段，提供销售和服务的类型化经营形态。

唯品会是由零售业（奢侈品销售）融合信息技术服务业（电子商务平台）而成。相比奢侈品销售，也许用奥特莱斯（outlets）形容会更加恰当。唯品会就相当于一个线上的奥特莱斯。利用网络技术的方便，唯品会成功落实了"名牌折扣＋限时抢购＋正品保险"三大法宝。因为唯品会本身是一个销售平台，略去了很多中间商，直接向品牌商拿货，企业对库存的需求也相当高。据悉，唯品会获得的风险投资资金在未来最大的投入还是在仓储技术和服务人员等方面，包括供应链、物流、后台系统等，此外，华北的物流中心也在规划中。

就这样，利用信息技术将奥特莱斯搬到互联网上，又混合了现代物流业，唯品会自身的业态融合为它在商海中开拓了一片新的领域。通过整合奢侈品零售以及最新颖的电子商务，唯品会独家打造的"正品折扣＋限时限购"的商业模式使它在华南地区占据了一定的市场，也成了业内广为流传的成功典型案例。

第二节　商业模式的创新

案例导入

1996年5月，锦江国际集团旗下的锦江之星旅馆投资管理有限公司选址上海梅陇，建成了中国的第一家经济型酒店。次年，梅陇店正式对外营业，仅仅3个月，入住率就达到了90%，锦江之星一举成名，由此成为中国经济型酒店的鼻祖，开始了中国经济型酒店的领跑之路。5年之后，北京一家名不见经传的唐人酒店（后与首旅旗下建国客栈联合改名为"如家"）涉足经济型酒店领域，重点发展3星级以下的宾馆作为连锁加盟店。仅用了4年时间，其在全国开业的门店数量已达到123家，超过了锦江之星；并于2006年10月在纳斯达克成功上市，奠定了如家国内行业老大的地位，成为众多中国老百姓商旅的居家首选。

为什么后来者如家可以在短短的 4 年间，超越锦江之星，成为中国经济型酒店的第一品牌呢？通过对如家商业模式的分析，不难破解如家后来居上的秘密。

第一，准确的顾客及其需求定位。近年来，国内普通商务人士和游客的流动规模大大增加，其居住方面的需求主要是快捷、标准化的服务和适中的价格。

第二，产品有所为，有所不为。床品和卫生间就是如家有所为的重点所在。首先是卫生上达到甚至超越了传统酒店的条件，在房间的颜色上增加了温馨感。其次是提升客户在旅店中的服务质量，让如家的客户能享受到较高的住宿质量、良好家具带来的舒适性、由市中心区位带来的方便性，同时得到清洁和安全周到的服务。

第三，通过"幕后"运作创造独特价值。在投资运作方面，如家通过租赁和系统建设的方式，使新店的建设周期大幅缩短。在人员管理方面，如家人力成本仅有同业的 1/6 ~ 1/3。在后台运作方面，如家通过规模庞大的呼叫中心和高效的订房网站创造了自身价值，降低了劳动成本，提高了服务效率。在服务运作方面，如家的标准化运作体系，确保了绝大多数顾客的满意。

第四，通过房产租赁和特许加盟实现渠道的快速扩张。在市场扩张和渠道拓展运作方面，如家采用房产租赁和特许加盟的经营方式，实现高速扩张。

第五，以标准化建立竞争壁垒。高效的资金使用方式和精确到便笺纸页数的管理操作模板，帮助如家将分店迅速开遍了全国。而这一切的保障，则是酒店管理层对计划规定"无情地推进和执行"。在宏观层面，如家着重提高特许加盟店的比例降低资金占用率；在微观层面，扁平化的管理结构、统一的店长培训，确保了运营手册上的每一页都能够得到落实。

资料来源：项国鹏，姜水. 如家酒店商业模式研究及对浙江本土酒店业的启示 [D]. 杭州：浙江工商大学工商管理学院，2014 (5)：43 –52.

> **案例思考**

如家酒店是如何通过商业模式创新超越锦江之星的？

一、商业模式的创新路径

每一次商业模式的创新都能给企业带来一定时间内的竞争优势。但是随着时间的改变，消费者的价值取向从一个产业转移到另一个产业，企业必须重新思考和调整自己的商业模式。管理者可以把商业模式想象成一套积木，在搭积木的游戏中尝试用新的积木来扩大策略范围，用不同的搭配方式创造出新的盈利组合。由于行业各异，宏观和微观经济环境处于不断变化的状态中，没有一个特定的商业模式能够保证在各种条件下都产生优异的财务结果。商业模式必须根据客户需求的变化，以及市场竞争形势的演变而做出调整和变化。优秀的商业模式是丰富和细致的，并且其各个部分要互相支持和促进；改变其中任何一个部分，就会变成另外一种模式。基于与公司管理层和市场分析人员的交流，埃森哲（Accenture）管理咨询公司总结出了商业模式再造的途径。

（一）通过量的增长扩展现有商业模式

美国专营 B2B 业务的固安捷（W. W. Grainger）公司，向全球超过 100 万家工商企业、承包商和机构客户供货，其产品从设备、零部件到办公用具和日常劳保用品，一应俱全。该公司一直尝试通过多种途径使客户订货更加容易。这些途径包括设在各地的分支机构、电话、传真、印刷目录等，现在再加上网上订货，就更强化了其以方便顾客为价值诉求的商业模式。另外，该公司还通过在原有商业模式的基础上将业务引向新的地域、增加客户数量、调整价格、增加产品线和服务种类等扩展了现有的商业模式。

（二）更新已有商业模式的独特性

这种途径注重更新的是企业向客户提供的价值，借以抵抗价格战带来的竞争压力。以美国泰瑞达（Teradyne）公司（全球领先的半导体测试设备供应商）为例，它以创新产品赢得客户，但盈利却来自源源不断的产品升级和周到细致的服务。它向客户提供的价值自然就从尖端产品转移到了值得信赖的服务上。为了给它的商业模式注入活力,Teradyne 公司定期向市场推出突破性产品,以此提高了企业的竞争门槛。

(三) 在新领域复制成功

有些情况下,企业用现成的手法向新市场推出新产品,等于在新条件下复制自己的商业模式,然后利用公司强有力的品牌营销能力和降低成本的运营能力,给这些品牌注入新的生命力。盖璞(Gap,美国著名的服装公司)利用品牌营销优势和商品管理知识,复制了全新的"酷品牌"零售模式,如其旗下品牌有盖璞婴儿装(BabyGap)、香蕉共和国(Banana Republic)、老海军(Old Navy)等子品牌。

(四) 通过兼并增加新模式

相当多的公司通过购买或出售业务来重新为自己的商业模式定位,阿里巴巴公司开展系列的并购和控股,从互联网 B2B 交易平台开始,发展涵盖信用支付、网络沟通、网络金融、医疗、影视、交通等多元化的业务模式,公司包括:淘宝、支付宝、阿里软件、阿里巴巴、口碑网、阿里云、中国雅虎、一淘网、淘宝商城、中国万网、聚划算、天猫、全球速卖通、阿里云、蚂蚁金服、菜鸟网络等。

(五) 根本改变商业模式

这种情况在 IT 业尤其多见。大型跨国公司 IBM、HP 如此,国内公司如联想、神州数码等也如此。它们从卖 PC、造 PC,到系统集成、电子商务,不断改变着商业模式。此举意味着对整个企业进行改造——从组织、文化、价值和能力诸方面着手,用新的方式创造价值。一些公司的产品逐渐失去了往日的锋芒,变成了附加值不高的大宗商品。决策者因而希望向上游或下游延伸,或者从制造业转向提供服务或解决方案,此时其所面对的挑战就是根本再造商业模式。

每一个行业、每一家企业都有商业模式创新的可能和空间,但这不是一蹴而就、一朝一夕的事情。不过,只要认准了这个大方向,坚持不懈地探索、学习、研讨、尝试,那么终将会有所成就、有所突破。

二、商业模式的发展趋势

(一) 传统产业与互联网结合的趋势

传统产业与互联网的结合包含两层意思:一是传统企业如何利用互联

网、高科技来改造自己的商业模式,通过拓宽业务领域和盈利空间,提高自己的持续盈利能力,从而使自己更具有竞争力;二是互联网的落地,即与传统企业的嫁接。互联网的主角,严格来说就是传统企业,与传统企业结合得好可以产生倍增效果。如前程无忧(51job)、携程旅行是传统商务和互联网的结合,也就是说没有互联网也可以通过打电话与中介公司和该旅行社合作,非常巧妙地和互联网融合,由此获得了一个超速的发展。

(二)行业娱乐化趋势

在互联网时代,任何行业的成长都已经离不开娱乐的要素,甚至娱乐化已经成为产业升级最重要的因素和方向,有人甚至提出了"一切行业都是娱乐化"的口号。当一个行业被娱乐化的时候,其游戏的规则以及核心竞争力的重构便发生了,商品的创新将更贴近人的内心,人类的物质发展将摆脱自然资源的无尽消耗。例如,微软在21世纪初就宣布将成为一家"家庭娱乐的平台公司",索尼公司目前增长最快的产业板块是游戏机,苹果公司的复兴几乎就是娱乐化的经典标本。而盛大、网易、腾讯等都宣布自己是一家娱乐公司。湖南广电集团旗下湖南卫视策划的"超级女声"也是一个成功的商业模式。

(三)从产业链的低盈利区向高盈利区移动的趋势

从产业链的低盈利区向高盈利区移动有两层含义:一是价值链的上下移动,从低价值区向高价值区流动;二是将价值链的某一环节替换或外包,只专注在价值链的上端。企业的商业模式都有从产业链的底端向两边上移的趋势。产业链一般都由 ODM – OEM – OBM 组成,ODM(原始设计制造商)和 OBM(原始品牌制造商)都处于产业链的高利润区,而 OEM(原始设备制造商)则处于产业链的低利润区。随着竞争的日益激烈,产业价值链的最终端销售商不得不进行价格战,这样的结果就是 OEM 企业的日子越来越难过。所以,企业会根据其发展战略,调整自己的运行系统,使之朝着形成自己核心竞争力的方向努力。

(四)成熟商业模式不断扩展、复制、放大的趋势

对具有比较成熟商业模式的企业来说,不断地迅速扩展和复制商业模式,无疑是做大做强的唯一途径。全球高新技术产业发展的历程表明,一次重大技术创新往往能够激发出大量全新的商业模式。互联网的普及就对

原有买卖关系、购物方式、信息服务方式等产生了巨大影响；移动网络的发展将原本不被人注意的短信等内容塑造为千亿规模的巨大产业；自由软件的兴起对现有软件的盈利模式提出了挑战；随着网络技术的应用将出现计算能力服务提供商等新型商业模式；下一代互联网的兴起将有可能导致语义管理服务等新型商业模式。

三、互联网创业的商业模式

随着互联网的快速发展，互联网创业逐渐成为创业者们关注的重点。与传统行业不同的是，互联网的商业模式往往没有传统产品行业那么明显。传统实物商品的商业模式主要有以下四种。

（1）自己生产，自己销售：自己直接生产、直接销售给用户。

（2）外包生产、自己销售：把生产环节外包出去，自己负责直接销售给用户。

（3）只生产、不销售：自己负责生产，交给分销商销售。

（4）只销售、不生产：自己作为分销商，或者提供销售商品的交易市场。

京东和亚马逊等电子商务网站采用的是第四种商业模式。结合前文中对京东商业模式的简单分析，我们对京东的商业模式具有一定程度的了解。那么其他互联网创业的商业模式都有哪些呢？

商业模式是一个整体的、系统的概念，而不仅仅是一个单一的组成因素。例如，收入模式、向客户提供的价值、组织架构等都是商业模式的重要组成部分，但并非全部。只有将商业模式中的各组成部分有机地关联起来，使它们互相支持、共同作用，才能形成一个良性的循环。仅有产品开发是不够的，尽管开发创新产品的公司不会被淘汰。然而，同时开发创新商业模式的公司不仅可以从产品上获得更高的价值，还将拥有实现差异化的持久来源。商业模式在设计的过程中，需要通过诸多手段对其进行检验，以证明其合理性和可实现性。在商业实践中，可以发现很多在错误的商业模式基础之上的增长。很多企业家在企业处于较小规模的时候追求盲目的增长，失去了对那些一直伴随其商业模式基本要素的把握，等发现商业模式不健康时，为时已晚。大量商业实践表明，企业在没有健全的商业模式基础上的增长是极其危险的。

企业经营的本质是通过大胆创新和渐进式的演进，建立比较完善的商业模式，从而实现在正确的商业模式基础上的增长。如果没有建立相对稳定和健康的商业模式，就盲目扩张，是注定要失败的。同样，有了相对稳定和健康的商业模式，而不寻求积极的扩张，则是保守的。因为随着时间的改变，消费者的价值取向会从一个产业转移到另一个产业，企业必须重新思考和调整自己的商业模式。

 课后练习题

1. 简述商业模式的创新路径。
2. 简述商业模式的发展趋势。

 本章小结

本章介绍了商业模式的设计与创新的相关知识。首先，我们明确了商业模式的定义与重要性，并了解了商业模式的构成要素及构建原则。其次，我们探讨了商业模式创新的路径及发展趋势，并通过实际案例展示了不同行业的商业模式创新实践。通过本章的学习，我们可以更好地理解商业模式的构建与优化方法，为未来的创业或职场实践提供指导。

 拓展阅读

提起麦当劳，大家都知道它是卖汉堡包的，但是，你知道它的盈利模式吗？也许，很多人都会讲，麦当劳肯定是卖汉堡包赚钱的嘛，这还用问。但是，如果这样想，你就错了。

其实，麦当劳不仅仅是个卖汉堡包的快餐商，还是一个地地道道的房地产开发商，旗下的地产数量已经足以让麦当劳成为世界地产巨头。

麦当劳一直沿用"朝两个截然不同的方向赚钱"的经营办法。除了通过特许加盟收取约占销售额4%的特许权收益外，还通过房地产运作得到相当于销售额10%的租金。租金收益高于特许权收益，这就是麦当劳长期以来选择以超过任何人想象的速度圈地、建设和开新店来追求利润的原因。麦当劳在美国的上万家店铺中，60%的所有权是属于麦当劳的，另外40%是由总公司向土地所有者租的，麦当劳租地时定死租价，不允许土地所有者在租约内加上"逐年定期涨价"条款，但在出租给加盟者时却把所有的保险费、税费加了进去，并根据物价上涨情况，向加盟分店逐年收取涨价租金，其中的差价达到二至四成。

当餐厅生意达到一定水准后，各店还要缴付营业额的一定百分比给麦当劳，称作"增值租金"。麦当劳不仅由此赚到了40%的利润，而且还可以通过房地产来控制加盟者使其完全依附于总部。在麦当劳的收入中，有1/4来自直营店，3/4来自加盟店，而总收入的90%来自房租。

这就是麦当劳的盈利模式，不是卖汉堡包，而是靠房地产赚钱。我们从麦当劳的盈利模式中，可以发现，一个企业要盈利，并不一定非要以企业的主导产品来赚钱，而可以从其他辅助产品中产生利润。

那么，这种"主导产品+辅助产品"的盈利组合，就需要企业在战略规划时，先做好它的设计，盈利模式只是商业模式当中的一个要素，跟盈利模式一样，商业模式也需要经过企业详细而周密的战略设计。凡是成功的企业，都是在一个有效的商业模式下运营的。

资料来源：杨晓燕. 值得借鉴的跨国公司盈利模式 [J]. 企业经济, 2003 (7): 36-37.

第十章　创业计划书与路演

思维导图

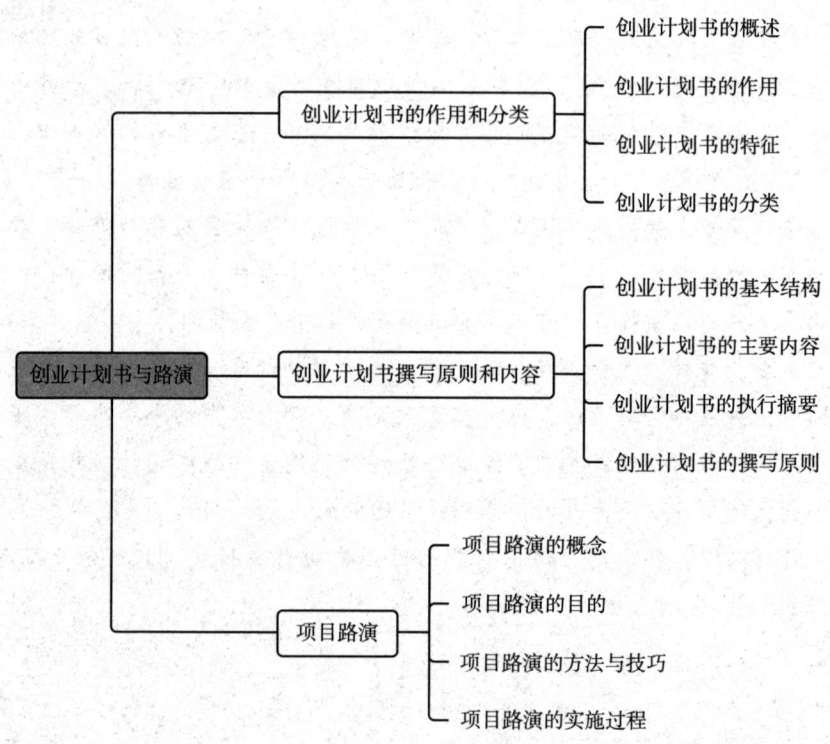

第一节　创业计划书的作用和分类

案例导入

假设吉姆·鲍尔是你的朋友，他花了一年时间刻苦研制了一种创新型汽车报警器，而且该装置刚刚获得美国专利。他正在考虑离开通用汽车公司，自己创办一家销售该报警器的企业。吉姆准备在下个月到芝加哥参加一次创新企业会议，一些投资者将出席本次会议。

你知道吉姆没有创业计划书，你询问吉姆："如果在会议上遇到投资者向你索要创业计划书复印件时，你会怎么做呢？"吉姆说："如果发生此事，我会告诉那位投资者，我会选择和他会面，并谈论创意，而不会去详细谈及和撰写创业计划书相关的事情，如果他坚持，我也会尽可能快速地完成一份创业计划书，并通过电子邮件联系。"

案例思考

你认为吉姆的想法是正确的还是错误的？请说明你的理由。

一、创业计划书的概述

"凡事预则立，不预则废。"如果有了一个好的创业想法，要想成功，就要制订创业计划。创业计划是关于你要创建的企业如何经营、发展的一个详细方案，或者说是指导你创业的一张蓝图，是创业者对构建一个企业的基本思想以及对与企业创建有关的各项事项进行总体安排。任何形式的创业，要想尽量确保成功，都不应该跟着感觉走，而是应该事先经过认真研究，制订一个完整周详的计划，按计划来行动。

将创业计划以书面文字的形式呈现出来，就是创业计划书。创业计划书事实上就是对创办企业相关的背景知识、市场调研、融资方式、财务分析、内部管理、生产流程、盈利来源、成本构成、盈利模式和风险等内容逐一进行规划分析所形成的研究报告。

创业计划书的主要用途是递交给投资方，以便于他们能对企业或项目做出实时评判，从而使拟创办的企业获得投资。对于一个拟创办的企业来说，完整的创业计划书既是寻找投资、融资的必备基本书面材料，也是企业对未来发展战略全面思索和自身现状定位的过程。

二、创业计划书的作用

（一）整理创业思路，提升创业者综合能力

创业计划若仅仅是"想法"，就始终是模糊不清的。将头脑中的创业计划写下来，事实上就是一个让创业思路变得更加清晰明确的过程。每一位创业者在创业之初都会对拟创办企业的经营思路及发展方向有一个粗略的构思，如果将这一构思编写成规范的创业计划，则会发现自己要从事的事业并非如所设想的那样容易，如场地选择、店面风格、管理、营销、流动资金、社会环境因素等，有时因考虑不全面而不得不放弃创业的念头。撰写创业计划可以使创业者严谨、客观、全面地从整体角度观察自己的创业思路，明确经营理念、规范管理，避免企业因经营不善和对困难、环境等因素估计不足导致破产等巨大损失。

总而言之，创业计划书的撰写过程就是创业者进一步厘清自己的创业思路和明确经营理念的过程，是促成创业项目成为现实的前提；撰写创业计划书对大学生来说，也是一次自我全面检验的过程。

（1）撰写创业计划书有助于大学生对所学知识进行系统总结。撰写创业计划书需要运用综合知识，涉及内容广，门类和学科繁多，领域不一，是对大学生所学知识综合性的一次检验。

（2）撰写创业计划书能增强大学生的表达能力和文字功底。创业计划书是一个综合性很强的书面文件，不但要求撰写者具备很强的综合知识，对表达能力和文字表达也有很高的要求，撰写创业计划书的目的是要吸引投资，而投资人停留在一份创业计划书上的平均时间不会超过 5 分钟，这需要创业者在撰写创业计划书时具备很强的表达能力和文字功底，做到既对当前经济形势有深刻认识，又能对投资亮点阐述明确，增加投资者的信心。

（3）撰写创业计划书有助于大学生提前适应社会环境。撰写创业计划书不是抄袭和借鉴别人的成果，其首要环节是要对创业项目进行实地调查和分析研究，一个创业项目往往要经过构思、考察、论证、搜集、整理、撰写等过程，其中考察就是要创业者根据自身构思，亲身对社会、经济、人文、地理、环境等情况进行实地的考察，这不但是撰写创业计划书的基

本材料支撑，更是创业者对项目基本情况的掌握。在考察中，大学生创业者通过不断与社会接触，从而更全面深刻地了解社会形势和动态，为创业并适应社会做准备。

（二）凝聚创业团队，提升创业团队凝聚力

创业不是一个人的单打独斗，而是一个团队的行为。要保证创业成功，创业团队成员就应该通过大量的讨论、交流，对企业的市场定位、发展战略、经营模式、管理方式、风险防控等重大问题形成统一的意见。人的语言表达毕竟不及文字表达清晰、系统、直观。一份完整的创业计划书无疑是推进创业团队交流的重要手段。

（三）更好地统筹全局，提升创业成功率

创业计划书统筹的是全局，通过计划书的内容传递创业者所要表达的意愿、认识、评估、态度、决心等信息，使投资者对创业者的想法有一个综合的印象，以便于投资方能够看懂项目的商业运作计划，根据计划书的内容评估项目的可行性，判断是否值得对创业者的项目进行投资。创业计划书对创业者的项目而言至关重要。

（1）撰写创业计划书是吸引投资的关键。资金是企业的血液，是创业的要素，是拟创办企业能够获得成立和发展的前提。拟创办企业要获得投资方的资金支持，其中最重要的一个方面就是从审验创业计划书开始。因此，写好创业计划书具有不可替代的作用，是吸引投资者投资的关键。

（2）撰写创业计划书是项目成功的基础。创业计划既规划了拟创办企业全部现状及其将要发展的方向，又规划了良好的管理和效益评价体系，使创业者在管理企业的过程中对企业发展中的每一步都能做出客观的评价，并实时根据具体的经营情况调整经营策略和目标，不断完善管理方法。撰写成功的创业计划可以增强创业者的信心，是项目成功的基础。

三、创业计划书的特征

（一）涉及未来，具有预见性

不论个人或组织，都必须在对未来进行充分预测的基础上行动。因此，运用科学的方法对未来进行预测，应是计划的一个基本组成部分。正

确的预测将有助于创业者避免掉入灾难的陷阱。

(二) 涉及行动，具有可行性

创业就是行动，没有具体的行动创业就是一句空话，所以创业计划又可称为创业行动计划。它既指出了所要达到的目标，又指出了所要遵循的路线、通过的阶段和使用的手段。因此，创业计划书失去了可行性，就会失去指导行动的功能。

(三) 涉及许多复杂的环境因素及其变化，具有灵活性

创业者受自身知识结构、所获信息数量和质量的限制，完全准确地看清未来是不可能的。因此对于不确定的未来，创业计划应是相当灵活的，能根据人们认识的深化而调整。计划的灵活性越大，由偶发事件造成损失的风险就越小。另外，创业的不同阶段，对计划的要求是不同的。一般来说，在创业的初期，要求计划更具有指导性；在创业的成长期，要求计划更为具体详细；在创业的成熟期，要求有长期的、具体的战略发展计划。

四、创业计划书的分类

根据用途来分，创业计划书分为三类：一是创业团队内部使用的计划书；二是给合作机构看的计划书；三是给投资人看的计划书（见表10-1）。

表10-1　　　　　　　　　创业计划书的分类

	对象	内容结构	篇幅	用途
第一类	创业团队内部骨干	结构全面	>50页 Word	内部工作指导文件
第二类	合作机构	重点	10~15页 Word	吸引合作机构
第三类	投资人	突出言简意赅	10~15页 PPT	融资

 课后练习题

1. 如果你有一个好的创业想法，要想成功，是否要制订创业计划书？
2. 思考创业计划书的意义。

 拓展阅读

投资人对创业计划书的主要关注点

投资人通过阅读创业计划书进行项目初步判断，就是一个将信息组合整理、与自己的关注点相契合的过程。投资人对创业计划书的主要关注点如下。

1. 行业特征

行业特征是通过对市场和行业的分析总结出来的，市场需求、竞争程度等信息都与这个关注点相关联，抛开复杂的分析模型不说，把最重要的内容归纳如下。

市场规模和容量：公司的成长空间和机构的投资回报都依赖于目标市场有多大。举例来说，一般在消费品行业，领先的公司市场份额会占到20%左右（互联网行业头部占有率会更高），因此专注在这个市场的项目，其天花板有多高是可以估算出来的。

市场的成长性：仅仅有市场规模是不行的，市场是否有持续成长的空间同样重要，结合相关数据以及市场生命周期进行分析，比较容易得出结论。当然，这只是常规的分析，你还要看这个市场是否可以形成一个占有率较高的参与者，这点很重要，不过另一个角度去想，高度离散的行业，更需要颠覆性的技术手段和模式进行整合，如果可以做到，那前景非常之大。

行业结构分析：行业结构是产生壁垒的核心，这里涉及资本结构、竞争结构、供应链体系等，最终是为了理解行业是否可以产生足够的壁垒，以及结构上是否让公司具有持续增长性。

2. 商业模式和前景预估

根据企业的商业模式预测其前景是投资人的基本能力，也是一个关键的投资驱动因素。商业模式对于公司发展前景的影响，最主要的是核心竞争力。简单说，商业模式要体现以下几点：目标客户、提供的价值、盈利模式、竞争优势。

3. 创业团队

投资行业经常有"投资就是投人"的说法，创业团队被很多投资人作

为重点关注的因素，并且越是资深的投资人，越是认同这一点，可能见过很多项目占据了有利的因素，却因为管理团队的问题最终折戟沉沙，因此，帮助项目组建团队，也是很多机构投后管理的第一要务。

4. 运营数据与财务数据

有经验的投资人非常关注数据，并且善于从数据中对企业作出判断，在后期也会对相关数据进行很深入的调查。不过创业公司的数据相对简单，没有那么复杂，当然一定要给出真实的数据，如果有些数据并没有那么好看，可以在创业计划书中给出一些合理的解释。

运营数据因项目而异，在财务数据层面，投资人比较关注的首先是利润，利润也代表着企业的盈利能力，暂时亏损的创业项目很正常，主要是要让投资人看到盈利的可能性。如果项目处于负利状态，一定要在创业计划书中体现出未来通过如何发展、优化成本等方式来实现盈利。

5. 投资收益和风险评估

投资人会根据对项目的理解，进行投资收益和风险评估，在创业计划书里，有一些信息对投资人做收益和风险评估至关重要，如融资规模和估值、股权结构、资金的用途。

第二节 创业计划书撰写原则和内容

案例导入

云南某高校学生小李，在大学的学习中品学兼优，人缘也好，其能力也广受同学的承认，小李在大二时上了一堂关于大学生创业的课程后，就萌生了创业的梦想。经过一段时间的思考和摸索，并在社会上进行了一定的观察，小李将项目确定在宠物美容店上，思路是开一个实体店，再开一个网店；基本的计划是给宠物美容，兼营宠物寄养及售卖各类宠物饰品。随着城市的扩张，越来越多的城里人在闲暇之余开始养宠物，那么如何养好宠物，把宠物打扮漂亮和寄养的问题，逐渐形成了一个有潜力的市场，可以说这个项目可行性很强，既潮流也时尚，并且是一个可以长远发展、大有作为的行业。

在进行了前期准备工作后，小李开始撰写创业计划书，目的是申请一个5万元的创业基金。小李参考了各类的创业计划书的模板和格式，为了提高申请的成功率，将购买的国家未认可专利——宠物梳毛器，作为申请书的重点进行介绍，还将3个具有动物饲养硕士学位的研究生作为店内的特聘人员，借此说明宠物店的营运能力和盈利能力，申请书上对实地调研部分的叙述基本是依靠观察和网上查询资料得来的。申请书上交一个月后，信心满满的小李得到了立项通过的通知。

制订创业计划书的过程就是论证创业项目是否可行的过程，对于创业者或者创业企业来说制订创业计划书可以帮助其再次认识自己以及创业项目。创业并不易，不仅要找准痛点、洞察商机，更要了解国家政策、拓宽视野、脚踏实地、细致规划，这样才能让创业梦想变为现实，在创造财富、实现自身价值的同时更好地服务他人、贡献社会。

案例思考

1. 你认为小李的项目是否可行？可行性在哪里？
2. 你认为小李在前期的准备工作中的不足之处有哪些？
3. 为了申请项目成功，申请人应该抱着一种怎样的心态？

大学生撰写创业计划书要结合自身的特点和实际状况，他们大多实践经验不足，社会阅历尚浅，对创业的认识基本停留在理论层面。要让大学生认识到拟订创业计划书与创业本身一样是一个复杂的系统工程，不但要对行业、市场进行充分的调查和研究，而且还要有很好的组织能力和表达能力，更要遵守一定的撰写原则，注重一定的技巧。

一、创业计划书的基本结构

创业计划书通常包括封面、保密要求、目录、摘要、正文、附录。

（一）封面

封面（标题页）可以放一张企业的项目或产品彩图，但须留出足够的版面排列以下内容：创业计划书编号、公司名称、项目名称、项目单位、地址、电话、传真、电子邮件、联系人、公司主页、日期等。

（二）目录

目录标明各部分内容及页码，要注意确认目录页码同内容一致。

（三）摘要

摘要是对整个创业计划书的概括，目的在于用最简练的语言将创业计划书的核心、要点、特色展现出来，吸引读者仔细读完全部文本，因此内容一定要简练。

创业计划书摘要应从正文中摘录出投资者最关心的问题，包括对企业内部的基本情况、企业的能力以及局限性、企业的竞争对手、营销和财务战略、企业的管理队伍等情况的简明而生动的概括。

（四）正文

正文（综述）是创业计划书的主体部分，应分别从企业基本情况、经营管理团队、产品/服务、技术研究与开发、行业及市场预测、营销策略、产品制造、经营管理、融资计划、财务预测、风险控制等方面对投资者关心的问题进行介绍，要求既有丰富的数据资料，又要突出重点、实事求是。

（五）附录

附录是对正文中涉及的相关数据、资料的补充，作为备查。

二、创业计划书的主要内容

（一）封面

封面的设计可以分为上、中、下三个部分。封面最重要的作用是便于读者联系到创业者，因而在创业计划书封面的上半部分应包含企业的主要信息，如企业名称、地址、电子邮件地址、电话号码（座机和手机）、主要创业者的姓名、联络方式，还可以附上企业网址（如果有的话）。而封面的中央可以加上企业的商标，如果已有企业主要产品和服务的简图，也可以印在封面上，以便加深读者印象。最后，在封面页的底部，要有一行字提醒读者对该创业计划书的内容进行保密。

同时在封面的设计上，要富有个性但又不能过于复杂，色调要明快并保持色彩间相互协调，不能太花哨。

（二）目录

目录在封面页之后，主要用于概述创业计划书各个章节的名称。目录应标出正文各个章节的主标题和副标题以及最后的附录，并注明对应的页码，以便读者在浏览目录时遇到关注的内容可以直接通过对应的页码查找，应注意目录标注的页码和正文保持一致。

（三）执行概要

执行概要是创业计划书各个主要章节浓缩的精华，使得读者能够对该创业计划形成初步了解。值得注意的是，由于创业计划书的主要读者是投资者，他们一般都非常忙碌，以至于常常没有时间和耐心读完全部创业计划书，这时，执行概要就起到了至关重要的作用。因为在有限的时间下，他们一般会首先看执行概要，如果执行概要能够吸引他们的兴趣，他们才会继续阅读创业计划书较为具体的正文部分，这也就使得执行概要在创业计划书中成为一个重要的部分。执行概要需要明确该创业计划为何有其成功的可能性，值得投资者进行投资，并告诉投资者他们需要对该创业计划书付出多少，又能够得到什么回报。执行概要篇幅不宜过长，一般限于1～2页以内。

一般来说，执行概要的内容需要概括正文内容的几个部分：企业描述、创业者及其团队、产业分析、市场分析、商业模式、生产、运营与开发计划、营销计划、财务计划、风险分析、资金需求及回报退出机制。但这里还是要明确一点，即执行概要不是创业计划书的正文，不需要面面俱到，但要将正文的各个部分进行浓缩，提到每个部分的关键问题。

（四）正文部分

正文部分是创业计划书具体内容的展开。正文部分应包括企业描述、创业者及其团队、行业分析、市场分析、商业模式、生产、运营与开发计划、营销计划、财务计划、风险分析、资金需求与回报退出机制。下面将对正文部分的撰写进行一一介绍。

1. 企业描述

创业计划书中的企业描述，目的是让读者对企业的各个方面有基本的了解，一般来说，企业描述由多个部分组成，具体包括企业基本信息、企业历史、企业使命陈述、产品和服务、企业现状。

(1) 企业基本信息。在企业描述中,首先应该介绍一下企业的基本信息,包含企业名称、企业组织形式、注册地址、联系方式、主要创业者姓名和联系方式。

(2) 企业历史。在介绍企业历史时,最主要的是介绍创业思路产生的原因,其中可以结合创业者自身灵感来源的故事以引发读者的注意力,同时介绍一下企业组建过程中的大事记,做成时间表。

(3) 企业使命陈述。企业的使命陈述往往包含企业的愿景、使命和企业的价值观,我们不妨以国内外知名企业的使命陈述为例进行总结。

脸书(Facebook):让世界更加开放,更加互联。

索尼公司(Sony):愿景——为包括我们的股东、顾客、员工,乃至商业伙伴在内的所有人提供创造和实现他们美好梦想的机会。使命——体验发展技术造福大众的快乐。价值观——体验以科技进步、应用与科技创新造福大众带来的真正快乐;提升日本文化与国家地位;做先驱,不追随别人,但是要做不可能的事情;尊重、鼓励每个人的能力和创造力。

亚马逊(Amazon.com):全力成为全球最以客户为中心的公司,主要为四类顾客服务:卖家、买家、企业与内容制造商。

苹果公司(Apple):愿景——让每人拥有一台计算机;使命——借推广公平的资料使用惯例,建立客户对互联网之信任与信心;价值观——提供大众强大的计算能力。

从上述企业的使命陈述中,我们可以总结得出公司使命陈述的几个常见原则,即在进行使命陈述时应该做到:与企业的利益相关者有关,因而能够显得企业对利益相关者较为负责;在语言上要慷慨激情,从而让读者感受到企业创业的热情,给读者留下深刻印象;说明企业目标;说明企业的创业目标对社会的价值所在。

(4) 产品和服务。在进行完使命陈述后,需要对公司的产品和服务进行介绍。在对公司的产品和服务进行介绍时,首先应该对你的产品和服务的用户群体进行客户定位,而后指出你的产品和服务是如何解决已有的客户痛点的,与市场上已有的产品有什么与众不同,是否为此申请了知识产权或者其他保护,是否很容易被复制?从而让投资者对公司产品和服务存在的价值和定位都有进一步了解。

(5)企业现状。在企业描述中需要介绍企业现状,其中,可以概括企业当前的市场调研情况、财务状况、团队组建及员工雇佣状况、经营筹备事宜等,但不需要细致描述,因为在创业计划书后面的章节中关于市场分析、财务状况、融资状况等会进行细致的展开。

2. 创业者及其团队

创业者及其团队是投资者评判是否应该进行投资的重要标准,有时候投资者甚至将团队放在了标准的第一位,在《商报》记者对IDG资本创始合伙人熊晓鸽先生进行的采访中,他提到投资的时候相比项目更看重团队,"风投就像漂流,一定要看对河流,看对河流往前划就行了,只要不被淹死,总能游到目的地,到早一点儿赚钱就会多一点儿,到晚一点儿赚得就少一点儿。选对了河流,团队就是划船的舵手,本事好一点儿就不翻船,能够很快到达终点;本事差一点儿可能就会翻船,所以团队是这里面最重要的一环"。对于很多风险投资者来说,宁可投资产品创意薄弱、创业团队强的项目,也不愿投资产品创意强、创业团队薄弱的项目。可见,创业者及其团队对于投资者决策的重要性,因而在创业计划书中,也应该对创业者及其团队进行介绍,让投资者对此有更好的了解。

在创业者及其团队的部分,主要包括的内容有团队现有人员的介绍、股权分配与利益分配、创业者及其团队的特征、成员的招聘与培训、人员的管理与激励机制。

首先,在创业团队组建的介绍方面,需要对创业者团队现有工作人员进行简要的介绍,介绍的内容主要包括其姓名、职务、重要的教育背景和工作经历等,并可以根据其职务再做成一个公司的组织架构图。其次,叙述企业董事会现有的股权分配和利益分配,可以采用列表的方式,将公司所有者的姓名、年龄、注入多少初始基金、占公司的所有权的百分比、职务列成表格,从而直观地体现每个所有者分别对企业注入多少初始基金,占企业所有权比例的多少,在董事会中处于怎样的职务。如果公司有相应的顾问委员会,也需要在创业计划书中提到。最后,还需要对创业团队的特点进行总结,比如年轻化、专业化等,向读者突出团队的特征。

在团队管理的介绍上,还需要涉及成员的招募和培训,即如何吸纳新成员以及成员的招募和培训。同时,也需要涉及管理和激励机制,显示创业企业将怎样进行人力资源的管理。

在这个部分,如果有团队的不足也需要指出来,同时表明需要吸纳怎样的新雇员来补足这个缺口和漏洞。这里最容易犯的错误是对管理团队现存技能的缺失没有披露、没有介绍如何填补缺失的技能漏洞。

3. 行业分析

一个企业所在的行业,为企业发展提供了环境,其发展趋势对企业的发展前景有着重要影响。创业计划书中的产业分析主要包括所处行业界定、行业发展背景、行业格局、产业链、行业规模、行业发展前景和预测。

(1) 所处行业界定。首先,要对该企业所处的行业进行清楚的界定,从而有助于明确企业的业务范围。可依据我国《国民经济行业分类》国家标准对所处行业进行分析,如果你的企业所涉及的行业有多个,可以同时对多个行业进行分析,也可以重点对企业主要涉及的某个行业进行分析。

(2) 行业发展背景。接下来需要进行行业发展宏观背景的叙述,行业发展背景可以使用 PEST 模型进行分析(见图 10-1),PEST 中 P 是政治(politics),E 是经济(economy),S 是社会(society),T 是技术(technology),PEST 模型涵盖范围较广,因而在运用时需要结合其中对行业发展有突出影响的背景进行分析。

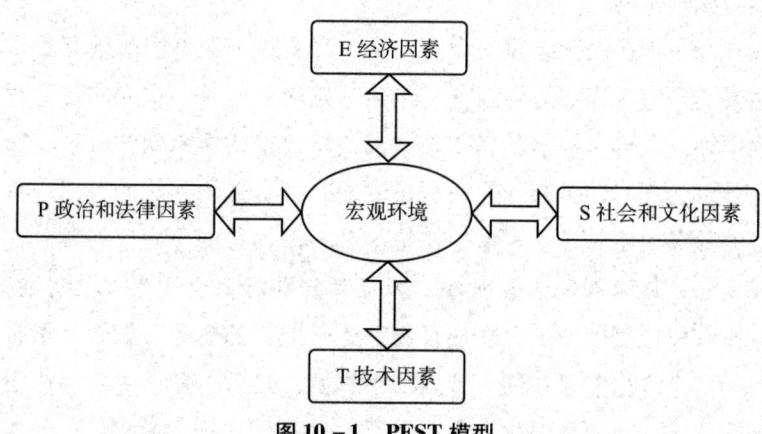

图 10-1　PEST 模型

(3) 行业格局。在行业格局中,需要重点提到的部分包括行业的集中程度、行业的竞争格局。

关于行业的集中程度的分析，即你所要进入的行业是由少数几家大公司支配（集中度高）还是由大量的小企业组成（集中度低）。

在行业的竞争格局中，可以使用较为经典的波特五力模型，五种力量分别为同行业内现有竞争者的竞争能力、潜在竞争者进入的能力、替代品的替代能力、供应商的讨价还价能力、购买者的讨价还价能力，这五种力量影响着产业的吸引力和企业未来的竞争决策。

（4）产业链。在产业链的叙述中，主要对该行业的上、中、下游分别有哪些参与者以及各个参与者之间的交易进行分析，可以通过图表的形式呈现在创业计划书中。通过产业链的分析，可以让投资者对企业所处行业的利益关系方之间的联系有更好的了解。

（5）行业规模。行业规模可以用该行业的销售额和利润进行衡量。

（6）行业发展前景和预测。行业发展的前景预测需要结合行业当前发展的内部状况和外部环境。发展的内部状况包括产业销售额和利润的增长趋势、竞争趋势、业务创新趋势等；发展的外部环境包括相关的经济、社会方面的环境的前景是否可观等。需要注意的是，在揭示行业发展的趋势时，需要包含有利的趋势和不利的趋势，以便投资者能够了解创业企业所在行业的前景和潜在的威胁。

4. 市场分析

创业计划书的市场分析包括市场细分、目标市场的选择、竞争者分析和市场预测四个方面。

（1）市场细分。一个行业所处的市场可以划分为多个细分市场，你的企业所处的市场可能只是其中一个细分市场，或者涉及多个细分市场，这对该企业的竞争程度及定价等都会有影响。比如，如果你所在的细分市场竞争者较少，那么在该细分市场就有利于提高定价。还需要指出市场细分如何进行呢？市场细分的划分标准是多样的，需要结合创业企业的需要进行选择，一般来说，划分标准包括地理位置、收入、性别、部门类型、产品和服务类型等。在创业计划书中，需要指出特定市场细分及其划分的标准。

（2）目标市场的选择。目标市场意为按消费者的特征把整个潜在市场细分成若干部分，根据产品本身的特性，选定其中的某部分或几部分的消费者作为综合运用各种市场策略所追求的销售目标。在进行市场细分后，需要选择目标市场。需要告诉创业计划书的读者，你为何选择该目标市场，因而应该结合企业的产品和服务的特点，列出该目标市场中有利于企业实现创业目标的因素。

需要注意的是，一家初创企业应该将目标明确在某个或小部分细分市场。在界定目标市场时，不要将范围定得太大，而是选择其中一个细分或者更小的几个相关的细分市场，因为如果对市场范围界定得太宽，说明创业者并没有明确目标市场，会增加企业的运营成本，造成资源的分散，同时也不利于市场机会的界定。

（3）竞争者分析。在提到这个目标市场的同时，不可忽视的是该目标市场上对创业企业形成威胁的相关竞争者，投资人更关心的是创业企业如何在目标市场中打败竞争对手。因而在创业计划书中，需要进行竞争者分析。

在进行竞争者分析时，第一步需要对市场上的竞争者进行识别，即谁是你的竞争者。一般来说，企业的竞争者可分为市场上的现有竞争者、未来竞争者和替代品竞争者。其中，现有竞争者是指本行业内现有的与你的创业企业生产产品较为相似的其他厂家，未来竞争者是未来可能进入该市场成为竞争者的企业，替代品竞争者是指生产替代品的企业。在明确竞争者以后，第二步需要对这些竞争者的规模、实力、运营方式、优势、弱势进行简要的分析。分析过后，可以把竞争者与各个方面的"威胁程度"结合，列出一个"威胁程度"表，对每个竞争对手在市场营销、目标群体等各个方面的威胁程度进行评级。在认识到其他竞争者的威胁以后，第三步需要突出自己的特点和优势，即阐述创业者自身的企业相比竞争者将有何核心竞争优势，这些竞争优势又是如何不可复制，从而体现出创业企业的价值所在。

（4）市场预测。在市场分析的最后部分，需要对该目标市场的发展前景进行预测，主要包括市场规模、市场销售额增长速度、供需变化趋势、技术进步、竞争趋势、价格等方面的预测等。通过这些预测，能够体现创业者对市场变化趋势的把握，并有利于在此基础上做出相应的决策，以实现其创业目标。市场预测比较难以实施的一点是，其需要有具体的依据才能让读者信服，比如在预测市场具体的销售额时，可以通过联系行业协会、参考可比企业的销售额等方式进行合理的预测。

5. 商业模式

商业模式，通俗意义上的理解是企业通过什么方式来赚钱。关于商业模式，不同专家有不同的看法，对于创业计划书的读者，也会非常关心创业企业打算要用怎样的方式赚钱，因而需要对商业模式有所叙述，商业模式往往由客户关系、客户细分、核心资源、关键业务、重要合作、渠道通路、成本结构、收入来源、价值主张构成，可以采用图例的形式解释。

6. 生产、运营与开发计划

企业的产品和服务的生产、运营和开发计划，会对企业的竞争优势带来影响，因而也需要在创业计划书中进行阐释。

生产计划即企业将如何生产产品，一般包括生产的产品和服务的数量、生产的部门以及完成生产所预期的时间。

在运营计划中，需要给出企业的业务流程和业务管控方式。

开发计划主要包括产品的开发和技术的开发。需要指出，对于产品的开发，创业企业产品或服务的开发处于哪些阶段，是否已经产生了产品的原型并且经过了一些客户的可用性测试，或者已经开始生产出来供一些客户使用。同时，还要在创业计划书中指出，企业曾经或者正在对产品和服务进行怎样的改进以增加产品的效用，比如 R&D、是否正在申请开发的专利和相关知识产权；对于技术的开发，主要包括技术的提升和设备更新的情况。

7. 营销计划

创业计划书中的营销计划，包括总体营销策略、定价策略、渠道策略和促销策略。

（1）总体营销策略。在营销计划的开头，先要对总体营销策略进行解释。总体营销策略即自己产品的定位以及产品的差异化策略。

在产品定位上，以一家电脑公司为例，同属于电脑市场，但是不同公司可以有不一样的营销定位，如按照客户类型进行的营销，可以分为偏好低价的客户（cost-cutter）、较为富裕的客户（mercedes）、工作狂类的客户（workhorse）、偏好技术更新类的客户（innovator）、爱好旅游类的客户（traveler）。根据这些客户不同的特点，可以推测出这些客户对电脑的性能要求是不同的，因而每个目标市场都将对企业的营销战略产生不同的影响。如偏好低价的客户会对电脑的价格有明显的偏好，对技术则没有明显的偏好，又因为这类电脑面向了低端市场，需求量较多；富裕的客户，属于高端市场客户群体；工作狂类客户由于工作时间长，对电脑的存储性能、保密性能需求也大；爱好旅游的客户，对便携的笔记本电脑需求大，而且对电脑的重量、保密程度也有较高要求。从这个例子中可见，选择不同的产品定位，将对企业的营销策略产生不一样的影响。

接下来需要对自己的产品的差异化进行描述，即自己的产品或者服务和竞争对手之间有什么不同之处，这些差异点可以包括：产品或服务的质量、外观、个性、技术含量，等等。在阐述完差异化之后，还需阐释这些差异营销点对于竞争对手来说如何难以复制，由此显示企业营销策略的成功。

（2）定价策略。定价策略是企业在营销中的重要竞争工具，在创业计划书中的营销计划部分需要涉及定价策略。在创业计划书中，需要解释该定价策略的原因，并注意要与前文提到的企业的目标市场相符合。如果企业的目标市场是高端市场，生产技术含量较高的、新颖的产品，定价自然处于高位，如果企业考虑的是在低端市场竞争，客户支付能力处于较低水平，定价一般较为低廉，才能更加具备竞争力，实现薄利多销的效果。

定价的策略也需建立在大量的市场调研的基础上，如果能够对不同的客户群体进行细分，并通过调研得出不同客户群体对不同产品愿意支付的价格，可以实现差异化定价，或者说价格歧视策略。在描述对不同客户群体的差异化定价时，可以用列表的方式呈现在创业计划书中。

（3）渠道策略。在创业计划书中，需要提到创业企业对于营销渠道策略的考虑，即产品和服务产出之后，如何送到消费者手中。渠道策略的阐述包括渠道的选择和渠道的运营。

首先，要选择正确的渠道。选择渠道时，需要考虑目标市场客户偏好的购买渠道，是直销还是分销，是否需要实体店与网络渠道相结合。在选择了渠道的大致方向之后，还要进行更加具体的叙述。打个比方，如在选择直销或分销的方式之后，还需要进行一些细节的论述，如果选择直销，需要阐明如何推广自己的产品，你是否计划自己完成订单业务中的物流配送，提供哪些物流服务，如自提、送货上门，还是由专门的物流公司完成物流专递业务；如果选择分销，你需要阐明如何与代理、批发或零售商进行合作。

在选择正确的渠道以后，还要在创业计划书中涉及渠道的维护和升级。比如在前面选择了网络渠道，那么在后面就要阐明如何运营网站或者线上门店，打算采用怎样的技术提高网络运营的效率。

（4）促销策略。促销策略主要包括人员促销、广告促销、公共关系促销、活动促销等。其中人员推销主要是销售员面对面或者使用电话等方式直接向消费者进行推销，公共关系包含传统媒体（报纸、杂志等）、社交媒体（微博、微信、QQ等）、事件赞助等，广告即通过广告的方式进行推销，活动促销如节日、价格、奖品方面的促销活动，不同的销售策略有其优缺点，需要根据企业的需要进行制定。在创业计划书中，需要展示企业在基于对目标市场的了解后，制定出的可行的产品促销策略。

8. 财务计划

财务计划是企业以货币形式预计计划期内资金的取得与运用、各项经营收支及财务成果的书面文件。对于创业计划书的作者，编制财务计划表能够为创业企业后期的计划提供依据，细化各个方面的资金问题，对企业的后期发展进行良好的规划；同时，对于创业计划书的读者而言，如果读者是投资人而不是规划部门，往往需要在创业计划书中提供更细致的财务计划，因为通过阅读创业企业的财务计划，投资人能够了解企业的财务信息，对该企业的成长性做出判断，评估企业的价值，以更好地确定是否应该投资，并直观地了解投资需求量。财务计划一般包括：历史经营状况数据、预测说明表、未来3~5年财务计划和比率分析。

（1）历史经营状况数据。如果企业的创立和运营已有一段时间，创业者需要提供企业在过去三年的资产负债表、利润表和现金流量表。如果企业仍处于最近创立的阶段，创业者需要提供历史资金的来源和运用。

（2）预测说明表。需要注意的是，在提供预测财务计划之前，可以先建立一个假想的财务说明表，结合对市场的调研和创业企业的运营和管理，对销售量的增长、员工工资、应收账款的天数等进行预测说明，然后再进行财务的预测。

（3）未来3~5年财务计划。接下来，在创业计划书中，需要对创业企业未来3~5年的财务计划进行预测，需要提供预测的资产负债表、利润表和现金流量表。预测的资产负债表能够说明企业未来的资产、负债和所有者权益状况，预测的利润表能够说明企业未来的盈利状况，预测的现金流量表能够解释公司是否有足够的现金进行运转。同时，在财务计划的预测中，可以采用敏感性分析的方法，列出企业分别在最好、最差状况下的财务情况。

（4）比率分析。在创业计划书中，需要用到比率分析的方法，可以列出一个比率预测表，一般来说，企业较为重要的三种比率是盈利能力的比率（ROA、ROE、净利润率等）、偿债能力的比率（资产负债比率、负债比率、利息保障倍数等）、营运能力（应收账款天数、应付账款天数、存货周转率、固定资产周转率等）。进行比率预测的原因在于，一方面，通过比率对财务进行预测会更加便捷；另一方面，通过比率的分析，能够直接揭示公司在盈利能力、营运能力和偿债能力等方面的问题，使得财务计划对于创业计划者的受众来说，更加简单易读。

9. 风险分析

风险分析是创业计划书中的重要部分，如果受众是投资者，他们对投资的创业计划的风险会较为重视。每个创业计划都会面临一定的风险，如果创业者意识到自己的创业计划存在的风险，但是在创业计划书中有意隐藏或者隐瞒，投资者会对其中潜在的风险提出质疑。相反，如果创业者能够在创业计划书中，先对创业计划的潜在风险进行分析，并提出解决方法，会起到先发制人的效果，也不会给投资者留下对创业计划过度自信而考虑不周的感觉。

那么如何进行风险分析呢？风险的严重性，可以用风险发生的概率和损失的多少来衡量，创业者需要在创业计划书中揭示风险，但更重要的是显示其应对风险的能力。为了显示其应对风险的能力，创业者可以在风险分析中阐释这些风险发生的概率较小,或者即使发生,严重性也不大,抑或说明即使发生,也已经准备好了应对方式。

在进行风险分析时,创业者可以先将风险归类,如将风险归于以下几个方面:行业风险、市场风险、政策风险、经营风险等。随后,制作一个表格,列出每个风险发生的可能性和后果,并做出规避分析和应对的方式。

10. 资金需求与回报、退出机制

如果创业计划书的读者是投资人,那么,在创业计划书中,需要对资金的需求进行揭示,明确告诉投资人需要多少资金,如××公司现在需要××元投资。而投资人较为关心是能够获得多少回报,因而需要解释该投资会给投资人带来怎样的回报。而对于投资者而言,较为重要的信息还包括退出方式,因而在创业计划书中也需要指出退出方式,一般来说,包括IPO上市、回购、破产清算等。

(五)附录

附录的作用在于,一方面,为了避免创业计划书的正文部分内容过多,一些详细的信息可以考虑放在附录中;另一方面,一些说明性信息也可以放在附录中,以作为正文部分的补充。放在附录部分的内容可以包括以下内容。

(1)关键团队成员的简历;

(2)市场调研报告、调查表;

(3)专利复印件、版权商标注册证明;

(4)产品宣传资料、手册、报道、图片等;

(5)创业项目选址的地图;

(6)报纸、杂志对该企业和个人相关事项的报告;

(7)历史财务报表。

三、创业计划书的执行摘要

创业计划书的执行摘要一般是2页,最多3页,无须涵盖所有创业计划中涉及的内容,但要确保每一个关键问题都应该提到。创业计划书的执行摘要应涵盖以下几个关键点。

(一) 项目独特性

创业计划书应概括公司的亮点，通常可以直接、简练地描述公司拟解决某个重大问题的方案或产品。例如，创业者可在第一段提到一些使人印象深刻的名字，如公司的知名顾问、已合作过的大公司、有名的投资公司等。

(二) 问题和解决方案

用简要的话来介绍公司的产品和服务，以及它解决了用户的什么问题：企业给客户提供什么样的产品或服务来解决这个问题，软件、硬件、服务还是综合性产品。陈述产品（或服务）的价值定位、创意价值的合理性。这部分应用通俗的语言，不要用缩写或技术用语。

(三) 面临的机会

通过描述公司行业、行业细分、巨大的市场规模、成长性和驱动因素，以及美好前景，来展示自己的市场机会。创业者最好能在一个环境良好并能有一定增长的市场中占有较大份额，而不是在一个超大的成熟市场中占有较小的份额。

(四) 面临的问题

创业者需要清楚地描述当前或者是将会出现的某个重大问题。通过解决问题来提高利润、降低成本、加快速度、扩张市场范围、消除低效，以及提高效率等。

(五) 企业的竞争优势

无论如何，企业都会有竞争对手，至少要和目标客户当前使用的产品或服务提供商竞争。因此，创业者必须明确自己真实的竞争优势，并写出竞争方案。

(六) 企业的商业模式

清晰地描述企业的商业模式，即如何赚钱。创业者要阐述公司在产业链、价值链上的位置，合作伙伴是谁，他们为什么要跟你的公司合作，如果已经有了收入，有多少，如果现在没有，什么时候会有。

(七) 展示创业团队

在介绍创业团队时，不要只是简单地把每个团队成员的简历集中在一起，而是应该解释每个团队成员的背景、角色、经历，以及他们如何互补和为何有利于公司的发展。通过介绍使投资者了解创业者和核心管理团队的能力。

(八) 预测财务回报

可以用一个表格来展示公司的历史财务状况和未来的财务预测。这个财务预测需要展示 3～5 年的,这样才能看到企业持续的发展趋势。注意数据要有来源和根据,不能为了获得投资而偏离真实的情况,更不能以虚假数据欺骗投资人。

四、创业计划书的撰写原则

创业计划书不同于一般的书面文件,创业者首先要在思想上对它有全面的理解和深刻的认识,其次要遵循创业计划书撰写的原则,把握创业计划书要点,这样才能达到创业计划书所要达到的目的。

一份撰写成功的创业计划书必须清晰呈现竞争优势与投资者的利益,同时也要具体可行,并提出尽可能详尽的客观数据来加以佐证。在具体撰写的过程中应注意把握以下几条原则。

(一) 谨慎客观原则

谨慎客观原则要求创业者保持应有的职业谨慎,客观地提出投资分析、预测和建议,不得断章取义或篡改有关资料及因主观好恶影响投资分析、预测或建议。在创业计划书中罗列的内容必须实事求是,即使是最烦琐的财务规划也要尽量客观、谨慎、实际,切勿凭主观意愿进行估计,一切要以调研和考察的客观数据为基础。

(二) 市场导向原则

这是市场经济条件下企业主体经营的根本指导方针。利润来源于市场的需求,没有清晰明确的市场需求分析作为客观依据,所撰写的创业计划将是空泛的和毫无意义的。因此,创业计划一定要建立在了解市场状况、预测市场未来、分析市场动态的基础之上,以市场需求作为编制创业计划的基本出发点,要充分显示对市场现状的把握与未来发展的预测,同时还要说明市场需求分析所依据的调查方法与事实证据等。

(三) 竞争优势原则

撰写创业计划书的重要目的之一是为投资方提供决策依据,借以争取投资。因此，创业计划书中要呈现出具体的竞争优势，显示经营者的强烈愿望和创造利润经营优势，相对于竞争对手拥有的可持续性优势，即优势资源、先进的运作模式、更适合市场需求的产品和服务，并明确指出投资者预期的回报，通过某个领域或多个领域相互作用形成优于对手的核心竞争力。但同时也应说明可能遇到的风险或威胁，内容宜简明扼要，不能出现前后不一、自相矛盾的现象，不能只强调优势和机遇而忽略不足与风险。

（四）文字精练原则

创业计划不宜长篇大论，要开门见山直入主题，应该避免那些与主题无关的内容，并清晰明了地把自己的观点表达出来，投资方没有时间也不愿意花过多的时间来阅读一些对他来说毫无意义的东西。文字精练，想法明确，其中的营销计划、组织结构、管理措施、应对风险的方法和策略可操作性强，比较容易引起投资方的注意和兴趣。

（五）通俗易懂原则

创业者拟创办的企业可能是一般的企业，如手机店、餐饮店等企业；也可能是设计创意等很前沿或不为人们熟知的行业。创业计划书中应尽量避免技术性很强的专业术语，过多、过强的专业术语会影响阅读者的兴趣，让他们觉得太深奥，需要相关领域或行业的专家进行解读，不但麻烦费事，也不利于投资方理解。

 课后练习题

1. 如何撰写大学生创业计划书？
2. 大学生创业计划书的写作步骤是什么？

 拓展阅读

创业计划书中常用的商业分析模型如下所示。

1. PEST 分析模型

PEST 分析是指对宏观环境的分析，宏观环境又称一般环境，是指一切影响行业和企业的宏观因素。对宏观环境因素作分析，不同行业和企业根据自身特点和经营需要，分析的具体内容会有差异，但一般都应对政治（political）、经济（economic）、社会（social）和技术（technological）这四大类影响企业的主要外部环境因素进行分析。

2. 4Cs 营销理论（The Marketing Theory of 4Cs）

4Cs 营销理论也称"4C 营销理论"，是与传统营销的 4P 相对应的理论。它以消费者需求为导向，重新设定了市场营销组合的四个基本要素：即消费者（consumer）、成本（cost）、便利（convenience）和沟通（communication）。它强调企业首先应该把追求顾客满意放在第一位，其次是努力降低顾客的购买成本，然后要充分注意到顾客购买过程中的便利性，而不是从企业的角度来决定销售渠道策略，最后还应以消费者为中心实施有效的营销沟通。

3. SWOT 分析模型

所谓 SWOT 分析，即基于内外部竞争环境和竞争条件下的态势分析，就是将与研究对象密切相关的各种主要内部优势、劣势和外部的机会和威胁等，通过调查列举出来，并依照矩阵形式排列，然后用系统分析的思想，把各种因素相互匹配起来加以分析，从中得出一系列相应的结论，而结论通常带有一定的决策性。

运用这种方法，可以对研究对象所处的情景进行全面、系统、准确的研究，从而根据研究结果制定相应的发展战略、计划以及对策等。

S（strengths）是优势、W（weaknesses）是劣势、O（opportunities）是机会、T（threats）是威胁。按照企业竞争战略的完整概念，战略应是一个企业"能够做的"（即组织的强项和弱项）和"可能做的"（即环境的机会和威胁）之间的有机组合。通过 SWOT 分析，可以帮助企业把资源和行动聚集在自己的强项和有最多机会的地方，并让企业的战略变得明朗。

4. 九力分析模型

九力分析模型是一个在企业竞争力"资源观"的对照下对企业内部的静态属性与其外部的动态属性作系统分析的工具，借助它可对企业目前所具有的竞争力得出全面的认识。具体而言，属于企业外部属性的竞争力包括"品牌力""研发力""营销力""制造力""产品力"。属于企业内部属性的竞争力包括"资源力""决策力""执行力""整合力"。

5. 波士顿矩阵

波士顿矩阵又称市场增长率——相对市场份额矩阵、波士顿咨询集团法、四象限分析法、产品系列结构管理法等。

四象限分析法将企业所有产品从销售增长率和市场占有率角度进行再组合。在坐标图上，以纵轴表示企业销售增长率，横轴表示市场占有率，各以10%和20%作为区分高、低的中点，将坐标图划分为四个象限，依次为"明星类产品（指高增长、高市场份额）""问题类产品（指高增长、低市场份额）""金牛类产品（指低增长、高市场份额）""瘦狗类产品（指低增长、低市场份额）"。其目的在于通过产品所处不同象限的划分，使企业采取不同决策，以保证其不断地淘汰无发展前景的产品，保持"问题""明星""金牛"产品的合理组合，实现产品及资源分配结构的良性循环。

第三节 项目路演

案例导入

在一次商业路演中，一家初创公司展示了一项颠覆性的技术，吸引了投资者的广泛关注。该公司专注于可再生能源领域，提出了一种创新的太阳能收集系统。路演中，该公司首先介绍了目前能源行业的挑战，强调了对可持续解决方案的紧迫需求。

该公司的创始人在演示中生动地展示了他们的技术是如何利用太阳能的不同方面，从而提高能源转换效率。通过采用先进的材料和设计，他们成功地解决了传统太阳能系统的一些局限性，如低效率和高成本。

在商业模型方面，该公司提出了一个灵活的计划，包括销售太阳能收集系统和提供与之相关的服务。路演中，他们详细解释了市场潜力、竞争分析和预期的收入模式，使投资者对公司的商业前景产生浓厚兴趣。

投资者对这项技术的前景表示了浓厚的兴趣，认为它有望在能源行业引发一场革命。路演结束后,该公司收到了多个投资提议,为进一步开发和推广他们的技术提供了强大的支持。

商业路演不仅是为了吸引投资,还能展示公司的创新能力和解决方案的市场潜力。成功的商业路演可以为初创公司打开大门,使其在竞争激烈的市场中脱颖而出。

案例思考

1. 路演流程一般分为哪几个阶段?
2. 项目路演应该包含哪些要点?

一、项目路演的概念

通常来说路演是国际上广泛采用的证券发行推广方式,指证券发行商发行证券前针对机构投资者的推介活动,是在投融资双方充分交流的条件下促进股票成功发行的重要推介、宣传手段。路演在几年前还较为陌生,现在却成为一个使用频率较高的词。路演模式在中国刚一出现就得到了上市公司、券商、投资者的关注和青睐,很多企业也效仿证券业的路演方式来宣传推广企业的产品,形成当下盛行的企业营销模式。在日常生活中为人们所熟知的多为商业性路演或者在大学生创业类大赛中的路演。

项目路演就是企业或创业团队代表在讲台上向投资方或者创业类大赛评委讲解项目属性、发展计划和融资计划,是创业者与投资人零距离对话,平等交流专业切磋的一种重要方式,可以促进创业者和投资人的充分沟通和深入了解,最终推动创业项目的融资进程,一般分为线上路演和线下路演。线上项目路演主要是通过微信群、QQ 群等线上方式对项目进行讲解;线下项目路演主要通过路演专场向投资人或者大赛评委进行面对面的演讲以及交流。

二、项目路演的目的

路演成功的关键是创业者及其团队具有足够清晰的目标,明确路演要达到的结果,同时清楚地知道这个结果与投资人的期望是否一致。

一个成功的企业家不但拥有详细的创业计划,能够合理利用资源,发挥自身优势,而且应清楚地知道自己未来的目标,在路演时要把这些目标清晰地表达出来。想要达成路演的目标,必须着重关注以下几点。

(1)从投资人/消费者的角度出发,了解投资人和消费者的需求。

(2)直入主题,抛出听众想要听的内容。

(3)关注投资人/消费者的利益,创业者的路演要在投资人利益的基础上展开,只有先实现投资人的目标,才能实现创业者的目标。

只有明确路演的目标,找准目标,准确出击,才能获得成功。

三、项目路演的方法与技巧

(一)注意陈述的态度

在展示中,要时刻铭记,你是创业计划书的推介者,需要有坦诚的态度和保持客观性,不应使用过于夸大的词汇,而应该如实陈述,为了做到客观性,可以多使用第三方的评论以及一些数据和事实作为支撑,使得你的演讲听起来更加可信。

(二)加入个人及团队的经历或趣闻轶事

为了让演讲内容变得更加生动,引发听众的共鸣,可以适当加入一些创业过程中的个人经历或者趣闻轶事,比如你是如何获得这些创业灵感的、你和你的团队有哪些小故事。但要注意添加的篇幅不宜过多。

(三)通过手势和激昂的语调来体现你的热情

在展示创业计划书的时候,可以适当通过手势和激昂的语调,让听众感受到你对该创业计划的热情,增强对听众的感染力。

四、项目路演的实施过程

路演的实施过程主要分为三个阶段,即准备阶段、实施阶段和反馈阶段。这三个阶段相辅相成、相互影响,是路演成功必不可少的组成部分。

(一)准备阶段

在准备阶段,路演者应该从以下几个方面着手准备路演。

1. 明确路演对象

面对不同身份的人,路演内容应该有不同的侧重点。准备进行路演,第一步要明确路演对象。我们可以通过走访、观看以往案例等方式了解路演对象的身份、性格、偏好等。如果路演对象是投资人，那么路演内容就应该重点讲解投资人关注的项目未来发展、项目优势等；如果路演对象是消费者，那么路演内容则应侧重表现产品的优势、独特之处。只有明确路演对象，路演内容、定位才能精准。因此，明确路演对象尤为重要。

2. 明确路演目标

明确路演目标，才能做到知己知彼，才能使自己的准备有方向。路演目标对于整个路演工作来说，就如同罗盘对于在大海中航行的帆船的重要性。路演所做的所有工作都是为这个目标而努力。因此，明确路演目标是路演成功的关键。明确路演的目标，不但要了解路演对象的特点，而且要正确把握自己项目及产品的特性，明确企业及项目未来的发展方向。

3. 制订路演计划

根据路演对象的特点和路演目标，制订详细的路演计划，使自己的路演能够有章可循。路演计划包括路演PPT（课件）、路演计划书等。

PPT的制作是制订路演计划的一个重要环节。制作PPT切忌简单地罗列文字，利用视觉元素丰富PPT是不错的选择，具体内容如下。

（1）使用视觉元素能够引起互动交流，利用图片可以唤起强烈的兴趣，引发读者的思考；

（2）利用视觉元素讲故事，用微视频、真实图片讲故事；

（3）利用视觉元素制造悬念，利用特殊字符引起读者的疑问。在制作PPT时，应学会根据自己的目标，选择视觉元素，使PPT看起来能生动、丰富。

4. 模拟路演现场

为了保证路演能够顺利实施，在正式路演之前，应该组织进行模拟路演。模拟路演应尽量选择与真实路演相同的环境，大到路演的每个环节，小到每个细节，都应该在模拟路演中体现出来。许多创业者会计算时间成本，认为花很多时间准备路演是浪费时间，可能会顾此失彼。这样想就错了，一个好的路演，往往能够创造巨大的商业价值，有不可小视的长尾效应。因此，路演要尽可能多地模拟，可以选择不同人群进行模拟，如朋友、家人、同事、消费者等。模拟完成后要认真听取听众的意见，结合意见修改路演计划，不断完善路演计划。

（二）实施阶段

整个路演过程最重要的是实施阶段，而最难的也是实施阶段。

在路演界有这样一种说法：70%的人怕失败，90%的人怕上台路演。这并非危言耸听。无论是普通的路演者还是企业家，对现场路演的驾驭能力都是十分重要的素质。再充分的准备也难以做到面面俱到，这就要求路演者有良好的应急应变能力。

在开场阶段，可用一个与人们生活息息相关的小故事开场，引起听众的注意。在讲演阶段，用清晰、准确、自信的语言来表达自己的观点，告诉听众自己的观点将如何被执行，执行之后会有什么结果。在收场阶段，根据听众反应构建结尾。

为了使路演现场能够更具影响力，路演者应遵循以下四个基本原则。

（1）互动体验，通过互动体验带动听众的思维，听众的思维一旦活跃起来，路演的效果就会翻倍。

（2）利他主义，在整个路演过程中，听众其实更关心自己能够得到什么。针对这种心理，路演者应从听众的角度出发来满足对方的预期。

（3）内容真实可信，对产品的介绍、企业的发展、未来愿景的介绍应真实。

（4）简练专业，路演应主次分明、语言简练，不要为了追求量而画蛇添足。

（三）反馈阶段

路演的目的是让投资人、消费者了解企业的未来，了解产品的特性，让投资人和消费者看到企业的优势，让企业获得更好的发展。

路演结束并不代表创业者向投资人、消费者介绍自己这一过程的结束，这恰恰是一个良好的开始。这时，创业者要多与投资人和消费者互动交流，多了解他们对项目的意见和建议。企业的发展离不开投资人，更离不开消费者。创业者应该意识到，要不断根据市场的变化调整企业的发展战略，以使企业能够保持良好的发展。

无论路演结果如何，路演结束后，路演者都应总结路演的优与劣，做到心中有数、积极完善；同时也应多学习成功的路演案例，汲取其中的长处并应用到自己的路演中。

 课后练习题

1. 项目路演有哪些注意事项？
2. 如果你是投资人，或者创业大赛的评委，在项目路演的过程中，你最关注哪部分内容？

 拓展阅读

制作项目路演PPT时版式风格要与创业项目的特点相符。例如，农业创业项目可以以农产品作为版式设计要素，餐饮业创业项目可以用食材、食品或餐具等元素作为设计要素，文化创意类创业项目则要突出设计感和独特性；互联网创业项目要体现科技感和简约感。当然，一份完善的项目路演PPT可能无法给项目本身加多少分，但一份凌乱不合理的材料却一定会扣掉投资人眼中的印象分。

 本章小结

创业计划书和项目路演在创业过程中扮演着关键的角色。创业计划书是一份详尽的文件，为创业者提供了规划和组织创业活动的框架。它不仅是对业务理念和商业模型的清晰陈述，还是吸引潜在投资者和合作伙伴的有力工具。通过全面的市场分析、战略规划和财务预测，创业计划书可以帮助创业者建立业务的基础，提高可行性和可持续性。

项目路演则是将创业计划书的关键信息以生动、简明的方式呈现给投资者和利益相关者的过程。它通过口头陈述和视觉辅助工具，将创业者的热情和愿景传递给观众，强调项目的独特之处。路演通过直观的演示能力和互动性，更深入地吸引潜在投资者的兴趣，促使他们做出支持决策。

综合而言，创业计划书和项目路演相辅相成，是创业者与外部利益相关者沟通的桥梁，为企业成功融资、合作和发展提供了关键的支持。

 拓展阅读

在实践过程中，创业者的路演内容从抽象思维到具象语言表达的转化过程往往存在很大的差距，要想做到万无一失，就必须提前对路演内容进行梳理、记录，再经过检查、删改、修订等步骤，不断完善路演内容。

路演是有时间限制的，短则1分钟、3分钟、10分钟，长则一两个小时。根据不同时长准备不同的PPT，有助于有效利用路演时间，把握节奏，突出重点，扬长避短。

1. 根据路演流程把你要讲的内容写下来

一般路演可以分为项目介绍和项目展示两大部分。

在介绍部分，用三句话阐述项目：第一句话说明项目是做什么的，第二句话阐明市场有多大，第三句话说明项目的增长潜力有多大。

在展示部分，围绕自己的项目，阐明项目解决的痛点、竞争优势，介绍团队，提出融资需求。

2. 对写下来的内容进行概括梳理，标注重点

（1）梳理逻辑关系、核实数据，切忌表述前后矛盾、数据错误。

（2）优化语言表述，力求简洁明了，切忌废话连篇、表述不清。

（3）在台本上标注重点，概括核心内容，有详有略，切忌什么都想说，结果什么都说不明白。

（4）熟悉台本，最好能做到脱稿演说，也可准备手卡进行提示。

3. 对投资人或评委的提问环节进行准备

路演前进行角色互换，问问自己，有哪些问题是投资人提问概率比较大的问题，提前准备这些问题的答案。

第十一章 企业的创办与管理

思维导图

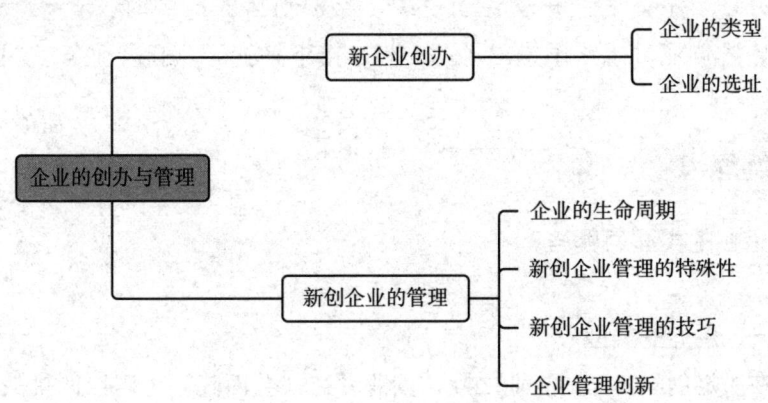

第一节 新企业创办

案例导入

学过平面设计的李琴想开一家设计工作室,但由于一时凑不出创业所需的资金,便暂时放下了创业的想法,到本地较大的一家平面设计机构——鹏飞公司应聘。鹏飞公司的领导看到李琴出色的设计作品时,立即决定聘用她为公司的平面设计师。李琴也非常珍惜这次机会,她刻苦认真、谦虚好学,不断从老设计师身上学习设计技术和理念。由于李琴的工作成绩优异,公司开始把重要客户的设计工作交给她负责。

李琴在认真工作和学习的过程中,也始终在为自己的创业做准备。在鹏飞公司工作一年多后,李琴正式辞职,决心用自己的积蓄创业。为了节约成本，李琴租下一栋旧写字楼里一间仅十几平方米的小办公室。有了办公室之后，李琴又到旧货市场购买了办公桌椅、文件柜等办公家具，并把自己家里的计算机搬到办公室，她还买了一台彩色打印机，所有成本总共不到 1 万元。

一切准备工作就绪后，李琴到市场监督管理局进行注册咨询，咨询后得知，如果注册有限责任公司，各种手续办下来要花 2000 多元，而注册个体工商户的花费要少很多，于是她就用"李琴设计工作室"的名字办理了个体工商户的注册手续。当领到营业执照时，李琴无比自豪，她的创业梦想终于走出了第一步，接下来就可以开展业务了。

案例思考

企业的类型有哪些？

一、企业的类型

在决定创立自己的企业之际，创业者往往会面临一个艰巨的挑战——在众多可选的项目与行业中挑选出最适合的那一个。由于潜在的机会如此之多，以至于让人感到无从着手，不知所措。因此，创业者需要首先对企业的分类有一个清晰而准确的认识，以便为后续的决策奠定坚实的基础。企业的类型根据不同的条件，有许多种划分方法。根据企业经营活动的差异，我们可以将其分为四种类型。

（一）服务型企业

服务型企业不直接生产物质产品，而是依托知识、技能、经验等无形资产，向客户提供各类非实体性的服务。从咨询策划到教育培训，从医疗健康到金融服务，从信息技术到文化旅游，服务型企业的触角遍布各行各业，深刻影响着人们的日常生活和企业的运营发展。

服务型企业的核心价值在于其提供的服务能够满足客户的特定需求，解决客户的问题，甚至超越客户的期望。它们的特点主要体现在以下几个方面：一是高度个性化，能够根据客户的具体需求量身定制服务方案；二是无形性，服务产品不可触摸，其价值主要体现在服务过程和结果上；三是即时性，服务往往是在客户与员工、系统或设备的交互过程中即时产生的；四是不可储存性，服务一旦提供便无法回收或储存，因此要求企业具备高效的运营能力和灵活的服务调整机制。

服务型企业的运营模式多种多样，但大多围绕客户需求和市场变化展开。它们注重服务质量的提升，通过不断优化服务流程、提高员工素质、引入先进技术等手段，确保服务的高效、专业、可靠。同时，服务型企业还注重品牌建设，通过打造独特的品牌形象和企业文化，增强客户忠诚度和市场影响力。在市场竞争中，服务型企业往往采取差异化策略，通过提供独特的服务产品或服务体验，与竞争对手区分开来，赢得市场份额。

（二）制造型企业

制造型企业专注于将原材料或半成品转化为具有明确功能、形态和价值的产品，通过高效的生产流程、精湛的工艺技术和严格的质量控制体系，满足市场多元化的需求。

制造型企业的核心功能在于生产，它们通过引进或自主研发先进的生产设备和技术，实现产品的规模化、标准化或定制化生产。这种生产能力的构建，不仅依赖于物质资源的投入，更离不开技术创新和人才储备的支撑。制造型企业通常具备完善的供应链管理体系，确保原材料的稳定供应和产成品的及时交付。同时，它们还注重生产过程的环保与可持续性，致力于实现绿色制造。

制造型企业的运营模式往往围绕着"高效、优质、低成本"的目标展开。它们通过优化生产流程、提高设备利用率、加强成本控制等手段，不断提升生产效率和经济效益。在市场竞争中，制造型企业依靠技术创新、产品质量、品牌影响力和客户服务等多个维度来构建自身的竞争优势。特别是在全球化背景下，许多制造型企业还通过跨国经营、国际合作等方式，拓展海外市场，提升国际竞争力。

（三）贸易型企业

贸易型企业主要通过购买和销售商品，以及提供相关服务来获取利润，其销售量（额）在社会全部商品销售量（额）中占有较大份额。它们除了具有以赢利为目的、实行自主经营、自负盈亏、自我发展和自我约束等特点外，还具有以下显著特点：

商品流通的主渠道：贸易型企业是商品从生产者到消费者之间的重要桥梁，通过它们的活动，商品得以实现价值和使用价值的转移。

布局分散化：与生产企业相对集中的布局不同，贸易企业的布局体现了分散化的趋势，这是由消费者商品需求及其变化的多样性所决定的。

数量众多的小型企业：在商品流通领域，小型贸易企业占据了数量上的优势地位，特别是在零售环节，这些小企业通过小本经营战略，在广泛的地域范围内布点，就近吸引消费。

轻型化结构：由于大量小型贸易企业的存在，贸易企业的整体结构呈现出轻型化的特点，即资本投入相对较少，经营灵活。

贸易型企业的业务模式多种多样，包括但不限于以下几种：

代理经营模式：作为产品的代理商，代表生产商或供应商进行销售，负责市场开发、推广和销售。

进出口贸易模式：作为中间商，从国内购买产品并出口到国外市场，或从国外购买产品并进口到国内市场。

批发和零售模式：通过批发渠道将产品销售给零售商，再由零售商销售给最终消费者。

电子商务模式：利用互联网平台进行产品销售和交易，包括建立自己的电子商务网站或利用第三方电商平台进行销售。

跨国投资模式：通过在国外设立子公司或参股合作的方式进行国际贸易，以更好地了解和适应国外市场。

（四）农林牧渔型企业

农林牧渔型企业是指主要从事农业种植、林业经营、畜牧业养殖和渔业捕捞与养殖等活动的企业。这些企业利用自然资源，通过种植、养殖、捕捞和加工等方式，将自然资源转化为具有经济价值的产品，满足人类社会的需求。

农业：主要涉及粮食、油料、蔬菜、水果等农作物的种植。产品具有季节性、地域性和生物性等特点，且随着科技的进步，农业生产逐渐向规模化、集约化和智能化方向发展。

林业：包括林木的培育、采伐、加工和销售等。林业产品种类丰富，包括木材、林副产品（如松脂、竹笋等）和生态服务（如森林旅游、碳汇交易等）。近年来，林业企业正逐渐从单一的木材生产向多元化、综合化方向发展。

畜牧业：主要是猪、牛、羊、鸡、鸭等畜禽的养殖。畜牧业产品包括肉类、奶类、蛋类等，是人类食物的重要来源。随着消费者对食品安全和品质要求的提高，畜牧业企业正逐步向规模化、标准化、品牌化方向发展。

渔业：包括水产品的捕捞、养殖和加工等。渔业产品种类繁多，包括鱼类、贝类、藻类等。随着海洋渔业资源的日益枯竭，渔业企业正逐步向深远海、远洋渔业拓展，并加强了养殖技术的研发和应用。

农林牧渔型企业通常根据自身的资源禀赋和市场需求进行市场定位。例如，一些企业专注于高品质、有机农产品的生产，以满足消费者对健康、安全食品的需求；而另一些企业则通过规模化、标准化生产降低成本，提高市场竞争力。这些企业的竞争优势主要体现在产品质量、品牌影响力、技术创新和产业链整合等方面。

二、企业的选址

企业的选址是一个复杂且关键的决策过程，它不仅关乎企业的初期运营成本，更直接影响到企业的长期发展和竞争优势。因此，企业在选址时需要综合考虑多个因素，并制定合理的选址策略。接下来将从影响因素和选址策略两个方面进行详细探讨。

（一）企业选址的影响因素

1. 市场需求

市场需求是新企业选址的首要考虑因素。选址前，企业需要对目标市场进行深入调研，了解该市场的需求情况、规模及增长潜力。若某地区市场需求旺盛，且与企业产品或服务高度匹配，那么在该地区设立企业将有更大的成功机会。同时，企业还需关注市场细分和消费者行为，以更好地满足市场需求。

2. 交通便利度

交通便利度对企业的发展至关重要。一个交通便利的地点能够方便原材料的进货和产品的销售，降低运输成本和时间成本。企业在选址时应考虑是否靠近主要交通干线、高速公路、铁路或机场，以及公共交通设施（如地铁、公交站）的覆盖情况。此外，如果企业员工需要通勤，交通便利性也能提升员工的工作满意度和稳定性。

3. 劳动力资源

劳动力资源的充足性和素质直接影响企业的生产效率和运营成本。企业在选址时应关注当地劳动力的数量、结构、技能水平和薪酬水平。选择劳动力资源丰富的地区，有助于企业招聘到合适的人才，降低人力成本，并提高生产效率和产品质量。

4. 竞争环境

竞争环境是企业选址时不可忽视的因素。企业需要了解竞争对手的位置、产品和服务，以便制定差异化的竞争策略。选择一个既有一定竞争又不过于激烈的地区，有助于企业保持活力并促进自身发展。同时，企业还需关注潜在的市场进入者，以便及时应对市场变化。

5. 政策和法规

政策和法规对企业的经营具有重要影响。企业在选址时应关注当地的产业政策、税收政策等，不仅能降低企业的经营风险，还能提供更多的发展机会和优惠政策。

6. 高校和研发中心

邻近高校和研发中心的企业能够更方便地获取最新的科技和技术知识，提升企业的研发能力和竞争力。同时，与高校和研发中心的合作还能帮助企业培养和吸引高素质人才，推动企业的技术创新和产业升级。

7. 生活成本

生活成本直接关系到员工的工资和企业的运营成本。选择生活成本相对较低的地区可以降低企业的运营成本，提高企业的盈利能力。此外，生活成本较低的地区也更容易吸引和留住员工，保持企业的稳定运营。

8. 产业集群效应

产业集群效应是指同一行业或相关行业的企业在地理上的集中现象。选择具有产业集群效应的地区，有助于企业实现上下游产业链的紧密合作和资源共享，降低交易成本和提高生产效率。同时，产业集群还能为企业提供更多的行业信息和市场机会，促进企业的快速发展。

(二)企业选址的策略

1. 提前做好租赁计划

在选址前,企业需要做好详细的租赁计划。这包括确定公司的商业模式和目标、估算公司的增长率、制定预算、考虑交通和停车要求等因素。同时,企业还需要确定场地规格和预算,并考虑所需的流程和时间。这些计划的制定有助于企业更准确地把握选址的各个环节和成本。

2. 合理选择办公室类型

根据企业的预算和需求,合理选择办公室类型。对于初创企业来说,可以选择直租、共享办公或转租等方式来降低租金成本。共享办公和创业孵化器通常是提供灵活的租期和全面的服务设施,适合预算有限且租期不确定的企业。而直接租赁则适合需要长期稳定办公空间的企业。

3. 综合考虑地理位置

地理位置是企业选址的关键因素之一。企业应选择区位优势突出的地区,这些地区通常具有完善的基础设施、便捷的交通和丰富的资源。同时,企业还需考虑周边医教文娱商等配套设施的完备程度,以满足员工的生活需求和提高企业的运营效率。

4. 评估营商环境

营商环境是企业可持续发展的原动力。企业在选址时应特别关注营商环境优越的区域。这些区域通常具有良好的政务环境、市场环境、法治环境和人文环境,能够为企业提供更多的发展机会和政策支持。

5. 关注园区环境和配套

对于在园区办公的企业来说,园区环境和配套设施同样重要。企业应选择高品质的、工作生活配套设施齐全的园区或写字楼,以提高员工的幸福感和工作效率。这些配套设施包括图书吧、咖啡厅、文印店、食堂、便利店、快递站、健身中心等。

6. 细化合同内容

在签订租赁合同时,企业应仔细查看合同内容,确保自己的权益得到保障。合同内容应包括租赁期限、租金支付方式、可改造的空间、退租后恢复原状的条款以及可接受的终止条款等。此外,企业还需与业主保持良好的沟通关系,以便在需要时能够协商解决合同中的问题。

7. 考虑定制化需求

对于有特殊需求的企业来说，定制化需求是选址决策中的重要因素之一。企业应根据自身的生产需求和运营特点选择能够满足其定制化需求的园区或写字楼。

 课后练习题

简述企业选址的策略和技巧。

 拓展阅读

市场需求对于企业选址的影响是多方面的，以下是详细分析：

一、直接影响企业的市场前景

1. 市场规模与潜力

市场需求的大小和潜力能够决定企业在选址后的市场前景。较大的市场需求意味着企业有更多的销售机会和更高的盈利潜力。企业在选址时，需考虑所选地区的市场规模、消费能力、人口结构等因素，以确保有足够的客户基础和消费潜力来支撑企业的运营和发展。

2. 消费习惯与偏好

不同地区的消费者具有不同的消费习惯和偏好。企业在选址时，需深入研究目标市场的消费习惯，确保产品或服务能够满足当地消费者的需求。

二、决定企业的竞争策略

1. 市场竞争程度

市场需求的大小也决定了市场竞争的激烈程度。在市场需求较大的地区，企业可能面临更多的竞争对手和更激烈的竞争环境。因此，企业在选址时，需评估所选地区的竞争状况，制定相应的竞争策略，以在激烈的市场竞争中脱颖而出。

2. 差异化竞争

当市场需求存在差异化时，企业可以通过选址来实现差异化竞争。例如，选择市场需求尚未得到充分满足的领域进行创业或投资，以避开激烈的竞争环境，获得更高的市场份额和利润。

三、影响企业的运营成本

1. 生产成本

市场需求的变化会影响企业的生产成本。在市场需求较大的地区，企业可能需要增加生产规模以满足市场需求，这将导致生产成本的上升。因此，企业在选址时，需考虑如何在控制生产成本的同时满足市场需求。

2. 物流成本

市场需求也影响企业的物流成本。在市场需求较大的地区，企业可能需要建立更完善的物流体系以确保产品能够及时送达客户手中。因此，企业在选址时，需考虑物流的便捷性和成本效益，选择交通便利、物流设施完善的地区以降低物流成本。

四、促进企业的长期发展

1. 品牌建设与推广

市场需求的变化还会影响企业的品牌建设和推广。在市场需求较大的地区，企业更容易通过品牌建设和推广来提升品牌知名度和美誉度。企业在选址时，可以考虑选择具有品牌影响力的商圈或地段入驻，以便更好地进行品牌建设和推广。

2. 拓展市场与业务

随着市场需求的不断变化和升级，企业可能需要不断拓展市场和业务以适应市场需求的变化。企业在选址时，需考虑所选地区的市场拓展潜力和业务发展前景，以便在未来能够顺利地进行市场拓展和业务升级。

第二节　新创企业的管理

案例导入

比亚迪股份有限公司（以下简称比亚迪）成立于1995年2月，总部位于广东省深圳市，业务横跨汽车、轨道交通、新能源和电子四大产业。公司秉承"技术为王,创新为本"的发展理念,致力于用技术创新促进人类社会的可持续发展,增获得"联合国特别能源奖""扎耶德未来能源奖",赢得了《财富》杂志"最受赞赏的中国公司"等一系列赞誉。

2003年已被誉为"电池大王"的王传福跨界进入汽车业,并进军新能源汽车领域。2022年,比亚迪新能源车成为全球新能源汽车销量冠军,公司创始人王传福在《中国新闻周刊》发起的"年度影响力人物"评选中获选年度企业家。20年来,比亚迪逐步将核心技术与供应链掌控在手中,引领中国新能源车走向国际化,并向全球贡献"中国方案"和"中国智慧"。这背后既有国内市场新能源车渗透率不断提升的助力,亦是王传福带领比亚迪滴水穿石般积累技术的结果。

1. 历经艰辛:磨炼出专注而坚忍的意志

王传福出生于一个普通农民家庭,十几岁时,父母双亡。为了撑起家庭重担,哥哥王传方中断学业,无论生活多么艰难,他始终要求弟弟发奋读书。王传福意识到唯有以优异的成绩才能报答哥哥的重托,他将全部的精力和时间投入学习,并渐渐养成坚忍独立、不服输的性格,这成为其事业成功的基础。1983年,他以优异的成绩考入中南矿冶学院(现为中南大学)冶金物理化学系,本科期间第一次接触到电池。1987年,他考入北京有色金属研究总院攻读硕士研究生,由此开始了改变他一生的电池研究。1993年,北京有色金属研究总院在深圳成立了比格电池有限公司,年仅27岁的王传福被破格任命为公司总经理。王传福学的是电池,工作做的还是电池,正因为长期专注于电池领域,才能取得后来的成功。

2. 辞职创业:成为全球最大手机电池生产商

来到深圳后,王传福见识到市场经济的勃勃生机,他发现很多人使用的"大哥大"无线电话售价高达两三万元,仅里面一块小小的镍镉电池就能卖到上千元,作为电池材料专家,王传福看到了一丝商机。

1994年,《国际电池行业动态》发布一则消息,日本将放弃传统的镍镉电池产业,这势必引发镍镉电池生产基地的国际大转移,王传福意识到这将为中国电池企业创造前所未有的黄金时机，于是，他作出一个大胆的决定——辞职创业。1995年初，王传福创办了比亚迪，涉足镍镉电池领域。为了节省成本，他自行研发关键设备，不断优化生产工艺，使电池品质稳步提升，不到3年，比亚迪的镍镉电池销售量排名就上升到世界第四位。在镍镉电池站稳脚跟后，王传福又开始了镍氢电池和锂电池的研发，很快就拥有了自己的核心技术。2003年，比亚迪超过日本三洋，成为全球最大的手机电池生产商，而王传福也被誉为"电池大王"。

3. 高瞻远瞩：锚定新能源汽车领域

王传福从没想过把自己的路走窄，他说"企业就如生命体一样，经受不住一项业务衰落和另一项业务兴起之间的一个时间间隔，它们在核心产业衰退之前必须毫不迟疑地创造新业务。"随着电池制造企业的增加，产业利润不断下降，此时的王传福站在手机电池的顶峰找到了另一个大型"手机"——汽车。

不过确切来说，王传福想要造的车是电动车，"中国这么大的国家，70%的石油靠进口，我们研发电动车是为了保障国家能源安全。另外，电动车的核心是电池，而比亚迪最会造的就是电池了。"2003年，在比亚迪入主秦川汽车之前，王传福就开始研究汽车，凭借自己对新领域的强大学习能力及在电池领域的核心技术优势，王传福将汽车与自己的长项结合起来，2004年，第一批锂离子纯电动汽车在深圳投入运营，深圳成为全国第一家电动车示范区，2008年12月，比亚迪首款插电混合动力车F3DM正式上市，成为全球电动车市场化的里程碑事件。目前，比亚迪新能源车已经形成乘用车和商用车两大产品系列，涵盖私家车、出租车、城市公交、道路客运、城市商品物流、城市建筑物流、环卫车七大常规领域，以及仓储、港口、机场、矿山专用车辆四大特殊领域，实现了全领域覆盖。

资料来源：刘雅丽等，创新创业案例与分析（第二版）[M]．北京：高等教育出版社，2023．

> **案例思考**

1. 简述比亚迪的发展历程。
2. 企业的生命周期通常分为哪几个阶段?

一、企业的生命周期

成长和发展是生命的永恒主题。就像任何一个生命一样,企业从诞生之初就有追求成长和发展的内在冲动。企业生命周期理论构成了经济学和管理学对企业成长问题最基本的假设之一。企业在成长过程中会经历若干发展阶段,每个阶段具有相应的特点和驱动因素,这要求企业在各个方面不断变革,与其发展阶段相适应。

大多数生命周期理论认为企业一般要经历培育期、成长期、成熟期、衰退期几个阶段,较好地理解生命周期理论可以帮助企业更好地对未来可能发生的危机进行规避。

(一) 培育期

初创企业处于培育期。这个阶段的企业生存能力弱,抵抗力很低,风险性高,很容易受到产业中原有企业的威胁。此时新创企业处于学习阶段,市场份额低,管理水平低,固定成本高,管理费用高,产品方向尚不稳定,企业波动较大,失败率也很高。这是一个由产品创意转变为实际的、有效的产品和服务的时期。一般情况下,新创企业具有创新精神,产品具有特色和竞争力。初创企业成功与否,在很大程度上取决于创建初期的可行性分析,与市场预测和投资决策的关系很大。培育期重点需要解决企业的生存问题。

(二) 成长期

在培育期生存下来的企业很快进入成长期,处于这一时期的企业称为成长企业。一般把成长期分为两个阶段:迅速成长期和稳步成长期。在这一阶段,企业年龄和规模都在增长,企业全面成长,经济实力增强,市场份额逐步提高,竞争能力增强,已能在产业中立住脚跟;企业素质得到全面提高,创新能力也很强,企业已经形成了自己的配套产品。成长期的主要特点在于,该企业在产业中已经成为骨干企业,是中型企业的延伸,但尚未发展为大企业。并不是所有中小企业都能进入稳步成长期。只有那些由优秀创业者领导、积极承担风险、开展创造性新事业活动的企业才有可能进入成长的快车道。

（三）成熟期

考察企业的演变史，可以发现能够进入成长期的企业本来就为数不多，而能够成长为成熟企业并得以留存的则更是凤毛麟角，许多企业在成长过程中已经被淘汰。这一时期分为两个阶段：第一个阶段称为成熟前期，即骨干企业向大型或较大型企业的演变和发展时期，企业内部大多还是单一单位，但已建立起庞大的采购和销售组织，此时的企业前后延伸取得了原料采购和产品销售的控制权，企业经济效益很高，具有较强的生存能力；第二阶段称为成熟后期或蜕变期，是大企业向现代巨型公司或超级大企业演变的重要时期，此时已走向内部单位的多元化和集团化，能够更有效地进行日常的产品流程的协调和未来资源的分配，从而促进了企业的低速、持续成长，并形成了管理工作的职业化。此时企业会出现各种各样的问题，如增长缓慢、效益下降、成本上升、士气受到影响、官僚主义加剧等。

（四）衰退期

成熟期的企业如果未实现后期成熟化或蜕变演变，则进入衰退期。企业的衰退存在两种情况：一方面是受到产业寿命周期的影响，如果该产业已到了衰退期，自然影响到企业，使企业跟着衰退；另一方面可能是该企业患了衰退症。处于衰退期的企业大多数是大企业，很容易患大企业病，主要表现在官职增多、官僚主义横行、妨碍联系的本位主义加剧、企业家精神的泯灭、部门之间责任的推诿、士气低落、满足现状、应变能力下降等。

二、新创企业管理的特殊性

如果把新创企业的筹备到创立视作从 0 到 1 的过程，那么新创企业的管理则是从 1 到 100 的过程，这是以生存和发展为核心的成长管理过程。与成熟企业不同，新创企业的成长管理有自身的特殊性。新创企业和成熟企业管理特点的比较如表 11-1 所示。

表 11-1　　新创企业和成熟企业管理特点的比较

特点	新创企业	成熟企业
成长性	高增长、非线性成长	低增长、常规发展
风险程度	不确定性、高风险	经营稳健、低风险
主导策略	基于生存和发展的机会导向	基于强化内部控制的经营导向
驱动因素	商机驱动	资源驱动
关注焦点	销售收入和现金流	顾客维持与内部效率
管理团队	创业者个人或小规模的团队	职业化的管理团队替代企业家团队
管理模式	基于信任与合作基础上的松散管理	建立完善的管理机制与控制系统
创新来源	依赖个人创新	系统的组织创新
风险承担	最大限度地规避风险	能够适度承担风险
外部环境	高度不确定	不确定性基本在可控制的范围内

在核心竞争力尚未形成的时候，新创企业应该对自身有清醒的认识，采用合适的方式与对手周旋，争取生存机会，然后不断积累实力，加强自身的地位。

（一）生存第一，活下来为首要目标

在创业初期，企业的首要任务是从无到有，把产品或服务卖出去，掘到第一桶金，在市场上找到立足点，使自己生存下来。此时，生存是第一位的，一切围绕生存运作，一切危及生存的做法都应避免"别再跟我谈对新产品的构想，告诉我你能推销出去多少现有的产品"，是这一时期的典型独白。重要的不在于想什么，而在于做什么，一切以结果为导向。企业里的大多数人，包括创业者在内，都要出去销售产品。正因如此，企业往往缺乏明确的方针和制度，也没有严格的程序或预算，企业的决策权高度集中，不存在授权，是创业者唱独角戏。此时企业不清楚自己的能力和弱点，只是开足马力全速前进。在创业初期，企业是机会导向的，有机会就做出反应，而不是有计划、有组织、定位明确地开发、利用自己所创造的机会，这往往使企业被环境所左右而不是去左右环境，被机会所驱使而不是创造和驾驭机会，会导致企业不可避免地犯很多错误。此时，企业应制定一套规章制度以明确该做什么不该做什么，逐渐规范起来。

（二）现金为王，依靠自有资金创造自由现金流

现金对企业来说就像是人的血液，企业可以承受暂时的亏损，但不能承受现金流的中断。现金流中断即资金链断裂，可能使新企业受到重创甚至导致企业破产倒闭。所谓企业的自由现金流，就是不包括融资、不包括资本支出以及纳税和利息支出的经营活动的净现金流。

自由现金流一旦出现赤字，企业将发生债务危机，也可能导致破产。自由现金流的大小直接反映企业的赚钱能力。现金流的管理不仅是创业初期，也是成长阶段的重点，区别在于对创业初期来说，由于融资条件苛刻，只能依靠自有资金运作来创造自由现金流，导致管理难度更大。创业初期的现金流管理要求经理人必须千方百计增收节支、加速周转、控制发展节奏，像花自己的钱那样花企业的钱，"现金为王"是初创企业现金流管理原则。

（三）分工协作，所有的人做所有的事

企业在初创时，尽管建立了正式的部门结构，但很少能按正式组织方式运作。通常是虽然有名义上的分工，但运作起来是哪里需要就往哪里去。这种状态看似"混乱"，实际是一种高度"有序"的状态。创业初期的企业很有人情味，相互之间都直呼其名，职位没有高低之分。每个人都清楚组织的目标和自己应当如何为组织目标做贡献，没有人计较得失，没有人计较越权或越级，相互之间只有角色的划分，没有职位的区别。这种在企业初创时期锻炼出来的团队领导能力，是经理人将来领导大企业高层管理班子的基础。

（四）事必躬亲，创业者亲自深入运作细节

创业初期的创业者不能当大老板、"甩手掌柜"，而且大都有过这样的体验：曾经直接向顾客推销产品，亲自与供应商谈判折扣，亲自到车间追踪顾客急需的订单，在库房里卸货、装车，跑银行、催账，策划新产品方案，制订工资计划，被经销商欺骗，遭受顾客当面训斥等。创业者对经营全过程的细节了如指掌才使得生意越做越精，企业越做越大。随着企业的逐渐发展，创业者不可能再深入企业运营的各个环节亲自贯彻落实企业的制度，授权和分权成为必然，企业管理最终转变为职业化的专业管理。

三、新创企业管理的技巧

新创企业成立之初往往都是从零开始。可以通过规模、资金、员工人数等数量指标区分小企业和大企业,但这些指标并不能从本质上揭示两者之间的区别,两者的关键差异在于计划性、创新能力、控制系统和竞争优势来源。新创企业通常缺乏制订计划的能力,也不存在大量数据资料作为决策参考。因此,小企业往往没有像大企业一样的长远计划。但小企业经营者为了提高企业生命力,可能更加关注市场变化,更加贴近顾客,更加注重短期的快速反应能力和适应外部动荡的商业环境的能力。

大企业具备创新所需的资金和人才,但由于时滞等问题的困扰,创新能力并不一定强于小企业。相反,如果小企业的创新工作做得好,它们把最新科研成果实现产业化的周期明显比大企业要短。小企业把绩效作为工作的唯一标准,产品出现偏差时会及时纠正,员工安排出现漏洞时会适时调整,无论是对外部市场还是对内部管理,都能有较强的控制能力。大企业由于组织机构复杂、等级层次多,从而影响信息传递速度和决策效率,经常会出现控制能力不足。

所以,小企业并不是规模小的大企业,简单地把大企业成功的管理经验应用于小企业,未必就能保证小企业经营获得成功。创业初期的系统相对集权,有可能使子系统之间严重失衡,缺乏计划和控制系统高度的灵活性,没有实施专业化管理的土壤。如果各个部门之间协调不好就会降低工作效率,解决办法是有意识地加强和平衡各方面的管理。

(一)创业初期的营销管理

创业初期的企业有别于成熟企业,其拥有的资源极其有限,往往市场份额较小,地理分布也十分狭小,难以形成规模经济。企业急切需要将提供的产品或服务出售,获得收入,如此才能体现企业的价值,同时也为企业进一步的成长奠定基础。卖出产品,换回收入,销售是此时最重要的任务。创业初期的销售有时甚至是不赚钱的,为了吸引顾客使其从消费其他公司的产品和服务转移到消费自己的产品和服务上,即使不赚钱甚至赔钱也卖。所以创业初期的销售收入增长很快,但由于成本增加更快,加上价格往往在成本附近,所以会出现销量很大但没有利润的困境。随着企业逐渐成熟，开始对已有的销售行为进行规范，对客户进行筛选和细化管理，对产品售前、售中、售后的整个过程进行监控，整合所有与销售相关的资源，把销售工作当成经营来做，逐步使销售收入与利润实现同步增长。

（二）创业初期的人力资源管理

人力资源管理是指在经济学与人本思想指导下，通过招聘、甄选、培训、报酬等管理形式对组织内外相关人力资源进行有效运用，满足组织当前及未来发展的需要，保证组织目标实现与成员发展的最大化的一系列活动的总称。人力资源管理是预测组织人力资源需求并做出人力资源需求计划、招聘选择人员并进行有效组织、考核绩效支付报酬并进行有效激励、结合组织与个人需要进行有效开发以便实现最优组织绩效的全过程。

学术界一般把人力资源管理分为六大模块：人力资源规划、招聘与配置、培训与开发、绩效管理、薪酬福利管理、劳动关系管理。企业创业初期人力资源管理的主要特点体现在：由于企业规模小，组织结构层次简单，决策权在主要创业者手中，决策过程简单，只要经营班子制订出可行性方案，就可迅速执行；决策与执行环节少，使得决策集中高效，执行快速有力，对于市场变化能够迅速做出反应；企业人财物、产供销、机构设置、生产方式、经营形式、利益分配、规章制度以及人员使用都由企业自主决定，机构精简、决策自主、反应灵敏、工作效率高，尤其是在用人机制上，创业企业有充分的用人自主权，能够吸引大批的人才加盟。创业型人才和创业型企业有勇气和信心、冲劲，但缺乏经验，往往是创业前什么事都好办，创业时什么事都难办，创业后什么事都办不好。创业型人才一般年轻人居多，处事不够稳重，欠考虑，在创业初期热情高涨，情绪很能影响合伙人。他们考虑最多的是如何多拉业务、如何扩大业务圈、如何尽快提升销量、如何多进账。于是他们把更多的精力放在跑业务上，放在"钱""利""财"上，忽视了企业内部管理，如销售管理、生产管理、技术管理、采购管理、财务管理、后勤管理等，特别是忽视了人员管理的重要性。

初创企业一般都是中小企业，人员配置少、身兼数职，所以不能忽视每一个人对企业的影响力。创业者不能把做企业想象得过于简单，更不能忽视人员管理。企业的发展离不开每一个员工在其中发挥的作用，企业管理人员与基层人员决定了企业的方方面面。人安定，则企业安定；人复杂，则企业复杂。管理好人是企业第一要素，而人又是最复杂的动物，如果不加以管理，往往容易失控，甚至会波及身边人或更多人。一个小企业中，一个员工的情绪常常会不同程度地影响集体情绪甚至整个公司的情绪，不良情绪的出现往往会妨碍工作，扰乱管理，在一定程度上加速了不成熟公司的瓦解。大学生创业在人力资源方面，有很多外部资源可供挖掘和利用。例如，可以考虑从一些企业、公益组织、中介和教育机构乃至政府部门获取帮助、信息、咨询意见和培训，企业顾问和大学导师是最常见的、低成本的人力资源顾问。

（三）创业初期的战略管理

企业战略管理是从全局和长远的观点研究企业在竞争环境下，生存与发展的重大问题，是现代企业高层领导人最主要的职能。企业战略管理在现代企业管理中处于核心地位，新企业的战略管理更是决定企业经营成败的关键。

企业在不断的发展壮大，在其发展过程中的不同发展阶段、外部环境、资源的价值和控制力度是不同的。因此，组织在不同的发展阶段、不同的外部条件下，所采用的战略、战术是不一样的，企业战略也会不断地做出调整。战略管理方法要有以下四个步骤。

（1）战略分析。战略分析的主要目的是评价影响企业发展的关键因素，并确定战略选择步骤中的具体影响因素。战略分析包括以下三个主要方面：确定企业的使命和目标，它们是企业战略制定和评估的依据；外部环境分析，战略分析要了解企业所处的环境（包括宏观环境、微观环境）正在发生哪些变化，这些变化给企业将带来更多的机会还是更多的威胁；内部条件分析，战略分析还要了解企业自身所处的相对地位，具有哪些资源以及战略能力；还需要了解与企业有关的利益和相关者的利益期望，在战略制定、评价和实施过程中，这些利益相关者会有哪些反应，这些反应又会对组织行为产生怎样的影响和制约。

（2）战略选择。战略分析阶段明确了企业目前的状况，战略选择阶段所要回答的问题是"企业走向何处"。

（3）战略实施。战略实施就是将战略转化为行动。战略实施主要涉及以下问题：如何在企业内部各部门和各层次间分配及使用现有的资源；为了实现企业目标，还需要获得哪些外部资源以及如何使用；为了实现既定的战略目的，需要对组织结构做哪些调整；如何处理可能出现的利益再分配与企业文化的适应问题，如何进行企业文化管理，以保证企业战略的成功实施等。

（4）战略评价。战略评价就是通过评价企业的经营业绩，审视战略的科学性和有效性。

战略调整就是根据企业情况的发展变化，即参照实际的经营事实、变化的经营环境、新的思维和新的机会，及时对所制定的战略进行调整，以保证战略对企业经营管理进行指导的有效性。战略调整包括调整公司的战略展望、公司的长期发展方向、公司的目标体系、公司的战略及公司战略的执行等内容。企业战略管理的实践表明，战略制定固然重要，战略实施也同样重要。一个良好的战略仅仅是战略成功的前提，有效的企业战略实施才是企业战略目标顺利实现的保证。另外，如果企业没能制定出合适的战略，但是能够在战略实施中克服原有战略的不足之处，那也有可能最终获得战略的成功。

四、企业管理创新

（一）企业管理观念创新

企业想要长久留存，甚至以自己的力量影响这个世界，企业价值观的建立是必不可少的，这也就关系到企业管理观念的树立与创新。

当企业家认为，自己对自己所处的行业已经非常了解，或者产生过去生意好做，现在生意越来越难的困惑时，就是你需要转变管理观念的时候，此时有可能是你的观念已经固化，缺少与时俱进与发展的眼光。阻碍人们进步的障碍，不是未知的东西，而是已知的东西。企业要谋求管理上的创新与转变，首先企业领导者就应当具备管理创新的观念与心理需求。学而知不足，在企业运作过程中知不足，再去思考企业的改良。而观念的陈旧与自我满足往往是企业原地踏步、慢慢衰退的内在因素。所以，作为企业管理者，树立起企业管理创新的心理需求与观念之后，找准自己企业的管理痛点，对症下药。

在管理者树立创新管理理念的同时，切勿认为创新管理就是推倒一切，创新不是颠覆性地推翻重来，创新离不开继承。第一，在继承企业原有优良管理理念和成果，将其渗透到新的管理理念当中。梳理企业过去的管理理念、管理模式等，发掘出适合企业发展的，摒弃阻碍企业发展的观念。企业只有对以往的成功有把握，才有可能把握未来的成功。第二，除了继承企业过去的经验外，还应当吸收外来的优秀管理理念。既包括其他企业较为成功的管理理念，也可以跨行业借鉴其他产业在管理理念创新的实践成果。吸收的理念是不是最新的，并不重要，重要的是适不适合企业的发展。第三，当前并不缺少先进的理念，缺少的是可操作性强并且适合企业发展的理念。企业不一定必须自己创造出新形式的管理观念，可以适当地借鉴西方包括我国的较为成功的案例，不需要进行一些没有价值并且风险较大的尝试。站在巨人的肩膀上，就是这个道理。当然，这并不意味着照搬照抄，我们需要针对自己的实际情况进行改良。所谓洋管理并不一定适合中国企业，与企业相互协调最重要。第四，树立企业管理时，既要树立企业经营理念，也要树立资本运营理念。企业需要管理的不仅仅是企业生产的产品与服务、员工等，企业本身作为一个产品，也需要进行管理。此外，在企业管理的同时，树立资本运营理念，运用资本的理念助力企业的发展。

（二）企业管理模式创新

企业依靠原本的竞争优势，多说可以有黄金十年，或者顶多七年。这几年有很多被奉为圭臬的企业，从高峰陨落，想要维持长久的竞争优势，变革管理模式至关重要。

管理模式创新，即企业中的产品、技术、资产、信息等要素进行重新洗牌，形成更适应企业发展模式的组织结构及管理结构。其中，包含管理制度的创新、资产管理模式、信息管理制度、技术创新等。

在管理模式创新中，技术创新为基础。企业的产品和服务是企业可持续发展的核心竞争力，而产品与技术往往是动态发展的，有一定的生命周期，如果技术不革新，就慢慢会被新的技术所替代，企业也将失去其核心竞争力，走向没落。所以，企业应当进行优化的技术管理，在现有技术的基础上，投入人力、资金，在企业发展的过程中，不断研发新兴技术，推动技术的不断发展，企业可以组织专门的技术研发部门，部门成员最好是十分熟悉企业生产线、生产流程的，明晰企业技术的未来发展与改良方向，在现有技术基础上进行创新，打造企业的技术优势及企业的核心竞争力。此外，技术创新还应当与行业的发展状况及宏观的市场经济情况相适应，并应当具备前瞻性与引领性。

此外，企业应当创新管理制度。企业在进行整个企业的组织协调时，管理层应当让整个企业活起来。管理层应当少领导，多进行管理。过度领导，会使得企业的参与性降低，正如在企业开会中，往往会出现听得多、说得少的局面。企业的联动性，是企业发现问题、增强企业活力的关键。当然，这并不意味着管理层去盲目听取，而是在企业存在活力的基础上，从各方面收集企业发展中的问题，并在众多的意见中保持决断，做出审时度势的决策，引领企业发展与改革的方向。

企业在进行技术创新、提升企业竞争力的同时，也应当注重企业本身的外延式发展，企业的外延式发展是内生性增长的辅助手段。所谓内增性增长，即企业对产品、服务、管理模式、销售模式等方面的内部优化及价值提升过程，而外延式增长是企业利用已有资本价值进行的再提升阶段。当企业发展到一定规模，内生性的价值有良好基础的时候，企业可以考虑利用已有资本价值去扩大企业的规模，如进行企业并购活动。这种外延式的价值提升会给企业带来快速的成长，发挥外延式活动的协同效应，扩大企业的产品规模、市场份额、竞争优势、地域优势，或者帮助企业实现更多的现金流或者较少的资本成本与负债成本。

管理模式创新时，应当把握时势，预测风向在哪里，进行转型。如果太过迷恋过去的荣耀，变革就会缓慢，就会慢慢走向滑坡。一直不变的就是一直在变。

管理模式不是需要大家去照搬照抄，而是帮助大家进行系统性的思考，当出现问题的时候，有能力随时调整策略、管理风险。管理模式也可以根据企业的实际情况跨界借鉴。如果说必须得出管理模式的规律，可以说首先应当确定公司的定位，再决定公司多方面延伸的方向，决定去培养哪些核心竞争力，以免偏离走向；其次，在进行管理时，管理者不需要达成完全的共识再去决策，有冲突才能有进步，决策不可过于拖延；再次，通过制度去管理公司；最后，要随时根据时势改变方式，具有应变能力和一定的预测能力，管理模式中的操作重心是理性，即具有系统性的理性思维。

（三）企业团队管理创新

企业的发展在于员工，拥有优秀的员工队伍，能为企业创造源源不断的价值财富。目前企业的劳资关系已经进入到了一个新时代，这个关系是微妙而复杂的，又是相互依存、相互配合的。想要留住员工，增加员工对企业的归属感、责任感及忠诚度，就应当让员工有尊严感和自豪感。建设具备创新管理理念的优秀员工队伍；规范高管管理；正确发挥监事作用；改变过去对员工的管理观念。

首先，完善队伍建设，开展员工培训，尤其是技术发展革新的实时资讯与创新理念的输送，使得员工与外界发展形势共同发展进步，抛开过去安于现状的面貌，建设优秀的员工队伍。

其次，团队管理必然涉及对来自企业的高管进行创新管理。高管往往掌握着企业运营、筹资、投资、分配等生杀大权。而当前企业高管存在权限划分不清、决策效率低下、大局意识薄弱、企业缺乏监督、个别高管责任意识淡薄等问题。对于高管，一方面应当通过加强监管，制约管理层的权力，另一方面应当采取激励手段，如设立适合的薪酬制度，捆绑股东与管理层的利益，激励高管对企业的责任感，从这两个方面入手管理高管。此外，还可以建立监事的履行职责评价机制，如建立股东或者职代会对监事的评价机制，一方面督促监事履行职责，另一方面防止监事以权谋私。

最后，应当改变过去对员工的领导与严肃的层级理念。第一，员工的合法权益应当得到保障。最基本的应当对员工的安全有保障，并及时与员工签署劳动合同，为员工提供"五险一金"，让员工心里踏实，他就会回报以忠诚与责任感。第二，合理规划员工的报酬。在现在的企业中，老板的权益和股东的权益往往是一直被关注的，而员工的权益往往是被忽视的。但实则应当平等相待，给予其付出以足额的报酬。有的企业将员工薪酬作为经营的硬成本，尽量压低员工报酬，有的还采用各种形式和借口延迟支付。将企业的利润建立在压低员工薪酬上，长久下去必然无法留住人心，造成劳资矛盾。第三，给予合适的报酬，企业可以灵活地运用奖励与处罚机制。激发员工的创新创造能力，同时严格遵守公司规章。应当尊重员工的人格并在细节上关心员工。让员工可以在企业获得尊严感。第四，妥善运用股权激励机制，设计完善的股权激励制度，并选择合适的股权激励员工队伍，设置合理的股权激励价格，将企业股权合理地分配给员工，激励员工对企业发展的持续关注性。股权激励也将进一步提高员工工作的热情，帮助企业进行的更规范与快速的发展。

 课后练习题

1. 新创企业的人力资源管理工作主要集中在哪几个环节？
2. 新企业如何招聘到优秀人才？

 本章小结

无论基于何种创业动机，有着多么完美的创业计划和愿景，关键都在于行动，要有合适的载体去实施，最常见且正规的方式就是创办自己的企业。本章通过学习新企业的创办，了解新创企业的管理，以此来帮助大学生创业者建立和发展公司并有条不紊地处理相关事务。

 拓展阅读

北京 2022 年冬残奥会开幕之际，与之一同登上热搜的还有国产方便面品牌——白象。白象食品股份有限公司（以下简称"白象"）作为冬残奥会的赞助商，其雇佣员工中有近 1/3 是残障人士，企业帮助他们自立自强，受到众多网友的关注。白象湖南分公司成立之初，便开始吸纳大量残障人士，提供就业岗位。其工作车间专门进行了无障碍改造；公共区域，包括食堂、洗手间等，分别设有防滑垫、无障碍扶手、安全通道等，切实为残障人士做了实事。像这样的社会性公益行为，白象做了很多，充分体现了民族企业的担当，白象才是真正的"国货之光"。

白象成立于1997年，是一家以面制品生产销售为主的综合性食品企业，产品涵盖方便面、挂面、豆浆面等多种食品。

2021年河南遭到暴雨侵袭，白象总部就在灾区，深受灾情困扰，可企业还是捐赠500万元，然后直接把仓库"搬空"，还给各个受灾点捐赠急需的方便面，运往灾区一线救助受困群众。更值得一提的是，之后有网友晒出白象的救援要求，叮嘱员工不得为了宣传而救灾，救助了也不一定要宣传，还严格要求对总裁捐款，以及到一线救灾的文字、照片都不得对外宣传。因为在白象看来，这是一种真心诚意、实实在在的负责任。

汶川地震时，白象向灾区捐款捐物159万元，并派20人以上救援队携带20万包方便面奔赴灾区；还向宋庆龄基金会捐款1000万元，设立"白象大学生救助基金"，捐建5所希望小学。迄今为止，白象品牌已经有20多年的历史，依然能够坚守初心，砥砺前行。

资料来源：李雨锦，张春生，王新文. 大学生创新创业教育与实践：微课版 [M]. 北京：人民邮电出版社，2022.

评估测试

新企业的创立与管理是企业发展的基础，也是创业者事业起步的重要步骤，以下测试主要用于检测你对创立新企业的了解程度，以帮助有志于创业的你顺利开展创业活动。

测试说明：

下面是有关企业注册与管理的问题，请根据自己的实际情况作答。回答"是"得1分，"否"得0分，将分值填写在后面的括号中。

你是否了解企业名称核准的相关规则？（　　）

你是否了解如何选择经营场所？（　　）

你是否了解如何申领营业执照？（　　）

你是否了解刻章的流程与相关知识？（　　）

你是否掌握开立银行存款结算账户的流程？（　　）

你是否掌握办理税务登记的流程？（　　）

你是否了解以上各阶段所需准备的资料？（   ）
你是否了解以上各阶段所需的具体费用？（   ）
你是否掌握管理新创企业的方法？（   ）
你是否有关于创新企业管理制度的明确想法？（   ）
你是否有关于人员激励的明确计划？（   ）
你是否有关于企业文化的具体理念？（   ）

测试分析：

得分越高，说明你对注册与管理新创企业的知识越了解与熟悉，可以着手创办企业；得分低于6分，则说明你缺乏相关方面的知识，还需要根据具体情况做针对性了解与学习。

 拓展阅读

　　大多数企业人事部门招聘人员的基本流程会是这样：确定人员需求—制订招聘计划阶段—人员甄选阶段—招聘评估阶段。针对这样的基本流程，我们可以确定最基本的工作流程。

　　（1）用人部门提出申请：部门经理向人事部门提出所需人数、岗位、要求，并解释理由；

　　（2）人力资源部门复核，由最高管理层审核招聘计划；

　　（3）人事部根据部门递交的需求人员申请单，确定招聘的职位名称和所需的名额；

　　（4）对应聘人员的基本要求即资格及条件限制，比如该职位所限制的学历、要求的年龄、所需能力和经验等；

　　（5）所有招聘的职位的基本工资和预算工资的核定；

　　（6）制定及发布资料，准备通知单或公司宣传资料，申请办理日期；

　　（7）联系人才市场或张贴招聘通知；安排面试时间及场地和面试方式；

　　（8）最终确定人员，办理试用期入职手续，合格录用转正及手续；

　　（9）签订合同并存档。

　　但是这种基本的工作流程，显然是不够的，因为用人部门对招聘工作是没有概念的，还需要我们去细化每一个招聘流程的具体标准，以本人服务的企业为例，每个阶段可以细化为：

1. 《人员增补申请单》的填写

（1）当部门有员工离职、工作量增加等出现空缺岗位需增补人员时，可向人力资源部申请领取《人员增补申请单》；

（2）《人员增补申请单》必须认真填写，包括增补缘由、增补岗位任职资格条件、增补人员工作内容等，任职资格必须参照《岗位描述》来写；

（3）填好后的《人员增补申请单》必须经用人部门主管的签批后上报人力资源部；

（4）人力资源部接到部门《人员增补申请单》后，核查各部门人力资源配置情况，检查公司现有人才储备情况，决定是否从内部调动解决人员需求；

（5）若内部调动不能满足岗位空缺需求，人力资源部将把公司总的人员补充计划上报总经理，总经理批准后人力资源部进行外部招聘。

2. 确定招聘计划阶段

（1）招聘计划要依据《岗位描述》确定招聘各岗位的基本资格条件和工作要求，若公司现有的岗位描述不能满足需要，要依据工作需要确定、更新、补充新岗位的《岗位描述》。

（2）根据招聘人员的资格条件、工作要求和招聘数量，结合人才市场情况，确定选择什么样的招聘渠道：大规模招聘多岗位时可通过招聘广告和大型的人才交流会招聘；招聘人员不多且岗位要求不高时，可通过内部发布招聘信息，或参加一般的人才交流会；招聘高级人才时，可通过网上招聘，或通过猎头公司推荐。

人力资源部根据招聘需求，准备以下材料：

（1）招聘广告。招聘广告包括本企业的基本情况、招聘岗位、应聘人员的基本条件、报名方式、报名时间、地点、报名时需携带的证件、材料以及其他注意事项；

（2）公司宣传资料；

（3）《应聘人员登记表》、《员工应聘表》、《复试、笔试通知单》、《复审（才艺表演）通知单》、《面试评价表》、《致谢函》、面试准备的问题及笔试试卷等。

3. 人员甄选阶段

收集应聘资料，进行初试。进行初试时，招聘人员须严格按招聘标准和要求把好第一关，筛选应聘资料进行初试时一般从文化程度、性别、年龄、工作经验、容貌气质、户口等方面综合比较。符合基本条件者可参加复试（面试），不符合者登记完基本资料后直接淘汰。

面试程序。面试方式主要有：无领导小组讨论法、结构化面试、一对一面试。

（1）一线人员由人力资源部经理进行面试。面试人员携面试通知，工作人员整理好面试人员资料后，引领参加面试者到面试地点按顺序进行面试。

（2）财务人员、企划人员等各类专业人员的面试由相应部门经理进行面试。按以下程序组织：人力资源部收集整理好应聘人员的资料交予相应部门经理；部门经理进行初步筛选后将通过者名单交予人力资源部；人力资源部通知复试，复试（面试）人员到达面试指定地点后由工作人员引领，按顺序进行面试。

（3）其他岗位人员由人力资源部经理进行第一次面试，流程同上。

（4）应聘人员应向人力资源部门递交个人资料。

a. 居民身份证复印件、户口本复印件、学历证明复印件、1寸照片3张。

b.《求职应聘表》、个人简历及其他能证明身份和能力的资料。

有下列情形之一者，不得录用为本公司员工：

（1）精神病史、传染病或其他重疾者。

（2）有刑事（劳改、拘留、判刑等）记录者。

（3）国家卫生防疫部门规定不能从事商业零售工作者。

（4）未成年者。

（5）曾在本公司被除名者。

（6）和其他企业劳动合同未到期者。

笔试相关规定：

（1）面试合格者才有资格参加笔试。

（2）参加笔试者必须按时到场，因特殊原因不能到场者应先和人力资源部工作人员联系安排其他场次。应试人员未事先通知或非特殊原因迟到半小时以上者，视为自动放弃所应聘工作。不再安排下一场次笔试和复审。

（3）应试者在笔试试卷上必须认真清楚填写"姓名、应聘岗位、联系电话"。

复审（才艺表演）：

（1）笔试通过者有资格参加复审。

（2）复审主要是给应聘人员个人展示的机会，是对应聘人员的最后把关，参加复审者需准备"自我介绍"和"才艺表演"节目。

（3）复审有各级主管领导、人力资源部经理参加，是各级主管领导与应聘员工的一次会面，工作人员须先安排布置好场地，主持人须保持场面气氛活跃且有序进行，真正体现公司的精神面貌。

员工录用：

（1）复审结束后，由各级总经理和人力资源部经理共同确定录取人员名单。

（2）工作人员对最后确定的录用人员名单按编号发放《员工录取报到通知》和《致谢函》，通知上需注明：被录取者姓名、编号、员工报到时间、办理录用手续需准备的资料等相关事宜。

（3）人力资源部要为每一位新录用的员工建立员工档案，新录用员工办理录用手续时需补齐个人资料（身份证复印件、学历证复印件、照片等相关资料）。

（4）要参加军校培训的新录用员工需交纳军校用的生活费及准备其他军校用物品。

招聘评估：

（1）招聘工作评估小组由各级主管领导、人力资源部经理、助理、招聘工作人员、急需补充人员的部门领导组成。

（2）招聘评估主要从招聘各岗位人员到位情况、应聘人员满足岗位的需求情况、应聘录用率、招聘单位成本控制情况等方面进行评估。

参 考 文 献

[1] 陈劲. 新时代的中国创新[M]. 北京：中国大百科全书出版社，2021.

[2] 胡小玲，李海波，陈灿. 互联网时代嘉兴大学生创业模式选择及其路径分析[J]. 创新与创业教育，2018，9（3）：98-103.

[3] 黄远征，陈劲. 创新与创业基础教程[M]. 北京：清华大学出版社，2017.

[4] 李家华. 创新创业教育[M]. 北京：高等教育出版社，2021.

[5] 刘飒，邢红彬. 大学生创新创业教程[M]. 北京：清华大学出版社，2022.

[6] 吕爽，李欣怡. 创业基础[M]. 北京：清华大学出版社，2022.

[7] 迈克尔·波特. 竞争战略[M]. 1版. 陈丽芳，译. 北京：中信出版社，2014.

[8] 迈克尔·波特，詹姆斯·贺普曼. 揭秘未来竞争战略//哈佛商业评论[M]. 杭州：浙江出版集团数字传媒有限公司，2015.

[9] 宋京双. 大学生创新创业教育"金课"教程[M]. 北京：清华大学出版社，2021.

[10] 王静书. 民办幼儿园园长领导力探析[J]. 就业与保障，2021（1）：131-132.

[11] 王晓彦，黄小红. 培养创新意识、服务和谐社会[J]. 中外企业家，2020（6）：214.

[12] 王雪晴. 大学生的创业创新能力的培养[J]. 中外企业家，2020（5）：178.

[13] 王振杰. 大学生创新创业基础[M]. 北京：高等教育出版社，2023.

［14］吴军. 浪潮之巅［M］. 北京：电子工业出版社，2011.

［15］肖杨. 创新创业基础［M］. 北京：清华大学出版社，2022.

［16］薛万欣. 互联网思维与创业［M］. 北京：清华大学出版社，2021.

［17］杨雪梅，王文亮. 大学生创新创业教程［M］. 北京：清华大学出版社，2021.

［18］叶明全，陈付龙. 互联网+大学生创新创业基础与实践［M］. 北京：科学出版社，2017.

［19］张玉利，杨俊，等. 创业管理（行动版）［M］. 北京：机械工业出版社，2021.

［20］钟惠波，刘霞. 套利型创业、创新型创业与中国经济增长［J］. 科技进步与对策，2018（8）：74-81.